Jan Assmann

Herrschaft und Heil

Politische Theologie
in Altägypten,
Israel und Europa

Carl Hanser Verlag

1 2 3 4 5   04 03 02 01 00

ISBN 3-446-19866-0
Alle Rechte vorbehalten
© Carl Hanser Verlag München Wien 2000
Satz: Libro, Kriftel/Ts.
Druck und Bindung: Friedrich Pustet, Regensburg
Printed in Germany

Jacob Taubes zum Gedenken
(1923-1987)

Inhalt

Vorwort 11

Erster Teil
Politische Theologie zwischen Ägypten und Israel

Einführung: »Politische Theologie« –
Redefinition eines Begriffs 15
1 Begriffsgeschichtliche Annäherungen 15
2 Säkularisierung und Theologisierung 29

Erstes Kapitel: Die ägyptische Welt 32
1 Ägypten – eine »orientalische Despotie«? 32
   Die Einheit von Herrschaft und Heil 32
   Rhetorik der Motive: Die »Stimme« des Herrschers und
   die Legitimation der politischen Gewalt 35
2 Strukturen der Repräsentation: Gott und König im alten Ägypten 37
   Repräsentation als trinitarisches Modell 37
   Recht versus Kult 40
   Gottesferne und Staatsnähe 42
   Totenreich, Ausland und Fest als Räume der Gottesnähe 44

Zweites Kapitel: Israel und der Staat 46
1 Phasen der Staatlichkeit 46
2 Auszug aus Ägypten: Theologisierung als Umbuchung politischer
   Bindungen 49

Drittes Kapitel: Zorn, Liebe, Gerechtigkeit 53
1 Die Lehre vom »Zorn«: Gerechte Verteilung, Bändigung der Habgier
   und das Problem der politischen Gewalt 53
2 »Liebe« als Loyalität und Solidarität 61
3 Die Theologisierung der »konnektiven« Gerechtigkeit 63
   Recht und Kult – Verschiebungen und Umbuchungen 63
   Sakralisierung der Ethik 69

Zweiter Teil
Herrschaft

Viertes Kapitel: Ägypten und die Legitimierung des Tötens ... 76
1 Theoretische Vorüberlegungen 76
   Motivierung und Legitimierung zum Töten 76
   Zorn und Haß, Gerechtigkeit und Identität 77
2 Ägypten und die Rede vom »gerechten Zorn«: Die Bändigung
   des Bösen 80
   Die »zornflammende Gerechtigkeit« und die Ambivalenz
   der menschlichen Natur 80
   Das Doppelgesicht der Macht und die Ambivalenz der Welt 82
   Tötungsermächtigung und Tötungshemmung 84
3 Die Rituale des Hasses und die Bändigung des »Außen« 86
   Apopis, das kosmische Böse 86
   Politischer Abwehrzauber: Haß gegen Haß 89
   Draußen halten und unterwerfen 93

Fünftes Kapitel: Politisierung durch Polarisierung 98
1 Drei Formen des Impliziten 98
   Handeln 99
   Symbolik 100
   Kompaktheit 103
2 Politisierung durch Polarisierung 104
   Negative Soziologie 104
   Negative Anthropologie 106

Sechstes Kapitel: Vom Patron zum persönlichen Gott 109
1 Von der Formgeschichte zur Diskursanalyse 109
2 Die Rhetorik der Krise und Entscheidung von der Ersten Zwischenzeit
   bis zum Neuen Reich 112
3 Vom Patron zum König 117
4 Der Fall des Zimut-Kiki: Gott als Patron des Frommen 122

Dritter Teil
Gemeinschaft

Siebtes Kapitel: Das Herz auf der Waage – Scham, Schuld und Sünde ... 133
1 Schuld und Zeit 133
   Gesicht und Herz – Scham und Verantwortung 133
   Schuld, Gewissen und Gedächtnis 135
   Die Verheißungen der Ma'at: Das Jenseits als Gelobtes Land .. 137

Das Totengericht als Schuldabfuhr 139
Schuld oder Sünde? 149
2 Schuld und Individualität 153
Individualismus der Unsterblichkeit 153
Die Wägung des Herzens 154
Das negative Bekenntnis und die Normen schuldfreier
   Lebensführung 156
Die Heimlichkeit der Schuld und die Öffentlichkeit
   des Bekenntnisses 162
Schuld und Sünde 174

Achtes Kapitel: Schrift und Normativität 178
1 Warum das Recht in Ägypten nicht verschriftet wurde 178
Das Rechtsbuch 179
Die kommemorative Rechtsinschrift.......................... 179
Die performative Rechtsinschrift (Dekrete, Edikte) 180
Das Gesetz als Satzung einer Gemeinschaft 180
Der König als verkörpertes Recht 181
2 Die Verschriftung sozialer Normen: Heilige und kulturelle Texte 184
Recht und Weisheit: *iustitia connectiva* 185
Die politische Krise der sozialen Gerechtigkeit und die Entstehung
   und Funktion der Weisheitsliteratur 188
   Die väterliche Unterweisung als Inszenierungsform der Weisheit 188
   Die Geburt der Schriftlichkeit aus dem Zerfall von Mündlichkeit:
   Wann entstanden die Lehren?............................. 190
   Die Verschriftung sozialer Normen als kultureller Text 193
   Die religiöse Krise der sozialen Gerechtigkeit und die Kodifizierung
   sozialer Normen im Rahmen des Totengerichts 194

Neuntes Kapitel: Vertikaler Sozialismus 199
1 Konnektive Gerechtigkeit als politische Idee 199
2 Ungleichheit versus Hierarchie, Macht versus Herrschaft 204
3 Vertikale Solidarität 210

Zehntes Kapitel: Fremdheit im alten Ägypten 217
1 Die kulturelle Konstruktion von Fremdheit 217
Fremdheit, Zugehörigkeit und Übersetzung 217
Was ist ein Fremdheitskonzept? 219
   Dichte und lockere Strukturen 220
   Enge und weite Zugehörigkeitshorizonte 221
Generatoren von Zugehörigkeit (Identität) in Ägypten 223
   Lebensform 225
   Territorium 227
   Politische Einheit 227

2 Heimat, Grab, Stadt 229
»Der Ort, an dem mein Herz weilt« 229
Grab, Heimatbindung und Königsloyalität 231
»Heimatbindung« und Gottesloyalität 232
Die Stadt (und nicht »Ägypten«) als prioritärer Horizont
  der ägyptischen Zugehörigkeitsstruktur: Der »Stadtfremde«
  (und nicht der Ausländer) als die typische Erscheinungsform
  von Fremdheit 234
Die Theologisierung der Fremdheit: Der spätägyptische Mythos
  vom Fremden als Religionsfrevler 238

Vierter Teil
Die Figur Moses und die politische Theologie

Elftes Kapitel: Monotheismus und Ikonoklasmus als politische Theologie 247
1 Mose als Figur der Erinnerung 247
2 Mose und der Exodus aus ägyptischer Sicht 250
3 Ikonoklasmus als politische Theologie 257

Zwölftes Kapitel: Die politische Theologie des Mose in der Sicht der europäischen Aufklärung 265
1 *Duplex religio:* Öffentliche und geheime Religion 265
2 Die List Gottes 267
3 Moses Stratagem 272

Anhang

Anmerkungen 283
Nachweise 325
Namen- und Sachregister 327

Vorwort

Der Gedanke, verschiedene Aufsätze zu altägyptischen, altisraelitischen und europäischen Vorstellungen politischer Ordnung unter dem Stichwort »Politische Theologie« zu einem Band zusammenzufassen, geht auf eine Anregung des Verlages zurück, die ich sehr dankbar aufgegriffen habe. Dabei habe ich diese Anregung großzügig ausgelegt und die Begriffe »Herrschaft« und »Gemeinschaft« als thematischen Rahmen genommen, in den auch manches hineingestellt wurde, das zwar mit Herrschaft und/oder Gemeinschaft, aber nicht unmittelbar etwas mit »Politischer Theologie« (zumindest im landläufigen Sinne) zu tun hat, und ich bin Michael Krüger und Eginhard Hora auch für ihre Toleranz gegenüber dieser Ausweitung dankbar. Ebenso groß ist meine Verpflichtung gegenüber Heinrich Meier, dessen Einladung, über das Thema »Politische Theologie zwischen Ägypten und Israel« im Oktober 1991 in der C. F. v. Siemens-Stiftung einen Vortrag zu halten, den Ausgangspunkt für den ersten Teil dieser Sammlung bildete und dessen Einführung zu dem aus dem Vortrag hervorgegangenen, als Privatdruck der Siemens-Stiftung in der Reihe »Themen« erschienenen Bändchens diesem zu ungewöhnlicher Verbreitung verhalf. So fügt es sich gut, daß auch die Ausarbeitung dieser Studie zu dem vorliegenden Buch wiederum von einer Einladung derselben Stiftung profitieren konnte, ein Jahr ungestörten Forschens und Schreibens in München zu verbringen.

Sämtliche in diesem Band vereinigten Arbeiten wurden z. T. erheblich umgeschrieben, um Überschneidungen zu vermeiden und die These klarer hervortreten zu lassen, die diesem Buch zugrunde liegt, die These von der »Umbuchung« zentraler Aspekte des Politischen von der Erde in den Himmel. Dabei war mir Eginhard Horas kritische Lektüre eine entscheidende Anregung und Hilfe. Von Ägypten als einem weit in die Zeittiefe vorgeschobenen Aussichtspunkt aus sieht man schärfer als im Horizont der abendländischen Rückerinnerung, daß die Prozesse der Säkularisierung, die unsere moderne Welt haben entstehen lassen, auch eine Gegenrichtung haben und daß ihnen Prozesse der Theologisierung und Sakralisierung vorausgingen. Was in der Neuzeit vom Himmel auf die Erde heruntergeholt wurde, war in früheren Zeitaltern von der Erde in den Himmel versetzt worden. Diese Prozesse deuten sich z. T. in Ägypten schon an und kommen dann in Israel zum Durchbruch, und zwar in polemischer Abgrenzung gegen Ägypten. Alle Kapitel dieses Bandes beleuchten diese Wende von verschiedenen Seiten her.

Widmen möchte ich dieses Buch dem Andenken von Jacob Taubes, der mir den Begriff der Politischen Theologie und viele Aspekte der damit verbundenen Thematik zuallererst erschlossen hat.

München, im September 1999   *Jan Assmann*

Erster Teil
Politische Theologie
zwischen Altägypten und Israel

> In den Völkern der Welt ist reine Zeitlichkeit. Aber der Staat ist der notwendig immer zu erneuernde Versuch, den Völkern in der Zeit Ewigkeit zu geben.
>
> *Franz Rosenzweig*[1]

Einführung
»Politische Theologie« – Redefinition eines Begriffs

I
Begriffsgeschichtliche Annäherungen

»Es heißt die Einheit der Welt verkennen«, schreibt Thomas Mann im vierten Teil seiner Romantetralogie *Joseph und seine Brüder*, »wenn man Religion und Politik für grundverschiedene Dinge hält, die nichts miteinander zu schaffen hätten noch haben dürften. (...) In Wahrheit tauschen sie das Gewand (...) und das Weltganze ist es, wenn eines des anderen Sprache spricht.«[2] Die Menschen bewohnen nicht nur verschiedene Länder, sondern auch verschiedene Sinnwelten, und diese symbolischen Universen gewinnen sichtbare, dauerhafte und verpflichtende Form sowohl in den Institutionen der politischen Herrschaft und Gemeinschaft, als auch in denen der religiösen Ordnung. Je weiter man in der Zeit zurückgeht, desto schwerer wird es, zwischen religiösen und politischen Institutionen zu unterscheiden. Der römische Gelehrte Varro, der dem Abendland den Begriff der »Politischen Theologie« überliefert hat, stellte geradezu fest, daß die Anfänge der staatlichen Einrichtungen mit dem Ursprung der Religion identisch sind.[3]

Politische Theologie hat es mit den wechselvollen Beziehungen zwischen politischer Gemeinschaft und religiöser Ordnung, kurz: zwischen Herrschaft und Heil zu tun. Politische Theologie entsteht dort, wo solche Probleme in Formen verhandelt werden, die die Götter bzw. Gott einbeziehen. Dabei lassen sich zwei Aspekte Politischer Theologie unterscheiden. Die eine fragt nach den theologischen Implikationen des Politischen (worunter in dieser Studie grundsätzlich sowohl die »vertikale« Dimension der Herrschaft als auch die »horizontale« Dimension der Gemeinschaft verstanden wird), die andere nach den politischen Implikationen des Theologischen. Zur Politischen Theologie gehören also sowohl Diskurse über Herrschaft und/oder Gemeinschaft, die nicht ohne (explizite oder implizite) Bezugnahmen auf Gott oder die Götter auskommen, als auch Diskurse über Gott oder die Götter, die die Sphäre der vertikalen bzw. horizontalen Strukturen der Menschenwelt einbeziehen. Es geht bei den Fragestellungen der Politischen Theologie also um die implizite Theologie des Politischen (das ist z. B. der Fall bei Carl Schmitt) sowie um die implizite Politologie, Soziologie und auch Anthropologie theologischer oder allgemein religiöser Diskurse (das entspricht z. B. der Position von Jacob Taubes).

Politische Theologie tritt im »betreibenden« und im »beschreibenden« Modus auf. Sie wird *betrieben* von denen, die hier eine bestimmte Stellung beziehen, und sie wird *beschrieben* von denen, die sich für die Geschichte des Problems, der bezogenen Stellungen und gefundenen Lösungen interessieren. Der Begriff kursiert also in zwei Formen: als ein *deskriptiver* und als ein normativer oder *politischer* Begriff. Als politischer Begriff hat er »wie alle politischen Begriffe, Vorstellungen und Worte einen polemischen Sinn«[4], der dem deskriptiven Begriff abgeht. Der vorliegende Versuch gehört zur beschreibenden Form, er *ist* nicht Politische Theologie, sondern *handelt über* sie. Dies klarzustellen erscheint mir wichtig, weil die meisten Schriften dieses Titels und vorab Carl Schmitts einflußreiche Studie von 1922 eher als Beiträge zur denn als Forschungen über Politische Theologie zu betrachten sind.[5]

Politische Theologie gilt als ein Spezifikum der abendländischen Geschichte und damit des Christentums. Allenfalls werden noch das Judentum und das antike Heidentum mit einbezogen, in deren Kontext der Begriff erstmals geprägt wird (Varro; Spinoza[6]). Man spricht aber bisher nicht von der »politischen Theologie« Ägyptens, Mesopotamiens, Indiens, Chinas oder der präkolumbianischen Reiche Amerikas. Das mag damit zusammenhängen, daß Theologie überhaupt als ein Prärogativ des Christentums angesehen wird. Inzwischen hat sich aber ein religionswissenschaftlicher Begriff von Theologie herausgebildet, der auch auf andere Religionen einschließlich der altägyptischen anwendbar ist. Theologie ist argumentative, lehrhaft entfaltete Rede vom Göttlichen.[7] In diesem Sinne, als lehrhaft entfaltete Rede über die Beziehung von Herrschaft und Heil, möchte ich auch den Begriff der Politischen Theologie verstehen und die Frage nach den Formen, in denen die Beziehung zwischen Herrschaft und Heil konzipiert, institutionalisiert und reflektiert wurde, zu einer allgemeinen religionswissenschaftlichen und anthropologischen Fragestellung ausweiten.

Auf die antike und abendländische Begriffsgeschichte der politischen Theologie kann ich hier nur kurz eingehen. Varro gibt die stoische Konzeption einer dreigeteilten Theologie (*theologia tripertita*) wieder, in der die politische Theologie neben zwei anderen Theologien steht: neben der mythischen und der kosmischen Theologie (die griechischen Begriffe *theología politiké, mythiké* und *kosmiké* werden von Varro lateinisch wiedergegeben als *theologia civilis, fabularis* und *naturalis*).[8] Die drei Theologien werden von drei verschiedenen Trägerkreisen und Wissenstraditionen vertreten. Hinter der politischen Theologie stehen die Priester als repräsentative Organe des Gemeinwesens; ihr entspricht die politische Weltzuwendung der Götter, als Herren und Schutzgottheiten einer Polis (wie Athene für Athen) zu wirken, indem sie sie in Kriegen unterstützen, durch Recht und Ordnung für inneren Frieden sorgen und die Bürger zur Kult- und Festgemeinschaft verbinden. Die poetische Theologie vertreten die Dichter, die von den Göttern erzählen und, wie Homer und Hesiod, ihre Namen, Genealogien und »Ehren« festlegen und sprachlich ausgestalten. Dem entspricht die mythische Wirklichkeit der Götter, die lebensfundierende und handlungsorientierende Normativität ihres Handelns und die lebensnahe Personalität ihres Wesens, wie es die Geschichten, die man sich von ihnen erzählt, zum Ausdruck bringen. Die kosmische Theologie schließlich ist die Sache der Philosophen. Im Zusammenhang eines »Kosmotheismus«, wie ich dieses Denken mit Lamoignon de Malesherbes nennen möchte, der den Begriff im 18. Jh. prägte, verbindet sich mit dieser Theologie ein höherer Wahrheitsanspruch als mit den anderen beiden Theologien. Sie läßt sich freilich auf Erden nicht als die einzig wahre durchsetzen, weil die Menschen nun einmal Mythen brauchen und als politische Wesen auf Götter angewiesen sind, die ihrem Gemeinwesen vorstehen und dessen politische Identität verkörpern, während eine kosmische oder natürliche Theologie keine politischen Grenzen fundieren und keine lebensorientierende Normativität spenden kann. Dem gewissen Wahrheitsdefizit der politischen und der poetischen Theologie, die gewissermaßen Kompromisse darstellen, »Akkommodationen« der Wahrheit an die Funktionen und Bedürfnisse des sozialen Lebens sowie der Fassungskraft des menschlichen Geistes, entspricht auf seiten der kosmischen Theologie ein gewisses Verbindlichkeitsdefizit, und diese Distanz zu den sozialen Funktionen und zur menschlichen Fassungskraft bringt die kosmische Theologie in eine gewisse Nähe zu Geheimnis und Esoterik. Dieser Gegensatz zwischen Öffentlichkeit und Geheimnis wird in der späteren Tradition wichtig. Maimonides, ein jüdischer Philosoph des Mittelalters (1135-1204), verwendet zwar nicht den Begriff, aber die Sache der politischen Theologie und stellt sie als öffentliche Theologie einer esoterischen Wahrheitslehre gegenüber. In der Darstellung von Moshe Halbertal heißt es dazu: »Maimonides' Gedanke einer unabdingbaren, in der Natur der Sache liegenden Esoterik gründet sich auf die Vorstellung einer unüberbrückbaren Spaltung zwischen der aufgeklärten Elite und der unwissenden Masse. Der unkörperliche abstrakte Gottesbegriff konnte den Massen nicht auf exoterische Weise vermittelt werden, weil sie unfähig sind, eine nichtmaterielle Wirklichkeit zu begreifen. Außerdem würde ein solcher Gottesbegriff und die entsprechende natürliche Theologie die soziale Ordnung gefährden, die nun einmal auf dem Glauben an göttliche Vorsehung und Vergeltung beruht. Ein verbreiteter Glaube an einen persönlichen Gott, der die Gerechten belohnt und die Bösen bestraft, ist die primäre Motivation zur Aufrechterhaltung der Normen, auf denen soziale Ordnung beruht. Eine natürliche Theologie im aristotelischen Sinne wäre für die Uneingeweihten gefährlich.«[9] Der Glaube an Gott als Gesetzgeber ist daher politische Theologie; in diesem Sinne verwendet Spinoza den Begriff, der in seinem *Tractatus theologico-politicus* von 1670 die politische Funktion und Bedingtheit des Alten Testaments aufzeigen will, um dem dann in seiner *Ethica* von 1677 eine natürliche Theologie entgegenzusetzen. Die esoterische Dimension dieser Theologie tritt nirgends deutlicher als in ihrem Rezeptionsschicksal zutage, denn sie wird in der Tat sofort in ihren staatsgefährdenden Implikationen durchschaut und verfolgt und spielt keine geringe Rolle in den Geheimgesellschaften, die sich im 18. Jahrhundert zu den Trägern der Aufklärung und einer »natürlichen Theologie« machen. Die Moral der Staatsbürger, so glaubte man, steht und fällt mit dem Glauben an einen persönlichen Gott, der ihr Handeln überwacht. *L'esprit de Monsieur Benoit de Spinoza* heißt ein Traktat aus dem frühen 18. Jh., der Moses, Jesus und Mohammed beschuldigt, die Menschheit betrogen zu haben, weil sie ihre zeitgebundenen politischen und religiösen Normen als Offenbarung einer zeitenthobenen Gottheit ausgegeben hätten.[10]

Dem Münchner Philosophiehistoriker Martin Mulsow ist es nun gelungen, den Begriff *theologia politica* bei Daniel Georg Morhof (1639 bis 1691) ausfindig zu machen, der im Jahre 1662 eine Abhandlung zur *Theologia politica gentium*, also zur »heidnischen (heute würde man sagen: vergleichenden) politischen Theologie« publizierte.[11] Morhof beschäftigt sich mit den Spuren des Göttlichen (also der »impliziten Theologie«) in den verschiedenen Disziplinen. Eine Abhandlung widmet sich dem

»Enthusiasmus oder poetischem Furor«, also dem Göttlichen in der Dichtkunst, eine andere dem Göttlichen in der Heilkunst. So kann man schließen, daß Morhof unter »politischer Theologie« das Divinum in der Staats- oder Regierungskunst verstand. Hierzu waren wohl mehrere Abhandlungen geplant, denn die Dissertation zur vergleichenden Politischen Theologie wird als »erste« beziffert und behandelt die »Göttlichkeit der Herrscher« (de divinitate principum), worunter hier, in unverkennbarer Frontstellung gegen den französischen Absolutismus, die sakrale Inszenierung von Herrschaft gemeint ist. Politische Theologie bezeichnet demnach bei Morhof die sakrale Inszenierung des Politischen bzw. die politische Realisierung des Sakralen. Im Sinne der Unterscheidung, die Ernst-Wolfgang Böckenförde vorgeschlagen hat zwischen »juristischer«, »institutioneller« und »appellativer« Politischer Theologie wäre der Morhofsche Begriff als »institutionell« einzustufen.[12] Unter »juristischer« (klarer wäre wohl: »begriffsgeschichtlicher« oder »begriffssoziologischer«) Politischer Theologie versteht Böckenförde die »Umbesetzung« ursprünglich theologischer Begriffe durch staatlich-juristische, unter »appellativer« Politischer Theologie die Forderung nach politischer Umsetzung theologischer (christlicher) Ideen und unter »institutioneller« Politischer Theologie die religiöse Interpretation bzw. Dimension der Institutionen (Status, Legitimation, Funktion) politischer Ordnung, also, ganz im Sinne von Morhof, die Elemente des Religiösen im Bereich des Politischen.[13] Damit wird auch der Titel des *Tractatus theologico-politicus* des Baruch de Spinoza besser verständlich. Hier geht es um die Deutung der Mosaischen Gesetze als einer politischen, und daher historischen, an den Staat Israel und die Phase seiner historischen Existenz gebundenen Realisierung des Sakralen.

Die Politische Theologie ist in dieser Sicht ein Kompromiß, den die Wahrheit im Dienst der politischen Ordnung mit den Herrschenden eingegangen ist, oder, um es radikaler auszudrücken, eine Deformation, die sie im Interesse der Herrschenden erlitten hat. Auf seiten der radikalen Aufklärung wird der Begriff »politische Theologie« zu einem Schimpfwort. Die Theologie als »politisch« bezeichnen heißt, sie in ihrer politischen Funktionalisierung als Instrument der Unterdrückung entlarven. Wenn Gott und Herrscher in der Unterdrückung der Menschen zusammenarbeiten, dann muß die Parole der Befreiung lauten: *Ni dieu, ni maître* – weder Gott noch Herr. An diesem Punkt, bei dem anarchistischen Theoretiker Mikhail Bakunin, findet Carl Schmitt den Begriff der politischen Theologie und wendet ihn ins Positive.[14] Aus dem denunziatorischen wird bei ihm ein normativer Kampfbegriff. Ohne Gott keine Herrschaft, ohne Herrschaft keine Ordnung. Nur haben jetzt, im Zeichen eines aufgeklärten Säkularismus, Öffentlichkeit und Geheimnis die Seiten getauscht, und es ist die politische Theologie, die den Schutz des Esoterischen suchen muß. So tarnt Carl Schmitt die politische Theologie, die er betreibt, als begriffsgeschichtliche Untersuchung eines historischen Befundes, den er beschreibt.

»Alle prägnanten Begriffe der modernen Staatslehre sind säkularisierte politische Begriffe. Nicht nur ihrer historischen Entwicklung nach, weil sie aus der Theologie auf die Staatslehre übertragen wurden, indem zum Beispiel der allmächtige Gott zum omnipotenten Gesetzgeber wurde, sondern auch in ihrer systematischen Struktur (...). Der Ausnahmezustand hat für die Jurisprudenz eine analoge Bedeutung wie das Wunder für die Theologie.«[15]

Mit diesen Sätzen beginnt das dritte der »vier Kapitel zur Lehre von der Souveränität«, die Carl Schmitt unter dem Titel *Politische Theologie* zusammengefaßt hat. Wir haben in dem Anfangssatz die Kernthese vor uns, um die es Schmitt unter dem Thema »Politische Theologie« geht. Er gibt zwei Beispiele: die Idee der Allmacht und den Begriff des Wunders. Die Allmacht illustriert eine entwicklungsgeschichtliche Linie: Aus dem allmächtigen Gott wird der omnipotente Gesetzgeber. Der Begriff des Wunders dagegen illustriert eine strukturelle Analogie: Was das Wunder für die Theologie, ist der Ausnahmezustand für die Staatslehre. Mit dem Begriff der Politischen Theologie sollen strukturelle *und* entwicklungsgeschichtliche Verbindungen zwischen Theologie und Staatslehre ans Licht gebracht werden, und zwar auf dem Weg der begriffsgeschichtlichen Methode.

Schmitt verwendet den Begriff Politische Theologie im »beschreibenden« wie im »betreibenden« Sinne: einmal als einen deskriptiven Terminus, der ein Forschungsprogramm umreißt (die Untersuchung der theologischen Abkunft politischer Begriffe), und einmal in einem polemischen, dogmatisch-normativen Sinne, der eine rationale Grundlegung politischer Ordnung verwirft, nur eine theologische Grundlegung gelten läßt und eine bestimmte politische Form durch Berufung auf solche Grundlegung legitimiert. In Gestalt einer politischen *Theologie* richtet er sich gegen politische *Theorie* oder *Philosophie*, die von der Möglichkeit einer rein säkular-rationalen Grundlegung politischer Ordnung ausgeht. Eine Theologie ist dann politisch, und eine Staatslehre ist dann theologisch, wenn sie eine nichtsäkulare Grundlegung postuliert, etwa in der Form des heiligen und daher letztinstanzlich verpflichtenden Status des politischen Verbandes (»Volk« und »Vaterland«), oder in der des Gottesgnadentums, oder aber auch in der Form des politischen Auftrags der Kirche. Eine dieser Formen politischer Theologie ist auch der Gedanke einer Korrespondenz von himmlischer und irdischer Ordnung, daß, wie es nur einen Gott im Himmel, es auch nur einen Herrscher auf Erden geben dürfe. So postulierte schon W. Robertson Smith 1889 Zusammenhänge zwischen dem »semitischen Monotheismus« und dem Sieg der Monarchie über die Aristokratie in Asien sowie zwischen dem Polytheismus und dem Sieg der Aristokratie über die Monarchie in Griechenland.[16] Zwar legt sich Schmitt selbst nicht in diesem Sinne fest[17]; aber so hat Erik Peterson den Begriff verstanden. Seine 1935 erschienene Schrift *Der Monotheismus als politisches Problem* – ein Werk, das kein Geringerer als Arnaldo Momigliano als »the most remarkable book ever produced« über dieses Thema bezeichnete[18] – handelt von den heidnisch-römischen und christlich-römischen Vorstellungen solcher Korrespondenz. Sie gipfelt in der These, daß das christliche Trinitätsdogma bei den Kirchenvätern Gregor von Nazianz und Augustinus solcher Korrespondenz ein Ende bereitet habe. Die Trinität hat in der irdischen Kreatur keine Entsprechung und ist auf der politischen Ebene schlechterdings nicht repräsentierbar. Damit ist, so Peterson, »der Bruch mit jeder ›politischen Theologie‹ vollzogen, die die christliche Verkündigung zur Rechtfertigung einer politischen Situation mißbraucht. Nur auf dem Boden des Judentums oder Heidentums kann es so etwas wie eine ›politische Theologie‹ geben« (S. 105). Nur in einer Anmerkung wird dazu auf Carl Schmitt verwiesen, der den Begriff der Politischen Theologie eingeführt habe. Die Anmerkung schließt mit dem Satz: »Wir haben hier den Versuch gemacht, die theologische Unmöglichkeit einer ›politischen Theologie‹ zu erweisen.« 1935 hatte Peterson allen Grund, so zu schreiben, und er hatte allen Grund, sich von seinem Freund Carl Schmitt zu distanzieren. Obwohl in seiner Studie das Moment der *Beschreibung*, der quellengestützten historischen Rekonstruktion, einen ungleich größeren Raum einnimmt als bei Schmitt, läuft es auch bei ihm auf die *Betreibung* politischer Theologie hinaus, auf eine dogmatische Stellungnahme zur Frage der Beziehung von Religion und Politik. Nach Peterson kann es keine Form politischer Herrschaft geben, die sich durch Berufung auf theologische Sätze legitimiert, weil der Geheimnischarakter der Trinität jede irdische Korrespondenz ausschließt. Auch Peterson verwendet also den Begriff im politisch-polemischen Sinne, aber nicht wie Schmitt affirmativ, in kritischer Absetzung vom parlamentarischen Liberalismus, sondern negativ, in kritischer Absetzung von jeder als »Politische Theologie« getarnten Inanspruchnahme der Religion für die Zwecke der Politik.

Nicht von Politischer Theologie, sondern von Politischer Religion spricht Erich (später: Eric) Voegelin in einem 1938 publizierten Essay, dessen Position sich in vieler Hinsicht mit der von Carl Schmitt berührt.[19] Voegelin aber zog aus ihr den umgekehrten Schluß – eine radikale Gegnerschaft zum Nationalsozialismus – und emigrierte 1938 in die USA. »Das Leben der Menschen in politischer Gemeinschaft«, schreibt er resümierend, »kann nicht als ein profaner Bezirk abgegrenzt werden, in dem wir es nur mit Fragen der Rechts- und Machtorganisation zu tun haben. Die Gemeinschaft ist auch ein Bereich religiöser Ordnung, und die Erkenntnis eines politischen Zustandes ist in einem entscheidenden Punkt unvollständig, wenn sie nicht die religiösen Kräfte der Gemeinschaft und die Symbole, in denen sie Ausdruck finden, mitumfaßt.«[20] Auch der deutsche Nationalsozialismus und der italienische Faschismus hätten in diesem Sinne eine religiöse Dimension, nur sei ihre Religiosität »innerweltlich« – besser wäre vielleicht »intranszendent« –, weil um den Bezug zum Göttlichen verkürzt. Voegelin spricht mit Bezug auf die Säkularisierung der (nach wie vor religiös interpretierbaren) politischen Bindung nicht vom Tod, sondern von der »Dekapitation Gottes«.[21]

Mit seinem Begriff der Politischen Religion faßt Voegelin aber noch etwas anderes in den Blick als Carl Schmitts Politische Theologie. Zugleich mit der religiösen Letztfundierung politischer Ordnungen geht es hier um die sozialpsychologische Dynamik politischer Bewegungen, also um das, was K. M. Kodalle »politische Mythologie« nennt.[22] Mythos ist bezogen auf Handeln; hier geht es in erster Linie um handlungsleitende Ideen, die vorzugsweise in Erzählungen, aber auch in Bildern und Symbolen Form gewinnen.[23] Theologie dagegen ist bezogen auf Erkenntnis und Deutung; hier geht es um das Göttliche im Sinne eines letztfundierenden Fluchtpunkts einer gesellschaftlichen und politischen Ordnung. Ich selbst habe für diesen Komplex in Anknüpfung an Anthony Smith den Begriff »Mythomotorik« vorgeschlagen.[24] Ruth Groh hat Schmitts eigenes Konzept der politischen Theologie als politische Mythologie gekennzeichnet, indem sie den mythischen Charakter von Schmitts negativem Welt- und Menschenbild aufzeigte und die »Kampfmythen«, die Schmitt entwickelte, um die »Heillosigkeit der Welt« zu dramatisieren. Wenn Schmitt in der Unterscheidung von Freund und Feind das Wesen des Politischen bestimmt, dann ist für ihn eine Theologie dann politisch, wenn sie diese Unterscheidung metaphysisch fundiert.[25]

Wie immer man sich zu den staatsrechtlichen Thesen und Konzeptionen stellt, die Schmitt mit dem Titel der »Politischen Theologie« verbindet: der von ihm zwar nicht er-, aber gefundene Begriff hat sich in seiner politischen wie in seiner deskriptiven, negativen wie positiven Fassung allgemein durchgesetzt zur Bezeichnung eines thematischen Zusammenhangs, dessen Aktualität seit 1922 eigentlich nur zugenommen hat. Wenig später (1924) erschien bereits Marc Blochs Untersuchung über die »wundertätigen Könige« und das sakrale Königtum in Frankreich. Zwar verwendet Bloch den Begriff der »politischen Theologie« nicht. Dafür ist es aber genau dieser Befund, auf den, wie Martin Mulsow nachweisen konnte, Daniel Georg Morhof im 17. Jh. den Begriff »politische Theologie« anwandte. Unter dem Stichwort Politische Theologie – im beschreibenden Sinne – veröffentlichte der Historiker Ernst Kantorowicz seine Studien zur mittelalterlichen Lehre von den »zwei Körpern des Königs«.[26]

Unter dem gleichen Stichwort – im betreibenden Sinne – formulieren kritische Theologen wie Johann Baptist Metz und Jürgen Moltmann ihre Plädoyers für ein politisches Engagement der Kirche.[27] Diese Verwendung des Begriffs der politischen Theologie hat der Staatsrechtler Ernst-Wolfgang Böckenförde als »appellative politische Theologie« bezeichnet im Gegensatz zur »institutionellen politischen Theologie«, mit der die von Morhof, Kantorowicz und Bloch beschriebenen Befunde zu verbinden seien.[28] Schmitts eigener Position reserviert er eine dritte Form, die er »juristische politische Theologie« nennt. Demgegenüber hat Ruth Groh zu Recht auf den »appellativen« Charakter der Schmittschen Texte hingewiesen. Heinrich Meier zeigt in seinem Buch über die *Lehre Carl Schmitts*, in welchem Maße auch das juristische Denken Carl Schmitts von theologischen Positionen bestimmt ist und die politische Theologie die Mitte und den roten Faden seines Schreibens bildete.[29] Im Licht der von Meier herausgearbeiteten Unterscheidung zwischen politischer Theologie und politischer Philosophie erscheint alle politische Theologie als »betreibend« und »appellativ«.

Schmitt sorgte sich um die theologischen Implikationen der Politik.

Das eigentlich Theologische seiner politischen Theologie bleibt im Grunde implizit. Metz und Moltmann dagegen sorgen sich um die politischen Implikationen der Theologie, der sie in der Welt des Politischen zum Durchbruch verhelfen wollen. Anders der Theologe Erik Peterson; auch er sorgte sich um die politischen Implikationen der Theologie, aber im negativen Sinne. Er wollte ihre Möglichkeit grundsätzlich bestreiten und sah darin nichts als Mißbrauch und Mißverständnis. Ihm ging es um eine dezidiert nichtpolitische, politisch nicht instrumentalisierbare Theologie. Auch in dieser Debatte scheint das letzte Wort noch nicht gesprochen. 1970 antwortete Schmitt in einem zweiten Buch mit dem Titel *Politische Theologie* auf Petersons Kritik.[30] Alfred Schindler 1978[31] und Jacob Taubes 1983[32] leuchteten in umfangreichen Sammelbänden die Debatte nach allen Richtungen hin aus. Hans Maier hat unlängst Petersons These wieder aufgegriffen.[33] Um die Destruktion der Zwangsalternative zwischen Politischer Theologie als Verbindung von Politik und Religion auf der einen und der strikten Trennung zwischen Politik und Religion auf der anderen Seite geht es Claude Lefort, der wie Voegelin »das Politische« als symbolische Form der Gesellschaft versteht.[34]

Daß Schmitt freilich mit Politischer Theologie mehr und anderes gemeint hatte als die begriffssoziologische Erforschung der theologischen Herkunft politischer Konzepte oder auch als das Postulat einer Korrespondenz von göttlicher und irdischer Herrschaft, geht aus einem Notat aus dem jüngst veröffentlichten *Glossarium* hervor, auf das Heinrich Meier aufmerksam gemacht hat. Dort kommentiert Schmitt Jacob Burckhardts Ausspruch »Die Macht ist in sich böse«[35] mit den Worten, darin stecke »unendlich mehr Atheismus und Nihilismus als in Bakunins ganzem Werk. Wer weiß heute, daß dieser Satz dasselbe bedeutet wie: Gott ist tot«.[36] Für Schmitt geht – nach Pauli Satz »Alle Gewalt ist von Gott«[37] – die Macht *eo ipso* von Gott aus, so daß derjenige, der sie für »in sich böse« hält, die Existenz Gottes leugnet. Damit ist die extremste Gegenposition zur negativen Politischen Theologie Petersons auf den Punkt gebracht.

Hinter der These von der Abkünftigkeit aller prägnanten Begriffe der Staatslehre von der Theologie steht das Postulat, daß geistliche und weltliche Macht, Heil und Herrschaft, Religion und Politik ursprünglich bzw. eigentlich eine Einheit bilden und daß die neuzeitliche Gewaltenteilung zwischen Kirche und Staat eine illegitime Fehlentwicklung darstellt. Daher ist auch das begriffsgeschichtliche Projekt nicht so harmlos, wie es vielleicht scheint, zumal wenn man sich klarmacht, daß eines der für Schmitt entscheidenden Argumente seiner Kritik des Judentums die These darstellt, die Juden hätten diese ursprüngliche Einheit zerstört, worin ihm Jacob Taubes implizit recht gab, wenn er darauf bestand, daß dem Abendland ohne diese Trennung »der Atem ausginge«.[38] Demgegenüber möchte ich einen Begriff von Politischer Theologie entwickeln, der beides umfaßt: die These von der notwendigen Einheit von Herrschaft und Heil ebenso wie die These ihrer unabdingbaren Trennung. Mir scheint die Aussage »Mein Reich ist nicht von dieser Welt« für die Fragestellung der politischen Theologie ebenso einschlägig wie der Satz »Alle Macht ist von Gott«, und die Idee, daß Gott und nicht der König die Gesetze erläßt, ist politisch-theologisch ebenso zentral wie die Regel, daß Recht und Gerechtigkeit die Sache des Königs sind und daß alles, was mit dem »Heil« zu tun hat, in der sakralen Sphäre des Tempels von priesterlichen Spezialisten verwaltet wird. Die politische Theologie hat es ebenso mit den Grenzziehungen zwischen Herrschaft und Heil zu tun wie mit deren programmatischer Aufhebung.

In meinen Augen erfaßt Schmitts Begriff der Politischen Theologie nur einen Teilbereich: die politische Theologie der Gewalt. Das erklärt sich aus seiner Begriffsbestimmung des Politischen. Die politische Theologie der Gewalt läßt sich auf eine ganz einfache Formel bringen. Sie besteht in der Theologisierung der Unterscheidung von Freund und Feind. Eine politische Theologie der Gewalt liegt dann vor, wenn diese Unterscheidung, die als solche rein politisch ist, theologisch gedeutet wird, so daß der politische Feind zum Gottesfeind erklärt wird. Für Schmitt war die Unterscheidung zwischen Freund und Feind für den Bereich des Politischen schlechthin bestimmend. »Echte« Politik besteht darin, diese Unterscheidung zu treffen und zur Gewalt gegen den Feind entschlossen zu sein. Was durch diese Unterscheidung fundiert wird, ist der Bereich nicht des Politischen, sondern der politischen Gewalt. Schmitt hatte Politik und Gewalt einfach gleichgesetzt. Für ihn waren gewaltfreie Aktionen, Neutralisierungen, Konstruktionen gemeinsamer anstatt konfrontativer Handlungsräume Ausdrucksformen von Antipolitik, die die »Heillosigkeit der Welt« nicht wahrhaben will und damit dem Feind in die Hände arbeitet. Diese Politik der Gewalt hat Schmitt dann zu einer Politischen Theologie der Gewalt gesteigert, indem er den Feind zum Gottesfeind erklärte. Gottesfeinde waren die »Diesseitsaktivisten«, die auf die Säkularisierung und Entpolitisierung der Welt und damit auf den Tod Gottes hinarbeiteten.[39]

Daß es eine »politische Theologie der Gewalt« gibt, ist ausgemacht. Das vierte und das fünfte Kapitel werden sich mit altägyptischen Ausdrucksformen speziell dieser politischen Theologie beschäftigen. Darin geht aber das Wesen der politischen Theologie nicht auf. Es handelt sich hier um eine begriffliche Engführung, die sich aus Schmitts engem Begriff des Politischen erklärt. Politisch denken und handeln bedeutet z. B. auch, sich als Mitglied eines politischen Verbandes zu begreifen und in bezug auf dieses Ganze als dessen Teil aufzutreten, stellvertretend, repräsentierend und verantwortend zu argumentieren im Gegensatz zu einer rein privaten, nur eigenen Interessen verpflichteten und von übergeordneten Zugehörigkeiten, Verpflichtungen und Interessen vollkommen absehenden Existenz. Hier kommt es nicht auf die Unterscheidung zwischen Freund und Feind an, sondern eher auf die zwischen privat und öffentlich, eigener und gemeinsamer Sache. Die gemeinsame Sache bestimmt sich nicht in Abgrenzung gegen einen gemeinsamen Feind, sondern gegen Privatinteressen, die ein politisch denkender Mensch im Hinblick auf ein übergeordnetes Ganzes zu relativieren gelernt hat. Der Heidelberger Rechtswissenschaftler und Südasienspezialist Dietrich Conrad hat auf der Grundlage der gewaltlosen politischen Aktion Mahatma Gandhis die nicht nur bei Carl Schmitt, sondern auch bei Max Weber, Karl Jaspers und noch Niklas Luhmann anzutreffende und für das westliche Denken allgemein charakteristische Fixierung des Politischen auf die Kategorie der Gewalt grundsätzlich in Frage gestellt und einen von den Strukturen der Mitgliedschaft und der Repräsentation her entwickelten Begriff des Politischen vorgeschlagen.[40]

In kulturwissenschaftlicher Perspektive läßt sich das Politische als eine kulturelle Praxis bestimmen, die in einem spezifischen, d. h. durch eine spezifische Unterscheidung konstituierten Handlungsraum stattfindet. Die Unterscheidung zwischen Freund und Feind scheint dafür ungeeignet, weil persönliche Freund- und Feindschaft noch keinen solchen Handlungsraum eröffnet. Erst in einem überpersönlichen, öffentlichen Raum kann die Polarisierung in Freund und Feind ihre spezifisch politisierende Wirkung entfalten. Man möchte sie daher als eine Steigerungsform des Politischen bestimmen, die einen bereits bestehenden politischen Raum verändert, aber nicht als eine Elementarunterscheidung, die ihn zuallererst konstituiert. Als eine solche Elementarunterscheidung oder Leitdifferenz bietet sich die Unterscheidung zwischen dem Privaten und dem Öffentlichen bzw. dem persönlichen und dem Gemeinwohl an. Politisch denken und handeln heißt, sich in diesem überpersönlichen bzw. öffentlichen Bezugsrahmen zu positionieren und für Ziele einzutreten, die eine wie immer zu bestimmende überpersönliche Identität und Interessenlage betreffen. Nur so kann man etwa von »Hochschulpolitik« sprechen. Hier kommt es nicht auf die Unterscheidung zwischen Freund und Feind, sondern auf die Wahrnehmung öffentlicher Belange an. Die darüber hinausgehende Unterscheidung zwischen Freund und Feind kann dann den bereits als solchen konstituierten hochschulpolitischen Handlungsraum polarisieren, und diese Polarisierung wird als Politisierung wahrgenommen. In Wahrheit geht es aber nur um eine »Aufrüstung« in Richtung auf Bedrohungsbewußtsein und Gewaltbereitschaft. Der Begriff der politischen Theologie läßt sich daher auch auf religiöse Formen der Konstituierung von Öffentlichkeit, Gemeinwohl und überpersönlichen Handlungsräumen anwenden.

Ich möchte daher den Begriff der politischen Theologie aus der Verengung auf die Freund/Feind-Unterscheidung befreien, die er in seiner appellativen bzw. polemischen Verwendung durch Carl Schmitt und seine Gegner erfahren hat. Erstens möchte ich den Begriff im rein beschreibenden Sinne verwenden, in dem dann auch der Ansatz Carl Schmitts als wichtiger Beitrag zur Politischen Theologie der Gewalt verbucht werden kann. Zweitens halte ich den auf die Unterscheidung von Freund und Feind gegründeten Bereich der politischen Gewalt nur für ein (zweifellos zentrales) Untergebiet des Politischen. Drittens kommt es mir darauf an, die unter dem Begriff der politischen Theologie gestellte Frage nach den Beziehungen zwischen Herrschaft und Heil auf außereuropäische Religionen auszuweiten[41] und eine Auseinandersetzung mit Theorien und Problemen der Religionswissenschaft und politischen Anthropologie in Gang zu bringen. Man hat den Eindruck, daß die bisherige Diskussion ihre Dynamik allein aus der zugleich vieldeutigen und verengten Form bezieht, in der Carl Schmitt den Begriff der politischen Theologie in die Debatte geworfen hat. Von dieser Form wird sich der vorliegende Versuch entschlossen lösen zugunsten einer rein deskriptiven Kategorie. In meinem Buch ziehe ich es vor, zum »weltgeschichtlichen« Horizont Jacob Burckhardts zurückzukehren, d. h., dieses Thema aus seinem engen abendländischen Horizont herauszunehmen und zu einer allgemeinen religionspolitologischen Fragestellung zu machen. Es wird um eine *Theologie der Herrschaft* in religionsgeschichtlicher Perspektive gehen, wobei ich auch diese

Fragestellung ergänzen möchte um eine *Theologie der Gemeinschaft.* Ich meine, daß auch Konzepte und Modelle einer »horizontalen« Ordnung des Zusammenlebens zur politischen Theologie gehören, wenn sie dabei das Göttliche einbeziehen.[42]

Wenn man unter »Politischer Theologie« Konzeptionen einer Beziehung zwischen religiöser und politischer Ordnung versteht, dann lassen sich drei Grundformen politischer Theologie bestimmen[43]:
  Dualismus: die kategorische Unterscheidung und institutionelle Trennung von religiöser und politischer Ordnung und Führerschaft, z. B. der Dualismus von Staat und Kirche im Abendland[44], oder der Dualismus von Kshatriya und Brahmanen im klassischen Indien[45].
  Theokratie: die Unterordnung bis Abschaffung politischer Führerschaft zugunsten reiner Gottesherrschaft; das klassische Beispiel hierfür ist das antike Judentum (der Begriff Theokratie wurde von Josephus Flavius für die jüdische Lösung geprägt)[46]; die Grenzen zwischen »identitärer« und »repräsentativer« Theokratie sind allerdings fließend[47], und damit auch die Grenzen zwischen »Theokratie« und »Repräsentation«.
  Repräsentation: die Korrelation göttlicher und politischer Herrschaft in Form der Analogie und die daraus folgende Vereinigung politischer und religiöser Führerschaft in der Hand des irdischen Repräsentanten. Ein Beispiel hierfür wäre der abendländische und insbesondere der byzantinische Cäsaropapismus[48], aber auch im weiteren Sinne alles, was etwa von Erik Peterson unter Politischer Theologie verstanden wird, also nicht die *Beziehung zwischen,* sondern die *Einheit von* Herrschaft und Heil.[49]
  Was ist mit dieser Archäologie der politischen Theologie gewonnen? Die Sprengung des abendländischen Horizonts legt den Blick frei auf ein noch weitgehend unerforschtes Terrain: auf die Ethnologie, Anthropologie, Archäologie und Religionsgeschichte der politischen Ordnungen und ihrer Beziehung zu Vorstellungen jenseitiger Ordnung, auf die Beziehung von Herrschaft und Heil in den verschiedenen Kulturen der Erde. In meinen Augen handelt es sich hier um eine der aktuellsten, wichtigsten und offensten Fragen der Kulturwissenschaften überhaupt.

2
Säkularisierung und Theologisierung

Meine Überlegungen nehmen ihren Ausgang von jenem schon genannten Satz Carl Schmitts, der sein Programm einer »Politischen Theologie« bündig umreißt:
Alle prägnanten Begriffe der modernen Staatslehre sind säkularisierte theologische Begriffe.
Mein Programm läßt sich ebenso bündig umreißen durch die Umkehrung dieses Satzes. Dann lautet er:
Alle prägnanten Begriffe – vielleicht sagen wir lieber bescheidener: einige zentrale Begriffe – der Theologie sind theologisierte politische Begriffe.
Es soll gezeigt werden, daß der Prozeß der Säkularisierung auch eine Gegenrichtung hat.[50] Diesen Prozeß nenne ich »Theologisierung« und möchte ihn anhand des Theologischwerdens zentraler politischer Begriffe nachweisen, genauso wie Carl Schmitt den Prozeß der Säkularisierung anhand des Politischwerdens zentraler theologischer Begriffe nachweisen wollte.[51] Das Schmittsche Projekt der Politischen Theologie könnte man auch überschreiben: »Die Geburt des Politischen – oder besser: des Staatsrechts – aus dem Geist der Theologie«. Ich werde den Spieß umdrehen und von der »Geburt der Religion aus dem Geist des Politischen« handeln.

Für Schmitt schwang im Begriff »Säkularisierung« immer der Vorwurf illegitimer Selbstermächtigung mit. Die neuzeitliche »Umbesetzung« ursprünglich theologischer Begriffe durch rein politisch-diesseitige Bedeutungsgehalte galt ihm als eine Fehlentwicklung. Dieser grundsätzliche Vorbehalt gegen die »Legitimität der Neuzeit« sowie die ganze zwischen Schmitt und Blumenberg geführte Kontroverse erscheint in einem anderen Licht, wenn klar wird, daß auch das »Theologische« ebenso wie das »Säkulare« nichts Ursprüngliches ist, sondern die Richtung eines gegenläufigen Prozesses darstellt. Der Althistoriker Hans Schäfer hatte unter dem Pseudonym Hans Hirt anläßlich einer Besprechung von Erik Petersons Traktat *Der Monotheismus als politisches Problem* bereits darauf hingewiesen, daß die Rede von der göttlichen Monarchie bei Philo, Origenes und Euseb auf der Übernahme eines politischen Modells – des römischen Kaisertums – in die Theologie beruht.[52] Einen noch viel krasseren, mit Händen zu greifenden Fall

29

theologischer Umbesetzung ursprünglich politischer Modelle und Begriffe stellt die alttestamentliche Bundestheologie dar. Hier werden die politischen Modelle des Staatsvertrages[53] und der Treueidverpflichtung[54] zur Grundlage einer Theologie gemacht, die das Thema der Weltzuwendung Gottes in eindeutig politischen Formen darstellt und das Thema der politischen Ordnung in geradezu radikaler Weise theologisiert. Diese »Theologisierung« des Politischen hat die damalige Welt ebenso fundamental revolutioniert wie in der Neuzeit die Säkularisierung des Theologischen.

Meine Perspektive kehrt die Schmittsche These nicht einfach um, sie erweitert sie um ihre Vorgeschichte. Die Religion, die der Staatslehre die prägnanten Begriffe gespendet hat, ist ihrerseits aus etwas entstanden. Ich werde nach der *Entstehung der Religion* im gleichen Sinne von »Entstehung« fragen, in dem Christian Meier von der Entstehung des Politischen spricht.[55] Ich möchte zeigen, daß Religion in einem durchaus entsprechenden Sinne in Israel erfunden wurde, wie ein bestimmter Typus politischen Denkens in Athen. Was Christian Meier »das Politische« nennt, ist nicht einfach politische Ordnung. Es ist vielmehr eine Art Archimedischer Punkt, von dem aus über politische Ordnung reflektiert und in der Abwägung von Alternativen die beste politische Ordnung angestrebt werden kann. Genauso ist das, was in Israel entstanden ist, nicht einfach »Religion« im ägyptischen, mesopotamischen oder römischen Sinne. Auch hier wird ein Archimedischer Punkt gefunden, von dem aus Religionen als Idolatrie, Heidentum und Aberglaube verworfen und die beste oder »wahre« ergriffen werden kann. Wir müssen also unterscheiden zwischen Religion, die zu den Grundbedingungen des menschlichen Daseins gehört, und Religion, die als eine reflexiv gewordene und sich über andere Religionen kritisch erhebende Form der wahren Gottesverehrung in Israel und anderswo entsteht. Wir wollen sie primäre und sekundäre Religionen nennen.[56] Der Begriff »Entstehung von Religion« meint also nicht die Entstehung von Religion überhaupt, sondern von *sekundärer*, gesteigerter Religion.

Sekundäre Religion entsteht dort, wo die Unterscheidung zwischen wahr und falsch getroffen und in den Raum des Religiösen eingeführt wird. Erst auf der Basis dieser Unterscheidung wird es möglich, sich von allen vorhergehenden religiösen Traditionen polemisch abzusetzen und auf den Ruinen der als »falsch« ausgegrenzten primären Religion das neue Gebäude einer sekundären Religion zu errichten. Das entscheidende und definierende Kriterium sekundärer Religionserfahrung ist der ikonoklastische oder »theoklastische« Antagonismus gegen die primäre Religion. Wo immer dieser Antagonismus im Zeichen sekundärer Religion auftritt, hat er politische Konsequenzen. Das bedeutet aber nicht, daß politische Theologie ein Spezifikum sekundärer Religionen sei. Auch primäre Religionen kennen natürlich die verschiedensten Formen einer Verbindung von Herrschaft und Heil. Sekundäre Religionen jedoch greifen in einer im Rahmen primärer Religionen undenkbaren Weise umgestaltend ein in bestehende politische Ordnungen. Dazu befähigt sie jener Archimedische Punkt einer religiös fundierten Wahrheit, der den primären Religionen fremd ist.

Dieser Prozeß der Entstehung erster sekundärer Religionen fällt in die ersten zwei vorchristlichen Jahrtausende. Zu ihnen rechnet man nach dem folgenlos gebliebenen monotheistischen Umsturz des Echnaton von Amarna im 14. Jh. v. Chr. Zarathustra, der heute früher, bereits ins Ende des 2. Jt.s datiert wird, sowie die Anfänge der prophetischen »Jahwe-allein-Bewegung« in Israel im 8. Jh. Vom Christentum wird also im folgenden gar nicht die Rede sein. Vom Standpunkt des Ägyptologen aus gesehen erscheint die spätere Geschichte in einer Art teleskopischer Verkürzung. Dafür wird von Ägypten her gesehen manches in seiner historischen Entstehung sichtbar, was man gewöhnlich für das schlechthin Ursprüngliche hält. Mein Interesse gilt diesen Entstehungsprozessen und insbesondere der Entstehung von dem, was uns als selbstverständliche, ursprüngliche und universale Elemente des Religiösen erscheint.

Erstes Kapitel
Die ägyptische Welt

I
Ägypten – eine »orientalische Despotie«?

Die Einheit von Herrschaft und Heil

Von außen gesehen erscheint der pharaonische Staat des Niltals als Muster einer »orientalischen Despotie«. An der Spitze einer zum Bau wassertechnischer Anlagen und kolossaler Repräsentationsmonumente versklavten Volksmasse und einer das Ganze verwaltenden und kontrollierenden Bürokratie steht der Despot als absoluter und nur seinem eigenen Willen folgender Herrscher.[57] Keine Religion vermag seine Macht zu bändigen, denn er ist selbst Gott, Sohn und Repräsentant des höchsten, des Schöpfer- und Sonnengottes. Der ägyptische Staat erscheint als ein geschlossenes Gehäuse, von keinem transzendenten Licht erhellt. Dies ist das Bild, das die Bibel von Ägypten zeichnet.

Von innen betrachtet tritt eines sofort mit aller Klarheit hervor: Der ägyptische Staat verstand sich selbst nicht als ein intranszendentes, nach oben geschlossenes Gehäuse mit Pharao als pyramidenförmiger Spitze.[58] Pharao hatte vielmehr, obwohl selbst Gott, die gesamte Götterwelt und an ihrer Spitze den Einen Höchsten, den Staatsgott, über sich. Er war eine Verweisfigur, die auf etwas Höheres deutete und Höheres vertrat, so wie die Pyramidenspitze auf die Sonne wies, die sich auf ihr niederließ. Ohne dieses von oben empfangene und reflektierte Licht hätte Pharao nicht als göttlich gegolten. Insofern kann man ihn nicht mit einem totalitären Diktator unserer Tage vergleichen, der auf nichts anderes als den politischen Mythos einer Partei oder einer »Idee« verweist. Aber auch wenn Pharao die von ihm beherrschte Ordnung auf etwas Höheres hin transzendiert, so transzendiert dieses Höhere zwar die Sphäre menschlicher Verfügbarkeit, aber nicht den Kosmos. Das Göttliche, auf das Pharao verweist, ist von innerweltlicher Göttlichkeit. Gott und König sind Mächte »dieser« Welt und Repräsentanten ein und derselben Ordnung, denn es gibt nur *diese* Welt. Damit wird die Herrschaft (also die politisch geformte und institutionalisierte Macht) jeder Kritisierbarkeit entzogen. Pharao verkörpert die Gerechtigkeit (*Ma'at*), in seinen Entscheidungen und Handlungen verwirklicht sich das Ideal der gerechten Ordnung. Darin vertritt Ägypten eine extreme Position, auch im Kontext positiver politischer Theologien, die auf dem Prinzip der Repräsentation basieren. In Mesopotamien z. B. mußte sich der König an der objektiven Richtschnur göttlicher Ordnung messen lassen. Der *Babylonische Fürstenspiegel* rechnet durchaus mit der Möglichkeit, daß ein König diese Ordnung verfehlen und sich dadurch als ein schlechter oder schwacher Herrscher erweisen kann.[59] In China wird der Übergang des »Mandats des Himmels« von einer Dynastie auf die andere damit begründet, daß die Vorgängerdynastie dieses Mandat verspielt habe. In Israel bildet die Kritik des Königtums am Maßstab des Gesetzes das Prinzip der deuteronomistischen Geschichtsschreibung. In Ägypten läßt sich diese Vorstellung erst in einem Text aus ptolemäischer Zeit (3. Jh. v. Chr.) nachweisen, der *Demotischen Chronik*, die in der Form eines Orakelkommentars Mißgeschick und Erfolglosigkeit der 28. bis 30. Dynastie auf die »Gottlosigkeit« der Königs und ihre Abweichung vom »Gesetz« zurückführt.[60] In der Geschichte der ägyptischen Literatur stellt dieser Text die Ausnahme dar, die die Regel bestätigt: die Regel, daß der König als Inbegriff der Ma'at und Verkörperung des Gottes Horus das Rechte gar nicht verfehlen kann.

Der Unterschied zwischen dem König als »verkörpertem Gesetz« und dem Gesetz als Wille des Königs ist nicht leicht zu verstehen. Die Vorstellung, daß der König an ein objektives, unabhängig von ihm bestehendes und vorgegebenes Gesetz gebunden ist, würde man nicht als »Verkörperung« ausdrücken. Im Gegenteil, dieser Begriff impliziert vielmehr, daß sich jeder König dem Gesetz gegenüber frei und kreativ verhält, er findet es nicht vor, sondern er schafft es, auf jeden Fall aber setzt erst er es in Kraft, ohne sein Machtwort hätte kein überkommenes Gesetz rechtskräftige Geltung. Das ist der Grund, warum in Ägypten die Gesetze nicht kodifiziert werden: Die Rolle Pharaos als Herrn der Gesetze läßt sich nicht vereinbaren mit der Vorstellung eines Gesetzbuchs, das Gültigkeit über die Regierungszeiten verschiedener Könige hinweg beansprucht. Das ist in Mesopotamien nicht viel anders, denn auch wenn die Gesetze hier in sogenannten Kodizes gesammelt werden, kommt diesen doch keineswegs die überzeitliche Geltungskraft von »Gesetzbüchern« im strengen Sinne zu; es handelt sich vielmehr um

Werke der Wissensliteratur, die historisches Recht überliefern, um einen juristischen Wissensfundus bereitzustellen, auf dessen Grundlage jeder König frei ist, eigenes Recht zu erlassen.[61] Dennoch schilderte z. B. Diodor den ägyptischen König im 1. Buch seiner *Bibliotheca historica* als einen an strikte Gesetze gebundenen und auf einen in allen Einzelheiten vorgeschriebenen Tageslauf festgelegten Menschen, dessen Regierungsstil das Gegenteil von Willkürherrschaft darstellte.[62] Da man davon ausgehen muß, daß Diodor sich hier wie auch sonst in seinem Ägyptenbuch auf seinen Hauptgewährsmann Hekataios von Abdera stützt, darf man darin wohl eher das Programm als die Beschreibung einer Herrscherrolle sehen, also eine Art Fürstenspiegel. So wollte er das Pharaonenamt ausgefüllt sehen, in weitest möglichem Abstand von dem Schreckbild der orientalischen Despotie, wie es seit den Perserkriegen die griechische Ideologie pflegte. Im griechischen Denken gehörten die Begriffe Freiheit und Gesetz ebenso zusammen wie die Begriffe Despotie bzw. Tyrannis und Willkür. Daher hat der Begriff der gesetzgebundenen Monarchie eine innovative, ja geradezu paradoxe Stoßkraft. Die Ägypter hatten andere Sorgen. Ihr Schreckbild war nicht die orientalische Despotie, sondern die Anarchie, die man sich als einen Zustand vorstellte, in der die Schwachen von den Starken unterdrückt und erschlagen würden. Im pharaonischen Staat sah der Ägypter die einzige Möglichkeit, Gerechtigkeit auf Erden durchzusetzen, und daher konnte man sich auch den König nicht anders als dem Projekt der Gerechtigkeit verschrieben vorstellen.

Freilich beruht das Bild einer völlig spannungs- und konfliktlosen Harmonie zwischen König und Volk, Staat und Gesellschaft, »oben« und »unten« im hierarchischen Gefüge der ägyptischen Gesellschaft, wie es die ägyptischen Quellen zeichnen, ohne jeden Zweifel auf einer idealisierenden Konstruktion, die den tatsächlichen Zuständen gar nicht entsprochen haben kann. Denn diese Spannung gehört zu den fundamentalen Gegebenheiten jeder politischen Ordnung, und es ist eher ein Grund zur Beunruhigung, daß die Stimme der Opposition – ganz im Gegensatz zu Mesopotamien – in den ägyptischen Texten keinen Ort hat.[63] Ist die Schrift in Ägypten ausschließlich ein Instrument in den Händen der Herrschenden?

Das Bild der Despotie geht von der Idee einer Zwangseinheit von Herrschaft und Heil, also vom Modell des Cäsaropapismus aus. Die Religion bietet keine autonome und kritische Gegeninstanz zum Staat, sondern wird von ihm monopolisiert. Hier wird eine Einheit unter den

Bedingungen sekundärer Religion hergestellt. Der totalitäre Staat strebt die Überwindung einer Trennung an, die dem frühen Staat noch unbekannt ist.[64] In Ägypten haben wir es dagegen mit den Bedingungen primärer Religion zu tun. Unter diesen Bedingungen ist die Unterscheidung zwischen politischer und religiöser Ordnung nicht möglich, weil alle Ordnung als solche religiös fundiert und heilig ist. Das ist eine Einheit, die nicht durch dogmatische Ineinssetzung hergestellt, sondern durch Nichtunterscheidung vorgegeben ist.

Das Bild der Despotie geht zweitens von einem Willensbegriff aus, der auf Ägypten nicht zutrifft. Zwar heißt es vom König »Will er, so tut er«, d. h. er macht, was er will, aber sein Wille ist an die Ma'at – an Wahrheit, Ordnung, Gerechtigkeit – gebunden. Sein »Wollensspielraum« ist in signifikanter Weise eingeschränkt.[65] Da »wollen« und »lieben« im Ägyptischen durch dasselbe Wort bezeichnet werden und da es undenkbar erscheint, daß ein Herrscher das Böse lieben kann, ist der Wille = Liebe des Königs auf das Gute festgelegt. Auf seiten der Theologie (des Redens von den Göttern) entspricht dem die »Rollenkonformität« der Götter, die auf die Inganghaltung des kosmischen Lebens und ihre Rolle in diesem Drama festgelegt sind.[66]

Rhetorik der Motive: Die »Stimme« des Herrschers und die Legitimation der politischen Gewalt

Wir vernehmen zwar nicht die Stimme der Opposition, aber wir vernehmen eine Stimme, die ihr antwortet bzw. ihren Einwänden vorwegnehmend zu begegnen sucht. Die Staatsgewalt, wie sie sich in den ägyptischen Königsinschriften – Dekreten und Tatenberichten – äußert, tritt keineswegs mit jener apodiktischen Selbstherrlichkeit auf, wie Carl Schmitt sie vom souveränen Staat fordert, der seine Entscheidungen nicht zu begründen braucht, sondern die »eine reine, nicht räsonierende und nicht diskutierende, also aus dem Nichts geschaffene absolute Entscheidung« fällt[67], sondern begründet und rechtfertigt ihre Entscheidungen mit einer sorgfältigen »Rhetorik der Motive«, die auf ein zugrundeliegendes Verantwortungsgefüge verweist.[68] Diese Rhetorik erschöpft sich auch keineswegs in reiner Formelhaftigkeit und Repräsentation. Zwar vollzieht sie sich, im Sinne der bekannten Unterscheidung von Jürgen Habermas[69], im Raum einer repräsentativen, nicht einer bürgerlichen Öffentlichkeit, und ihre Form ist daher nicht die Diskussion, sondern die »repräsentative Rede«.[70] Der Gegensatz aber zwischen der »diskutierenden«, »räsonierenden Rede« einerseits und der »repräsentativen Rede« andererseits erscheint bei Carl Schmitt in einer zumindest für das alte Ägypten unangemessenen Weise überstilisiert. Die repräsentative Öffentlichkeit des pharaonischen Hofes – und das scheint für alle altorientalischen Formen höfischer Herrschaft zu gelten[71] – hat Orte der Beratung, der Diskussion und Rechenschaftsablegung vorgesehen. Der Herrscher weiß sich »nach unten« verantwortlich und rechenschaftspflichtig, er herrscht nicht mit Gewalt, sondern durch Konsens, durch das Wort. »Sei ein Künstler in der Rede«, wird ihm empfohlen, »damit du siegst, denn siehe: Der Schwertarm eines Königs ist seine Zunge. Stärker ist das Wort als alles Kämpfen.«[72] Auch die Autorität des Pharaos beruht auf einem »Ethos der Überzeugung«. Auch für Ägypten gilt voll und ganz der Satz Carl Schmitts: »Kein politisches System kann mit bloßer Technik oder Machtbehauptung auch nur eine Generation überdauern. Zum Politischen gehört die Idee, weil es keine Politik gibt ohne Autorität und keine Autorität ohne ein Ethos der Überzeugung.«[73]

Die unabdingbare Ambivalenz staatlicher Herrschaft, die einerseits schützt, andererseits unterdrückt, wird »desambiguiert« durch die Unterscheidung zwischen politischer Herrschaft und physischer Unterdrückung. Es handelt sich hier um die spezifisch ägyptische Ausformung jener Unterscheidung zwischen »illegitimer« und »legitimer« Gewalt, ohne die keine Organisationsform politischer Herrschaft auskommt, um ihre unabdingbare Angewiesenheit auf Gewaltausübung zu verschleiern bzw. zu rechtfertigen – nach dem Prinzip, »daß Politik und Recht nur möglich sind, wenn sie zu ihrer Durchsetzung auf physische Gewalt zurückgreifen und Gegengewalt wirksam ausschließen können«.[74] Die politische Gewalt wird dadurch gerechtfertigt, daß die unpolitische, gewissermaßen »wilde« Gewalt verteufelt wird. In diesem Sinne hätte der Ägypter dem Satz von Jacob Burckhardt voll und ganz zugestimmt, daß »die Macht an sich böse ist«. Er hätte aber darunter – anders als Burckhardt – ausschließlich die Macht des Stärkeren verstanden, den Schwächeren zu unterdrücken, auszubeuten und zu töten. Dieser Macht tritt die Herrschaft entgegen, die Gott »geschaffen hat, um den Rücken des Schwachen zu stärken«.[75] Der Mensch ist dieser Deutung zufolge von Natur aus auf den Staat angewiesen. Und zwar wird diese natürliche Angewiesenheit auf staatliche Herrschaft in die Natur des Menschen selbst hineinverlegt.

Die Natur des Menschen, auf den Staat angewiesen zu sein, wird in Ägypten aber nicht nur anthropologisch, sondern auch theologisch begründet: durch die Vorstellung der Gottesferne. In einer Welt, die auf der Trennung von Menschen und Göttern basiert, bedarf es des Staates, um die Kommunikation mit der Götterwelt aufrechtzuerhalten. Wer den Staat aus den Angeln heben will – und wir werden unten in dem Israel gewidmeten Abschnitt zu zeigen versuchen, daß genau dies die polemische Stoßrichtung der in der Exodus-Überlieferung geformten Ägyptenkritik ist –, muß ihn in diesen beiden fundierenden Thesen widerlegen. Er muß eine neue Form der Gottesnähe finden und eine positive Anthropologie entwickeln.

2
Strukturen der Repräsentation: Gott und König im alten Ägypten

Repräsentation als trinitarisches Modell

Die Begriffswelt der frühen Hochkulturen möchte ich anhand eines ägyptischen Textes illustrieren, der im Sinngefüge dieser Kultur einen zentralen, ja kanonischen Rang einnimmt. Er stammt höchstwahrscheinlich aus dem Anfang des 2. Jt.s und handelt von der Rolle des Königs als Priester des Sonnengottes. Nachdem zuerst in langen Aufzählungen die Geheimnisse des Sonnenlaufs beschrieben wurden, die der König kennen muß, um den Gott anbeten zu können, behandelt der letzte Teil sehr viel allgemeiner und grundsätzlicher die Stellung des Königs im Kosmos. Dort heißt es:

Re (der Schöpfer- und Sonnengott) hat den König eingesetzt auf der Erde der
 Lebenden
für immer und ewig,
 um den Menschen Recht zu sprechen und die Götter zufriedenzustellen,
 um die Ma'at zu verwirklichen und das Chaos zu vertreiben.
Er gibt den Göttern Gottesopfer
und den Toten Totenopfer.[76]

Dieser Text bringt die politische Theologie Ägyptens auf den Punkt. Es handelt sich um eine Theologie der Repräsentation. Gott – so müssen wir den ersten Satz verstehen – hat den König auf Erden als seinen Stellvertreter, Repräsentanten eingesetzt.

Der entscheidende Punkt dieser Form ist ihre trinitarische Struktur. Sie beruht auf dem Prinzip: Wenn zwei Größen einer dritten gleichen, dann müssen sie auch untereinander gleich sein, bzw. damit zwei Größen untereinander gleich sind, muß es ein Drittes geben, dem beide gleichen. Man könnte auch sagen (denn darauf läuft es hier hinaus): auf das sich beide verpflichten. Dieses Dritte ist das entscheidende Prinzip einer politischen Theologie der Repräsentation. In Ägypten bedeutet das Dritte nicht absolute Ermächtigung, sondern im Gegenteil Bindung, Verpflichtung und Verantwortung. Unser Text nennt es Ma'at, was soviel heißt wie Ordnung, Wahrheit, Gerechtigkeit. Die ägyptische Trinität heißt also: Gott – König – Ma'at. Erst durch seine Identifikation mit der Ma'at wird der König gottgleich, »eines Leibes mit Gott«:

Ich habe die Ma'at groß gemacht, die er (Gott) liebt,
denn ich habe erkannt, daß er von ihr lebt.
Auch meine Speise ist sie, ich schlucke ihren Tau,
indem ich eines Leibes mit ihm bin.[77]

Aristoteles ist wohl der erste gewesen, der mit der ihm eigenen rationalistischen Radikalität dieses beide verbindende Dritte auf die Leerform der Zahl Eins reduziert hat: *ein* Gott, *ein* Herrscher, *ein* lenkendes Prinzip im Kosmos, *ein* lenkendes Prinzip in der Gesellschaft.[78] In den altorientalischen Hochkulturen dagegen wird dieses Dritte inhaltlich bestimmt, und zwar durch einen Begriff von Gerechtigkeit, der uns in diesem Bedeutungsumfang abhanden gekommen ist. Denn er umfaßt zugleich auch Aspekte wie Frieden und Fülle sowie Begriffe wie Erbarmen, Gnade, Milde und Wohltätigkeit, die wir eher als Gegenbegriffe zu Gerechtigkeit einstufen würden. Mit der abendländischen *iustitia*, deren mit einer Binde verhüllte Augen Unparteilichkeit signalisieren[79], hat jedenfalls der altorientalische Gerechtigkeitsbegriff gar nichts zu tun. Nach dieser Rechtsauffassung dient das Gesetz auch nicht vornehmlich dem Schutz des Eigentums; im Gegenteil spielt der Gedanke gesetzlich vorgeschriebenen Verzichts auf Eigentum, etwa in der Form von Schuldenerlassen, eine große Rolle. Die Gerechtigkeit manifestiert sich ebenso in der Strafe wie in der Amnestie, in der Setzung wie in der Aufhebung des Rechts; ihr Ziel ist die Verhinderung von Unterdrückung und die Ermöglichung von Leben.[80]

Diese umfassende Gerechtigkeitsidee ist es, die als das verbindende und verbindliche Dritte auftritt. Der König repräsentiert darin den Schöpfergott und bildet dadurch himmlische Ordnung auf Erden ab, daß er »die Ma'at verwirklicht und die Isfet vertreibt«. Um zu verstehen, was damit gemeint ist, müssen wir uns von dem Klischee der »orientalischen Despotie« trennen, einer Vokabel aus dem Kalten Krieg zwischen West und Ost, von Aristoteles bis Wittfogel. Repräsentative politische Theologie bedeutet Bindung und Beschränkung. Nur indem Gott und König sich gemeinsam an ein Drittes binden, ist die Korrespondenz zwischen Himmel und Erde, Heil und Herrschaft, gewährleistet. Von Allmacht und souveränem Willen ist hier jedenfalls nicht die Rede, weder auf göttlicher noch auf königlicher Seite. Der Wille des Königs ist mit dem Gottes identisch; der Wille Gottes aber richtet sich auf die Fortsetzung der Schöpfung, d. h. die Inganghaltung der Welt und Vermehrung des Bestehenden.

Die Vorstellung der Identität von göttlichem und königlichem Willen artikuliert sich in der Figur einer inneren Einwohnung Gottes im König, die ein Hymnus auf Amun aus dem 14. oder 13. Jh. v. Chr. folgendermaßen zum Ausdruck bringt:

Du vereinigst dich mit deinem Thron der Lebenden,
besänftigt wird dein Ka, der im Palast ist.
Dein Wesen ($dt.k$) ist das, was im Herzen des Königs von Oberägypten ist: gegen
    deine Feinde richtet er seinen Zorn ($b3w$).[81]
Du sitzest auf dem Mund des Königs von Unterägypten: seine Worte entsprechen
    deiner Weisung.
Die beiden Lippen des Herrn sind dein Heiligtum,
Deine Majestät ist in seinem Inneren:
Er spricht auf Erden aus, was du bestimmt hast.
Du bleibst als Horus im Allerheiligsten,
auf deinem Thron, der unter dir prangt.
Die eine Generation geht dahin,
die andere entsteht,
du aber bist heute neuer als gestern.
Dein Königtum wurde festgesetzt in deiner Urzeit
in deinem Namen »König der Götter«.[82]

Wille und Bewußtsein des Königs (»das, was in seinem Herzen ist«) sind eine Gestalt des Amun, ebenso wie das Wort, in dem Wille und Bewußtsein nach außen wirken.

Recht versus Kult

Durch die Idee der Ma'at wird eine Harmonie zwischen Himmel und Erde, göttlicher Schöpfung und irdischer Politik gestiftet. Unser Text macht deutlich, daß sie jedoch auf Erden und im Himmel unterschiedlich verwirklicht wird. Der König verwirklicht die Ma'at, so heißt es, indem er »den Menschen Recht spricht und die Götter zufriedenstellt«. Damit sind zwei Ressorts bezeichnet: Recht und Kult. Beide Handlungssphären gehören, wohlgemerkt, zur übergeordneten Wertsphäre der Ma'at. Recht und Kult, politische und religiöse Führerschaft werden in *einer* Hand – politische und religiöse Ordnung werden in *einem* Begriff vereinigt. Deshalb kann man sagen, daß alles, was der König tut, sein priesterliches wie sein politisches Handeln, in einem *allgemeinen Sinne* religiös fundiert ist. Es gehört zur Ma'at, die er verwirklicht, indem er den Schöpfer repräsentiert. Über diesen allgemeinen Nenner hinaus wird allerdings deutlich zwischen den Handlungssphären des Politischen und des Religiösen unterschieden. Auf dieser Differenzierung zweier Handlungssphären beruht meine ganze weitere Argumentation. Wichtig ist, daß die Bereiche des Politischen und des Kultischen – obwohl in der einen Hand Pharaos vereinigt – gegeneinander abgetrennt sind. Da diese Ressorts als Handlungssphären durchaus eigenständig sind, können wir vom politischen Bereich geradezu als von einem säkularen Raum sprechen.

Unser Text umreißt ihn mit der Formel »den Menschen Recht sprechen«. Was damit genau gemeint ist, machen andere Texte noch klarer. Es geht darum, »den Schwachen zu erretten aus der Hand des Starken«.[83] Der richtende Eingriff des Staates wird hier geradezu als Rettung dargestellt. Der Richter als Retter: das ist die Quintessenz der altorientalischen Gerechtigkeitsidee, die ganz aus der Sicht der Armen und Schwachen, der »Witwen und Waisen« her gedacht ist, denen der Staat zu ihrem Recht verhilft.[84] Was hier im Blick steht, ist das Problem der gerechten Verteilung. Die Götter schaffen die Fülle, aber menschliche Bosheit und Habgier erzeugt Knappheit. Damit die Schwachen nicht zugrunde gehen unter der Raffgier der Starken, muß es den König, d. h. den Staat geben, der für die gerechte Verteilung sorgt. Die vornehmste Aufgabe des Königs ist die Verwirklichung der Gerechtigkeit, und die typischste Form dieser Verwirklichung sind Edikte der Begnadigung, Freilassung, Amnestie, wie sie mesopotamische und ptolemäische Herrscher anläßlich ihrer Thronbesteigung zu erlassen pflegten –

also Akte, die wir eher als Rechtsaufhebung denn als Rechtsstiftung einstufen würden.[85]

Dahinter steht die Position einer negativen Anthropologie. Sie lautet: *Staat gibt es nur unter der Voraussetzung, daß die Menschen unfähig sind, ohne organisierte Herrschaft untereinander Frieden und Gerechtigkeit zu bewahren. Gerechtigkeit ist daher ohne Herrschaft nicht zu haben.*

Fassen wir das Bisherige zusammen. Die Formel »den Menschen Recht sprechen« umschreibt eine Handlungssphäre, in der es um die rein irdisch-soziale Durchsetzung von Gerechtigkeit geht im Interesse einer gerechten Verteilung, um die Ersetzung eines »Naturzustandes« von Gier und Gewalt durch eine Rechtssphäre, in der alle geschützt und versorgt sind. Die Formel »die Götter zufriedenstellen« umschreibt dagegen eine Handlungssphäre, in der es ausschließlich um den Kontakt mit der Götterwelt geht, um die Herstellung von Gottesnähe. Die soziale Handlungssphäre regelt das Zusammenleben der Menschen, die kultische die Kommunikation mit den Göttern. Die soziale Handlungssphäre – »die Menschen richten« – läßt sich unter Berufung auf verwandte Texte spezifizieren als »den Schwachen erretten aus der Hand des Starken«; die kultische Handlungssphäre – »die Götter zufriedenstellen« – wird in unserem Text selbst spezifiziert als Opferdarbringung: »den Göttern Gottesopfer und den verklärten Toten Totenopfer«.

Wenn man diese beiden Handlungssphären als »Politik« und »Religion« unterscheidet, muß man freilich einräumen, daß sie von einem übergeordneten Begriff oder Handlungsprogramm umfaßt werden, das diese Unterscheidung wieder aufhebt: »die Ma'at verwirklichen, die Isfet (das Gegenteil von Ma'at, also Unrecht, Unordnung und Unwahrheit) vertreiben«. Im Begriff der Ma'at kommen Recht und Kult wieder zusammen. Ma'at ist eine letztfundierende Ordnung und übergeordnete Norm, die alle Ordnungen sowohl der Gerechtigkeit als auch des Kults umgreift. Das entspricht überraschend genau jener allgemeinen und funktionalen Bestimmung von »Religion«, die Thomas Luckmann »unsichtbare Religion« genannt und als »symbolisches Universum« beschrieben hat: »Symbolische Universa« sind sozial objektivierte Sinnsysteme, die sich einerseits auf die Welt des Alltags beziehen und andererseits auf jene Welt, die als den Alltag transzendierend erfahren wird.[86] Innerhalb dieses allgemeinen Begriffs von Religion unterscheidet der Text nochmals einen engeren Begriff von Religion. Das ist die Handlungssphäre »Kult«, die man auch als »sichtbare Religion« bezeichnen könnte, handelt es sich hier doch um eine spezifische Institutionalisierung und Visibilisierung (in Gestalt von Bauten, Bildern und Riten) von Religion, genauer gesagt von »Gottesnähe« als eines spezifischen, zur Welt der Menschen hin ausgesonderten und zur Welt der Götter hin offenen Kommunikationsraumes:

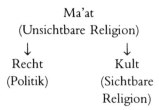

Gottesferne und Staatsnähe

Wenden wir uns dieser anderen Handlungssphäre zu, der Herstellung von Gottesnähe. Was wir uns als erstes klarmachen müssen und was verbreiteten Vorstellungen von archaischen Verhältnissen widerspricht, ist die Tatsache, daß nach ägyptischer Auffassung diese Gottesnähe keineswegs eine selbstverständliche und natürliche Grundgegebenheit des Daseins ist. Der Ägypter wußte sich den Göttern nicht in der gleichen Weise nahe, wie wir dies etwa aus der griechischen Dichtung kennen. Er war nicht auf Schritt und Tritt darauf gefaßt, einem Gott zu begegnen, in einem Quell oder Baum, einem Vogel, einem Traum, einem Mitmenschen. Die Götter waren für ihn fern und verborgen, und zwar infolge einer tragischen Dissoziation von Göttern und Menschen, von der die Mythen berichten. Früher lebten Götter und Menschen in einer gemeinsamen Welt. Dann aber kam es zu einer Empörung der Menschen gegen die Herrschaft des Schöpfer- und Sonnengottes. Fast hätte dieser sie zur Strafe dafür mit Stumpf und Stiel ausgerottet. Aber dann fand er eine andere Lösung. Er wölbte den Himmel hoch über und unter die Erde und zog sich mit den Göttern in diesen zurück. Auf der Erde aber setzte er seinen Sohn, den Luftgott Schu, als Nachfolger ein.[87] Schu hat als Personifikation des Staates die Aufgabe, den Himmel hoch über die Erde emporzustemmen und damit zugleich die Gottesferne als auch die Verbindung zwischen Göttern und Menschen aufrechtzuerhalten. Indem er den Himmel fernhält, wirkt er zugleich als Mittler zwischen Himmel und Erde. Von diesem Gott heißt es in einem Text aus dem Anfang des 2. Jahrtausends:

Ich bin es, der den Schrecken vor ihm (dem Sonnengott) denen einflößt, die nach seinem Namen forschen.
Ich bin es, der inmitten der Millionen ist und die Reden hört der Millionen.
Ich bin es, der die Worte des Selbstentstandenen (Sonnengottes) gelangen läßt zu seiner Menge (= Geschöpfen).[88]

Schu ist der Gott, der die Unerforschlichkeit des fernen Sonnengottes garantiert und zugleich die Kommunikation zwischen ihm und den Geschöpfen institutionalisiert.[89] Er ist das Modell jedes Königs, der genau wie er und in seiner Nachfolge vom Sonnengott als sein Stellvertreter eingesetzt wird – wovon der Text handelt, den wir eingangs zitiert haben. Der Staat setzt die Gottesferne also voraus – und kompensiert sie. Noch schärfer formuliert: Wären die Götter gegenwärtig, gäbe es keinen Staat. Weil die Götter aber fern sind, muß es eine Institution geben, die den Kontakt mit der Götterwelt auch unter den Bedingungen der Gottesferne aufrechterhält. Alle nun noch mögliche Anwesenheit der Götter auf Erden nimmt die Struktur der Stellvertretung an. Wenn man dem Zeugnis der Mythen folgt, dann wußten sich schon die alten Ägypter in einer vergleichsweise entzauberten Welt. Die Mythen stellen den gegenwärtigen Zustand (*status*, »Staat«) in das Licht einer Geschichte, die ihn als Heilung eines Bruchs und Kompensation eines Verlustes erklärt, nämlich des Verlusts von leibhaftiger Gottesnähe oder »Realpräsenz«. An die Stelle der Realpräsenz tritt Repräsentation. Staat und Kult, Tempel, Riten, Statuen, Bilder vermögen durch die Kraft des Symbols das Göttliche zu vergegenwärtigen und einen immer nur mittelbaren Kontakt mit dem Göttlichen zu stiften. Anstelle der ursprünglichen unmittelbaren Gottesnähe, wie sie die Mythen erzählen und imaginieren, entsteht der kulturell geformte, auf den Möglichkeiten symbolischer Vermittlung und Vergegenwärtigung beruhende Raum der Gottesnähe. Der Staat ist die Institution dieser Gottesnähe. Wir kennen diese Denkfigur auch aus der christlichen Kirche; ich zitiere Erik Peterson (aus seinem Traktat *Die Kirche*): »*Kirche gibt es nur unter der Voraussetzung, daß das Kommen Christi nicht unmittelbar bevorsteht.*«[90] Auch die Kirche beruht auf der Voraussetzung der Christusferne, die sie zugleich kompensiert. In der Tat gibt es erhebliche strukturelle Parallelen zwischen dem ägyptischen Staat und der Kirche. Man könnte den ägyptischen Staat ebensogut eine Kirche nennen. Diese Institution läßt sich entweder als *Staat* verstehen, der *auch* für die Verbindung mit dem Göttlichen und für das »Heil« zuständig ist, oder als eine *Kirche*, die *auch* für Sicherheit und soziale Gerechtigkeit der Menschen zuständig ist.

Die ägyptische Institution, die wir behelfsweise »Staat« nennen, versteht sich als eine Repräsentation. Der Pharao herrscht als Repräsentant des Schöpfergottes. Das Urbild und Modell legitimer Herrschaft ist die Herrschaft des Schöpfers über das von ihm Geschaffene. Nach der Empörung der Geschöpfe wird die identitäre Theokratie der Mythen in die repräsentative Herrschaftsform der Geschichte überführt. Hier kommt die Dialektik der Repräsentation und des Symbols zur Geltung. Da sich Realpräsenz und Repräsentation gegenseitig ausschließen, wird der Raum des Staates zum Raum der Gottesferne.

Totenreich, Ausland und Fest als Räume der Gottesnähe

Der Raum des Staates und der Gottesferne wird begrenzt durch zwei verschiedene Räume der Gottesnähe. Der eine ist das Jenseits. Der Ägypter weiß, daß er nach seinem Tode den Göttern »von Angesicht zu Angesicht« gegenübertreten wird.[91] Der andere Bereich der Gottesnähe ist das Fremdland. Alle Berichte und Erzählungen, in denen von spontanen religiösen Erfahrungen die Rede ist, spielen außerhalb Ägyptens. Im Wadi Hammamat z. B. berichten Inschriften der Expeditionsteilnehmer von zwei Wundern, deren Zeugen sie geworden sind.[92] Die *Erzählung des Schiffbrüchigen* läßt den Helden auf einer fernen Insel einem schlangengestaltigen Gott begegnen.[93] Der nach Palästina ausgewanderte *Sinuhe* erlebt den Sieg im Zweikampf als Zeichen Gottes: »So hat ein Gott gehandelt, um dem Gnade zu erweisen, gegen den er aufgebracht war und den er in die Fremde getrieben hat.«[94] Noch auf dem Kampfplatz ruft er den unbekannten Gott an, von dem er sich geführt weiß: »O Gott, wer immer du bist, der diese Flucht bestimmt hat! Mögest du gnädig sein und mich in die Residenz versetzen!«

Offensichtlich stellt sich dem Ägypter das Ausland als ein Raum der Staatsferne und der Gottesnähe dar. In Ägypten selbst, das angefüllt ist mit Symbolen und Repräsentanten, gibt es keine Zeichen und Wunder. So hätte der Ägypter die Sinai-Offenbarung Israels durchaus nachvollziehen können. Auch in seiner Weltsicht wäre der Sinai der richtige Ort für solche Ereignisse.[95] Wofür der Ägypter aber keinen Sinn gehabt hätte, ist die Forderung, diese sozusagen exterritoriale Form der Gottesnähe auch im Lande selbst aufrechtzuerhalten. Dieser Schritt durchkreuzt das Prinzip der Repräsentation.

Daneben gibt es den Ausnahmezustand im Zeitlichen, der die bestehende Ordnung für eine begrenzte Dauer aufhebt. Das ägyptische Fest ist inszenierte Gottesnähe. Es beruht auf dem Gedanken, daß die Trennung von Himmel und Erde in bestimmten Grenzen aufgehoben werden kann und die Götter wieder leibhaftig auf Erden gegenwärtig sind. Repräsentation schlägt um in Realpräsenz. Das Fest setzt allerdings den Staat nicht außer Kraft, es ist vielmehr die wichtigste Staatsaktion überhaupt, jedenfalls wird es im Lauf der ägyptischen Geschichte immer mehr dazu gemacht. Es kulminiert in den Festen der Ptolemäer.[96] Hier zeigt sich übrigens ein hochinteressanter Unterschied zu Mesopotamien. Dort wird nämlich im Neujahrsfest tatsächlich der Staat außer Kraft gesetzt. Für die Periode des Festes herrscht Anarchie. Ein Sklave sitzt auf dem Thron, die Herren bedienen die Diener, und der König wird im Verlauf des Festes sogar vom Hohenpriester geohrfeigt.[97] Demgegenüber erweist sich der ägyptische Staat in gewisser Weise als souverän im Sinne der Schmittschen Definition: Er entscheidet über den Ausnahmezustand, den das Fest darstellt. Er stattet es aus und macht es zur zentralen Repräsentation des Staates.

Der Staat repräsentiert nicht nur die Götter, die Götter repräsentieren auch den Staat. Am klarsten liegt der Fall dort, wo die Gottheiten denselben Namen wie das Gemeinwesen tragen: Athene steht für Athen, der Gott Assur für Assyrien. Das gleiche Verhältnis gilt für Marduk und Babylon, Enlil und Nippur, Inanna und Ur, Amun-Re und Ägypten, Jahwe und Israel. Die Landesgötter symbolisieren die Einheit des Landes bzw. der Polis, und die Bevölkerung versteht sich als Kultgemeinschaft ihres Gottes. Damit sind wir bei der ursprünglichen und eigentlichen Bedeutung des terminus *theología politiké* in der stoischen Religionslehre, die Marcus Terentius Varro als *theologia civilis* übersetzt.[98] Gemeint ist ebenjene Form göttlicher Repräsentation des Staates als »theopolitischer« Herrschaftsbereich. Diese Gottesbeziehung wird im Fest herausgestellt. Recht und Gerechtigkeit dagegen – und damit kehren wir zu unserer Ausgangsthese zurück – stellen in Ägypten keine Gottesnähe her. Sie gehören ganz entschieden nicht in die theopolitische, sondern in die soziopolitische Sphäre. Und aus eben *dieser* Sphäre stammen die Begriffe, mit deren Theologisierung wir uns beschäftigen wollen.

Zweites Kapitel
Israel und der Staat

I
Phasen der Staatlichkeit

Wie Ägypten als das Paradigma eines starken Staates, ja als der erste »starke Staat« der Weltgeschichte gelten kann, so liegt das Besondere der hebräischen Staatlichkeit in ihrer programmatischen Schwäche. Ein starker Staat ist nicht das, was in Israel, abgesehen vielleicht von der kurzen Episode einer Großmachtpolitik unter Salomo, angestrebt wird. Die biblischen Texte verdanken ihre Entstehung, Redaktion und Überlieferung drei verschiedenen Phasen von Staatlichkeit, die sich in ihnen auf vielfältige Weise spiegeln und ihre politische Theologie bestimmen: der antistaatlichen, staatlichen und substaatlichen Phase. Die vorstaatliche Zeit der »Richter« hat man sich als eine regulierte Anarchie im Sinne der Ethnologie vorzustellen.[99] Dabei handelt es sich um eine akephale, segmentär gegliederte Gesellschaft, die sich nur im Kriegsfall einen Führer wählt, um nach dem Ende des Kriegszugs »ein jeder in seine Zelte« zurückzukehren. Bei dieser vorstaatlichen Organisationsform politischer Ordnung handelt es sich aber nicht einfach um eine noch unterentwickelte Vorstufe, die zur eigentlichen Staatlichkeit hindrängt. »Es handelt sich vielmehr um eine eigenständige politische Organisationsform. Sie muß als solche in Abhebung von der schon existierenden kanaanäischen und staatlichen Gesellschaft und der vielleicht noch locker darüber schwebenden ägyptischen Kolonialhoheit gewollt gewesen sein: als Gegenmodell.«[100] In polemischer Kontradistinktion zu den Staaten der damaligen Welt formt sich eine Stämmegesellschaft, die nicht »vorstaatlich«, sondern »in bezug auf die damals vorgegebene staatliche Wirklichkeit dezidiert antistaatlich« war.[101] Die neuere Ethnologie hat dieselbe kontradistinktive Programmatik in vielen Stammesgesellschaften nachweisen können. Auch hier handelt es sich oft nicht einfach um Vorstaatlichkeit im Sinne einer unterentwickelten, zur Staatlichkeit hinstrebenden Vorstufe, sondern um *Antistaatlichkeit* im Sinne gewollter Absetzung von bekannten und verabscheuten Formen staatlicher Organisation.[102]

Die Zeit der Staatlichkeit formt die segmentäre Struktur nicht um, sondern bildet einen »segmentären Staat«, der den typischen antiherrschaftlichen Affekt dieser Gesellschaftsform[103] nicht zu überwinden vermag. Wie Frank Crüsemann überzeugend dargestellt hat, gehören die schärfsten herrschaftskritischen Passagen der Bibel nicht in die antistaatliche, sondern in die staatliche Phase der Geschichte Israels und artikulieren die Stimme einer Opposition gegen David und Salomo.[104] Diese herrschaftsaversive Einstellung begleitet den Aufbau des Staates, bestimmt die prophetische Kritik und prägt schließlich die politische Theologie des Deuteronomiums und der deuteronomistischen Schule, die auf dem Begriff des Vertrages basiert. Der davidische und salomonische Staat kann nur gegen eine starke Opposition durchgesetzt werden (Absalom, Scheba) und zerfällt nach der kurzen Phase eines Großreichs in zwei kleine und schwache Staaten, typische »weak states in the international system«.[105] Nach dem völligen Verlust des Staates durch den Zusammenbruch des Nordreichs 722 v. Chr. und des Südreichs 587 v. Chr. und nach den 50 Jahren des babylonischen Exils reorganisiert sich Judäa unter den Persern als Provinz mit beschränkter Autonomie. Dies ist die Phase der Substaatlichkeit, die bis zur Zerstörung des Zweiten Tempels 70 n. Chr. währt.

Vor diesem geschichtlichen Hintergrund erwachsen die Grundlagen einer negativen politischen Theologie. Die Macht, die Ägypten für böse hält, ist die Macht des Stärkeren. Israel geht einen entscheidenden Schritt weiter. Hier gilt unter Umständen auch die staatliche Macht für böse. In Ägypten ist die staatliche Herrschaft die Gegenkraft zur Macht des Stärkeren. Sie sorgt für gerechte Verteilung und verhindert die Unterdrückung der Schwachen.[106] In Israel steht alle »Herrschaft von Menschen über Menschen« unter einem grundsätzlichen Vorbehalt, der sich in bestimmten Texten zu Kritik, Ablehnung, ja Hohn und Spott steigern kann, wie etwa in der Jothamfabel. Die Bäume wollen sich einen König salben. Weder Ölbaum noch Feigenbaum, noch Weinstock sind bereit, ihre Früchte dem sterilen Geschäft des Herrschens zu opfern. Nur der Dornstrauch, der weder Frucht noch Schatten spendet und zu nichts sonst nütze ist, findet sich zu diesem Amt bereit.[107] Samuels Mitteilung der »Gerechtsame des Königs« malt die gefährlichen Schattenseiten des Königtums in schwärzesten Farben aus (1 Sam 9). Im »Gideonspruch« währt Gideon den Antrag, über Israel zu herrschen, ab mit den Worten: »Jahwe soll über euch herrschen!« (Ri 8,22 f.) In die gleiche Richtung weist der Kommentar Jahwes zu Samuels Unmut über den Wunsch Israels nach einem König: »Nicht dich, sondern mich haben sie verworfen.« (1 Sam 8,7) Nur einer kann herrschen: entweder Gott oder der König.

Im Horizont der politischen Theologie der Repräsentation bzw. der repräsentativen Theokratie steht das Königtum Gottes nicht in Konkurrenz zum irdischen Königtum, sondern bildet geradezu dessen Voraussetzung. »Gott ist König« ist in Ägypten ein vollkommen gängiges Motiv.[108] Das gleiche gilt auch für die Königstheologie der Psalmen, insoweit sie aus der Königszeit, der staatlichen Phase Israels, stammen.[109] Ein legitimer Staat braucht das Königtum Gottes. Wo kein Gott als König herrscht, kann auch kein König als irdischer Repräsentant der Herrschaft auftreten. Gottkönigtum und Königtum Gottes bedingen sich gegenseitig. Politische Herrschaft wird in diesen Zeiten nicht anders konzipiert und legitimiert als das irdische Zur-Erscheinung-Kommen von Gottesherrschaft.[110] In jeder dieser drei Phasen hat die Formel »Jahwe ist König« einen anderen Sinn angenommen, der auf je eine der drei Grundformen politischer Theologie verweist. In der staatlichen Phase hat die Formel den Sinn der Repräsentation. Das Königtum Jahwes kommt im irdischen Königtum zur Erscheinung. In der anti- und substaatlichen Phase hat die Formel den Sinn der identitären Theokratie. Das Königtum Jahwes duldet keinen irdischen König neben sich.

Der König steht in den Ideologien der altorientalischen Staaten in einer doppelten Beziehung der Repräsentation: Er repräsentiert die Gottesherrschaft gegenüber den Menschen, und er repräsentiert die menschliche Gemeinschaft gegenüber den Göttern. Er verkörpert nicht nur die Spitze der gesellschaftlichen Pyramide, deren Befehle und Weisungen das ganze Gefüge nach unten durchdringen, sondern bildet auch das Bindeglied zur Götterwelt, von wo er seinerseits Weisungen empfängt. Daher wird die Position, die in Ägypten Pharao einnimmt, in Israel auch auf zweifache Weise neu bestimmt. Einerseits wird Pharao, als Oberherr und Befehlssender, durch Jahwe ersetzt. Diese Ersetzung liegt nahe, sie wird auch in Ägypten in der Phase einer »identitären Theokratie« (21. Dynastie, 11. Jh. v. Chr.) vollzogen.[111] Andererseits – und dieser Schritt ist wesentlich revolutionärer und folgenreicher – wird die Position des Königs – in der anderen Richtung der Repräsentation – durch das »Volk« ersetzt, das genauso »erwählt« wird, wie der ägyptische Reichsgott den König erwählt, und genauso vor Gott handelt, seine Weisungen empfängt, seine Gebote hält und als Subjekt der Geschichte agiert wie in Ägypten der Pharao.¹¹² Nicht nur »Jahwe«, sondern auch »Israel« füllen die Stelle aus, die in der ägyptischen Welt Pharao einnimmt. In der politischen Theologie Ägyptens ist der Begriff »Volk« nicht vorgesehen. Pharao herrscht über »die Menschen« und verkörpert ihre kollektive Identität.¹¹³ Die »Gesellschaft« wird hier nur durch den »Staat« konstituiert. In Israel dagegen haben wir es mit einer *sociéte contre l'état*, einer »Gesellschaft gegen den Staat« (P. Clastres), zu tun. Diese Aufsprengung einer in Ägypten und (soweit ich sehe) überall sonst in der damaligen Welt nur als Einheit denkbaren Verbindung von Herrschaft und Gemeinschaft bildet den eigentlichen Durchbruch Israels.

2
Auszug aus Ägypten: Theologisierung als Umbuchung politischer Bindungen

Bevor wir das Theologischwerden von Begriffen an zwei Beispielen untersuchen wollen, möchte ich die generelle Richtung an einem Fall klarmachen, der die Situation schlaglichtartig beleuchtet. Die Neutestamentler haben eine grammatische Form identifiziert, die sie das *passivum divinum* nennen. Das sind Passivkonstruktionen, die eigentlich Gott als den Handelnden meinen. So heißt es z. B. in der Bergpredigt *paraklethésontai*, »denn sie sollen getröstet werden«, statt »Gott wird sie trösten«. Der Alttestamentler Christian Macholz hat nun schlüssig zeigen können, daß diese Redeweise aus dem Hofstil der Königszeit stammt. Vom König redet man vorzugsweise in ehrfurchtsvoller Umschreibung, im Passiv. Das *passivum divinum*, schreibt Macholz, ist ursprünglich ein *passivum regium*.¹¹⁴ Der Ägyptologe kann dem hinzufügen, daß Gleiches für den ägyptischen Hofstil gilt. Wir können geradezu von einem *passivum pharaonicum* sprechen. Die Rede von Gott – *theología* – hat einen langen geschichtlichen Vorlauf in der Rede vom König. In Ägypten gibt es dafür Dutzende von Beispielen. Etwa das Motiv des »Guten Hirten«: im Mittleren Reich ein Bild für den König, im Neuen Reich ein Bild für Gott. Das schlagendste Beispiel, das man für diesen Begriffstransfer aus der politischen in die religiöse Sphäre anführen kann, ist der Begriff des »Bundes«, hebr. *bᵉrît*, griech. *diathéke*, lat. *testamentum*. Die lat. Übersetzung hat den ursprünglich politischen Sinn dieses Begriffs verdunkelt. Die eigentliche Bedeutung von *bᵉrît* ist »Bündnis, Vertrag« und bezieht sich auf das Verhältnis von Herrscher und Vasall.[115] Damit aber sind wir bereits mitten im Zentrum unseres Problems. Denn hier handelt es sich nicht einfach um ein Beispiel unter anderen, sondern um den entscheidenden Schritt einer Beziehungsumbuchung, der eine Fülle begrifflicher Übertragungen nach sich gezogen hat.[116]

Der politische Vertrag als Modell einer neuen Bestimmung des Beziehungsgeflechts von Gott, Volk und Individuum steht am Ursprung einer neuen Form von Religion, einer Religion, die nicht mehr in den politischen Ordnungen und Institutionen repräsentiert wird, sondern als eigenständige Ordnung neben der politischen Ordnung, ja zuweilen ihr kritisch entgegensteht. Dieser Schritt, den Israel vollzieht und im Bilde des Exodus formt und kommemoriert, ist die entscheidende Theologisierung des Politischen, die alle anderen Theologisierungen fundiert. Dieser Deutung steht allerdings die Tatsache entgegen, daß das politische Modell des Bündnisses erst im Deuteronomium und der deuteronomischen Schule zur vollen Entfaltung kommt. Nicht ohne triftige Gründe hat L. Perlitt die These vertreten, daß die gesamte Bundestheologie eine Sache der vorexilischen und exilischen Erfahrung ist und nicht zu den ursprünglichen Elementen des israelitischen Monotheismus gehört.[117] Die ältesten Propheten kennen das Bundesmodell nicht; bei ihnen wird die Beziehung zwischen Jahwe und seinem Volk vielmehr im Bild des Ehebundes, und nicht des politischen Bündnisses, ausgedrückt. Die Apostasie, der Abfall zu anderen Göttern, wird von ihnen nicht als Vertragsbruch, sondern als Ehebruch dargestellt. Das läßt sich jedoch leicht erklären. Die Propheten sprechen in Bildrede. Sie stellen das *brutum factum* des Vertragsbruchs in das wesentlich schärfere Licht der Ehemetapher. Das politische Bündnis ist keine Metapher der Gott-Mensch-Beziehung, sondern die Sache selbst, die jeder kennt. Die Metapher der Liebesbeziehung ist eine verschärfende Ausdeutung dieser Beziehung. Sie macht im Bilde klar, was es damit auf sich hat.

Wenn ich daran festhalten möchte, daß das Projekt des israelitischen Monotheismus im Kern und vom Ursprung her politisch ist und mit der Umbuchung politischer Bindungen auf Gott eine Befreiung von der als Unterdrückung empfundenen staatlichen, d. h. ägyptischen Staatsgewalt bedeutete, dann meine ich nicht, daß mit diesem ersten Schritt bereits die politische Bundestheologie in all ihrer begrifflichen Durcharbeitung zur Verfügung stand. Dies – darin möchte ich Lothar Perlitt und Moshe Weinfeld voll und ganz recht geben – ist erst die Errungenschaft eines zweiten Schritts, der von der deuteronomischen

Schule vollzogen wird und in die Jahre von Josia bis Esra fällt. Die politische Theologie der ältesten Quellen hat den Begriff und das »Formular« (Klaus Baltzer[118]) des politischen Bündnisses noch nicht gefunden; sie spricht von der Sache, ohne die politische Fachterminologie zu verwenden. Das ist aber keineswegs ungewöhnlich; die Religionsgeschichte Israels, soweit sie in den Schriften des Alten Testaments greifbar wird, ist ein einziger Prozeß der allmählich immer klareren und schärferen Auskristallisierung von Formen, die keimhaft schon in einer Art Initialzündung angelegt sind. In den biblischen Schriften selbst wird dieser Rückbezug auf etwas Ursprüngliches, das immerfort von Verdrängung, Verfälschung und Vergessen bedroht ist, mit dem Begriff der Erinnerung bezeichnet und als einer der Kernpunkte der religiösen Bindung herausgestellt. Ich meine, daß wir den Texten besser gerecht werden, wenn wir dieses Motiv ernst nehmen und davon ausgehen, daß es hier tatsächlich etwas zu erinnern gab, das zwar immer wieder drohte, vergessen und verdrängt zu werden, aber sich andererseits in der Folge der geschichtlichen Ereignisse auch immer wieder bestätigte und dadurch immer klarere und schärfere Umrisse gewann.[119] Zu diesen im israelitischen Monotheismus keimhaft angelegten und erst in der späteren Zeit zu klarer Begrifflichkeit gelangten Formen gehört in allererster Linie das Modell des Vertrages.

Die Form des Vertrages macht der Analogie-Beziehung zwischen Himmel und Erde ein Ende. Denn der Begriff des Bündnisses bezieht sich nicht auf eine Analogie und ist keine Metapher, sondern eine »Umbuchung«. Damit ist folgendes gemeint: Die Beziehung des Vasallen zu seinem Oberherrn wird nicht *verglichen* mit der des Volkes zu Gott, sondern sie wird dem Konto politischer Beziehungen abgezogen und dem Konto religiöser Beziehungen gutgeschrieben. Der Vertrag wird ganz buchstäblich geschlossen, ein Vertragstext aufgesetzt, Gesetze erlassen und feierlich beeidigt, das ganze Vertragswerk in regelmäßigen Zusammenkünften verlesen und ausgelegt. Mit einem Wort: eine neue Religion wird gestiftet nach dem Modell politischer Bindungen. Indem die Formen des Vertrages und des Rechtsbuches aus der soziopolitischen Sphäre in die Sphäre der Gottesbeziehung übertragen werden, fallen diese beiden Sphären in eins zusammen. Etwas Neues entsteht, das es vorher so nicht gab. Einen entsprechenden Fall von Umbuchung hatte ja auch Carl Schmitt im Blick, als er von »säkularisierten« theologischen Begriffen sprach.[120] Wenn theologische Begriffe »säkularisiert« werden, dann hat das Folgen für die Theologie. Es wird eben nicht nur eine

Analogie, ein gemeinsames Drittes aufgewiesen zwischen dem allmächtigen Gott und dem omnipotenten Gesetzgeber. Die Folgen sind drastisch genug: Im Zeichen des omnipotenten Gesetzgebers hat der allmächtige Gott die Position der Gesetzgebung zu räumen. Genau das Entgegengesetzte geschieht im Umbuchungsprozeß, den ich »Theologisierung« nenne: Im Zeichen des gesetzgebenden Gottes hat der irdische Herrscher diese Position zu räumen. Ich möchte abschließend an zwei Begriffen veranschaulichen, wie sich die Gestalt Gottes im Zeichen der Theologisierung wandelt. Die beiden Begriffe heißen »Zorn« und »Liebe«.

Drittes Kapitel
Zorn, Liebe, Gerechtigkeit

I
Die Lehre vom »Zorn«:
Gerechte Verteilung, Bändigung der Habgier und das Problem der politischen Gewalt

Zu den größten Rätseln der biblischen Theologie gehört die Rede vom Zorn Gottes.[121] Im Alten Testament begegnen nach Claus Westermann »Nomina für den Zorn Gottes etwa 375mal, für den Zorn von Menschen nur etwa 80mal«.[122] Rätselhaft und problematisch erscheint vor allem die Zeitlichkeit dieses Zorns. In den meisten, besonders den älteren Stellen handelt es sich um ein jähes Aufflammen, das sich in einer vernichtenden Strafaktion äußern kann, aber schnell in Erbarmen und Gnade umschlägt.[123] Hier geht es um den »zornigen« und »eifersüchtigen« Gott (*qanna'*) des ersten Gebotes.[124] Wir wollen diesen Zorn den »okkasionellen« Zorn nennen: Er entbrennt aus gegebenem Anlaß und entlädt sich in einem als Strafe gemeinten Unheil. Bei den Propheten und in der deuteronomistischen Geschichtsschreibung beobachten wir jedoch bereits einen Prozeß der Ausweitung: vom einzelnen Unheilsereignis zum großen Verhängnis, das mit der Verkettung zahlloser Ereignisse schließlich in der Katastrophe endet. Diesen Zorn wollen wir den »geschichtlichen« nennen. Der Zorn Gottes wird hier zu einem großen geschichtstheologischen Konzept, das Sinn und Zusammenhang in langfristige Prozesse zu bringen vermag. In einem dritten Schritt weitet sich aber der Begriff des göttlichen Zorns noch mehr aus. Aus dem »geschichtlichen« Zorn wird ein »apokalyptischer Zorn«. Im Kontext der apokalyptischen »Historiosophie« wendet sich der Bezug vom Geschichtlichen zum Existentiellen, zur Grundbefindlichkeit des Menschen überhaupt. Nicht die Geschichte, sondern das Dasein schlechthin scheint unter dem Fluch des Zornes Gottes zu stehen. So heißt es im 90. Psalm:

Denn wir vergehen durch deinen *Zorn*,
fahren plötzlich dahin durch deinen *Grimm*.
Du hast unsre Sünden vor dich gestellt,
unser Geheimstes in das Licht deines Angesichts.
Ja, all unsre Tage schwinden durch deinen *Zorn*,
unsre Jahre gehen dahin wie ein Seufzer.
Unser Leben währet siebenzig Jahre,
und wenn es hoch kommt, sind es achtzig Jahre,
und das meiste daran sind Mühsal und Beschwer;
denn eilends geht es vorüber, und wir fliegen dahin.
Wer erkennt die Gewalt deines *Zorns*,
und wer hegt Furcht vor deinem *Grimm*?

In seiner vollen Entfaltung greifen wir den Begriff des apokalyptischen Zorns bei Paulus, wo er von dem »Offenbarwerden« (*apokalyptesthai*) des Zornes Gottes (*orgé theou*) »vom Himmel über die Gottlosigkeit und Ungerechtigkeit der Menschen« schreibt, zugleich mit dem Offenbarwerden der Gerechtigkeit Gottes.[125] Im Römerbrief sind wir am Gipfel einer Entwicklung angelangt, die ich die Theologisierung des Begriffs »Zorn« nennen möchte.

Was ist das für ein Zorn, und wo kommt er her? Ausgehen möchte ich von der schon auf die Antike zurückgehenden Erkenntnis, daß es sich hier um ein im Kern politisches Konzept handelt. In den Vätergeschichten der Genesis ist vom Zorn Gottes nicht die Rede.[126] Die »Urszene« des göttlichen Zorns ist nicht der Sündenfall, sondern das »Goldene Kalb«. Weder das Essen vom verbotenen Baum noch die Ermordung Abels, weder die Verderbtheit des ersten Menschengeschlechts noch der Turmbau zu Babel erregen den Zorn Gottes, so furchtbare und katastrophale Strafen sie auch nach sich ziehen. Erst als durch den Bundesschluß am Sinai die Beziehung Gottes zu Israel die politische Form des Vertrages angenommen hatte, entsteht der Boden für den Zorn Gottes. Dieser Zorn ist ein spezifisch politischer Affekt. Er wächst Jahwe zu mit der Königsrolle, die er in bezug auf Israel übernimmt. Nicht die irrationale Leidenschaftlichkeit eines »Wüstendämons«, wie man sich das früher gerne vorstellte[127], sondern ganz im Gegenteil die hochkulturelle Idee der Gerechtigkeit bedingt diesen Zorn. Es ist der Zorn des Richters, der rettend eingreift, und der Zorn des Herrschers, der den abtrünnigen Vasallen trifft. Idolatrie und Unterdrückung rufen den Zorn Gottes hervor, und beides sind Verstöße gegen das mit Gott geschlossene Bündnis. Idolatrie bedeutet den Abfall zu anderen Herren und verstößt gegen den Vertragscharakter des Bundes, Unterdrückung bedeutet die Abkehr vom freimachenden Gesetz und verstößt gegen die göttliche Rechtssetzung.

Diese politische Deutung des göttlichen Zornes geht schon auf die Antike zurück. Laktanz hat dem Zorn Gottes ein ganzes Buch gewidmet.[128] Das Problem, wie es sich damals darstellte, bestand in der Vorstellung von der Affektivität Gottes. Das griechische Wort für »Affekt« ist *pathos*, das auch »Leiden« bedeutet. Affekte werden nach griechischer Auffassung erlitten, sie sind ihrem Wesen nach »passiv«. Kann Gott leiden? Der philosophische, besonders der stoische Monotheismus der Antike postulierte die absolute Vollkommenheit und damit Leidensunfähigkeit Gottes. Dem hält Laktanz entgegen, daß der Zorn nicht zum *Wesen (natura)*, sondern zur *Rolle*, zum *imperium* bzw. *dominium* Gottes gehört und eine Form seiner erhaltenden, rettenden, Gerechtigkeit schaffenden Weltzuwendung darstellt. Zorn und Erbarmen bedingen sich gegenseitig und folgen beide mit logischer Notwendigkeit aus dem Gedanken göttlicher Weltzugewandtheit. Wer Gott diese Affekte abspricht, leugnet die Weltzuwendung Gottes und macht ihn zu einem *deus otiosus*, dem keine Anbetung zukommt. Ein Gott, der keinen Zorn kennt, braucht keinen Kult: *religio esse non potest ubi metus nullus est*.[129] Zorn, Liebe und Erbarmen sind Attribute des göttlichen Richteramts und für die Inganghaltung der Welt unabdingbar. Denn »hätte Gott sie nicht, dann geriete das Menschenleben in Verwirrung und der Zustand der Welt käme in solche Unordnung, daß die Gesetze verachtet und übergangen würden und allein die Frechheit herrschte, und daß letzten Endes sich niemand sicher fühlen könnte als allein der Stärkere. So würde, wie durch eine allgemeine Räuberbande, die ganze Erde verwüstet. Nun aber können die Bösen mit Strafe, die Guten mit Gnade und die Unglücklichen mit Hilfe rechnen.«[130]

Was Laktanz hier als den Sinn der Rede vom Zorne Gottes entfaltet, ist der klassische Begriff der legitimen politischen Gewalt, der auf der These basiert, daß »Politik und Recht nur möglich sind, wenn sie zu ihrer Durchsetzung auf physische Gewalt zurückgreifen und Gegengewalt wirksam ausschließen können« (Niklas Luhmann). Der Zorn Gottes ist für Laktanz eine politische Kategorie.

Die Ägypter personifizieren den Zorn Gottes in weiblicher Gestalt. Es handelt sich um die Göttin Tefnut, die Zwillingsschwester des Luftgottes Schu, dessen Charakter als Modell des Königtums wir schon kennengelernt haben. Schu ist der Gott, der den Himmel hochstemmt und dadurch die Götter fernhält und zugleich die Verbindung zu ihnen herstellt. Tefnut ist die Göttin der Uräusschlange, also des zentralen Symbols des pharaonischen Königtums. Ihr typischer Beiname ist *Nsrt*, »die Flammende«[131], wovon möglicherweise das hebräische Wort für »Krone«, *nezer*, entlehnt ist.[132] Sie wird schon früh der Ma'at, der Göttin der Gerechtigkeit, gleichgesetzt. In ihrer Gestalt verschmelzen die Vorstellungen des Zorns und des Gerichts zur »zornflammenden Gerechtigkeit«.[133] Der Charakter der Tefnut changiert auf eine höchst eigentümliche Weise zwischen Zorn und Sanftmut, wobei sie jeweils verschiedene Gestalt annimmt: im Zorn ist sie eine Löwin, besänftigt ist sie eine Katze. In diesen beiden Zuständen wird sie jeweils anderen Gottheiten gleichgesetzt: im Zorn der Löwin Sachmet, besänftigt der katzengestaltigen Bastet. Ein Mythos erzählt von der Heimführung der Tefnut aus dem fernen Süden, wohin sie sich in ihrem Zorn zurückgezogen hat. Schu und Thot werden ausgesandt, die Wütende zu besänftigen und nach Ägypten zurückzuholen. Thot, als Gott der Schrift und der Schreiber und Bote der Götter, vollbringt das Werk, indem er die Göttin mit Tierfabeln und Weisheitslehren unterhält. Der demotisch überlieferte Text[134] existiert sogar in einer griechischen Übersetzung.[135] In einer älteren Fassung ist der Mythos bereits auf Fragmenten belegt, die aus dem Neuen Reich, also dem 15. oder 14. Jh. v. Chr. stammen müssen.[136]

Ähnlich wie Scheherazade in *Tausendundeine Nacht* setzt Thot das Mittel der Erzählung ein, um den tödlichen Zorn abzulenken und aufzuhalten. Allerdings erfahren wir in dem ägyptischen Mythos nicht, was den Zorn der Göttin erregt hat. Vielleicht handelt es sich um einen schlechthinnigen Zorn, der gar keinen Anlaß hat, und der durch die Heimführung der Göttin nach Ägypten erst zum »gerechten Zorn« gebändigt und auf ein sinnvolles Ziel gelenkt werden muß. Hier hätten wir es dann wirklich mit einem »Wüstendämon« zu tun, der zur hochkulturellen Gottheit umgeformt wird.

Tefnut verkörpert in ihrer zwischen Katze und Löwin, Sanftmut und Raserei changierenden Gestalt die Ambivalenz der Staatsgewalt. Sie ist zwar eine Gestalt der Götterwelt, aber die zornflammende Gewalt, die sie verkörpert, ist ein genuin politisches Phänomen, und zwar gerade auch in ihrer Ambivalenz. Vom König wird bezeichnenderweise in einem klassischen, bis ins Mittlere Reich zurückgehenden Text genau dasselbe gesagt:

Bastet ist er, die die beiden Länder behütet.
Wer ihn verehrt, wird von seinem Arm beschützt werden.
Sachmet ist er gegen den, der sein Gebot verletzt;
wen er mit Ungnade straft, wird im Elend sein.¹³⁷

Auch der König changiert tefnutartig zwischen Sachmet und Bastet. An einer anderen Stelle desselben Textes heißt es mit Bezug auf die zwischen Zorn und Sanftmut schwankende Stimmung des Königs:

Die Nasen erstarren, wenn er in Zorn gerät.
Man atmet wieder, wenn er sich besänftigt.¹³⁸

Die Doppelgesichtigkeit der politischen Gewalt entspringt aber, wie aus diesem Text deutlich wird, nicht etwa einem exzessiv zwischen Extremen schwankenden subjektiven Gefühlsleben des Königs, sondern beantwortet die objektive Ambivalenz der Welt, die der König zu regieren und für den Schöpfergott in Gang zu halten hat. Der König ist Bastet und Sachmet, weil die Welt aus Guten und Bösen besteht. In der Welt, wie sie ist, führt ausschließliche Milde unweigerlich zur Katastrophe. Würde sich der König einseitig mit Bastet identifizieren und ganz Güte und Milde sein, dann wäre er kein Schutz für die Guten mehr. Denn wenn man die Welt sich selbst überläßt, dann herrscht das »Gesetz der Fische«: Die Großen fressen die Kleinen.¹³⁹ Deshalb ist es die Pflicht des Königs, auch den Sachmet-Aspekt zu verkörpern und gegen die Kräfte der Zerstörung mit entschiedener Gewalt vorzugehen. Vertrauen läßt sich nur durch Stärke erzeugen.

Einerseits ist die Gewalt unabdingbar, wenn anders die Gerechtigkeit durchgesetzt und der Schutz der Schwachen vor dem Zugriff der Starken gelingen soll. Aber wehe, wenn diese Gewalt sich verselbständigt und den bändigenden Rahmen der Gerechtigkeit sprengt. Das ist offenbar das Thema des Tefnutmythos. Denn es heißt, der Zorn der Göttin (von dessen Anlaß wir, wie gesagt, nichts erfahren) richte sich gegen ihren Vater, den Sonnengott selbst. In abstrakte Begrifflichkeit übersetzt bedeutet das, daß sich die »Staatsgewalt« gegen den Gott richtet, den der Staat repräsentiert und dessen Schöpfungswerk er unter den Bedingungen der Gottesferne fortzusetzen hat. Der Mythos formuliert also mit den ihm eigenen Mitteln ein Bewußtsein von der Ambivalenz staatlicher Gewalt und der Notwendigkeit, sie unausgesetzt mit den Mitteln der Weisheit und der Dichtung in die richtigen

Bahnen zu lenken.[140] Wenn diese Deutung zutrifft, dann hatten die Ägypter nicht nur die Unabdingbarkeit, sondern auch die Kontrollbedürftigkeit der politischen Gewalt formuliert, wenn auch mit den Mitteln mythischer Symbolik und nicht mit denen begrifflicher Argumentation. Thot, der Gott, dem die Aufgabe der Gewaltkontrolle zukommt, ist der Gott der Schrift, der Weisheit und der Gerechtigkeit. Sein irdisches Äquivalent ist der Wesir, der höchste Beamte des Staates nächst dem König, der zugleich das Amt des obersten Richters und den priesterlichen Rang eines Hohenpriesters der Ma'at, der Göttin der Gerechtigkeit, bekleidet. Zwar dürfen wir hier noch nicht von Gewaltenteilung und institutionalisierter Gewaltenkontrolle reden. Und dennoch scheint in dieser Symbolik ein frühes Wissen um die Gefahren greifbar, die mit der Gewalt schlechthin verbunden sind, sei sie auch noch so gerechtfertigt und für den Fortbestand der Welt unabdingbar.

Die Bändigung der Gewalt gelingt nur durch Gewalt. Diese Dialektik zwingt zur Unterscheidung von unrechtmäßiger und rechtmäßiger oder »wilder« und »politischer« Gewalt. Politische Gewalt ist die Gewalt, deren Sinn und Funktion darin gesehen wird, eine Gesellschaft vor »wilder« unkontrollierter Gewalt aller gegen alle bzw. der Starken gegen die Schwachen zu schützen. Der Staat hat die Aufgabe, die Gerechtigkeit durchzusetzen, und das heißt prägnant: »den Schwachen zu erretten aus der Hand des Starken«. Sie erfordert unausgesetzte Anstrengung, und solche Anstrengung speist sich aus einem »gerechten Zorn«. In Ägypten gehört der gerechte Zorn zu den Grundtugenden des Königs und der Beamten. Auch Laktanz rechnet »Zorn gegen die Bösen, Liebe zu den Guten und Erbarmen gegen die Unglücklichen« zu den *adfectus virtutis*.[141] So sagt der ägyptische König zum Wesir bei der Amtseinsetzung: »Du sollst dich erzürnen über das, worüber man in Zorn geraten soll.«[142] Und in einem der bedeutendsten, aber auch rätselhaftesten Werke der altägyptischen Literatur wird der Zerfall der Gerechtigkeit mit folgenden Worten beklagt:

Nicht findet man Menschen auf dem Wege,
denn Handgemenge ist aufgekommen. Sie sind vertrieben infolge des Unrechts,
    das sie begangen haben.
Es gab keinen Lotsen zu ihrer Stunde.
Wo ist er denn heute? Schläft er etwa?
Seht: man sieht seine strafende Macht (*b3w*) nicht. Als wir in Trauer versetzt
    worden waren, konnte ich dich nicht finden.
Man kann dich nicht anrufen, da du frei bist von Zorn dagegen.[143]

Man ist sich nicht sicher, wer hier angeredet wird, der Schöpfergott selbst oder sein Repräsentant, der König. Denn alle Eigenschaften des Königs sind – im Rahmen einer Theologie der Repräsentation – auch Gottesprädikate. Trotzdem ist der Begriff des Zorns primär politisch. Der gerechte Zorn, der sich über das Unrecht empört, ist geradezu der politische Affekt schlechthin. Die Unfähigkeit, sich über das Unrecht zu empören, kennzeichnet den Unpolitischen. Daher ist es, wiederum nach Laktanz, »ein Fehler, den eigenen Zorn gegenüber den Sünden zu bändigen« (18,3) und auch »bei Gott kein Zeichen von Tugend, daß er sich durch ungerechte Taten nicht bewegen läßt« (17,10). Der Zorn Gottes wird in manchen Psalmen geradezu eingeklagt (59,14; 79,6).

Gott ist nicht unpolitisch; diese These gehört zu den Grundannahmen jeder politischen Theologie. In diesem Punkt stimmen auch Ägypten und Israel völlig miteinander überein. Der Unterschied liegt nur darin, daß in Ägypten Gott – der Singular ist hier durchaus am Platz – die Herrschaft, d. h. die Rolle seiner herrscherlich-richterlichen Weltzuwendung, dem König überträgt, der ihn in dieser Rolle repräsentiert, während in Israel Gott selbst und unmittelbar diese Rolle wahrnimmt.

Nach der ägyptischen Vorstellung, d. h. dem Modell der Repräsentation, »erschafft Gott den König, um seinen Zorn offenbar werden zu lassen und den Schrecken vor ihm sichtbar zu machen«, wie es in einem Text der 25. Dynastie heißt.[144] Die typischen Adressaten dieser Offenbarung – die ägyptischen Texte sprechen hier meist von »zeigen«, »sichtbar machen« – sind die Fremdvölker. So »zeigt« der Gott in einem zentralen, in mehreren Varianten verbreiteten Text der 18. Dynastie, auf den wir im Fünften Kapitel eingehen werden, den Fremdvölkern den König z. B. in verschiedenen Tiergestalten, die als Hieroglyphen der Kraft und Aggressivität die politische Gewalt des ägyptischen Staates nach außen hin symbolisieren sollen.[145]

Gott »offenbart« sich im König; das Königtum ist die sichtbare Form der unsichtbaren Mächte, von denen der Ägypter Gedeihen und Gelingen, Schicksal und Geschichte abhängig weiß. Dieses Bild ist im großen ganzen gewiß zutreffend, aber es scheint um der historischen Genauigkeit willen doch wichtig, wenigstens am Rande auf eine Gruppe von Erscheinungen hinzuweisen, die dieser allzu vereinfachenden Rekonstruktion widersprechen. In Ägypten und Mesopotamien mehren sich vom 15. Jh. v. Chr. an die Zeugnisse, die auch hier die Idee einer unmittelbaren strafenden und rettenden, zürnenden und erbarmenden, mit einem Wort: richterlichen Zuwendung Gottes zur Menschenwelt zum Ausdruck bringen. Als Retter und Richter greift der Gott nach der neuen Auffassung unmittelbar ein, ohne Repräsentation durch staatliche Institutionen. Bei aller Ferne und Verborgenheit ist er doch nahe und allgegenwärtig, hört jede Bitte, sieht alles Unrecht und kommt im Augenblick zu dem, der ihn ruft. Im Zusammenhang dieser Ideen stoßen wir in zahlreichen Texten, in Ägypten wie auch in Mesopotamien[146], auf Aussagen, in denen vom Zorn Gottes die Rede ist. Dabei handelt es sich aber immer um den Zorn eines bestimmten Gottes über die Sünde eines bestimmten Individuums. Der Ausdruck für »Zorn« lautet b3w, was eigentlich soviel wie »Machterweise« bedeutet.[147] Von diesem Zorn heißt es, daß er sich »ereignet«, d. h. in Form von Krankheit, Unglück, Hungersnot, Katastrophen, also jeglicher Form biographischen oder geschichtlichen Unheils, manifestiert. Der Gegensatz ist »Gnade«, ägypt. ḥtpw (das in seinem Bedeutungsumfang ungefähr dem semitischen *salam* <u>, *schalom*, entspricht), gern verbunden mit einem Wort, das eigentlich »umkehren« und in diesem Zusammenhang soviel wie »Vergebung« bedeutet. Schon in einem Gebet aus der Zeit Amenophis II. (ca. 1450 v. Chr.) wird Amun angerufen als

Amun-Re, gewaltig an Zorn, Herr der Gnade.
Du ließest mich den Tag als Nacht erblicken.
Erleuchte mein Auge, indem du umkehrst!
Amun-Re, du bist es, der geliebt wird,
du bist der Einzige, der umkehrt von seinem Zorn.[148]

In dieser Zeit breitet sich in der gesamten östlichen Mittelmeerwelt bis nach Mesopotamien die Überzeugung aus, daß der Mensch in seinem Handeln den Zorn eines Gottes provozieren und daß dieser Zorn sich in persönlichem oder – wenn es sich bei dem Sünder um den König handelt – in geschichtlichem Unheil äußern kann. Die ersten Stadien einer Theologisierung des Zorns setzen also schon in den orientalischen Religionen ein. Sie sind verbunden mit einer Theologisierung der Geschichte und des Schicksals.[149] Schicksal und Geschichte werden nun zum Raum, in welchem der Zorn Gottes sich »ereignet«, wie die Ägypter sagen, womit bereits dasselbe gemeint ist, was in der biblischen Tradition als die »Offenbarung« des Zornes Gottes erfahren wird.[150]

Aus dem 12. und 11. Jh. v. Chr. stammen Inschriften, die in einem durchaus biblisch anmutenden Sinne vom Zorne Gottes reden:

Gewaltig an Zorn (b3w), mächtiger ist er als Sachmet, wie ein Feuer im Sturm,
(aber auch) hoch an Gnade, der sich kümmert um den, der ihn preist,
der sich umwendet (= vergibt), um das Leid zu heilen.
Denn er blickt auf die Menschen, keiner ist, den er nicht kennt,
und er hört auf Millionen von ihnen.
Wer vermag deinem Zorn zu widerstehen,
wer das Rasen deiner Gewalt abzuwehren?[151]

Vom König ist jetzt nicht mehr die Rede. Der Gott braucht ihn nicht, um seinen Zorn zu offenbaren. Neue politische Formen, die dieser Theologie entsprechen, werden aber nicht gefunden. Das über alle libyschen, äthiopischen, persischen, makedonischen und schließlich römischen Fremdherrschaften fortbestehende Königtum hält am Modell der Repräsentation fest und läßt daher die Theologisierung des Zornes, die Schicksal und Geschichte unmittelbar dem Gericht der göttlichen Gerechtigkeit unterwirft, nicht wirklich zum Durchbruch kommen.

Zum Durchbruch kommt dieser Gedanke aber in der Theologie Israels. Seine Abkunft aus der politischen Sphäre wird darin deutlich, daß es sich nach wie vor um einen *gerechten* Zorn handelt, um den Zorn des Gesetzgebers über die Rechtlosigkeit der menschlichen Natur.

2
»Liebe« als Loyalität und Solidarität

Im Deuteronomium, im *Sch^ema^c*-Gebet, steht das Gebot: »Du sollst Gott lieben mit deinem ganzen Herzen, und mit deiner ganzen Seele, und mit deiner ganzen Kraft.« Es handelt sich um das Gebot der Gebote, das alle anderen Gebote fundiert.[152] Jesus hat dieses Gebot zusammengespannt mit dem Gebot der Nächstenliebe, das ganz woanders vorkommt: im Buch Levitikus, im »Heiligkeitsgesetz«, und daraus das »Doppelgebot der Liebe« gemacht.[153] Im Deuteronomium aber ist an Nächstenliebe nicht gedacht, sondern nur an Gottesliebe.[154]

Dieses Liebesgebot stammt aus der Sprache der Vasallenverträge und Loyalitätsvereidigungen.[155] Bei den Hethitern schwören die Heerführer und niederen Ränge, ihren Herrn zu lieben, und in den Thronfolgevereidigungen Asarhaddons – also in unmittelbarer zeitlicher Nähe des Deuteronomiums – schwören die Vasallen: »wenn ihr Assurbanipal, euren Herrn, nicht liebt wie euer eigenes Leben ...«. Wichtiger ist noch, daß auch die eigentümliche Betonung des inneren Menschen »von ganzem Herzen, ganzer Seele, ganzem Vermögen« aus dem Bereich der politischen Loyalität stammt. Die Formel »aus ganzem Herzen« kommt schon in hethitischen Verträgen vor. »Wenn du Niqmepa nicht beschützt mit deinem Heer und deinen Wagen und mit deinem ganzen Herzen und nicht für ihn kämpfst mit deinem ganzen Herzen«, lesen wir in einem Vertrag mit Ugarit[156]; in einem anderen: »wenn du Shaushgamuwa nicht zu Hilfe kommst von ganzem Herzen...«.[157] Das Pathos der Ganzheit, der vorbehaltlosen Totalität und Absolutheit stammt aus dem Loyalitätseid, den die Vasallen, Beamten und Heerführer auf den König schwören müssen. So heißt es etwa: »Solltet ihr – während ihr auf dem Erdboden dieses Eides steht – nur einen Eid des Lippenbekenntnisses schwören und nicht aus eurem ganzen Herzen schwören ...«[158] Es geht um den Ausschluß jeden inneren Vorbehalts; daher: »von ganzem Herzen«.

Aus Ägypten kennen wir keine Verträge. Es gibt aber eine Lehre, ein literarisches Werk, das zur Loyalität ermahnt und das mit den Worten beginnt:

Verehrt den König im Innern eures Leibes!
Verbrüdert euch seiner Majestät in euren Herzen!
Er ist Sia, der in den Herzen ist,
seine Augen, sie durchforschen jeden Leib.[159]

Dieser Text gehört immerhin zu den fundierenden Texten der ägyptischen Tradition und zu den auswendig gelernten und immer wieder abgeschriebenen »Schulklassikern«. Aber das Gebot der verinnerlichten Königsliebe begegnet auch sonst. So läßt sich z. B. im Grab des Wesirs Paser auf einer sonst völlig zerstörten Wand dieser eine Satz als Rede des Grabherrn noch lesen: »Verehrt den König in euren Herzen!«[160] Die Verehrung, die der König fordert, ist Herzenssache. Der innere Mensch ist gefordert. Daher betonen die Beamten auch in ihren Inschriften: »mein Herz war es, das mich dazu antrieb, dem König zu folgen«.

Der Begriff der Liebe steht dem des Zorns komplementär gegenüber. Beides sind »vertikale« Affekte, aber in entgegengesetzter Richtung: Der Zorn richtet sich von oben nach unten, die Liebe von unten nach oben. Das Gegenstück zum Zorn ist, von oben nach unten gesehen, die »Huld« oder »Gnade«, wie sie Bastet verkörpert. Ihr korrespondiert von unten die Liebe, dem Zorn jedoch die Furcht.

3
Die Theologisierung der »konnektiven« Gerechtigkeit

Recht und Kult – Verschiebungen und Umbuchungen

Die Wandlung, von der ich berichten will, zeichnet sich zum Teil schon in der ägyptischen Geschichte selbst ab. Radikal jedoch wird sie erst mit jenem Schritt vollzogen, der in der Überlieferung vom Auszug aus Ägypten Gestalt gewonnen hat. Eine sinnfälligere Figur für diesen menschheitsgeschichtlichen Paradigmenwechsel hätten wir uns nicht wünschen können: Aus Ägypten mußte ausgezogen werden, um in eine neue und ganz andere Form von Gottesnähe einzuziehen.

Zorn und Liebe stehen für eine ganze Begriffswelt, die mit dem Auszug aus Ägypten theologisiert und gleichsam von der Erde in den Himmel versetzt worden war. Was für diese beiden Begriffe gezeigt wurde, ließe sich auch an Metaphern wie »Hirte«, »Lotse«, »Steuermann«, »Richter« usw. sowie an Konzepten wie »Gerechtigkeit«, »Gnade«, »Gehorsam«, »Unterwerfung« (arab. »Islam«) zeigen. Im Grunde ist die gesamte Vorstellung einer die gesellschaftliche Welt organisierenden *vertikalen Achse*, die alles in vertikale Bezüge des Schutzes (nach unten) und Gehorsams (nach oben), der bewahrenden Inganghaltung und verehrenden Liebe einstellt[161], vom ägyptischen Herrscher auf Gott übertragen worden. Die Theologisierung dieser Konzepte beginnt bereits in Ägypten selbst. Für die Metaphern der Gott-Mensch-Beziehung, wie »Hirte«, »Pilot«, »Steuermann«, »Fährmann« usw., werde ich das im Siebten Kapitel aufzeigen. Hier wird das soziopolitische Modell des Patronats auf die Gottesbeziehung des Einzelnen angewandt. Noch früher beginnt die Theologisierung des Konzepts der konnektiven Gerechtigkeit. Die Heraufkunft der Idee eines Totengerichts hängt geschichtlich offenbar eng zusammen mit dem Untergang des Alten Reichs. Der Zusammenbruch des Staates provozierte die Suche nach dauerhafteren, und das heißt hier, transzendenten Fundierungen der Gerechtigkeit. Die Idee des Totengerichts leistet genau dies. Sie verlegt die letztinstanzliche Grundlage der Gerechtigkeit in die Götterwelt, in das Tribunal des Gottes Osiris, vor dem sich alles Irdische zu verantworten hat. Daher gehört auch die Geschichte der Totengerichtsidee, der wir im Achten Kapitel nachgehen wollen, in den Rahmen der Politischen Theologie.

Dieser vertikalen Achse, die den gesellschaftlichen Raum organisiert, entspricht ein bestimmter Begriff von »Sinn«, der die Vorstellungen von Zeit, Schicksal und Geschichte organisiert. Dieser Begriff betrifft den Zusammenhang von Tun und Ergehen. Unter »Sinn« verstehen wir Richtung und Zusammenhang. Die Erfahrung der Sinnlosigkeit gründet sich entweder darauf, daß man die Richtung nicht erkennen kann, auf die etwas »hinauswill« oder »hinausläuft«, oder daß man den Zusammenhang nicht erkennen kann, der bestimmte Ereignisse bzw. Elemente miteinander verbindet. Verstehen heißt, den Zusammenhang des Isolierten erfassen oder die Richtung einer Bewegung erkennen. »Sinnlos« ist das Richtungslose und das Zusammenhangslose. Zusammenhangslos erscheint die Abfolge dem, der sie von außen überblickt, richtungslos dem, der in ihr drinsteckt. Das sind die Formen der Zeiterfahrung, wie sie in Sprachen mit Aspektopposition zur Grundlage des Temporalsystems gemacht werden. Der »imperfektive« Aspekt bezeichnet die Handlung von innen und entspricht darin der Frage nach der Richtung; der »perfektive« Aspekt bezeichnet sie von außen, genauso wie die Frage nach dem Zusammenhang. Richtung und Zusammenhang treffen sich in jener Idee eines Nexus von Tun und Ergehen, die ich als »konnektive Gerechtigkeit« bezeichnen möchte. Darunter wird das Prinzip verstanden, das eine Tat mit ihrer Folge verknüpft.[162] In seiner theologischen Form erscheint der Begriff eines *Richtungssinns* alles Handelns und Geschehens als Wille Gottes, der Begriff eines *Zusammenhangssinns* als Gottes Bewußtsein: »Tausend Jahre sind vor dir wie ein Tag, wenn er vergangen.«[163] Daraus entwickeln sich in der theologischen Reflexion die Kategorien der Allmacht und der Allwissenheit.

An den Begriffen der Allmacht und des Wunders exemplifizierte Carl Schmitt seine These der Politischen Theologie. Sie beziehen sich auf den Richtungsaspekt der Sinnherrschaft Gottes, die Theologie des Willens. Der Wille Gottes lenkt die Schicksale und die Geschichte, er stößt die Mächtigen vom Thron und erhebt die Niedrigen, er bahnt die Wege, auf denen alles Geschehen abläuft, und entscheidet über die Ausnahmen, die vom Wege abweichen.

In seinem ursprünglichen Kontext aber gehört dieser Begriff des Sinns auf die Seite der sozialen und politischen Ordnung, die Seite der Gerechtigkeit. Er bildet geradezu die Grundlage des altorientalischen Gerechtigkeitsbegriffs. Gerechtigkeit ist das Prinzip, das die Folge an die Tat bindet. Dadurch sichert sie den Zusammenhang von Tun und Ergehen und bestimmt den Richtungssinn des Handelns. Das Rechte, das Richtige und das Gelingende sind in dieser Anschauung ein und dasselbe. Daß das Gute scheitern und das Böse Erfolg haben könnte, ist in dieser Weltsicht undenkbar, weil es dem Richtungssinn des Tun-Ergehen-Zusammenhangs zuwiderlaufen würde. Da trotzdem entsprechende Erfahrungen nicht ausbleiben können, bildet sich das Bewußtsein einer Gefährdung und Zerbrechlichkeit dieses Zusammenhangs heraus.[164] Er wird nicht als ein quasi naturgesetzlicher Automatismus, eine Kausalität, verstanden, sondern als eine kulturelle Leistung, zu der der Mensch erzogen werden muß. Das ist das Anliegen der »Weisheitsliteratur«, die in Ägypten und Mesopotamien das Zentrum der schriftlich fixierten Tradition bildet.[165] Die Thora, wörtl. »Weisung«, ist im Kern – vor allem im Deuteronomium – nichts anderes als die theologisierte Form dieser altorientalischen Weisheit.[166] Deren Ziel ist, um es noch einmal zu sagen, den Einzelnen einzustimmen in den Sinnzusammenhang der Gerechtigkeit, in dessen Rahmen das Gute gelingt und das Böse scheitert. Für die altorientalische Weisheitsliteratur gilt nun dasselbe wie für die Begriffe »Zorn« und »Liebe«: Sie ist ihrem Wesen nach säkular. Worauf es ankommt, ist, Erfolg zu haben und ans Ziel zu kommen. Diese Zielsetzung klingt auch in der Thora und in den Proverbien noch an, überall dort, wo als Begründung eines Gebots angegeben wird »auf daß du lang lebest auf Erden«.[167] Diese Idee des Lebens, Dauerns, Bleibens – mit ihrem Gegensatz des Todes, Verschwindens und Scheiterns – ist der höchste Wert, von dem her sich alle Handlungsmaximen bestimmen. Erfolg in diesem Sinne des Fortbestehens und Nichtvergehens hat aber nach ägyptischer Auffassung nur derjenige, der es versteht, den Richtungssinn im Blick zu behalten, d. h. bei seinem Handeln zugleich an die Folgen, die Zukunft, »den morgigen Tag«, sowie an die Mitmenschen, den Anderen, zu denken. Der Egoist, der seinen Blick nur auf seine persönlichen Ziele richtet, isoliert sein Handeln aus diesem sozialen Zusammenhang und muß daher scheitern. Der Zusammenhang, um den es hier geht, ist Sache sozialer Ausbildung, eines *sensus communis*, der sich als Erinnerung und Verantwortung artikuliert. Erinnerung bedeutet, sich eingegangener Verpflichtungen bewußt zu bleiben, ägyptisch: das »Gestern« nicht zu vergessen.[168] Verantwortung heißt Antwort geben, Rechenschaft ablegen können für sein Handeln gegenüber denen, die von diesem Handeln betroffen sind. Der Zusammenhang von Tun und Ergehen, der Richtungssinn von Handeln und Geschehen, hat daher auch eine soziale Dimension. Der soziale Raum aber ist, wie wir gesehen haben, von einer vertikalen Achse organisiert, die die hierarchischen Beziehungen gegenüber den lateralen privilegiert. In diesem vertikalen Gefüge gilt die Verantwortung gegen über denen, denen man nach oben Gehorsam, und gegenüber denen, denen man nach unten Schutz schuldet. Die konnektive Gerechtigkeit bindet den Menschen an den Menschen und das Gestern an das Heute und Morgen; sie stiftet personale Identität, soziale Harmonie und geschichtliche Kontinuität. Was sie jedoch ihrem ursprünglichen Sinne nach nicht stiftet, ist Gottesnähe. Dafür ist der Kult da. Kult und Gerechtigkeit sind in Ägypten und allgemein im Alten Orient getrennte Sphären. »Den Menschen Recht sprechen« und »die Götter zufriedenstellen« bilden die beiden komplementären, aber wohlunterschiedenen Aufgaben des Königtums.

In Israel wird diese Grenze systematisch eingerissen. Gerechtigkeit stellt Gott wesentlich mehr zufrieden als der Opferkult. Das leidenschaftliche Plädoyer der Propheten gegen die Ungerechtigkeit stellt den klassischen Fall einer »Umbuchung« dar der Heilsinvestitionen vom Opfer auf Gerechtigkeit, von Kult und Fest auf die alltägliche Lebensführung. Es ist aufschlußreich, sich im Licht dieser These einige dieser berühmten Stellen noch einmal vor Augen zu stellen:

Was soll mir die Menge eurer Schlachtopfer? spricht der Herr.
Satt habe ich die Brandopfer von Widdern
und das Fett der Mastkälber,
und das Blut der Stiere und Lämmer und Böcke mag ich nicht.
Wenn ihr kommt, mein Angesicht zu schauen,
wer hat das von euch verlangt, daß ihr meine Vorhöfe zertretet?
Bringet nicht mehr unnütze Gaben – ein Greuelopfer ist es mir.
Neumond und Sabbat, Versammlung berufen – ich mag nicht Frevel und Feiertag.
Eure Neumonde und eure Feste haßt meine Seele;
sie sind mir zur Last geworden,
ich bin's müde, sie zu ertragen.
Und wenn ihr eure Hände ausbreitet, verhülle ich meine Augen vor euch;
auch wenn ihr noch so viel betet, ich höre es nicht.
Eure Hände sind voll Blut; waschet, reiniget euch!
Tut hinweg eure bösen Taten, mir aus den Augen!
Höret auf, Böses zu tun, lernet Gutes tun!
Trachtet nach Recht, weiset in Schranken den Gewalttätigen,
helfet der Waise zum Rechte, führet die Sache der Witwe! (Jesaia 1,11-17)

Ich hasse, ich verschmähe eure Feste und mag nicht riechen eure Feiern.
Denn wenn ihr mir Brandopfer darbringt – an euren Gaben habe ich kein
    Gefallen,
und das Opfer eurer Mastkälber sehe ich nicht an.
Hinweg von mir mit dem Lärm deiner Lieder!
Das Spiel deiner Harfen mag ich nicht hören!
Aber es ströme wie Wasser das Recht
und die Gerechtigkeit wie ein unversieglicher Bach! (Amos 5,21-24)

Womit soll ich vor den Herrn treten, mich beugen vor dem Gott der Höhe?
Soll ich vor ihn treten mit Brandopfern, mit einjährigen Kälbern?
Hat der Herr Wohlgefallen an vieltausend Widdern, an ungezählten Bächen Öls?
Soll ich meinen Erstgeborenen hingeben für meine Sünde, die Frucht meines
    Leibes als Sühne meiner Seele?
Es ist dir gesagt, Mensch, was gut ist und was der Herr von dir fordert:
nichts als Recht üben und die Güte lieben und demütig wandeln vor deinem Gott.
(Micha 6,6-8)

Auch der 50. Psalm gehört in extenso in diesen Zusammenhang.

Ein Psalm Asaphs.
Der Gott der Götter,
der Herr, redet und ruft der Erde
vom Aufgang der Sonne
bis zu ihrem Niedergang.
Vom Zion her, der Krone der Schönheit,
strahlt Gott auf.
Unser Gott kommt und kann nicht schweigen;
verzehrendes Feuer geht vor ihm her,
und rings um ihn ist ein mächtiges Wetter.
Er ruft dem Himmel droben zu
und der Erde, um sein Volk zu richten.
Versammelt ihm seine Frommen,
die ihm beim Opfer einen Bund geschlossen!
Und die Himmel sollen seine Gerechtigkeit verkünden;
denn Gott selbst will Richter sein.
O Israel, ich will dich mahnen;
der Herr, dein Gott, bin ich.
Nicht wegen deiner Opfer will ich dich rügen,
sind doch deine Brandopfer allezeit vor mir.
Ich mag nicht den Stier aus deinem Hause
noch Böcke aus deinen Hürden.
Mein ist ja alles Getier des Waldes,
das Wild auf meinen Bergen zu Tausenden.

Ich kenne alle Vögel des Himmels,
und was auf dem Felde sich regt, ist mir kund.
Wenn mich hungerte, ich brauchte es dir nicht zu sagen;
denn mein ist der Erdkreis und was ihn erfüllt.
Sollte ich das Fleisch von Stieren essen
und das Blut von Böcken trinken?
Bringe Gott Dank als Opfer dar
und bezahle so dem Höchsten deine Gelübde.
Und rufe mich an am Tage der Not,
so will ich dich erretten und du sollst mich preisen.
Zum Gottlosen aber spricht Gott:
Was zählst du meine Gebote auf
und führst mein Gesetz im Munde,
da du doch Zucht hassest
und meine Worte hinter dich wirfst?
Siehst du einen Dieb, so hältst du zu ihm,
und mit Ehebrechern hast du Gemeinschaft.
Deinen Mund lässest du Böses reden,
und deine Zunge flicht Betrug.
Du setzest dich hin und redest wider den Bruder,
beschimpfst den Sohn deiner Mutter.
Du hast getan und ich habe geschwiegen;
da wähntest du, ich sei gleich wie du.
Nun rüge ich dich und stelle es dir vor Augen.
Merket doch das, die ihr Gottes vergessen,
damit ich nicht zerreiße und niemand rettet.
Wer Dank opfert, der ehrt mich;
und wer unsträflich wandelt, den lasse ich schauen mein Heil.[169]

Durch diese entscheidende Umbuchung wird Gerechtigkeit zu einer heilsrelevanten Handlungsnorm, die Gottesnähe vermittelt. Die beiden Handlungsziele des ägyptischen Königs, unter den Menschen Gerechtigkeit herzustellen und die Götter zufriedenzustellen, fallen in eines zusammen. Der Gott Israels läßt sich mit Opfern nicht besänftigen: Er fordert Gerechtigkeit.

Die soziopolitische Handlungssphäre Recht und Gerechtigkeit wird in die theopolitische Sphäre verschoben. Dabei entsteht der radikal neue Gedanke, Gott selbst zum Gesetzgeber zu machen. Gott tritt in dieser Funktion an die Stelle der altorientalischen Könige.[170] Schöpfergötter gibt es überall in der Religionsgeschichte. Das Novum und das definierende Merkmal der alttestamentlichen wie dann überhaupt sekundärer Religion ist der gesetzgebende Gott. Auch wenn –

wie in Mesopotamien und Ägypten – der Sonnengott als Herr der Gerechtigkeit, d. h. als Richter und Retter, auftritt[171], überläßt er doch die Stiftung positiver Gesetze dem König und seinen Beamten. Der alles entscheidende Schritt Israels bestand darin, die Gerechtigkeit aus der sozialen und politischen in die theologische Sphäre zu transponieren und dem unmittelbaren Willen Gottes zu unterstellen. Dieser Schritt wurde in einer Form vollzogen und kodifiziert, die ihrerseits rechtlichen Charakter hat: in der Form eines Rechtsvertrages.[172]

Sakralisierung der Ethik

Man hat diesen wohlbekannten Sachverhalt bisher unter dem Stichwort »Ethisierung der Religion« behandelt. Max Weber sprach von »Entzauberung der Welt« und von »Rationalisierung der Lebensführung«.[173] Aber diese Deutung verkennt vollkommen, daß es sich hier um eine Umbuchung handelt. Hat sich denn die ägyptische Religion in Magie und Opferkult erschöpft? Die ethischen Forderungen nach rationaler Lebensführung wurden auch hier erhoben, nur in anderem Zusammenhang, an anderem Ort, außerhalb jenes für die »Besänftigung der Götter« ausgegrenzten Bezirks. Anstatt einer Ethisierung der Religion handelt es sich vielmehr um eine »Sakralisierung der Ethik«: Gerechtes Denken und Handeln vermitteln nicht nur Gelingen und gesellschaftliche Einbindung, sondern Gottesnähe. Damit werden nicht radikal neue Forderungen an die Lebensführung gestellt, sondern es werden wohlbekannte Forderungen erhoben, aber in einem neuen Sinne und im Namen einer anderen Instanz.

Im übrigen soll nicht vergessen werden, daß schon in einem ägyptischen Text des Mittleren Reichs der erstaunliche Satz steht:

Lieber wird das Wohlverhalten des Gerechten entgegengenommen, als der Ochse
dessen, der Unrecht tut.

Diese Sentenz könnte in der Bibel stehen; der ägyptische, an einen König gerichtete Text fährt jedoch fort:

Handle für Gott, daß er dir Gleiches tue,
durch große Opfer, die den Altar reichlich versehen, durch Inschriften.[174]

Zwar ist »Gerechtigkeit« ebenso wichtig wie »Kult«, zwar ist dieser wertlos ohne jene und sind beide miteinander verbunden, und doch wird hier keine Umbuchung vorgenommen, wird der Kult in keiner Weise zugunsten der Gerechtigkeit vergleichgültigt.

Die gewaltige Transformation dieses Wirklichkeitsmodells können wir hier nicht in allen ihren Aspekten behandeln. Wir können nur auf sie verweisen als den umfassenden Rahmen, in den die Begriffsgeschichte von »Liebe«, »Zorn« und »Gerechtigkeit« gehört. Der historische Ort dieser Transformation ist Israel. Die Erinnerungsfigur, in der sie in der biblischen Tradition über die Jahrtausende lebendig gehalten wurde, ist der Auszug aus Ägypten. Es handelt sich hier um einen Mythos, der seine Wahrheit weniger in der historischen als in der geistigen Realität besitzt. »Ägypten« symbolisiert die als solche zeitlose, metahistorische Gegenposition zu der in Israel, im Licht der zu einem Archimedischen Punkt gesteigerten Religion gefundenen Trennung von Herrschaft und Heil. Ägypten steht für die repräsentative Zwangseinheit von Herrschaft und Heil. Diesem symbolischen Ägypten gilt die geheime Sehnsucht vieler konservativer Denker, die in der Einheit von Herrschaft und Heil die Grundlage politischer Ordnung sehen.[175]

Das historische Ägypten allerdings gehört in eine ganz andere Welt, in der das Religiöse noch nicht zum Archimedischen Punkt gesteigert worden war, von dem aus über Trennung und Einheit reflektiert und entschieden werden konnte. Daher haben wir es hier nicht mit »Zwangseinheit« und totalitärer »Gleichschaltung« zu tun, sondern mit der für primäre Religionen typischen Ungeschiedenheit der politischen und der religiösen Sphäre. Da Ordnung als solche heilig ist, da Pharao die Gerechtigkeit verkörpert, lassen sich Herrschaft und Heil nicht auseinanderhalten. Die ägyptische Unterscheidung verläuft vielmehr zwischen legitimer Herrschaft und illegitimer Gewalt. Legitim ist die Herrschaft, die vom König ausgeht, weil sie das in Gang haltende Handeln des Schöpfers repräsentiert. Illegitim ist die Gewalt des Stärkeren. Sie ist die Macht, von deren Bösartigkeit Jacob Burckhardt überzeugt war und die von ihm wie von den Ägyptern auf Habgier, das Streben nach individueller Bereicherung auf Kosten anderer, zurückgeführt wird, die Macht, die vom »Zorn« des Herrschers gebannt wird.

Israel dagegen steht für die Trennung von Herrschaft und Heil, entweder im theokratischen Sinne, der menschliche Herrschaft nur in untergeordneten Formen zuläßt, oder im dualistischen Sinne, der in der

Zwei-Reiche-Lehre gipfelt. Zum ersten Mal in der Geschichte der Menschheit fundieren die königskritischen Texte der Bibel einen Widerstand gegen das Königtum, der nicht nur einzelnen, vom Gesetz abweichenden Herrschern gilt[176], sondern der Institution überhaupt.

Zweiter Teil
Herrschaft

Politische Theologie ist sowohl eine Politik, die sich zur Durchsetzung ihrer Ziele auf Gott beruft, als auch eine Theologie, die ihre Begriffe von Gottes Wesen und Willen in Form politischer Ordnung durchsetzen will. Man kann sogar unter Berufung auf Carl Schmitts berühmte und umstrittene Begriffsbestimmung des Politischen eine Theologie als politisch bezeichnen, die zwischen Freund und Feind unterscheidet und diese Unterscheidung ins Zentrum ihrer Selbstdefinition stellt. In diesem Sinne sind alle »sekundären« Religionen eo ipso politisch, weil sie auf der Definition von wahr und falsch beruhen und daher nicht nur alles Vorhergehende und andere als »Heidentum« ausgrenzen, sondern auch dazu tendieren, die Anhänger dieses Heidentums als »Feinde« zu betrachten. Gerade die Theologisierung der Feindschaft ist nun allerdings ein Phänomen, das weit vor die Heraufkunft sekundärer Religionen zurückreicht. Sie äußert sich in den frühen Hochkulturen darin, daß politische Feinde zu Götterfeinden erklärt werden. Aus dieser Gleichsetzung speist sich auch die Gewalt, mit der im alten Ägypten gegen die Feinde vorgegangen wird. Hier handelt es sich nicht um eine Theologie, die zwischen Freund und Feind unterscheidet, sondern um eine Politik, die sich auf die Götter beruft, um ihre Gewalt zu legitimieren.

Von den drei Beiträgen dieses Zweiten Teils beziehen sich die ersten beiden auf das Problem der Gewalt, das untrennbar mit dem Begriff der Herrschaft verbunden ist. Das Thema der Politischen Theologie erscheint dabei nur in Form der allgemeinen religiösen und mythologischen Rahmenbedingungen, in denen in altägyptischen Texten solche Fragen behandelt werden. Das Sechste Kapitel dagegen widmet sich einem besonders einschlägigen Fall einer begrifflichen Übertragung, Umbesetzung oder »Umbuchung« von der politisch-sozialen auf die theologische Ebene, wie sie in umgekehrter Richtung Carl Schmitt in das Zentrum seiner Politischen Theologie gestellt hatte.

Viertes Kapitel
Ägypten und die Legitimierung des Tötens

I
Theoretische Vorüberlegungen

Motivierung und Legitimierung zum Töten

Unter dem Stichwort »Legitimierung« fragen wir nicht nach den Gründen, warum jemand tötet. Diese Gründe mögen innerlich oder äußerlich, persönlich oder sozial, psychologisch oder kulturell bedingt sein. Legitimierungen dagegen sind immer und per definitionem kulturell bedingt. Legitim kann nur ein Handeln genannt werden, das mit kulturellen Normen in Einklang steht oder zumindest vermittelbar ist. Legitimierungen politischen Handelns unter Bezugnahme auf das Göttliche fallen in den Bereich der politischen Theologie.

Vom Standpunkt kultureller Normen gesehen stellt das Töten immer einen Grenzfall dar. Denn der Hauptzweck kultureller Normung und Formung menschlichen, näherhin: sozialen Verhaltens besteht in der Einschränkung und Bändigung des Tötens, und nicht in seiner Legitimierung. Keine Gesellschaft könnte überleben, in der das Töten nicht entscheidend eingeschränkt und unter strengste Sanktionen gestellt würde. Kulturen bändigen die Affekte, verbieten blinden Zorn, schreiben die Grenzen angemessener Vergeltung vor, wenn sie nicht die persönliche Rache überhaupt verbieten und Vergeltung und Strafe den Rechtsinstanzen anheimstellen. Der Hauptzweck der Kultur in ihrem rechtlichen Aspekt besteht in der Schaffung einer Sphäre harmonischen und produktiven Zusammenlebens, und das Töten kann aus der Sicht kultureller Normen nur zugelassen und daher auch nur dann im Hinblick auf solche Normen legitimiert werden, wenn es der Aufrechterhaltung dieser Sphäre dient und diese ohne die Bereitschaft zum tödlichen Rückschlag in entscheidender Weise bedroht wäre. In solchen Fällen kann Töten von der Kultur her nicht nur toleriert, sondern geradezu vorgeschrieben sein nach dem Grundsatz, »daß Politik und Recht nur möglich sind, wenn sie zu ihrer Durchsetzung auf physische

Gewalt zurückgreifen und Gegengewalt wirksam ausschließen können«.[177] Wenn es gilt, dem Bösen und seinem zerstörerischen Angriff entgegenzutreten, muß getötet werden. Schonung würde dem Bösen Vorschub leisten und schlimmeres Unheil über die Menschen bringen. So oder ähnlich argumentieren die typischen kulturellen Legitimationen des Tötens. Sie hängen von den jeweiligen kulturellen Konstruktionen des »Bösen« ab und von der Art des Gefährdungsbewußtseins, das damit verbunden wird. Die Unterscheidung zwischen dem legitimen und dem illegitimen Töten prägt sich aus in der unterschiedlichen Bewertung der entsprechenden Affekte Zorn und Haß. Es gibt wohl kaum eine Gesellschaft, die diese beiden Affekte nicht negativ bewertet. Andererseits gibt es aber auch nur ganz wenige, die sie in Bausch und Bogen verurteilen und nicht gewisse Formen »gerechten« Zorns und »gerechten« Hasses zulassen, ja sogar vorschreiben und prämieren.

Zorn und Haß, Gerechtigkeit und Identität

Wie im Dritten Kapitel gezeigt wurde, gilt die Fähigkeit, sich über das Unrecht zu empören, als der politische Affekt schlechthin und wird allgemein zu den Tugenden gerechnet, vor allem zu denen des Herrschers oder des Gottes, wenn dieser wie im Alten Testament anstelle des Herrschers als Hüter der Gerechtigkeit auftritt.[178] Der Zorn Gottes richtet sich in der Bibel vornehmlich gegen Idolatrie und Unrecht. Beides sind schwere Fälle von Rechtsbruch. Idolatrie verletzt den mit Jahwe geschlossenen Vertrag und bedeutet Abfall zu anderen Göttern, Ungerechtigkeit, d. h. vor allem Unterdrückung Schwacher und Armer, bedeutet Verletzung der von Jahwe eingesetzten Rechtsordnung. Da in Israel sich die gesamte Gerichtsbarkeit prinzipiell in den Händen Jahwes befindet, verkörpert er den gerechten Zorn, der zu ihrer Ausübung unabdingbar ist. Wenn die Rechtsordnungen Jahwes verletzt werden und die Bösen ungestraft ausgehen, bedeutet das eine Abwendung Gottes. Darum flehen zahlreiche Psalmen Gott um Vernichtung, Ausrottung und restlose Zerstörung des Bösen an und setzen ihre Hoffnung auf den Zorn Gottes.[179]

Mit dem »gerechten« Haß steht es etwas anders. Er richtet sich typischerweise nicht gegen den Übeltäter, sondern gegen den Feind. Nicht die Bedrohung der Gerechtigkeit und der auf sie gegründeten

Rechtsordnung und Harmonie löst diesen Affekt aus, sondern die Bedrohung der eigenen Identität. Der Haß richtet sich gegen den zum »Feind« erklärten Fremden, Anderen. Während der gerechte Zorn immer wertorientiert ist, seine Empörung also aus dem Gefühl eines verletzten Wertes, nämlich Gerechtigkeit, schöpft, ist der Haß in seiner reinsten und ursprünglichsten Form wertfrei. Man kann auch den zum Feind erklären, der denselben Werten verpflichtet ist, sofern er nur die eigene Identität bedroht. Carl Schmitt, der im Zusammenhang seines berühmt-berüchtigten Freund/Feind-Theorems sich wie kein anderer um eine Begriffsanalyse des Feindes bemüht hat, legt sogar besonderes Gewicht auf die Feststellung, daß Feindschaft nicht aus Wertkonflikten, sondern schierer Andersheit gespeist ist. »Es gibt keinen rationalen Zweck, keine noch so richtige Norm, kein noch so vorbildliches Programm, kein noch so schönes soziales Ideal, keine Legitimation oder Legalität, die es rechtfertigen könnte, daß Menschen sich gegenseitig dafür töten.«[180] Das klingt friedfertiger, als es gemeint ist. Es besagt vielmehr, daß die zum Töten bereite Feindschaft aus einer allen kulturinternen Wertsphären übergeordneten Sphäre entspringt, nämlich dem »Politischen«. »Die reale Freund-Feind-Gruppierung ist seinsmäßig so stark und ausschlaggebend, daß der nichtpolitische Gegensatz in demselben Augenblick, in dem er diese Gruppierung bewirkt, seine bisherigen (...) Kriterien und Motive zurückstellt und den völlig neuen, eigenartigen (...) Bedingungen der nunmehr politischen Situation unterworfen wird.«[181] Vor dem Haß, der dem politischen Feind gilt, verblassen alle wertbezogenen Kriterien und Motive. Daher vermögen keine dieser Kriterien und Motive reales Töten zu legitimieren. Das heißt aber keineswegs, daß damit das Töten schlechthin geächtet ist. Vielmehr ist es der Sphäre des Politischen vorbehalten. »Zum Begriff des Feindes gehört die im Bereich des Realen liegende Eventualität eines bewaffneten Kampfes, das bedeutet hier eines Krieges.«[182] Feindschaft bedeutet bei Schmitt »existenzielle, die eigene Art negierende Fremdheit«[183]. »Der Krieg, die Todesbereitschaft kämpfender Menschen, die physische Tötung von anderen Menschen, die auf der Seite des Feindes stehen, alles das hat keinen normativen, sondern nur einen existenziellen Sinn.«[184]

Dieser »existenzielle Sinn«, der Schmittsche Begriff der Feindschaft, ist nichts anderes als die zum Äußersten gesteigerte »Fremdenablehnung, die zur Abschließung der Gruppe führt«, eine Grundhaltung, die der Humanethologe Irenäus Eibl-Eibesfeldt als eine angeborene und offenbar unvermeidliche Begleiterscheinung menschlicher Gruppenbildung identifizieren will. Die menschliche »Pseudospeziation« oder »Überindividualisierung« vollzieht sich nach dieser Theorie in dialektischer Form, indem mit der Erzeugung von Identität nach innen zugleich und unabwendbar Alterität nach außen erzeugt wird. Liebe und Haß gehören untrennbar zusammen; Einigung nach innen bedeutet Abgrenzung nach außen.[185] Umgekehrt vermag nichts so wirksam eine Gruppe zur »Gemeinschaft« zu verbinden wie die Gefühle des Bedrohtseins durch einen gemeinsamen Feind und der aus diesem Gefühl resultierende Haß, und es gibt wohl kaum eine Politik, die auf diese Mechanismen der Gruppenbildung und Konsensstiftung verzichtet hätte.

Wir unterscheiden also die Komplexe »Gerechtigkeit« und »Identität« und ordnen ihnen die Affekte des »gerechten Zorns« und der zum Haß gesteigerten Fremdenablehnung zu. Die Frage nach kulturspezifischen Legitimierungen des Tötens läßt sich nun, im Licht dieser Unterscheidung, zuspitzen auf die Frage nach Legitimierungen im Horizont von Zorn und Gerechtigkeit bzw. Haß und Identität, d. h. auf die Frage, wo eine Gesellschaft die prioritäre Gefahr lokalisiert. Droht die Gefahr von »außen«, wird sie kulturelle Feindbilder des »Anderen« entwickeln. Der Andere erscheint dann als Verkörperung des Chaos, der Unkultur oder der Gegenkultur. Aus dieser Stigmatisierung des Fremden folgen zwei mögliche politische Strategien der Bändigung: die Strategie des Draußenhaltens und die Strategie der Unterwerfung. Der Konsens wird hergestellt und aufrechterhalten durch den Haß, der auf das stilisierte und stigmatisierte Bild des Feindes gelenkt wird.

Droht die Gefahr von »innen«, wird sie Feindbilder des »Bösen« errichten, des Rebellen, der sich gegen die Rechtsordnung empört. Das Böse erscheint dann typischerweise als eine im Menschen selbst, also auch im Mitglied der eigenen Gruppe, angelegte Möglichkeit, die es zu bändigen gilt. Aus dieser »negativen Anthropologie« folgt die Konzeption des »starken Staates«.[186] Die staatlichen Institutionen werden mit Entscheidungsautorität und physischer Gewalt ausgestattet, um die in ihrem Schutz lebenden Menschen vor sich selbst zu schützen. Der Konsens wird gestiftet und aufrechterhalten durch den strafenden Zorn, der den Ordnungsbrecher trifft.

2
Ägypten und die Rede vom »gerechten Zorn«: Die Bändigung des Bösen

Die »zornflammende Gerechtigkeit« und die Ambivalenz der menschlichen Natur

Das ägyptische Insignium der Königsherrschaft par excellence ist die Uräusschlange. Es ist das Bild einer sich aufbäumenden Kobra. Unter ihren vielen Namen ist einer der wichtigste und sprechendste: Nsrt, die »Flammende«. Sie verkörpert als »zornflammende Gerechtigkeit« den gerechten Zorn, der als die wichtigste und zur Inganghaltung der Welt unabdingbare Herrschertugend gilt. Hier haben wir in der Bildlichkeit des mythischen Denkens das Symbol des »starken Staates« vor uns, der mit vernichtender Gewalt ausgestattet ist, um die Rechtsordnung, um Ma'at zu schützen.[187]

Es gibt eine Literaturgattung, die »Klagen«, die den Zustand einer Welt ohne Staat schildern. Sie haben die Funktion, einzuschärfen, daß nicht nur Frieden, Ordnung und Gerechtigkeit, sondern sogar der Sinn der Schöpfung und das natürliche Gedeihen von der Existenz des Staates abhängen.[188] Es geht also, im Sinne unserer Terminologie, um die Einschärfung von Gefährdungsbewußtsein. Dem Staat droht Gefahr, und sie droht nicht von außen, sondern von innen, von der Natur des Menschen.[189]

Wenn der Staat zerfällt, verschwindet Ma'at aus der Welt. Alle Gemeinsamkeit verschwindet: Sprache, Wissen, Erinnerung. Wenn die Erinnerung schwindet, lohnt sich das Gute und rächt sich das Böse nicht mehr, die Zirkulation des Sinns bricht zusammen. Die Menschen verstehen sich nicht mehr, an die Stelle der Sprache tritt die Gewalt. Auch die Gemeinschaft mit den Göttern zerbricht. Die Götter wenden sich ab, die Natur verliert ihre nährenden Segenskräfte. Hungersnot und Verelendung sind die Folge. Dann herrschen unter den Menschen Mord und Totschlag. Alle Bindungen sind gelöst. Väter und Söhne bringen sich gegenseitig um. »Wenn drei auf der Straße gehen, findet man nur noch zwei: denn die größere Zahl tötet die Kleinere« (Ipuwer).[190] Der Nil färbt sich rot von Blut. Die Welt fällt zurück in den ma'atlosen Naturzustand der gegenseitigen Unterdrückung, des Faustrechts, der Gewalt. In der indischen Tradition heißt dieses Prinzip *matsya-nyanya*, »die Logik der Fische«.[191] Damit ist gemeint, daß die Großen die Kleinen auffressen. Dasselbe Bild taucht auch im europäischen Mittelalter in genau dem gleichen Zusammenhang auf. »Überall unterdrücken die Starken die Schwachen und die Menschen sind wie die Fische im Meer, die sich gegenseitig verschlingen.«[192] Auch die Staatslehre des Kaisers Friedrich II. von Hohenstaufen beruht auf einer negativen Anthropologie. Sie wird dort mit dem Sündenfall begründet.[193] Im Paradies bedurfte es des Staates nicht. Erst der Fall macht den Staat unabdingbar, ohne den »sich die haßerfüllt und lasterhaft gewordenen Menschen gegenseitig zerfleischt und vernichtet hätten«.[194] Nach indischer Auffassung herrscht die Logik der Fische in einer Gesellschaft ohne König (*a-rajaka*). Auf den Zerfall des Staates bezieht sich auch der apokalyptische Zustand, den die Chaosbeschreibungen der ägyptischen Klagen lehren.[195] In den Prophezeiungen des Neferti, den Klagen des Chacheperresenb und des Ipuwer wird dieser Zusammenhang explizit hergestellt. Auch in den Klagen des Oasenmannes geht es um eine Krise obrigkeitlicher Rechtspflege, die nicht eingreift, um den Schwachen aus der Hand des Starken zu erretten.

Die Klagen erfüllen also eine ganz bestimmte Funktion im kommunikativen Haushalt der ägyptischen Kultur. Diese Funktion kann man nicht präziser umschreiben als mit Balandiers Begriff einer »entropologie«.[196] Sie tradieren das Chaoswissen, das zur Ma'at-Lehre dazugehört. Sie kodifizieren jene »Philosophie des Pessimismus und des Lebensernstes« (Arnold Gehlen)[197] mit ihrer negativen Anthropologie, die seit jeher die Signatur konservativen Denkens darstellt und sich für uns vornehmlich mit der Staatslehre des Thomas Hobbes und seiner Theorie des Naturzustands verbindet.[198] Für Hobbes ist wie für die Ägypter der Naturzustand der Gesellschaft gleichbedeutend mit einem *bellum omnium contra omnes*, in dem der Mensch des Menschen Wolf ist. Wie bei Hobbes diese Vorstellung einer allgegenwärtigen Gefährdung oder Krise den absolutistischen Staat, so legitimiert in Ägypten die Vorstellung von der Isfet das Mittlere Reich.

Wenn Isfet Ungleichheit bedeutet, dann bedeutet Ma'at Ausgleich (und nicht etwa: Gleichheit). Isfet ist nicht einfach Ungleichheit, sondern die daraus nach ägyptischer Auffassung notwendig resultierende Unterdrückung der Kleinen durch die Großen. Das ist das Prinzip einer negativen Anthropologie. Es besagt, daß die Menschen unfähig zum Leben in der Gemeinschaft sind, sosehr sie auch andererseits darauf angewiesen sind. Immer werden die Stärkeren die Schwächeren umbringen oder unterdrücken. Wenn Isfet diesen Zustand der Rechtlosigkeit, Gewalt und Unterdrückung bezeichnet, dann bedeutet Ma'at dessen Gegensatz, also nicht Gleichheit, sondern vielmehr ausgleichende Gerechtigkeit, die dem Schwächeren eine Chance gibt, Gewalt ausschließt, die Unterdrückten beschützt, den sprichwörtlichen Witwen und Waisen zu ihrem Recht verhilft[199] und den »Schwachen errettet aus der Hand des Starken«, wie es ägyptisch heißt.

Die Ägypter identifizieren das Böse mit der Habgier; sie ist für sie der Kern alles Übels, allen Unrechts und aller Ungleichheit unter den Menschen. Zur Bekämpfung dieses Unrechts bedarf es des »gerechten Zornes«, von dem im Dritten Kapitel (Abschnitt 1) die Rede war. Er gehört, wie wir gesehen haben, in Ägypten zur moralischen Grundausstattung des Königs und der Beamten. Als die politische Ordnung des Alten Reichs zusammenbrach, führte ein Text von ungewöhnlicher Kühnheit, der unter dem Titel *Der Vorwurf an Gott* bekannt ist, die Katastrophe auf einen Mangel an Zorn auf seiten des Schöpfers zurück.[200] Die Unfähigkeit, sich über das Unrecht zu empören, kennzeichnet den schwachen Herrscher, werde diese Herrschaft nun vom Schöpfer selbst oder von seinem Stellvertreter, dem König, wahrgenommen.[201] Die Vorstellung vom gerechten Zorn hat jedoch ihren ursprünglichen Ort in der ägyptischen Königslehre. Vom Zorne Pharaos heißt es in einem Text:

Die Nasen erstarren, wenn er in Zorn gerät.
Man atmet wieder, wenn er sich besänftigt.[202]

Vom Zorn Gottes ist erst in viel späteren Texten der Ramessidenzeit die Rede, als die Funktion einer »ethischen Instanz«, des Herrn und Hüters der Gerechtigkeit, endgültig vom Königtum auf Gott übergegangen war.[203]

Das Doppelgesicht der Macht und die Ambivalenz der Welt

Gier, Habsucht, Lüge und andere Erscheinungsformen des Bösen kennzeichnen jedoch nach ägyptischer Vorstellung die Welt, wie sie ist, und sie dürfen weder abgeschafft noch überwunden werden, wenn die Welt in Gang gehalten werden soll. Dahinter steht kein gnostischer Akosmismus, der die Welt als »böse« ablehnt. Denn für den Ägypter gibt es nichts außerhalb der Welt, keine Alternative. Die Welt ist für ihn nicht schlechthin böse, aber ambivalent. Sie hat aufgrund eines Falls oder eher einer »Spaltung«, über die sich die Quellen nirgends klar ausdrücken, die aber überwiegend auf menschliches Verschulden zurückgeführt wird, ihre ursprüngliche Eindeutigkeit im Sinne des Guten verloren. Aufgrund einer Empörung der Menschen gegen die Herrschaft, die der Schöpfer- und Sonnengott über Menschen und Götter gemeinsam ausübt, hat das goldene Zeitalter einer unangefochtenen Selbstdurchsetzung des Guten und Gerechten ein Ende gefunden. Himmel und Erde, Götter und Menschen haben sich getrennt.[204] Die Erdenwelt ist ambivalent geworden in dem Sinne, daß sich das Gute und Gerechte nicht mehr von selbst durchsetzen können, daß die irdischen Dinge vielmehr einer natürlichen Tendenz zum Verfall folgen, die als eine Art Gravitation den Verlauf der Geschichte bestimmt. Seitdem ist es die Aufgabe des Königs, die Welt durch die Ausübung einer Herrschaft in Gang zu halten und zu »vereindeutigen«, die ihrerseits zweigesichtig ist, nämlich gütig, gnädig und friedvoll gegenüber dem Friedfertigen und unnachgiebig, tödlich und aggressiv gegenüber dem Rebellischen. So drückt es z. B. das Denkmal memphitischer Theologie aus:

<und so wird Recht gegeben dem>, der tut, was geliebt wird,
<Unrecht gegeben dem>, der tut was gehaßt wird.
Und so wird Leben gegeben dem Friedfertigen,
Tod gegeben dem Verbrecher.[205]

Das klassische Bild für dieses »Doppelgesicht der Macht« ist die Identität des Königs als Bastet, die liebliche und huldreiche, und Sachmet, die vernichtende und grausame Göttin:

Bastet ist er, die die beiden Länder behütet.
Wer ihn verehrt, wird von seinem Arm beschützt werden.
Sachmet ist er gegen den, der sein Gebot verletzt;
wen er mit Ungnade straft, wird im Elend sein.[206]

In ihrer Doppelgesichtigkeit entspricht die herrscherliche Macht der Ambivalenz der Welt, die infolge jener urzeitlichen Katastrophe ihre ursprüngliche Eindeutigkeit verloren hat. Mit der Trennung von Menschen und Göttern, Himmel und Erde, kamen der Tod, der Krieg und das Böse in die Welt. Seitdem gibt es den Staat und mit ihm die Gewalt, deren es bedarf, um die Ordnung der Schöpfung, die sich nun nicht mehr in widerstandsloser Selbstdurchsetzung behaupten kann, gegen die Tendenz zum Zerfall aufrechtzuerhalten.

Tötungsermächtigung und Tötungshemmung

Die Strafgewalt des Königs, die das Töten einschließt, heißt *b3w* (*ba-u*); es handelt sich um den Plural des Wortes *b3* (*ba*), das wir mit »Seele« übersetzen. Gemeint ist eine Macht, die sich in gewaltigen Wirkungen manifestiert, bzw. gewaltige Wirkungen, in denen sich eine unsichtbare Macht manifestiert. Die mächtigste Wirkung ist der Tod, und nur die Macht des Königs oder der Götter darf sie ausüben. Töten ist in Ägypten ein striktes Monopol des Staates (auch wenn in Zwischenzeiten die Gaufürsten es für sich in Anspruch nehmen). Die Todesstrafe kann nur vom König verhängt werden, und es wird ihm dabei äußerste Zurückhaltung empfohlen. Diese Tötungshemmungen hängen mit der Vorstellung vom *Ba* zusammen. Hatte nach der Vorstellung des Alten Reichs nur der König einen *Ba*, der nach dem Tode die Erde verließ und zum Himmel aufstieg, so setzte sich nach dem Zerfall des Alten Reichs diese Vorstellung allgemein in Ägypten durch. Jeder Mensch, so glaubte man jetzt, hat einen *Ba* und geht in dieser Gestalt in eine jenseitige Welt hinüber. Angesichts dieser jedem Menschen innewohnenden Macht, seinen Richter im Falle erlittenen Unrechts im Jenseits zu verklagen, darf die Todesstrafe nur in jenen Fällen verhängt werden, wo man sich des göttlichen Einverständnisses, ja Auftrags, sicher sein kann. Der entscheidende Text steht in der Lehre für Merikare:

Hüte dich vor ungerechter Bestrafung.
Töte nicht, denn das kann für dich nicht nützlich sein.
Bestrafe mit Schlägen und mit Gefängnis:
dadurch wird das Land wohlgegründet sein.
Außer jedoch den Rebellen, dessen Plan entdeckt worden ist,
denn Gott kennt den Rebellen und Gott straft mit Blut.
(...)
Töte keinen, dessen geistige Kraft dir bekannt ist,
mit dem zusammen du die Schriften »gesungen« hast,
der gelesen hat in dem Buch der Prüfung (...) vor Gott
und frei schreiten kann an geheimem Ort.
Denn die Seele kehrt zurück an den Ort, den sie kennt

und weicht nicht ab von ihrem Weg von gestern.
Kein Zauber kann sie zurückhalten.
Sie gelangt zu dem, der ihr Wasser spendet.

Die Richter, die den Bedrängten richten,
du weißt, daß sie nicht milde sind
an jenem Tag, an dem dem Elenden Recht gesprochen wird,
in jener Stunde, in der die Vorschrift vollzogen wird.

(Usw.: folgt ein längerer Text über das Totengericht, vor dem sich auch der König für seine Handlungsweise zu verantworten hat.)[207]

Dem entsprechen die im 125. Totenbuch-Kapitel aufgezählten Gebote, die der Verstorbene vor den Totenrichtern nicht übertreten zu haben beteuert. Hier geht es nicht nur darum, »nicht getötet« bzw. »keinen Menschen getötet zu haben«, sondern sogar darum, keinen Schmerz zugefügt und keine Tränen veranlaßt zu haben.[208]

In einem Literaturwerk des späten Mittleren Reichs wird von einem Zauberer namens Dedi erzählt, der sich weigert, das Kunststück, für das er berühmt ist, nämlich einen abgeschnittenen Kopf wieder anfügen zu können, an einem Menschen, einem Gefangenen, vorzuführen. Dem König, der dies von ihm verlangt hat, wagt er entgegenzuhalten:

Aber doch nicht an einem Menschen,
o Herrscher, mein Herr!
Siehe es ist verboten, solches durchzuführen am »edlen Vieh«.[209]

Und der König, kein Geringerer als Cheops, lenkt sofort ein und läßt eine Gans bringen. Daß solche Tötungshemmungen alltagsweltlich und noch in viel späterer Zeit wirksam waren, belegen die Prozeßakten über die Haremsverschwörung, der König Ramses III. zum Opfer fiel.[210] Die schuldig gesprochenen Rädelsführer werden nicht etwa hingerichtet, sondern zum Selbstmord verurteilt. Diese Tötungshemmungen beruhen auf der Angst vor der Macht des Getöteten, in Gestalt seiner unsterblichen Seele, seines *Ba*, auf die Erde zurückkehren oder vor einem jenseitigen Gericht seine Henker zur Rechenschaft ziehen zu können. Es scheint, als ob der das ägyptische Menschenbild kennzeichnende Glaube an die Unsterblichkeit der Seele und an das Totengericht auch das politische Handeln des Königs erheblich mitbestimmt hat.

3
Die Rituale des Hasses
und die Bändigung des »Außen«

Apopis, das kosmische Böse

Die Ermächtigung, ja Verpflichtung des Staates zum Töten wird durch eine Bedrohung begründet, die in der ambivalenten Natur des Menschen und der Welt überhaupt gesehen wird. Die Grundlage von Frieden, Ordnung und Sicherheit, die »Gerechtigkeit«, ist in der »gespaltenen« Welt ständig von Auflösung bedroht und nur durch eine Form der Herrschaft aufrechtzuerhalten, die über die tötenden Gewalten, Feuer und Schwert, verfügt.[211] Diese Verfügungsgewalt (*b3w*) symbolisiert die »zornflammende« Uräusschlange. Nun ist Pharao jedoch nach ägyptischer Anschauung nur das irdische Abbild des Schöpfergottes und übt eine Herrschaft stellvertretend »auf der Erde der Menschen« aus, die jener im Himmel und als Fortsetzung der Schöpfung ausübt.[212] Wir müssen daher auch einen Blick auf diese Vorstellung einer göttlich-kosmischen Herrschaft werfen, in der der Schöpfer- und Sonnengott selbst mit den tödlichen Insignien des Königtums auftritt.

Auch der Sonnengott muß die lebenspendende, Ordnung und Frieden, Sicherheit und »Sinn« gewährende Gerechtigkeit, die er mit seinem Licht verbreitet, gegen eine allgegenwärtige Bedrohung durchsetzen. Auch seine Herrschaft besteht nicht unangefochten. Der Kosmos, den sich der Ägypter als einen gelingenden *Prozeß* – und weniger als einen wohleingerichteten *Raum* – denkt, muß gegen die Widerstände, die »Gravitation« des Chaos und des Bösen unablässig durchgesetzt und in Gang gehalten werden. Der Sonnenlauf ist kein Perpetuum mobile, sondern eine fortwährende Anstrengung, ein ständiger Sieg der Gerechtigkeit. Dieses dramatische Weltbild verlängert die ideologischen Grundlagen des ägyptischen Staates ins Kosmische. So erscheint dann der Staat als die Verlängerung des kosmischen Schöpfungs- und Inganghaltungswerkes ins Irdisch-Politische.

Der Schöpfer- und Sonnengott hat die von ihm geschaffene Ordnung gegen einen Feind durchzusetzen, der sie in der Gestalt eines riesigen Wasserdrachen bedroht.[213] In auffallendem Unterschied aber zu babylonischen und westsemitischen Schöpfungsmythen findet diese

Auseinandersetzung nicht in Form eines uranfänglichen Schöpfungsaktes statt, sondern in der Form einer unablässigen und unabschließbaren Auseinandersetzung. Die uranfängliche Schöpfung vollzog sich dagegen nach ägyptischer Vorstellung in der Form einer vollkommen konfliktlosen Selbstentfaltung des präexistenten Urgottes Atum in die differenzierte Vielheit der Existenz. Das Böse und damit das Chaos im Sinne einer Gravitation zum Zerfall kam erst nachträglich in die Welt, infolge jener »Spaltung«, von der schon mehrfach die Rede war. Nun erst trat der Wasserdrache Apopis dem Sonnengott entgegen und gewann die Welt ihre dualistische bzw. ambivalente Struktur, die das dramatische Weltbild der Ägypter kennzeichnet. Damit ging »Schöpfung« in »Herrschaft« über, in das Werk der Inganghaltung, dem der Sonnenlauf dient. In der gespaltenen Welt manifestieren sich die kosmogonischen Energien nicht mehr ausschließlich positiv und lebenspendend. Um das Leben erhalten zu können, müssen sie das Chaos bekämpfen.

Diesem Kampf schauen die Menschen nicht gleichgültig zu, denn von seinem Ausgang hängt ihr Wohlergehen ab. Der Sonnenlauf wird daher auf Erden mit Riten begleitet, die einen doppelten Sinn haben: den Sonnengott zu preisen und Apopis zu bekämpfen. »Man jubelt der Uräusschlange zu und speit auf Apopis«, lehrt der weise Amenemope.[214] Mit Jubeln allein ist es nicht getan. Die Ambivalenz der gespaltenen Welt prägt sich in diesen Riten zur Unterstützung des Sonnenlaufs in einer polarisierten Affektmodellierung aus. Dem Sonnengott gelten Liebe, Entzücken, hingerissene Bewunderung; dem Apopis dagegen Haß, Abscheu und blanke Vernichtungswut. Eines dieser Haßrituale gegen Apopis ist uns erhalten. Es handelt sich um einen für ägyptische Verhältnisse auffallend umfangreichen Text (52 Seiten autographierter Hieroglyphentext in der Edition Faulkner[215]) und eine wahre Orgie an gewalttätigen Vernichtungsphantasien, die sich aber nicht auf einen irdischen politischen Feind, sondern gegen ein Wachsbild des kosmischen Feindes richten, das in jeder erdenklichen Weise malträtiert und schließlich im Feuer vernichtet wird. Der erste Spruch wird rezitiert: »Auf Apopis zu spucken«, der zweite, »Die Harpune zu nehmen, um Apopis zu treffen«, der dritte, »Apopis zu fesseln«, der vierte, »Das Messer zu nehmen, um Apopis zu stechen«, der fünfte, »Feuer an Apopis zu legen«, der sechste, »Apopis ins Feuer zu werfen« usw. usw. Es handelt sich um endlose Tiraden des Hasses und Vernichtungswunschs, die gegen den kosmischen Feind geschleudert werden. Das Ganze soll morgens, mittags, abends, nachts, sogar alle Stunde rezitiert werden, natürlich auch an den hohen Festtagen, und auch bei Bedarf, d. h. bei Sturm, Bewölkung, Unwetter, wenn sich der Osthimmel rötet oder ein Gewitter aufzieht. Auf diese Weise wird der Sonnenfeind abgewehrt und der Sonnenlauf in Gang gehalten. Der ganze Text ist aber durchgängig auf dem Parallelismus von Kosmos und Königtum aufgebaut. Auf diesem Parallelismus beruht der politisch-theologische Sinn dieser Konzeption. Hier handelt es sich um eine klassische Theologie der Gewalt. Die Unterscheidung von Freund und Feind wird dadurch theologisiert, daß sie mit dem Wirken des Sonnengottes in Parallele gesetzt wird, der ebenfalls zwischen Freund und Feind unterscheidet, indem er seine lebenschaffende Wärme und Leuchtkraft den Guten zuwendet und seine vernichtende Glut gegen die Bösen richtet. Die Feinde Pharaos werden mit dem Sonnenfeind gleichgesetzt und dessen Schicksal ausgeliefert. Was Pharao dem Sonnenfeind antut, wird gleicherweise den Feinden Pharaos angetan. »Komm zu Pharao, Re, fälle ihm seine Feinde wie er dir Apopis gefällt und dir den Bösartigen bestraft hat«[216]; »Siehe, Pharao vertreibt dir alle deine Feinde, Re, vertreibe du auch alle seine Feinde unter Lebenden und Toten«[217]. Alle Kampfhandlungen von Göttern, die am Kampf gegen Apopis teilnehmen, um ihn mit Schwert und Feuer zu vernichten, richten sich gleichzeitig auch gegen die Feinde Pharaos. »Horus nimmt seine Harpune von Erz, um die Köpfe der Feinde des Re zu zerschmettern und die Köpfe der Feinde Pharaos zu zerschmettern«[218], »die Schlächter nehmen ihre Messer, um die Feinde des Re zu fällen, um die Feinde Pharaos zu fällen«[219] – so ist völlig klar, daß dieses Vernichtungsritual zugleich mit der kosmischen auch die politische »Wohlfahrt« befördert und mit dem Sonnenlauf auch die pharaonische Herrschaft in Gang hält. Daher die Furcht, daß die äußeren und inneren Feinde die Oberhand gewinnen, wenn die Wachsfigur des Apopis-Drachen einmal nicht vorschriftsmäßig malträtiert wird:

Wenn man die Osiris-Zeremonien vernachlässigt
zu ihrer Zeit an diesem Ort ...
dann wird das Land seiner Gesetze beraubt sein
und der Pöbel wird seine Oberen im Stich lassen
und es gibt keine Befehle für die Menge.
Wenn man den Feind nicht köpft, den man vor sich hat
aus Wachs, auf Papyrus oder aus Holz nach den Vorschriften des Rituals,
dann werden sich die Fremdländer gegen Ägypten empören

und Bürgerkrieg und Revolution im ganzen Land entstehen.
Man wird auf den König in seinem Palast nicht hören
und das Land wird seiner Schutzwehr beraubt sein.[220]

Diese Art von symbolischer Gewalt spielt im ägyptischen Kult eine gewaltige Rolle, und sie wird immer dominierender in dem Maße, wie das ägyptische Gefährdungsbewußtsein wächst.[221] Mit der wachsenden Verteufelung des Seth rückt die politische Dimension des »Feindes« immer mehr in den Vordergrund. Seth wird in dieser Eigenschaft geradezu »der Meder« genannt. Die symbolische Gewalt, die in den Tempelritualen ausagiert wird, hilft dem Ägypter der Spätzeit, die Erfahrung der Fremdherrschaft zu verarbeiten, d. h. die kognitive Dissonanz aufzulösen, die ein Ausländer auf dem Pharaonenthron für ihn bedeutet haben muß.

In diesen Riten verschwimmen aber die Grenzen zu den allgemeinen Opferriten. Denn in Ägypten symbolisiert das blutige Opfer, ganz im Gegensatz zu dem Sinn, der sich im Vorderen Orient, in Israel und Griechenland mit dem Opfer verbindet[222], die Ausübung legitimer politischer Gewalt, d. h. die Verfolgung, Bestrafung und Vernichtung der Feinde Pharaos.

Politischer Abwehrzauber: Haß gegen Haß

Magische Vernichtungsrituale gibt es aber nicht nur gegen Götterfeinde als Teil des Tempelkults, sondern auch gegen die politischen Feinde Pharaos. Dazu gehört der Ritus des »Zerbrechens der roten Töpfe«, der sich schon früh von seiner ursprünglichen Funktion als Schlußritus zur königlichen Totenspeisung abgelöst und zu einem eigenen Ritual verselbständigt hat.[223] Zu diesem Ritual gehört das Korpus der Ächtungstexte. Man kennt heute zwei größere Fundkomplexe mit Gefäßscherben des Mittleren Reichs, die mit den Namen von Feinden beschriftet sind. Ihr Erhaltungszustand deutet darauf hin, daß sie künstlich zerschlagen wurden. Seit der Erstpublikation durch Kurt Sethe[224] ist man sich einig, daß dies im Zusammenhang des Rituals des »Zerbrechens der roten Töpfe« geschehen sein muß. Schon in der 5.[225] und 6. Dynastie[226] und dann durch alle Epochen der ägyptischen Geschichte hindurch bis in die Spätzeit sind aber Funde belegt, die entsprechende Texte nicht auf Gefäßscherben, sondern auf Figurinen aufweisen.[227] Diese Funde müssen im Zusammenhang eines Rituals stehen, das genau denselben Sinn wie das »Zerbrechen der roten Töpfe« hat, aber anders durchgeführt wurde. Über den Ritus ist so gut wie nichts bekannt. Die Figurinen fanden sich meist in Töpfen aus gebranntem Ton, zweimal auch in einem Sarg[228], waren also regelrecht bestattet. Die Texte entsprechen denen auf den Tonscherben. Sie nennen die Zielgruppe, gegen die der Ritus gerichtet war: fremdländische Fürsten mit ihrem Gefolge sowie »alle Ägypter: Männer, Eunuchen, Frauen und Beamte«,

> die rebellieren, Ränke spinnen oder kämpfen werden,
> die auf Rebellion oder Kampf sinnen, jeder Rebell, der auf Rebellion sinnt in diesem ganzen Land.

Auch in der abschließenden Aufzählung »böser Dinge«, die vom Bann des Ächtungsritus getroffen werden sollen, spielen Reden, Gedanken, Pläne, Träume, also Böses im Bereich der Sprache und der Imagination, eine wichtigere Rolle als die Taten:

> Alle schlechten Worte, alle schlechte Rede, alle schlechte Schmähung,
> alle schlechten Gedanken, alle schlechten Ränke,
> aller böser Kampf, jede böse Störung,
> alle schlechten Pläne, alle schlechten Dinge,
> alle schlechten Träume, jeder schlechter Schlaf.

Der Ritus soll eine magische Kontrolle ausüben über das anderweitig schlechthin Unkontrollierbare: das Bild Pharaos in den Reden, Gedanken und selbst Träumen seiner Untertanen.

Im Tempelkult der Ptolemäerzeit gibt es eine Gruppe von Riten mit dem Fangnetz, die genau dieselbe Zielgruppe im Visier haben wie die Ächtungstexte.[229]

> Das Buch, die Pat einzuschüchtern und alle Länder sowie die Flach- und Bergländer aller Fremdländer unter die Sohlen Pharaos zu geben.
> Zu sprechen beim Zurückscheuchen und Verfluchen[230] von 4 Feinden, deren Name auf ihre Brust geschrieben ist mit frischer Tinte. In die Flamme zu werfen.
> Zu sprechen (...) Sie seien eingeschüchtert (bzw. im Netz gefangen), die Tapferen, die aufständischen Häuptlinge, die Fürsten aller Länder der Asiaten, alle ihre Großen, alle ihre Beamten, alle ihre Soldaten, alle ihre Zauberer, alle ihre Zauberinnen, die bei ihnen sind, usw.[231]

Auch diese Riten verwenden Figurinen (aus Wachs) und wenden sich an das Innere. »Er (Horus) wird eure Herzen fortschleppen«[232] (jtḥ, vielleicht im Wortspiel mit, oder als Schreibung von, rtḥ, »einschüchtern«). Rtḥ heißt »einschüchtern, in Furcht versetzen« und hat häufig »die Herzen« als Objekt.[233]

Zu den apotropäischen Figurenriten gehören auch die von Schott 1930 publizierten »drei Sprüche gegen Feinde« aus dem späten pBM 10081.[234] Auch sie gelten der Angst vor übler Rede und sollen »alle lebenden Münder versiegeln«,

die gegen den König redeten mit irgendwelchen bösen »roten« Worten,[235] und was sie Böses und Schlechtes planen, gegen ihn zu sagen bei Nacht und bei Tag, in jeder Stunde jeden Tages.

Diese Sprüche sind über einer Wachs- oder Tonfigur zu rezitieren:

Zu sprechen über der Statuette eines Rebellen,
gemacht aus Wachs oder Ton,
nebst einem Papyrusblatt, auf dem sein Name geschrieben ist sowie die Namen seines Vaters und seiner Mutter, in frischer Tinte.[236]

An dieser Beschreibung der möglichen Feinde Pharaos sind zwei Dinge in unserem Zusammenhang bemerkenswert:
1. Die Gefahr, die man mit diesen Riten abzuwehren sucht, droht von außen wie von innen; Ausländer werden mit Ägyptern, Feinde mit Rebellen auf eine Stufe gestellt.
2. Die Feindschaft oder Rebellion ist latent: sie besteht entweder in Gedanken, oder sie liegt in der Zukunft. Daraus ergeben sich im Licht unserer Unterscheidung von »Zorn« und »Haß« einige wichtige Folgerungen. Der »gerechte Zorn« kann sich sich gegen manifestes Unrecht richten, aber niemals gegen latente Gedanken, Pläne und Einstellungen. Hier haben wir es vielmehr eindeutig mit Haß zu tun. Haß richtet sich auch und ganz besonders gegen den unterstellten Haß auf der Gegenseite. Die Riten agieren den Haß aus gegen diejenigen, die den König »hassen in ihrem Herzen«.

Was die Gewaltandrohung des Königtums angeht, wird zwischen »innen« und »außen«, Ägyptern und Nichtägyptern, kein grundsätzlicher Unterschied gemacht. Der Haß, vor dem diese Riten den König schützen sollen, wird grundsätzlich allen unterstellt, Ausländern und Ägyptern, Vasallen und Untertanen. Es geht hier also nicht um Gruppensolidarität und Fremdenablehnung. Die Quelle dieser Gewalt ist nicht die Dynamik der Gruppenbildung, sondern der pharaonische Herrschaftsanspruch. Nach ägyptischer Auffassung gibt es keine Herrschaft ohne Rebellion, so wie es kein Licht gibt ohne Finsternis. So wie die Sonne nicht auskommt ohne vernichtende Glut, so kommt auch das Königtum nicht aus ohne symbolische und reale Gewalt, ohne Disposition zum Töten. Wir haben es hier offensichtlich mit einer anderen Art von Disposition zum Töten bzw. Aggressivität zu tun als derjenigen, die Carl Schmitt für ein Kennzeichen des Politischen hält. Sie ist weniger politisch als kosmologisch fundiert. Ihre Quelle ist nicht die Dynamik der »Pseudospeziation«, der Ausbildung einer in der natürlichen Speziation nicht verankerten und daher auch biologisch nicht vererbbaren kollektiven »Eigenart«, die es aufrechtzuerhalten, zu verteidigen und ggf. durch Oktroy auszudehnen gilt. Demgegenüber stellt das ägyptische Modell offenbar eine andere Form von Aggressivität dar, die sich nicht auf soziale Kategorien wie Identität, Ehre, Prestige usw. bezieht, sondern auf so etwas wie die Struktur der Welt. Aggressivität wird hier den Eigenschaften der Welt zugerechnet, auf die auch der Mensch nicht verzichten kann, wenn er in der Welt bestehen will, ja die, auch wenn sie negativ bewertet werden, zum Fortbestand der Welt selbst unverzichtbar sind. Eine identitätsbezogene Aggressivität stellt den Unterschied zwischen äußeren Feinden und inneren Rebellen in den Vordergrund. Die Strafgewalt des Pharaos richtet sich jedoch ebenso gegen den Rebellen von innen wie gegen den Feind von außen. Und da sie »die Welt« insgesamt im Visier hat, wird dieser Unterschied gar nicht gemacht. Alle Feinde sind eo ipso Rebellen, ob sie nun von innen oder von außen kommen. Für diese Form möchte ich den Begriff der »kosmologischen Aggressivität« vorschlagen. Sie entspringt nicht der Dynamik der Gruppenbildung, sondern ergibt sich aus dem ägyptischen Weltbild und der damit verbundenen Logik der Herrschaft. Nach ägyptischer Auffassung setzt sich jeder Herrschaftsanspruch in der »gespaltenen Welt« dem Haß aus. Herrschaft ohne Rebellion ist undenkbar, sie ist mit der Errichtung eines Herrschaftsanspruchs zumindest als Möglichkeit automatisch gegeben.

Draußen halten und unterwerfen

Die kosmo- und anthropologisch begründete Aggressivität des Königtums wird in der politischen Ikonographie Ägyptens in einer Bilderwelt entfaltet, die an Gewalttätigkeit nichts zu wünschen übrigläßt (allerdings muß hinzugefügt werden, daß in allen Königstexten aller Epochen die friedlichen Aspekte überwiegen). Trotzdem gibt es keinen König, der es sich hätte leisten können, auf die Raubtierhaftigkeit des kanonisierten Königsbildes zu verzichten. Selbst Echnaton hat sich in Karnak in gigantischem Maßstab beim Erschlagen der Feinde darstellen lassen. Der König ist nicht nur Falke, Löwe und Wildstier, sondern sogar Krokodil in der Verkörperung dieser tödlichen Gewalt. So »zeigt« ihn der Gott den Fremdvölkern, in der »Poetischen Stele« Thutmosis' III., unter anderem als Jungstier, Krokodil, Löwen, Falken und Schakal.

Ich bin gekommen, dich das Westland zertreten zu lassen,
Kreta und Zypern stehen unter der Furcht vor dir.
Ich zeige ihnen deine Majestät als Jungstier,
mit festem Herzen und spitzen Hörnern, den man nicht angreifen kann.

Ich bin gekommen, dich die Nordländer zertreten zu lassen;
die Länder von Mitanni zittern aus Furcht vor dir.
Ich zeige ihnen deine Majestät als Krokodil,
den Herrn der Furchtbarkeit im Wasser, den man nicht angreifen kann.

(...)

Ich bin gekommen, dich die Libyer zertreten zu lassen,
die Länder der Äthiopen sind der Gewalt deines Zorns (b3w) anheimgegeben.
Ich zeige ihnen deine Majestät als wilden Löwen,
wie du sie zu Leichen machst in ihren Tälern.

Ich bin gekommen, dich die Enden der Erde (= Norden) zertreten zu lassen,
was der Ozean umkreist, ist gebündelt in deiner Faust.
Ich zeige ihnen deine Majestät als »Herrn des Flügels«,
der packt, was er erspäht, nach seinem Belieben.

Ich bin gekommen, dich zertreten zu lassen, die am Anfang (= Süden) der Erde
    wohnen,
dich die Nomaden als Kriegsgefangene fesseln zu lassen.
Ich zeige ihnen deine Majestät als oberägyptischen Schakal,
den Herrn der Schnelligkeit, den Läufer, der die beiden Länder durchzieht.[237]

Das Krokodil gilt sonst den Ägyptern als Inbegriff jener Eigenschaften, die er bei seinen Mitmenschen verabscheut: Gier, Aggressivität, Brutalität. Als kosmische Eigenschaft aber ist es ihm heilig. Der Krokodilgott Sobek ist alles andere als ein Gegengott, ebensowenig wie übrigens auch die löwinnengestaltige Göttin Sachmet.

Die Bilder sprechen eine ebenso eindeutige Sprache. Auf der Narmerpalette manifestiert sich das ägyptische Königtum gleich bei seinem Eintritt in die Geschichte mit einem Akt strafender Gewalt. Dargestellt wird der erste Reichseiniger beim Erschlagen eines Feindes und bei der triumphalen Besichtigung zehn erschlagener Fürsten, denen ihre Köpfe zwischen die Füße gelegt sind, eine auch sonst zu belegende Hinrichtungsform. Anderthalb bis zwei Jahrtausende jünger sind Darstellungen der Unterwelt, in denen es den Götterfeinden ebenso ergeht.[238] Die Durchsetzung der Ma'at, der gerechten Ordnung als Grundlage einer vertrauenswürdigen und bewohnbaren Welt, schreckt vor dem Töten nicht zurück, sondern stellt im Gegenteil seine Entschlossenheit zum Töten betont zur Schau.[239]

Dies alles aber, Bilder wie Inschriften, gehört in den Bereich einer offiziellen Repräsentation (»Propaganda«, wie N. Grimal geradezu sagt[240]), deren Wirklichkeitsbezug grundsätzlich problematisch ist. In dieser Sphäre ist es z. B. gang und gäbe, ältere Texte und Darstellungen zu kopieren, so als habe man dieselben Taten vollbracht, dieselben historischen Ereignisse zu berichten. Es geht offensichtlich nicht um Dokumentation, sondern um Repräsentation, um die Zurschaustellung eines Königsbildes, dessen aggressive und gewalttätige Züge die Rebellen in Schach halten und damit den Schutz der Getreuen garantieren sollen. Die Praxis mag ganz anders ausgesehen haben.

Der Realitätsbezug dieser Bilder entspricht offenbar dem der Ächtungstexte und Feindfigurinen. Es handelt sich um ikonische Verfluchungen, die die umwohnenden Völkerschaften gewissermaßen prophylaktisch unter den Bann einer virtuellen Vernichtung stellen. Der Fluch ist ein zentrales Instrument altorientalischer Außenpolitik. Alle Verträge mußten mit einem heiligen Eid besiegelt werden, dessen Bruch die furchtbarsten Sanktionen nach sich zog. Diese Sanktionen wurden in der Form von Verfluchungen explizit ausgemalt. Der eindrucksvollste Text dieser Art besiegelt als das 28. Kapitel des 5. Buchs Mose den zwischen Jahwe und Israel geschlossenen Vertrag.[241] Diese Flüche haben die Struktur potentiell-performativer Sätze: Sie verwirklichen sich automatisch, aber nur unter bestimmten Bedingungen.[242]

Derselbe potentiell-performative Realitätsbezug scheint für diese Bilder zu gelten. Die dargestellte Tötung ist nicht als Dokumentation einer vollzogenen Tat zu verstehen, sondern als eine Drohung, die sich unter bestimmten Bedingungen in der Art der Vertragsflüche verwirklicht. Wir müssen die Thematik dieser Bilder daher als symbolische Handlungen der Bannung, also des magischen Draußenhaltens, einstufen und nicht als Akte der Unterwerfung, die ja eine Einbeziehung in die ägyptische Welt bedeuten würde.

Dieselbe magische Einstellung zur Wirklichkeit spricht aus dem eigentümlichen Sprachgebrauch, der Fremde stereotyp als »elende Feinde« bezeichnet, auch wenn zu den so bezeichneten Ethnien freundschaftliche, durch Verträge und politische Heiraten befestigte Bande bestehen. Der Sprachgebrauch entspricht einem Weltbild, das im Neuen Reich durch die Öffnung Ägyptens nach Asien hin überholt ist, aber die politische Praxis des Alten und Mittleren Reichs bestimmt.

In diesem Weltbild wird Ägypten der geordneten Welt gleichgesetzt, die vom Sonnengott geschaffen wurde und in der der König Ma'at an die Stelle der Isfet setzt. Die umwohnenden Stämme sind Asoziale; es kommt weder darauf an, sie zu vernichten noch sie zu Ägyptern zu konvertieren; entscheidend ist vielmehr, sie draußen zu halten. So charakterisiert etwa die Lehre für Merikare den Asiaten:

Der elende Asiat, der ist wahrhaftig geplagt
wegen des Orts, an dem er lebt:
dürftig an Wasser,
unzugänglich trotz der Menge der Wege dorthin,
hart durch die Berge.
Er kann nicht wohnen an einem Platz,
Nahrungsmangel treibt seine Füße weiter.
Er ist am Kämpfen seit der Zeit des Horus,
er siegt nicht, doch er kann auch nicht besiegt werden,
denn er kündigt nicht den Kampftag an,
wie ein Räuber, den die Gemeinschaft ausgestoßen hat.[243]

Dieses Bild des Ausländers ist die Negation jeder Außenpolitik. Man kann sich mit ihm weder verbünden noch ihn unterwerfen. Er ist weder Freund noch Feind. Denn der Feind kündigt den Kampftag an. Aber er ist »am Kämpfen« und muß daher in Schach gehalten, abgeschreckt, ausgesperrt werden. So begründet auch Sesostris III. seine Politik gegenüber den Nubiern:

Ich habe meine Grenze errichtet, indem ich über meine Vorfahren hinaus nach
    Süden vorgedrungen bin,
indem ich hinausgegangen bin über das, was mir aufgetragen wurde.
Ich bin ein König, der spricht und handelt,
was mein Herz plant, das geschieht durch meine Hand;
(...)
einer, der den Angreifer angreift und schweigt, wenn Ruhe herrscht,
der eine Rede beantwortet entsprechend ihrem Sinn,
denn zu schweigen, wenn man angegriffen wurde, heißt, den Feind zur Gewalt-
    tätigkeit herausfordern.
Angriff ist Stärke,
zurückweichen aber bedeutet Schwäche.
Ein Feigling ist, wer sich von seiner Grenze vertreiben läßt.
Der Nubier horcht, um schon auf das Wort hin zu fallen;
ihm antworten heißt, ihn zurückzutreiben.
Greift man ihn an, dann zeigt er den Rücken,
weicht man zurück, dann wird er aggressiv.
Denn es sind keine Menschen, die Respekt verdienen,
sondern Elende sind es mit zerbrochenem Herzen.[244]

Die Ausländer werden in diesem Weltbild nicht als Partner politischen Handelns wahrgenommen. Sie sind wie wilde und scheue Tiere, die sich auf jeden Angriff hin zurückziehen und auf jeden Rückzug hin vorpreschen und zuschnappen:

Der Asiat ist das Kroko[dil] an seinem Ufer:
Es schnappt zwar vom vereinsamten Wege
aber es holt nicht vor vom belebten Kai.[245]

Wichtig ist: der Ausländer ist nicht der Böse, auch nicht der Rebell. Er gehört gar nicht in die durch die Verwirklichung der Ma'at geschaffene Rechtslandschaft der geordneten Welt hinein, in der nach Gut und Böse unterschieden werden kann. Er muß abgeschreckt und eingeschüchtert, aber nicht »bestraft« werden.

Im Neuen Reich kommt es dann zu einer Theologisierung des Krieges. Alle Kriege werden von nun an im Auftrag Amuns geführt. Das uralte Piktogramm des »Erschlagens der Feinde« wird nun um die Gestalt des Gottes Amun ergänzt, der dem König gegenübertritt und ihm das Sichelschwert als Symbol des Sieges reicht. Diese neue Semantik des Krieges entsteht in den Befreiungskämpfen gegen die Hyksos, semitische Fremdherrscher, die Ägypten für über hundert Jahre in ihre

Gewalt gebracht hatten. Vielleicht darf man also diese Theologisierung des Krieges auf semitischen Einfluß zurückführen; in den (zeitlich allerdings späteren) Quellen der vorderasiatischen Welt wie den mittel- und neuassyrischen Königsinschriften und besonders natürlich in den biblischen Texten spielt die Vorstellung des »Heiligen«, d. h. im Namen Gottes bzw. in göttlichem Auftrag geführten Krieges ja eine zentrale Rolle. Denkbar ist aber auch, daß dieser Befreiungskrieg aus der Natur der Sache heraus eine derartige Sakralisierung erforderte, richtete er sich doch gegen ein regierendes Königshaus und damit gegen eine göttliche Institution. Schon Kamose, einer der ersten Befreiungskämpfer, beginnt den Krieg im Auftrag des thebanischen Gottes. Ich bin im Rahmen meines Buches *Ägypten – eine Sinngeschichte* auf diese Entwicklung eingegangen und möchte sie hier nur kurz zusammenfassen. Die religiöse Begründung der militärischen Aktionen wird im Laufe der Zeit immer dichter und intensiver, die religiöse Symbolik des Krieges immer reicher. Einen Höhepunkt markiert die Schlacht bei Qadesch (1274 v. Chr.), in deren Darstellung Ramses II. seine Rettung in höchster Not auf eine Intervention Amuns selbst zurückführt. Merenptah geht in seiner Schilderung der Libyerkriege aber vielleicht sogar noch einen Schritt weiter. Er stellt das Motiv der göttlichen Beauftragung in der Form eines Traumorakels dar, in dem ihm Ptah selbst das Sichelschwert des Krieges überreicht habe. Auch sei dem irdischen Kampfgeschehen ein Rechtsstreit im Himmel vorausgegangen, bei dem der libysche Gegner bereits von den Göttern verurteilt worden sei, so daß der Kampf Merenptahs nur noch die Vollstreckung eines göttlichen Urteils und insofern ein »Heiliger Krieg« ist.[246] Krieg und Religion gehen im Neuen Reich eine immer engere Verbindung ein. Auf der ideologischen Ebene entwickelt sich aus dieser Verbindung eine Geschichtstheologie, die die Geschichte aus dem planenden Willen und den Interventionen Gottes hervorgehen läßt. Aber natürlich hat diese Verbindung auch eine institutionelle Seite. Die Kriege werden aus dem Tempelschatz finanziert (nichts anderes besagt ja die Formel von der göttlichen Beauftragung), und ihre Beute kommt vor allem dem Tempelschatz zugute.

Fünftes Kapitel
Politisierung durch Polarisierung

I
Drei Formen des Impliziten

Jedes soziale, d. h. auf gesellschaftliche Wirksamkeit abzielende Handeln impliziert einen Horizont gemeinsamer Verhaltens- und Gelingensregeln sowie Wert- und Sinnvorstellungen.[247] Das Modell hierfür ist das sprachliche Handeln. Ohne die gemeinsame Kenntnis einer Sprache wäre sprachliches Handeln erfolglos. Die Regeln dieser Sprache bleiben jedoch normalerweise implizit und werden nur fallweise, beim Spracherwerb oder im Falle eines Mißverständnisses, explizit thematisiert. Eine zusammenhängende Thematisierung sprachlicher Regeln, d. h. eine explizite Grammatik, ist eine späte Errungenschaft.[248] Das Nachdenken über die Sprache, das »Sprachdenken«, begleitet aber das Sprechen lange vor dem Auftreten expliziter Grammatiken. Nichts wäre absurder als die Vorstellung, Sprachen, denen die Sprachwissenschaft noch keine wissenschaftliche Beschreibung hat angedeihen lassen, besäßen keine Grammatik. Nicht anders steht es mit dem politischen Denken. Auch politisches Handeln setzt die Geltung einer Art von Grammatik, eines »Codes« voraus (dessen Einheiten freilich von anderer Art sind als sprachliche Regeln und dessen Geltung meist auch mit anderen Mitteln durchgesetzt wird). Auch politisches Handeln ist vom Nachdenken über diesen Code begleitet, lange vor dem Auftreten expliziter politischer Diskurse. Dieses Nachdenken mündet normalerweise in die politische Praxis. Nur in Ausnahmefällen und Krisensituationen kommt es zur Entstehung expliziter Diskurse. Was das pharaonische Ägypten betrifft, sind wir weitestgehend auf die Erschließung »impliziter Politologie« angewiesen, auf die »impliziten Axiome« politischen Handelns.[249]

Handeln

Die politische Praxis der alten Ägypter ist eindrucksvoll genug. Es genügt, an einige wohlbekannte Tatsachen zu erinnern. Der pharaonische Staat ist die erste bedeutende Staatsgründung der Menschheitsgeschichte.[250] Wenn die Griechen »keine Griechen vor sich hatten«, dann gilt Entsprechendes in viel schärferem Sinne für die Ägypter. Denn die Griechen hatten zumindest eine zivilisierte Staatenwelt und reiche kulturelle Traditionen vor und neben sich, an die man anknüpfen konnte. Aber was lag dem ägyptischen Staat voraus? In wenigen Jahrhunderten, von circa 3100 bis 2700 v. Chr., vollzieht sich hier der Übergang von Clanverbänden und Häuptlingstümern zu einem einheitlichen und großräumigen, zentral organisierten, bürokratisch verwalteten Herrschaftsgebilde mit einheitlicher Sprache, Kultur, Religion, Kunst, Rechts- und Wirtschaftssystem, das allen späteren Staats- und Reichsgründungen als Vorbild dient.[251] Wenn die monotheistische Religion die spezifische Errungenschaft Israels darstellt, dann kann der monokratische Staat als die spezifische Errungenschaft Ägyptens gelten. Geschichtlich war sie nicht minder folgenschwer. Noch heute sind maßgebliche, vor allem konservative Staatstheorien entscheidend geprägt von Ideen, die in Ägypten erstmals greifbar werden.

Diese Greifbarkeit ist allerdings problematisch. Eine politische Praxis von der Größenordnung und geschichtlichen Strahlkraft der altägyptischen ist ohne ein begleitendes politisches Denken und ein konzeptionelles Arbeiten an den leitenden Ideen völlig unvorstellbar. Die Frage ist nur: Wie kommen wir an diese konzeptionellen »Tiefenstrukturen« des politischen Denkens und Handelns der alten Ägypter heran? Hierfür gibt es drei Wege. Der eine besteht in einer Analyse der politischen Praxis selbst, soweit sie uns durch die Quellen zugänglich wird. Hier geht es um eine Rekonstruktion des Handlungs- und Entscheidungsspielraums sowie der handlungsleitenden Axiome, die sich auf das reiche Korpus der Königsinschriften stützen kann, in denen politisches Handeln nicht nur beschrieben, sondern auch teilweise recht ausführlich begründet wird. Diesen Weg, dem ich vor Jahren eine eigene Studie gewidmet habe[252], will ich im folgenden nicht beschreiten. Statt dessen wollen wir auf zwei anderen Wegen eine Annäherung an die implizite Politologie der altägyptischen Kultur versuchen.

Symbolik

Kein Satz trifft besser das Grundprinzip der altägyptischen politischen Symbolik als die Regel des radikalen Konstruktivismus: »Draw a distinction and you create a universe«, oder: »wenn ein Raum geteilt wird, entsteht ein Universum«.[253] Die politische Symbolik des alten Ägypten, die Formen, in denen die Ägypter ihren Staat konzeptualisierten, kreisen um die Motive von (Zwei-)Teilung und Vereinigung, Zweiheit und Einheit. Ägypten heißt »die beiden Länder« oder »die beiden Ufer«. Gemeint ist einmal eine Zweiteilung in Nord-Süd-Richtung, das andere Mal eine in Ost-West-Richtung. Die »beiden Länder« sind Ober- und Unterägypten, ägyptisch Schema^c und Mehu, also zwei ganz verschiedene Wörter. Der ägyptische König trägt zwei Titel: *njswt* als König von Ober-, *bjt* als König von Unterägypten. Seine beiden Kronen symbolisieren die Herrschaft über die beiden Landesteile und sind zwei Kronengöttinnen und zwei Kronenstädten zugeordnet, Hauptstädten mythischer (und vielleicht auch historischer) Vorläuferstaaten, die zum pharaonischen Reich vereinigt wurden.[254] »Vereinigung« ist das Stichwort, das den Sinn dieser ausgeprägt dualistischen Symbolik am genauesten trifft. Nicht das statische Motiv der Zweiheit, der Grenze und Unterscheidung, ist entscheidend, sondern das dynamische Motiv der Trennung und Vereinigung. Das zentrale politische Symbol, das mit Vorliebe z. B. auf den Seiten königlicher Throne dargestellt wird, ist eine Szene der Vereinigung: Horus und Seth schlingen und verknoten die Wappenpflanzen von Ober- und Unterägypten um ein längliches Gebilde herum, das eine Hieroglyphe mit der Bedeutung *zm3*, »vereinigen«, ist. Der Staat, den der König beherrscht, ist das Resultat einer Vereinigung, die in der mythischen Urzeit die beiden Götter vollbracht haben und die jeder König bei Herrschaftsantritt und in der Ausübung seiner Herrschaft neu vollbringt.[255] Der Mythos von Horus und Seth ist als narrative Ausformung der Zweiheitssymbolik der Gründungsmythos des ägyptischen Staats. Das antagonistische Brüderpaar steht aber für mehr als nur für die geographische Zweiteilung in Ober- und Unterägypten. Hier stoßen wir zum ersten Mal auf das Prinzip der Polarisierung. Horus verkörpert die Zivilisation, Seth die Wildnis, Horus das Recht, Seth die Gewalt, Horus die Ordnung, Seth die Unordnung.[256] Einheit kann nur durch Versöhnung dieser antagonistischen Prinzipien, Versöhnung aber nur durch Unterwerfung des einen unter die andere hergestellt werden. Das

Recht, die Kultur, die Ordnung müssen kämpfen und siegen; sie setzen sich nicht von selbst durch. Sie setzen sich aber nicht verdrängend an die Stelle von Chaos, Unordnung, Wildheit und Gewalt, sondern bändigen sie. Der Mythos fundiert daher keinen Zustand, sondern ein unabschließbares Projekt: die Bändigung des Chaos und die Herstellung von Ordnung durch Vereinigung. Die Einheit ist immer problematisch, sie ist niemals gegeben, sondern immer aufgegeben. Die durch diese dem König aufgegebene Vereinigung erzielte Einheit ist mehr als die Summe ihrer Teile: sie ist allumfassend. Die Herrschaft über die zwei Länder bedeutet Herrschaft über das Ganze, ägypt. »Allherrschaft« (nb tm) oder »Einherrschaft« (nb w^c). Die beiden Länder vereinigen sich zur Welt. Wenn ein Raum geteilt und – so würden die Ägypter fortfahren – die Teile vereinigt werden, entsteht ein Universum. Die Herrschaft über das Ganze bedeutet Herrschaft über die vom Sonnengott geschaffene und dem König überantwortete Welt.

Pharao ist also ein Weltherrscher. Aber diese »Welt« ist ein mythischer, kein politischer Begriff. Es handelt sich nicht um das, was später *Oikumene*, die bewohnte Erde, genannt werden wird. Er impliziert nicht das expansionistische Programm, erobernd bis ans Ende der Welt vorzudringen.[257] Die Grenzen der Welt liegen vor Augen: im Osten und Westen die Berge der Wüste, im Norden das Mittelländische Meer, im Süden der erste Katarakt. Die Grenzen umschreiben das Gebiet, in dem die »Menschen« wohnen. Jenseits dieser Grenzen und nicht mehr in der geordneten Welt wohnen »die neun Bogen«, unzivilisierte Nomaden, die es nicht zu unterwerfen, sondern draußen zu halten gilt. Eine große Gruppe politischer Symbole, allen voran die bekannte Szene vom »Erschlagen der Feinde«, kreisen um die Idee der Abwehr, des Niederhaltens und Vertreibens (ägypt. *d3r*). Wir können sie als »Außensymbolik« zusammenfassen. Wichtiger aber und für das ägyptische Selbstverständnis entscheidender ist die Innensymbolik der Zweiheit und Vereinigung.

Das Symbol der vereinigten Zweiheit ist ein ausgeprägt integratives Symbol. Der Mythos von Horus und Seth verwandelt die Erinnerung an eine ursprüngliche Zwei- oder Vielheit von Häuptlingstümern, die – nicht ohne Konflikt – zum pharaonischen Reich vereinigt wurden, in treibende, motivierende, richtungweisende Sinnenergie, in den Impuls zu immer erneuter Anstrebung und Herstellung von Einheit. Vielleicht liegt in solcher »Mythomotorik«[258] das Geheimnis der einzigartigen Konstanz des ägyptischen Staates. Denn hier geht es ja nicht einfach um bloße Dauer, sondern vielmehr um die Kraft zu identischer Erneuerung, zur strukturellen Selbstreproduktion auch über schwere Zusammenbrüche hinweg.

Integration bedeutet, Einheiten als »Teile« zu denken in bezug auf ein ihnen übergeordnetes Ganzes. Die typische Form, diese Beziehung im Symbol anschaulich zu machen, ist der Körper mit seinen Gliedern. In Ägypten steht von Anfang an die Körpersymbolik neben der Zweiheitssymbolik. Die einzelnen Gaue oder »Stätten« Ägyptens bilden die Glieder eines Körpers, der mit dem Gott Atum (der Name bedeutet ägyptisch »das Ganze«, »das All«) identifiziert wird. In den Riten der sog. »Gliedervereinigung« wird mit dem Körper des verstorbenen Herrschers zugleich auch die Einheit des mit seinem Tod zerfallenen Landes wiederhergestellt. In der Spätzeit gehen diese Riten mit der sich ausbreitenden Osiris-Religion eine neue Verbindung ein. Osiris, gewissermaßen die Personifikation des toten Herrschers, ist der zerstückelte Gott, dessen Körperteile auf die 42 Gaue des Landes verteilt wurden und dessen körperliche Restitution im Ritus zugleich die politische Einheit des Landes sicherstellt.[259]

Das Zentralsymbol der pharaonischen Monokratie ist die Flügelsonne, die man gerne und nicht ganz zu Unrecht als das »Staatswappen« Ägyptens bezeichnet. Mit ihren Flügeln symbolisiert sie das Weltumspannende der Herrschaft über »alles, was die Sonne umkreist«[260] und mit der Sonnenscheibe die Idee der Einheit: *eine* Sonne, *ein* Herrscher. Wie die Sonne die Götterwelt, so zentriert der König die Menschenwelt. Die Spannung von Pluralität und Zentralität findet sich auf allen Ebenen ägyptischen Denkens wieder. Was im Kosmos die Sonne und was in der Menschenwelt der König, leistet im Menschenbild das Herz als das zentrierende, lenkende Prinzip, das die Vielheit zur Einheit koordiniert.[261]

Durch die Homologie zum monokratisch organisierten Kosmos gewinnt die Monokratie Pharaos den Charakter der Heiligkeit. Nur der Einherrscher setzt die Herrschaft des Einen Schöpfers fort, kann als Abbild der Sonne und Stellvertreter des Schöpfers gelten.[262] Ihren im eigentlichen Sinne politischen Charakter gewinnt diese Idee der Einheit aber erst auf dem Hintergrund der Zweiheit, des Antagonismus und der Polarisierung. Erst als eine auf diesem Hintergrund ständig neu herzustellende und aufrechtzuerhaltende Einheit wird die Idee zum politischen Programm, zu einer Aufgabe, die unablässig eingeschärft und bewußt gehalten werden muß.

Kompaktheit

Die dritte Form von Implizitheit, in der uns das politische Denken der alten Ägypter entgegentritt, wird bedingt durch die Nichteigenständigkeit oder Nichtausdifferenziertheit des Politischen, oder, positiv ausgedrückt, durch die »Kompaktheit« der ägyptischen (wie überhaupt archaischen) Begriffsbildung.[263] Die Begrifflichkeit, in der wir uns über diese Befunde verständigen – z. B. Recht, Moral, Weisheit, Religion, Politik, Herrschaft, Macht, Gewalt usw. –, ist das Ergebnis jahrtausendelanger Prozesse begrifflicher Differenzierung. Dem ägyptischen Denken liegen solche Unterscheidungen fern. Alle politischen und rechtlichen Begriffe gehören in ein Wortfeld der *Verbindlichkeit*, das vier Dimensionen ungeschieden in eins setzt: Moral, Recht, Politik und Religion. Man könnte sich auf den Standpunkt stellen, daß von Politik und politischem Denken überhaupt erst dort die Rede sein kann, wo sich dieser Bereich sozialen Handelns als autonome Sinndimension aus dem Gesamtkomplex ausdifferenziert und in entsprechenden Diskursen explizitiert hat.[264] Dagegen ist nichts einzuwenden; nur gilt Entsprechendes dann ebenso für Moral, Recht und Religion. Hier hat sich aber ein Sprachgebrauch eingebürgert, der diese Begriffe ohne weiteres auch auf alle möglichen Befunde einfacher und früher Gesellschaften anwendet, deren Eigenbegrifflichkeit noch die kompakte Ungeschiedenheit des Verbindlichen widerspiegelt. Auch dieser Sprachgebrauch ist legitim, sofern er sich des Unterschieds bewußt bleibt und die entsprechenden Begriffe als solche nicht der Quellensprache, sondern der wissenschaftlichen Metasprache verwendet. In diesem Sinne möchte ich auch hier mit Bezug auf das alte Ägypten von politischem Denken sprechen und mich damit auf die begrifflich nicht ausdifferenzierte Sinndimension des Politischen beziehen, wie sie im Begriffsfeld der Verbindlichkeit zusammen mit den Sinndimensionen des Moralischen, Rechtlichen und Religiösen mitkonnotiert wird.

2
Politisierung durch Polarisierung

Polarisierung, die Spaltung der Welt in Freunde und Feinde, bedeutet Politisierung, d. h. Aufbau und Stärkung eines kollektiven Identitätsbewußtseins.[265] Wem es gelingt, das Gefühl der Bedrohung durch einen mächtigen Feind zu verbreiten, der wird große Gefolgschaft finden. Die Gefahr muß aber nicht unbedingt immer von konkreten Feinden, d. h. von rivalisierenden Gruppen, ausgehen. Sie kann auch in allgemeineren Bildern von Chaos und Umsturz festgemacht werden. Auch hier zeigt sich, ähnlich wie im Fall der »integrativen« bzw. »distinktiven« Symbolik, daß Ägypten den Antityp zu Israel vertritt. Israel bezieht sein Identitätsbewußtsein aus der Frontstellung gegenüber einem Ägypten, das Symbol ist für jede Form von Tyrannei, Unterdrückung und Heidentum.[266] Hier steht nicht Kultur gegen Chaos, sondern die eine gegen die andere Kultur. Ägypten geht den umgekehrten Weg.

Negative Soziologie

Die Ägypter gehen davon aus, daß die menschliche Gesellschaft von sich aus zur Ungleichheit tendiert, d. h. in Arme und Reiche, Schwache und Starke, Unterdrückte und Unterdrücker zerfällt. Aus dieser Einsicht lassen sich zwei verschiedene Folgerungen ableiten. Die eine nimmt die Ungleichheit als Ausdruck gottgewollter Ordnung und gelangt zur Idee einer kosmisch verankerten Klassen- oder gar Kastengliederung der Gesellschaft. Die andere nimmt die Ungleichheit im Gegenteil als Ausdruck von Unordnung, die der Mensch zwar nicht aufheben kann, der es aber doch mit allen Kräften gegenzusteuern gilt. Letzteres ist die ägyptische Position. Die Ungleichheit wird als »Isfet«, als Unrecht, Lüge und Unordnung, eingestuft und der »Ma'at«, der Gerechtigkeit, Wahrheit und Ordnung, gegenübergestellt.[267]

Ma'at, das Gegenteil dieser natürlichen Ungleichheit, die sich mit Notwendigkeit einstellt, wenn man den Dingen ihren Lauf (d. h. den Menschen ihren Willen) läßt, ist nun aber nicht etwa Gleichheit; diese gilt offenbar als völlig außerhalb irdischer Realisierbarkeit. Das Gegenteil ist vielmehr eine Ordnung, ein »Solidaritätsvertrag«, in dessen Geltungsrahmen die Reichen für die Armen sorgen, die Starken die

Schwachen nicht unterdrücken können, den sprichwörtlichen Witwen und Waisen zu ihrem Recht verhelfen wird.[268] Ich nenne dieses Prinzip »vertikale Solidarität«. Die Bindungen der Mitmenschlichkeit, um die es hier geht, wirken vor allem nach oben und unten. Sie binden den Einzelnen ein in ein vertikales System des Austauschs von Schutz (nach unten) gegen Gehorsam und Loyalität (nach oben). Das Paradigma, dessen sich der Ägypter vornehmlich bedient, um diese Bindungen und diesen Austausch anschaulich zu machen, ist die Sprache, näherhin das Hören. Worauf es ankommt, ist eine Kunst des rechten Hörens, die sich von oben nach unten als gutes Zuhören, von unten nach oben dagegen als Beherzigen und Gehorchen realisiert. Je höher einer steht, desto größer ist seine Schutzverpflichtung nach unten, je tiefer einer steht, desto größer seine Loyalitätsverpflichtung nach oben. Daraus ergibt sich, daß das Königtum als die am höchsten stehende Instanz in allererster Linie eine Schutzinstitution ist. Ihre vornehmste Aufgabe ist es, wie es in der Lehre für Merikare heißt, »den Rücken des Schwachen zu stärken«:

Für sie schuf er (der Schöpfergott) Herrscher »im Ei«
und Befehlshaber, um den Rücken des Armen zu stärken.[269]

Ganz oben in dieser Pyramide vertikaler Solidarität steht der Schöpfergott selbst, dem auch der König zu Gehorsam verpflichtet ist. Von Gott heißt es, daß er

das Flehen erhört dessen, der in Bedrängnis ist,
und sein Herz dem zuneigt, der zu ihm ruft,
den Furchtsamen errettet aus der Hand des Gewalttätigen
und Recht spricht zwischen dem Armen und dem Reichen.[270]

Aber er hat diese Aufgabe an den König delegiert. Er hat, wie es in einem anderen Text heißt,

den König eingesetzt auf der Erde der Lebenden
für immer und ewig,
den Menschen Recht zu sprechen, die Götter zu besänftigen,
die Ma'at zu verwirklichen, die Isfet zu vernichten.[271]

Die Einsetzung des Königtums ist die Form, in der Gott sich um die Gerechtigkeit unter den Menschen kümmert; für alles weitere sind sie selbst verantwortlich. In diesem Punkt allerdings erfährt das ägyptische Weltbild gegen Ende des 2. Jahrtausends gewaltige Erschütterungen und Veränderungen.[272]

Negative Anthropologie

Der Grundsatz der »negativen Soziologie« besagt, daß die Menschen von sich aus zur Gemeinschaft unfähig sind. Sich selbst überlassen, tendieren sie zum Chaos, d. h. zu einem Zustand der Ungleichheit, in dem die Starken die Schwachen umbringen oder unterdrücken. Aber damit ist zunächst noch keine moralische Unterscheidung impliziert. Sie ergibt sich erst aus einem moralischen Urteil über die Natur des Menschen, die man als »negative Anthropologie« bezeichnen kann. Unter dem Begriff einer »negativen Anthropologie« fassen wir alle Lehren zusammen, die den Menschen als »böse« voraussetzen. Das prominenteste Beispiel einer solchen negativen Anthropologie ist die christliche Lehre von der Erbsünde, auf deren politische Implikationen Elaine Pagels aufmerksam gemacht hat.[273] Von einer solchen Auffassung sind die Ägypter weit entfernt. Ihre negative Anthropologie äußert sich darin, daß sie die Unterscheidung zwischen dem Starken und dem Schwachen moralisch interpretieren und den Starken mit dem Bösen gleichsetzen. Sie gehen davon aus, daß von Natur aus der Starke der Böse ist, daß also der seinem eigenen Willen anheimgegebene, »naturbelassene« Mensch die Chancen ausnutzt, die sich ihm bieten, seinen Vorteil auf Kosten anderer durchzusetzen. Nietzsche hat diese Gleichsetzung von »stark« und »böse«, »schwach« und »gut« bekanntlich als eine speziell jüdisch-christliche Errungenschaft angesehen und als »Ressentiment« und »Sklavenmoral« gedeutet.[274] Max Weber ist ihm darin mit großer Zustimmung gefolgt.[275] Damals waren die ägyptischen und vorderorientalischen Quellen noch unzureichend erschlossen. Inzwischen ist deutlich geworden, daß es sich hier um ein gesamtorientalisches Gerechtigkeitsdenken handelt, an dem Israel lediglich auf seine besondere Weise Anteil hat.

Die »böse« Natur des Menschen äußert sich darin, daß er zu der Geselligkeit, auf die hin er doch angelegt ist, nicht in der Lage ist. Die Ägypter lokalisieren diese Unfähigkeit zur Sozialität in seinem Willen, ägypt. »Herzen«. Der Schöpfer, so heißt es in einem Text (vgl. hierzu Neuntes Kapitel, S. 205 mit Anm. 433), hat

die Menschen einen jeden gleich seinem Nächsten geschaffen und verboten, daß
sie Isfet tun sollten.
Aber ihre Herzen haben (sein) Verbot übertreten.

Aus dieser Schwäche der menschlichen Natur leiten die Ägypter, genau wie die Inder, die Notwendigkeit des Staates ab. Das Chaos, vor dem der Staat die Menschen schützen soll, ist ein Chaos »von innen«, denn es kommt von der Gier, der Habsucht und Eigensucht, die nach ägyptischer Auffassung dem Herzen von Natur aus innewohnt und die durch Erziehung gebändigt und in Gemeinsinn umgeformt werden muß.[276] Die Menschen brauchen den Staat, der sie voreinander schützt und sie zur Mitmenschlichkeit erzieht. Hier zeigt sich der Zusammenhang zwischen der Anthropologie der Ägypter und ihrer erstaunlichsten Leistung: dem Staat. Wenn Carl Schmitt recht hat mit seiner These, daß »alle echten politischen Theorien den Menschen als böse voraussetzen«[277], dann handelt es sich auch bei den entsprechenden ägyptischen Anschauungen um »echte (d. h. autoritäre) politische Theorien«. Wenigstens zeigt sich doch im Licht dieser überspitzten These, daß die ägyptischen Unterscheidungen zwischen Ma'at und Isfet, Ordnung und Chaos, Recht und Unrecht, Gut und Böse, nicht nur einen moralischen, sondern auch einen politischen Sinn haben. Durch diese Polarisierung wird die Welt politisiert, d. h. so konstruiert, daß der Staat als unausweichliche Grundbedingung menschlichen Zusammenlebens erscheint.

Politisierung ist jedoch nicht Sache eines Schrittes, einer evolutionären Errungenschaft, die einmal vollzogen wird und dann selbstverständliche Gültigkeit behält. Politisierung ist vielmehr Sache eines Bewußtseins, das eingeschärft und ständig wachgehalten werden muß. Das geschieht typischerweise durch Erzeugung eines Bedrohungsbewußtseins.[278] Es wird nicht nur eine Grenze gezogen, es wird vor allem das Ausgegrenzte als Quelle ständiger Gefahr dargestellt. Der ägyptische Staat gründet sich auf ein Bedrohungsbewußtsein, daß den Feind nicht in äußeren Stämmen, Völkern oder Staaten festmacht, sondern als das Prinzip einer Gegenkraft zur Gerechtigkeit identifiziert, die sowohl in der Natur des Menschen wie der Gesellschaft, wie sogar in der des Kosmos überhaupt liegt. Diese Gegenkraft wird in Gestalt einer riesigen Wasserschlange namens Apopis verkörpert, von der man annimmt, daß sie der Sonnenbarke im Himmel und in der Unterwelt entgegentritt und sie mit Stillstand bedroht. Diese Schlange muß auch mit den

Mitteln des Kults bekämpft werden. Dadurch wird der Sonnenlauf, und mit diesem zugleich auch die staatliche und politische Ordnung auf Erden in Gang gehalten. Wir haben im vorhergehenden Kapitel bereits jenen Abschnitt des Papyrus Jumilhac zitiert, der den engen Zusammenhang zwischen der korrekten Durchführung der Riten und dem Fortbestand der politischen Ordnung in Ägypten behandelt.[279]

Damit kommen wir auf das Phänomen der »Kompaktheit« zurück. Es basiert auf dem Prinzip einer analogischen Imagination, die alles zueinander in Beziehung setzt: Kosmos und Gesellschaft, Kult und Politik, Magie und Herrschaft. Die Liturgie dieses Abwehrrituals gegen Apopis ist uns erhalten: Sie basiert durchgängig auf dem Parallelismus zwischen kosmischen und politischen Feinden.

Das »Politische« ist also in Ägypten nicht nur nicht ausdifferenziert als eigenständiger Bereich menschlichen Denkens und Handelns, es ist im Gegenteil explizit in eins gesetzt mit kultischen, kosmischen und individuellen Heilsvorstellungen. Diese Nichtunterscheidung wird man aber wohl nicht als »Fehlen«, sondern als eine besondere Form politischen Denkens einstufen müssen. Nach dieser Auffassung gibt es nur eine einzige Ordnung; sie erweist sich im Gelingen und es kommt darauf an, sie in allen Sphären zugleich, in der kosmischen, kultischen, politischen und häuslichen Sphäre zur Geltung zu bringen. Ein größerer Gegensatz zu dem, was sich in Griechenland und Israel an politischem Denken entwickelt, ist schwer vorstellbar.

Sechstes Kapitel
Vom Patron zum persönlichen Gott

I
Von der Formgeschichte zur Diskursanalyse

Der folgende Beitrag möchte die Fragestellung der politischen Theologie wiederum von der Seite der Begriffssoziologie aufgreifen und die Geschichte einiger religiöser Zentralbegriffe von ihrem sozialen Kontext her aufhellen. Dabei wird es hier darum gehen, den Prozeß der »Umbuchung«, der hinter dem Begriffstransfer von der politisch-sozialen in die politisch-theologische Sphäre (und umgekehrt) steht, in Ansätzen bereits innerhalb der altägyptischen Geschichte selbst und nicht erst im Übergang von Ägypten nach Israel aufzuspüren. Gefragt wird nach der Herkunft und dem sozialen und politischen Kontext von bestimmten Metaphern und Modellen der Gott-Mensch-Beziehung, die aus dem sozialen bzw. politischen Bereich stammen und Gott als König, Vater, Gatte, Hirte, Herr usw. bezeichnen. Solche Metaphern und Modelle sind uns aus der Bibel vertraut. Modelle sind realisierte Metaphern. Wenn eine Nonne z. B. Christus ihren Bräutigam nennt und im Hinblick auf diese Beziehung ehelos bleibt, dann hat sie eine Metapher zum Modell ihrer Gottesbeziehung gesteigert. Wenn das Volk Israel ein Bündnis mit Jahwe als seinem politischen Oberherrn eingeht und im Hinblick auf dieses Bündnis andere politische Bindungen ablehnt, dann wird auch hier eine Metapher zum Modell gemacht. Hier wird nicht metaphorisch, sondern »buchstäblich«, in aller Form und mit allen politischen Konsequenzen, ein Bündnis geschlossen und Gott zum Vertragspartner gemacht. Die Rolle des Oberherrn ist nicht Metapher, sondern Modell, verbindliche Form seiner Weltzuwendung. Spreche ich aber von Gott als Oberherrn, Bräutigam, Vater usw. und lebe daneben und dessen vollkommen ungeachtet in den entsprechenden sozialen, familiären und politischen Bindungen, dann handelt es sich um Metaphern und nicht Modelle meiner Gottesbeziehung. Diese Unterscheidung ist für unsere Frage nach dem sozialen Kontext religiöser Begriffe von entscheidender Bedeutung. Denn solange wir es mit Metaphern zu tun haben, handelt es sich lediglich um Widerspiegelungen oder Ausprägungen der sozialen Wirklichkeit im Raum der Sprache und Texte. Sobald es aber um Modelle geht, wirken das Denken, die Sprache und die Texte umgestaltend auf die Wirklichkeit zurück und haben einschneidende Konsequenzen im Raum der sozialen und politischen Bindungen zur Folge. In diesem Fall schafft die Religion sich ihren sozialen Kontext. Hier handelt es sich nicht bloß um eine Widerspiegelung, sondern um eine Umgestaltung der soziopolitischen Wirklichkeit.

Auch in Ägypten werden verschiedene Götter und allen voran der Reichsgott Amun-Re passim »König« genannt. Hier geht es aber nicht um die Modellierung der Gott-Mensch-Beziehung, sondern um der Beziehung des Pantheonchefs zu den anderen Göttern. Amun-Re ist König der Götter. Die Götterwelt wird, wie Ernst Topitsch das nannte, »soziomorph« gedacht. Für das Königtum über die Menschen ist Pharao zuständig. Die beiden teilen sich in das Königtum, aber nicht im Sinne der Gewaltenteilung, daß der eine über den, der andere über jenen Bereich herrscht, sondern im Sinne der Repräsentation, daß der eine über alles schlechthin herrscht, sich aber in einem bestimmten Bereich dieser Herrschaft vom anderen repräsentieren läßt. Was wir suchen, sind aber Metaphern und Modelle der Gott-Mensch-Beziehung. Darum handelt es sich hier nicht, da es ja gerade nicht um Gott als König der Menschen geht. Nur in der 21. Dynastie wird in Oberägypten das Königtum Gottes auch auf die Menschen ausgedehnt und eine radikale, nicht nur repräsentative Theokratie eingeführt. Der Gott Amun herrscht durch Orakel und der Hohepriester nimmt als Sprachrohr des Gottes den Königstitel an, nicht mehr im Sinne der Repräsentation, sondern im Sinne einer Art untergeordneter Koregentschaft. Dieser Fall zeigt, in welchem Maße Modelle umgestaltend in die Wirklichkeit eingreifen können.

Metaphern und Modelle der Gott-Mensch-Beziehung gibt es nun auch in Ägypten in großer Menge, aber der Begriff »König« kommt, abgesehen von der Zeit des thebanischen Gottesstaats, hier gerade nicht vor. Gott wird Wesir, Richter, Pilot, Steuermann, Arzt, Vater und Mutter, Hirte, Schützer und Patron der Menschen, der Armen, derer, die auf ihn vertrauen, usw. genannt, aber nicht oder selten König mit einem solchen qualifizierenden Genitiv (»König der Frommen« o. ä.). Alle diese Bezeichnungen Gottes sind Metaphern, mit einer möglichen Ausnahme. Das ist die Bezeichnung als Patron, ägypt. $n\underline{h}w$, »Beschützer«. Es gibt Aussagen, in denen einzelne beteuern, sich »keinen

Beschützer unter den Menschen gesucht«, sondern allein auf Gott vertraut zu haben. Wenn Gott aber in einer bestimmten Rolle in Konkurrenz zu menschlichen Trägern dieser Rolle tritt, dann haben wir es, in unserer Terminologie, nicht mehr mit einer Metapher, sondern mit einem Modell zu tun. Mit dieser Rolle wollen wir uns hier beschäftigen. Wir wollen den geschichtlichen und sozialen Kontext ermitteln, in dem diese Redeweise entstand und die sich in ihr widerspiegelt, und wir wollen fragen, in welcher Weise, falls es sich hier nicht nur um eine Metapher, sondern ein Modell handelt, diese Gottesidee umgestaltend in die soziale Wirklichkeit eingegriffen hat.

Vorher jedoch noch ein Wort zur Methode. Ich werde es im folgenden ausschließlich mit Texten zu tun haben. Dabei geht es mir um Fragestellungen und Verfahrensweisen, wie man sie früher unter Begriffen wie Formgeschichte und Motivgeschichte zusammenfaßte. Pioniere dieser Richtung waren die Alttestamentler. Sie bestanden auf der These, daß die formprägenden Kräfte keine rein textlichen, ästhetischen, literarischen Phänomene sind, sondern in den vielfältigen Situationen der sozialen Wirklichkeit verankert waren. Sie nannten das »Sitz im Leben«. Hinter diesem Begriff verbarg sich eine niemals recht ausformulierte, aber bravourös praktizierte soziolinguistische, genauer sozio-textlinguistische Theorie, der es auf die Verankerung der Sprachformen, Gattungen, Sprechsitten, Redeweisen, Stile, Formeln und Ausdrucksweisen im sozialen Leben ankam.

Im Sinne dieser formgeschichtlichen Methode habe ich dasselbe Thema vor 20 Jahren schon einmal behandelt. In meinem Aufsatz »Weisheit, Loyalismus und Frömmigkeit« habe ich bestimmte Formen und Motive gesammelt und zusammengestellt, die in drei verschiedenen Epochen und Zusammenhängen vorkommen: in Königstexten und »Loyalistischen Lehren« des Mittleren Reichs (20.-18. Jh. v. Chr.), in den Texten der Amarnazeit (unter Echnaton, 14. Jh. v. Chr.) und schließlich in den Texten der »Persönlichen Frömmigkeit« in der Ramessidenzeit (13. u. 12. Jh. v. Chr.).[280] Meine These war damals schon ziemlich dieselbe wie heute. Ich wollte anhand der Texte eine tiefgreifende religionsgeschichtliche Wende aufzeigen, also eine Wandlung der ägyptischen Wirklichkeit. Was der Leser jedoch gezeigt bekam, waren motivgeschichtliche Wander- und Entwicklungslinien im Raum der Texte. Die Beziehung zwischen Text und Wirklichkeit blieb unklar und war mit Begriffen wie »Sitz im Leben« nicht überzeugend zu erfassen. Denn die Formgeschichte konstruiert die Beziehung von sprachlicher Form und sozialem Leben immer nur als Einbahnstraße im Sinne der Ausprägung oder Widerspiegelung der Wirklichkeit im Text und nicht im Sinne der modellierenden und umgestaltenden Einwirkung der Sprache auf die Wirklichkeit. In dieser Hinsicht sind wir inzwischen weitergekommen.

Daß die Wirklichkeit, in der wir leben, in ihrem sinnhaften Aufbau und ihrer symbolischen Kodierung sprachlich verfaßt ist, wissen wir seit dem »linguistic turn« der Jahrhundertwende. Wofür uns die letzten Jahrzehnte die Augen geöffnet haben, ist die Tatsache, daß diese soziale Konstruktion und sprachliche Verfassung der Wirklichkeit aus einem unabschließbaren Prozeß des Aushandelns unablässig hervorgeht. Alle genannten Formen und Formeln, Denkstile und Denkformen, Sprechsitten, Redeweisen, Gattungen, Textsorten, Motive, Semantiken usw. wurzeln in Rhetoriken solchen Aushandelns. Der Begriff des Diskurses verknüpft die sprachlichen Formen und Semantiken mit den Interessen und Machtstrukturen, die am Aushandeln der Wirklichkeit beteiligt sind. Im Licht der Diskursanalyse zeigt sich, daß wir es bei der Rede von Gott als Patron nicht mit einem Motiv, sondern mit einem Diskurs zu tun haben, der weitestgehende und einschneidendste Ansprüche im Aushandeln der Wirklichkeit vertritt und sich dabei bestimmter Rhetoriken bedient, der Rhetorik der Krise, der Entscheidung und der Innerlichkeit. In dieser Rede prägt sich nicht nur historische Wirklichkeit aus, sondern wird auch symbolische Wirklichkeit ausgehandelt, die im Laufe der Jahrhunderte geschichtsmächtig wird.

2
Die Rhetorik der Krise und Entscheidung von der Ersten Zwischenzeit bis zum Neuen Reich

Als ich vor 20 Jahren dieses Thema rein formgeschichtlich behandelte, bin ich ausgegangen von der Form des Makarismos, der Seligpreisung, die fast ausschließlich in Texten der Persönlichen Frömmigkeit vorkommt und als ein Leitmotiv dieser Richtung gelten kann. Auf ihre formale und semantische Grundstruktur reduziert, läßt sich diese Form auf die Formel bringen: »Wohl dem, der Gott fürchtet« (der ägypt. Ausdruck lautet: »sich Gott ins Herz setzt«), »denn er ist in Sicherheit und alle Segensgüter sind sein.« Darauf folgt oft ein Weheruf wie: »Wehe dem, der Gott mißachtet, denn er ist allem Unheil preisgegeben.« Aber auch wo er nicht folgt, ist er überall implizit mitgemeint. Als Beispiel für diese in der Ramessidenzeit typische Redeform kann folgender Text gelten:

Ein Opfergebet an Sobek von Schedet,
Horus zu Gast in Schedet,
den Sohn der Isis, süß an Beliebtheit,
Osiris den Herrscher inmitten des Fayum.

Ich will Lob spenden deinem schönen Angesicht,
und deinen Ka zufriedenstellen Tag für Tag,
*denn ich habe mich auf dein Wasser gesetzt
und mein Herz mit dir erfüllt.*

Du bist ein Gott, zu dem man rufen kann,
freundlichen Herzens gegenüber den Menschen.
*Wie freut sich, wer dich in sein Herz gesetzt hat!
Wehe dem der dich angreift!*
Weil dein Zorn so gewaltig ist,
weil deine Pläne so wirkungsvoll sind,
weil deine Gnade so schnell ist.[281]

Solche Seligpreisungen begegnen mit Vorliebe auch in den Texten der Amarnazeit mit Bezug auf den König:

Selig, wer dich in sein Herz gibt,
denn er wird das Alter in Vollkommenheit verbringen.[282]

Daher nahm ich an, daß diese Form aus den Amarnatexten in die Phraseologie der Persönlichen Frömmigkeit übernommen worden wäre und sah darin ein Indiz dafür, daß der spezifische Königsbegriff der Amarnareligion zum Modell des Gottesbegriffs der Persönlichen Frömmigkeit geworden wäre. Man redet in der Ramessidenzeit so von Gott, wie man in der Amarnazeit vom König geredet hat.

Der Seligpreisung liegt eine antithetische Strukturierung zugrunde, eine Polarisierung. Wenn man sie noch stärker reduziert, erhält man eine Struktur wie »Wer A ist oder tut, wird B sein oder besitzen«, wobei A etwas Verdienstvolles und B etwas sehr Positives ist, bzw. »Wer C ist oder tut, wird D sein«, wobei C etwas Verwerfliches und D etwas sehr

Schlimmes ist. In dieser abstrakteren Form kommt das Motiv in zwei Weisheitslehren des Mittleren Reichs vor, die das Verhältnis zwischen König und Gefolgsmann zum Thema haben: die Loyalistische Lehre und die Lehre eines Mannes für seinen Sohn. Ich will dies an zwei Zitaten verdeutlichen, die für eine große Fülle ähnlicher Formulierungen stehen:

Wer in seiner Gunst steht, wird ein Besitzer von Lebensmitteln sein,
wer sich ihm widersetzt, wird ein Habenichts sein.[283]

Wer dem König treu ist, wird ein Grabherr sein,
aber kein Grab gibt es für den, der sich gegen Seine Majestät widersetzt.[284]

Solche Aussagen lassen sich leicht in die Form von Seligpreisung und Weheruf übersetzen:

* Wohl dem, der in seiner Gunst steht: er wird ein Besitzer von Lebensmitteln sein,
aber wehe dem, der sich ihm widersetzt: er wird ein Habenichts sein.
* Wohl dem, der dem König treu ist: er wird ein Grabherr sein,
aber wehe dem, der sich gegen Seine Majestät widersetzt: er hat kein Grab.

Es ist offenkundig, daß die Seligpreisung sich aus solchen Sätzen entwickelt hat und nur deren rhetorische Steigerungsform ist. Worauf es ankommt, ist die Unterscheidung der Menschheit in Gut und Böse, die Verknüpfung dieser ethischen Unterscheidung mit einem entsprechenden Schicksal, erfolgreich und erfolglos bzw. gesegnet und verdammt, und schließlich die Beziehung dieses Zusammenhangs von Tun und Ergehen auf eine Instanz, die sein Funktionieren überwacht, den König im Mittleren Reich und in der Amarnazeit, den Gott in der Ramessidenzeit. Der König bzw. Gott polarisiert die Menschheit in Gut und Böse und wacht darüber, daß jedem ein seiner Eigenschaft bzw. Haltung entsprechendes Schicksal zuteil wird. Uns ist diese Sprache mit ihrer moralischen Schwarzweißmalerei aus der Bibel vertraut, wo sie besonders im Buch der Sprüche auftritt:

Schätze, durch Unrecht erworben, nützen nichts,
wohltun aber errettet vom Tode.
Der Herr läßt den Hunger des Frommen nicht ungestillt,
die Gier des Gottlosen aber stößt er zurück.
Lässige Hand bringt Armut,

fleißige Hand schafft Reichtum,
das Gedächtnis des Frommen bleibt gesegnet,
der Name des Gottlosen aber vermodert.

Psalm 1, der wie eine Eingangspforte das Buch der Psalmen eröffnet, beginnt mit einer solchen Antithese in der Form einer Seligpreisung:

Wohl dem, der nicht wandelt im Rat der Gottlosen
noch tritt auf den Weg der Sünder,
noch sitzt im Kreise der Spötter,
sondern seine Lust hat am Gesetz des Herrn
und darüber brütet Tag und Nacht.

Ich habe das einen »binär strukturierten Handlungsraum« genannt, der Entscheidung fordert, eine Scheideweg-Situation, und den Makarismos als einen »Aufruf zur Entscheidung« gedeutet. Daran möchte ich auch jetzt noch unbedingt festhalten. Heute aber würde ich einen Schritt weitergehen und diesen binär strukturierten Handlungsraum als ein »imaginäres Konzept« verstehen, das man auf eine »soziale Realität« beziehen muß. Vor 20 Jahren bin ich nämlich über den Raum imaginärer Konzepte nicht eigentlich hinausgegangen. Ich war der Ansicht, daß eine solche Polarisierung des Handlungsraums zum Wesen der Ethik bzw. der Weisheit gehört, weil »ja auch der allgemeine Handlungsraum der Ethik binär (nämlich über gut und böse) strukturiert ist«. »Die Worte ›gut für den, der es beherzigt, aber wehe dem, der dagegen verstößt‹ stehen wie ein Portal vor den Lehren des Ptahhotep und Amenemope.«[285] Heute würde ich die Dinge nicht mehr so in einen Topf werfen wollen. Gewiß kommt keine Moral ohne die Polarisierung von Gut und Böse aus. Aber es macht doch einen großen Unterschied, ob diese Polarisierung den Texten mehr oder weniger implizit zugrunde liegt oder ob sie das organisierende Prinzip ihrer Oberflächenformulierung bildet. Warum wird in bestimmten Zusammenhängen nicht nur polarisierend gedacht, sondern polarisierend geredet, argumentiert, appelliert? Hier wird doch offenbar eine Entscheidung gefordert. Die polarisierende Schwarzweißmalerei möchte ich als eine Rhetorik der Krise kennzeichnen. Das Wort »Krise« kommt von *krinein*, »unterscheiden«. Hier wird ein Unterschied gemacht, eine Grenze gezogen und ein Raum geteilt, in dem es Farbe zu bekennen und Stellung zu nehmen gilt. Man kann sich hier nicht neutral verhalten. Das ist nicht die Sprache der Weisheit, jedenfalls nicht von Haus aus. Die

Weisheit fordert nicht schnelle Entscheidung, sondern Besonnenheit. Sie treibt im allgemeinen keine Schwarzweißmalerei, sondern bemüht sich um differenzierte Ausleuchtung und sorgfältige Begründung. Eine Rhetorik der Krise liegt ihr fern. Weisheit besteht, jedenfalls in Ägypten, nicht darin, sich einem Entscheidung herrschenden Willen bedingungslos unterzuordnen. Man muß vielmehr das Richtige durch Einsicht in die verborgene Normativität der Zusammenhänge selbst herausfinden. Wir müssen unterscheiden zwischen einem allgemeinen Begriff von Weisheit, wie ihn insbesondere die *Lehre des Ptahhotep* repräsentiert, und der politischen Engführung, die dieser Begriff im Rahmen des Loyalismus des Mittleren Reichs erfährt. Der Wille des Königs ist kein verborgener, sondern ein manifester Ordnungszusammenhang, und seine Befolgung ist nicht Sache besonderer Kompetenz oder »Weisheit«, sondern der richtigen Entscheidung. Das ist der Unterschied, auf den es ankommt. Dem allgemeinen Weisheitsbegriff ist der Gedanke der Entscheidung fremd. Worauf es ankommt, ist nicht so sehr Sache richtiger Entscheidung und entschlossener Persistenz auf dem eingeschlagenen Weg, sondern Sache einer bestimmten Sensibilität, die nicht durch Entscheidung und Gehorsam, sondern nur durch Erziehung und Verstehen zu erwerben ist. Zum richtigen Verhalten gehört eine bestimmte Form »konnektiver Intelligenz«, ein *sensus communis*, der über den Nahhorizont der eigenen Wünsche und Zielsetzungen hinauszudenken und das Ganze im Blick zu behalten vermag. Man denkt dabei an Max Webers Begriff der Verantwortungsethik, die ja auch, im Gegensatz zur Gesinnungsethik, keine Sache der richtigen Entscheidung als vielmehr einer vorausdenkenden Sensibilität für die Fernkonsequenzen des eigenen Handelns und insofern eine Sache konnektiver Intelligenz ist.

Die Rhetorik der Krise und der Entscheidung wurzelt nicht in der Geschichte der Weisheit. Wir müssen ihre Ursprünge vielmehr in den historischen Umständen selbst suchen, unter denen die Formen des Makarismos und der Antithese Hochkonjunktur haben. Für die Amarnazeit und das Mittlere Reich liegt das auf der Hand. Beides waren Epochen höchster innerer Polarisierung, »Jahre der Entscheidung«, mit Oswald Spengler zu reden. Echnaton hatte die Ägypter mit einer neuen Religion konfrontiert, die eine glatte Negation aller herkömmlichen Kulte bedeutete, keine Kompromisse duldete und daher zur bedingungslosen Entscheidung für den neuen Weg aufrief.[286] Die 12. Dynastie war ebenfalls mit einem harten, durchgreifenden, Entscheidung heischenden Programm angetreten. Sie wollte nach der polyzentrischen Herrschaftsstruktur, die die 1. Zwischenzeit kennzeichnete, das monozentrische Gottkönigtum des Alten Reichs wieder restaurieren und mußte sich ihre Anhänger gewinnen.[287] Beide Epochen waren daher politisch hochgradig polarisiert. Jedesmal galt es ein Bekenntnis, das über Freund und Feind entschied: einmal zur neuen monotheistischen Religion, die zugleich eine Form politischer Herrschaft war, das andere Mal zur pharaonischen Monokratie, die zugleich eine Religion war. Sich zum König bekennen und seinem Willen Gehorsam leisten, das hieß im Mittleren Reich: die Selbstherrlichkeit der 1. Zwischenzeit aufgeben und zur monokratischen Ordnung zurückkehren, und in der Amarnazeit: den Kult der alten Götter aufgeben und dem Aton anhängen. So verwundert es nicht, daß gerade zu diesen Zeiten der Loyalismus großgeschrieben wurde und sich der Rhetorik der Krise und der Entscheidung bediente. Für die Texte der Persönlichen Frömmigkeit jedoch will diese Erklärung nicht ganz überzeugen.

3
Vom Patron zum König

Hier kommen wir aber weiter, wenn wir nochmals einen Schritt in der Zeit zurückgehen, und zwar in die 1. Zwischenzeit. Was sich nun sehr viel klarer sehen läßt, ist die Tatsache, daß die Könige der 12. Dynastie mit ihrer Entscheidung heischenden loyalistischen Doktrin in der Nachfolge der Gaufürsten der 1. Zwischenzeit stehen, aus deren Kreisen sie selbst hervorgegangen waren. Die Idee des Loyalismus geht auf das Institut des Patronats und sein Prinzip der »vertikalen Solidarität« – Schutz gegen Gehorsam – zurück, das sich in der 1. Zwischenzeit entwickelt hatte. So lesen wir z. B. in den Inschriften des Anchtifi von Mo'alla, die die Patronatsideologie der Ersten Zwischenzeit ganz besonders explizit artikulieren:

Was nun einen jeden angeht, über den ich meine Hand hielt,
über den kam nie ein Mißgeschick,
wegen der Verschlossenheit meines Herzens und der Trefflichkeit meiner Planung.
Was aber jeden Ignoranten und jeden Elenden betrifft,
der sich gegen mich aufwirft,
der empfängt entsprechend dem, was er gegeben hat.

Wehe! sagt man in bezug auf den, den ich aufgestellt habe;
dessen Brett nimmt Wasser wie ein Boot.
Ich bin ein Held ohne Gleichen.[288]

Die Bindung des Klienten zu seinem Patron beruht nun in der Tat und sehr viel radikaler als die Bindung des Untertans an den König auf einer Entscheidung. Er ist in diese Bindung nicht hineingeboren oder sonstwie hineinverpflichtet, sondern schließt sich seinem Patron aus freier Entscheidung an, weil er von seinen Fähigkeiten überzeugt ist. Dadurch gliedert sich, vom Patron aus gesehen, die Menschheit in Treue, Abtrünnige und Ignoranten. Wer sich dem Patron anschließt, befindet sich in Sicherheit: »über den kommt kein Mißgeschick«, wie es immer wieder heißt. Aus der Sicht des Patrons hat man sich von der Geschichte und von der Zukunft nur Unheil zu erwarten, vor dem man bei dem Patron Schutz sucht, der sich und andere aufgrund seiner überlegenen Planung vor diesem Unheil schützen kann. In den Inschriften des Alten Reichs ist von diesem Pessimismus nichts zu spüren. Die Wendung »niemals kam ein Mißgeschick über mich« ist dagegen in Inschriften der Ersten Zwischenzeit ungemein häufig und für das Lebensgefühl der Zeit typisch.[289] Eine andere Inschrift desselben Grabes lautet:

Wer aber auf meinen Rat hörte,
über den kam kein Mißgeschick.
Wer auf mich hörte, lobte Gott.
Wer aber nicht auf mich hörte, sagte »Wehe!« ...
.... ist, was er tat.
Denn ich bin der Schutz des Furchtsamen
und die Festung dessen der weit geflohen war.
Ich bin ein Held (ohne Gleichen).[290]

Hier kommt das Gesetz der Loyalität noch einmal in aller Deutlichkeit zum Ausdruck. Glück und Unglück des Einzelnen entscheidet sich aufgrund seiner Entscheidung für oder gegen den Patron, für oder gegen Gehorsam. Wer sich für den Patron entscheidet und ihm treu bleibt, hat ausgesorgt: über ihn kommt kein Mißgeschick. Wer seinen Rat ignoriert, wird es bereuen. Das Prinzip des Loyalismus polarisiert die Gesellschaft in Freund und Feind. Das hängt damit zusammen, daß die Patron-Klient-Beziehung, wie schon erwähnt, keine natürliche, sondern eine kontingente ist. Man kann sich auch für einen anderen Patron entscheiden oder versuchen, aus eigener Kraft durchzukommen. Die Unterwerfung unter einen bestimmten Patron ist keine alternativenlose Form sozialer Bindung. Deshalb hat die Entscheidung Bedeutung, ist hier überhaupt eine Entscheidung möglich. Der Patron hat andere Patrone neben sich. Deshalb verlangt er von seinem Klienten Treue.

Hier, bei den Magnaten und Patronen, Condottieri und Fürsten der Ersten Zwischenzeit haben wir die Situation vor uns, in der die Form des Makarismos, die Rhetorik der Entscheidung und der Krise, die Polarisierung in »Wohl« und »Wehe«, Heil und Unheil, letztlich aufkommt. Vor diese Zeit kommen wir auf der Suche nach Vorläufern nicht zurück, und das hat einen guten Grund. Diese Machthaber waren erstmals in der Verlegenheit, die von ihnen angestrebte und ausgeübte Herrschaft auf eine völlig neue legitimatorische Grundlage stellen zu müssen. Zu den Grundlagen ihrer Legitimation gehört ihre Anhängerschaft. Sie profilieren sich als soziale und politische Beschützer. Sie treten in einer Situation allgemeiner Versorgungskrise an, die sich bis zu lokalen Hungersnöten steigert, sowie bürgerkriegsähnlicher unkontrollierter Gewalttätigkeit. In dieser Situation bieten sie Schutz, Orientierung und Versorgung an und fordern als Gegenleistung Gehorsam, Gefolgschaft und Treue. Dabei entwickeln sie eine Semantik, die in Ägypten fortlebt, schon aufgrund der großartigen Texte, wofür man in Ägypten immer Sinn behielt. Die hier entwickelte Semantik wird erst von den Königen des Mittleren Reichs und dann von den Göttern übernommen. Die Patron-Klient-Beziehung wird zum Modell erst der König-Untertan- und dann der Gott-Mensch-Beziehung.

Anders als die Beziehung zwischen Klient und Patron ist die Beziehung zwischen Untertan und König nicht kontingent, sondern zwingend vorgegeben. Es kann also nicht darum gehen, sich für den König zu entscheiden. Worauf es jetzt ankommt, ist, diese vorgegebene Beziehung mit innerem Engagement zu erfüllen. Der Loyalismus des Mittleren Reichs übernimmt daher nicht einfach die Rhetorik der Entscheidung, sondern fügt ihr als etwas Neues die Rhetorik der Innerlichkeit hinzu. Jetzt kommt es auf den inneren Menschen an.

Verehrt den König im Inneren eures Leibes,
verbündet euch mit ihm in euren Herzen!
Fürchtet ihn täglich,
erweist ihm Ehrfurcht allezeit.[291]

Die Verehrung, die der König fordert, ist Herzenssache. Der innere Mensch ist gefordert. Daher betonen die Beamten auch in ihren Inschriften: »mein Herz war es, das mich dazu antrieb, dem König zu folgen«. Die Rhetorik der Entscheidung erklärt sich im Mittleren Reich, wie gesagt, daraus, daß diese Dynastie einen Weg einschlägt, der nicht alternativenlos vorgegeben ist, sondern aktive Entscheidung erfordert. Die Betonung des inneren Menschen aber erklärt sich daraus, daß die äußere Zugehörigkeit des Untertanen zum König gar nicht zur Diskussion steht, sondern daß es nur auf deren inneren Nachvollzug ankommt.

Diese Unterscheidung zwischen außen und innen kommt nun bei der Persönlichen Frömmigkeit noch ungleich viel stärker zum Tragen. Hier kommt es wirklich nur noch auf den inneren Menschen an. Der äußere Mensch ist immer schon Gottes Geschöpf und kann sich dieser natürlichen Beziehung in keiner Weise entziehen. Das gilt nicht nur in bezug auf den Schöpfer, sondern auf alle Götter. Er hat aber die Möglichkeit, sich diese natürliche und gewissermaßen vorbewußte Beziehung in einer ganz besonderen Weise bewußtzumachen. Das bezeichnet der Ägypter mit der Wendung, »sich eine Gottheit ins Herz geben«.

Diese Wendung begegnet schon lange vor Amarna, in der Zeit Thutmosis' III. und Amenophis' II. So liest man auf einem Gebetsostrakon dieser Zeit:

Ich gab dich in mein Herz, weil du so stark bist. (...)
Du bist mein Schützer. Siehe: meine Furcht ist verschwunden.[292]

Hier stoßen wir auch auf das *nomen ipsum* des »Patrons«: »Schützer«. In einem anderen Hymnus derselben Zeit kommt das Motiv der Gottesbeherzigung auch zusammen mit dem Motiv der Antithese, also im Zusammenhang einer Rhetorik der Entscheidung vor:

Gott ist Vater und Mutter für den, der ihn in sein Herz gibt,
aber er wendet sich ab von dem, der seine Stadt vernachlässigt.
(...) Wen er jedoch leitet, der wird nicht fehl gehen.[293]

So hieß es ja auch in dem ramessidischen Text, den wir eingangs zitiert haben:

Wie freut sich, wer dich in sein Herz gesetzt hat!
Wehe dem der dich angreift!

Hinter der Rhetorik der Entscheidung steht ein politischer Wille, man kann ruhig sagen: ein Wille zur Macht. Diese Macht wird durch Polarisierung und Entscheidung erstrebt und erreicht. Der politische Wille der Magnaten der Ersten Zwischenzeit, den die Könige des Mittleren Reichs fortsetzen und auf den inneren Menschen ausweiten, gehört in die Sphäre der sozialen Realität. So hat man sich den Patron und den König nicht nur vorgestellt, sondern so hat er selbst sich inszeniert und haben ihn die Menschen erfahren. Dieser Wille wurzelt unablösbar in den realen politischen und sozialen Gegebenheiten der Ersten Zwischenzeit und des Mittleren Reichs. Er äußert sich in einem Diskurs, dessen Spuren wir in den uns erhaltenen Texten verfolgen können. Hinter der formgeschichtlichen Linie, der Entwicklung einer Form und eines Motivs von den Gaufürsten-Inschriften über die Loyalistischen Texte des Mittleren Reichs und der Amarnazeit bis zu den Texten der Persönlichen Frömmigkeit, steht die Geschichte dieses Willens. Sie erlebt im Neuen Reich eine entscheidende Wende. Jetzt wird dieser Wille auf die Gottheit und damit von der Ebene der sozialen Realität auf die Ebene imaginärer Konzepte übertragen. Diese Übertragung läßt sich als eine Theologisierung des politischen Willens zur Macht verstehen. Bei dieser Theologisierung nun, und dieser Umstand ist entscheidend, haben wir es mit einem Modell und nicht mit einer Metapher zu tun. Indem dieses Modell Gott als Träger eines Entscheidung heischenden politischen Willens darstellt, greift es in die politische und soziale Wirklichkeit ein. Dieser Eingriff gipfelt in der Errichtung des thebanischen Gottesstaats, also in der Schaffung einer neuen politischen Ordnung. Diesem Willen korrespondiert auf Seiten des Menschen die Haltung der Gottesfurcht.

Die Begriffe Wille, Entscheidung, Gehorsam gehören offenbar zusammen. Sie bilden sich in der politischen Sphäre heraus und werden im Mittleren Reich in die Sphäre der Weisheit – der *ars bene vivendi* – und im Neuen Reich in die religiöse Sphäre, die Modellierung der Gott-Mensch-Beziehung übernommen. Damit ändert sich nun nicht nur die Struktur des Tun-Ergehen-Zusammenhangs bzw. der normativen Konnektivität, die schon in der politischen Form des Mittleren Reichs die Züge eines persönlichen, Entscheidung fordernden Willens angenommen hat, sondern auch das Gott-Mensch-Verhältnis. Es verliert seinen natürlichen, immer schon vorgegebenen, unabänderlichen Charakter und wird eine Sache freier, auf Entscheidung beruhender Eingehbarkeit und Aufkündbarkeit. Der Mensch kann sich *Gott* ins Herz setzen, aber auch etwas anderes, er kann auf Gottes Weg oder Wasser wandeln oder auch anderen Herren folgen. Die Gottesbeziehung hat sich personalisiert, sie wird jetzt nach dem Patron-Klient-Modell konzipiert, und die Treue und der Gehorsam, die der Patron vom Klient fordert, fordert die Gottheit jetzt vom Frommen. Die normative Konnektivität hat sich zum Willen Gottes verdichtet. Seinem Willen entströmt die Zeit, die alles verbindet, in der sich die Taten abspielen und in der sie zum Täter zurückkehren.

In dem Maße, wie die Konnektivität sich zu einem personalen Willen verdichtet, wandelt sich die Einsicht in die Zusammenhänge bzw. die »konnektive Intelligenz« zum Gehorsam und zur Unterwerfung unter den Willen Gottes. Der ägyptische Ausdruck für diese gehorsame Unterwerfung gegenüber Gottes Willen ist die Wendung »sich Gott ins Herz setzen«. Mit solcher »Gottesbeherzigung« ist die Einstimmung in bzw. die Unterwerfung unter Gottes Willen gemeint. Sie ist für diese Bewegung so typisch, daß man sie geradezu als Selbstbezeichnung nehmen und von der Persönlichen Frömmigkeit als von »Gottesbeherzigung« sprechen kann.

4
Der Fall des Zimut-Kiki:
Gott als Patron des Frommen

Nach der Amarnazeit stößt man in Texten öfter auf Sätze wie:

ich habe mir keinen Beschützer unter den Menschen gesucht,
Gott (Amun, Mut usw.) ist mein Schützer.[294]

In solchen Wendungen äußert sich ein Vertrauen, das sich Gottes Willen unterordnet und sich in den Schutz der Gottheit begibt, d. h. in der ägyptischen Wendung: »sich in die Hand Gottes setzt«.[295]

Zugleich aber wird darin auch deutlich, daß wir es bei der Vorstellung von Gott als Patron mit einem Modell und nicht mit einer Metapher zu tun haben. Wer sich Gott zum Schützer wählt, verzichtet auf (oder verzweifelt an) Schutz bei den Menschen. Wie konkret dieser Transfer des Vertrauens von der menschlichen in die göttliche Sphäre zu verstehen ist, lehrt der Fall des Zimut-Kiki, der sein gesamtes Vermögen der Göttin Mut übermacht und sie damit zum Schutzpatron zu Lebzeiten und besonders für Bestattung und Totenkult eingesetzt hat.[296] Kiki berichtet darüber in seinem Grab, das er sich in Theben-West angelegt hat:

Es war einmal ein Mann aus den südlichen Heliopolis,
ein wahrer Schreiber in Theben;
Zimut war sein Name von seiner Mutter her,
genannt Kiki, gerechtfertigt.

Den hatte aber sein Gott unterwiesen
und ihn verständig gemacht in seiner Lehre,
er hat ihn auf den Weg des Lebens gesetzt
um seine Glieder zu bewahren.
Der Gott hatte ihn schon als Kind erkannt.
Nahrung und Kostbarkeiten wurden ihm zugewiesen.

Da bedachte er nun bei sich,
daß er sich einen Patron fände;
und er fand Mut an der Spitze der Götter,
Schicksal und Gelingen in ihrer Hand,
Lebenszeit und Lufthauch stehen ihr zu Gebote.
Alles, was sich ereignet, geschieht auf ihren Befehl.

Er sagte: ich will ihr mein Vermögen und alle meine Einkünfte geben,
denn ich erkenne ihre Macht mit meinen Augen,
ihre einzigartige Wirksamkeit,
daß sie mir die Angst verschwinden
und böse Augenblicke ausbleiben lassen wird.
Sie ist gekommen, Nordwind ihr voraus,
da ich sie rief bei ihrem Namen.

Ich bin ein Schwacher ihres Ortes,
ein Armer und ein Pilger ihrer Stadt;
daß ich über mein Vermögen verfüge, ist, damit sie reich wird
und ich dafür den Lebensodem eintausche.
Kein Einziger meines Hauses soll daran Anteil haben,
sondern ihrem Ka soll es in Frieden gehören.

(...)
Ich habe mir keinen Schützer unter den Menschen genommen,
Ich habe mir keinen [Patron] unter den Großen (gesucht).
Kein Sohn von mir ist es, den ich gefunden habe,
um [mir] das Begräbnis zu [veranstalten].
Das Begräbnis liegt in deiner Hand allein.
Du bist auch die Geburtsgöttin, die für mich sorgt
mit einer untadeligen Mumie, wenn es ans Sterben geht.

(...)
Ich freue mich über deine Stärke,
weil du soviel größer bist als jeder andere Gott.
Mein Herz ist erfüllt mit meiner Herrin
und ich fürchte mich vor keinem Menschen.
Ich verbringe die Nacht ruhig schlafend,
denn ich habe einen Schützer.

Wer sich Mut zum Schützer macht,
den kann kein Gott angreifen;
der steht in der Gunst des Königs seiner Zeit,
bis er die Ehrwürdigkeit erlangt.

Wer sich Mut zum Schützer macht,
den befällt kein Übel;
der ist alle Tage wohlbehütet,
bis er sich der Nekropole vereint.

Wer sich Mut zum Schützer macht,
wie schön ist seine Lebenszeit!
Die Gunst des Königs durchdringt seine Glieder
dem, der sie in sein Herz gegeben hat.

Wer sich Mut zum Schützer macht,
der kommt schon als Gelobter aus dem Mutterleib;
dem ist Gutes bestimmt auf dem Geburtsziegel,
der wird ein Grabherr sein.

Wer sich Mut zum Schützer macht,
wohl dem, der sich nach ihr sehnt!
Kein Gott wird ihn niederwerfen
als einen, der den Tod nicht kennt.[297]

Mit seinem Schritt einer Vermögensüberschreibung ist Kiki zum »Klienten« der Göttin Mut geworden. Daß ein solcher Schritt für den Ägypter der Ramessidenzeit im Bereich des Möglichen lag, zeigt – ganz unabhängig von der Frage, wie viele ihn tatsächlich vollzogen haben –, daß die Rede von der Gottheit als Patron, als Fluchtburg der Bedrängten, nicht als Metaphorik verstanden werden darf. Wir haben es hier mit einem realen Modell und einer existierenden Institution der Gott-Mensch-Beziehung zu tun. Man konnte sich durch Umbuchung seines Vermögens in das Patronat einer Gottheit einkaufen und zu ihrem Klienten werden.[298] Wir finden also bereits in Ägypten eine »Umbuchung« aus der sozialen in die religiöse Sphäre, die in mancher Hinsicht der israelitischen Bundestheologie entspricht. In Israel institutionalisiert allerdings nicht der Einzelne, sondern ein ganzes Volk seine Beziehung zu einem Gott im Modell und in der Form des politischen Vertrages, der hier ebensowenig wie in Ägypten das Patronat eine bloße Metapher ist. Das Modell des Bundes wird mit vielen Metaphern – der Ehe, der Sohnschaft usw. – umschrieben, ebenso wie in Ägypten das Modell des Patronats mit den Metaphern der Vaterschaft an den Waisen, Gattenschaft an den Witwen, Fluchtburg des Bedrängten, Hirte, Steuerruder usw. Das ändert aber nichts an der unmetaphorischen Realität der Institution. Der Beter, der Gott »Vater und Mutter« nennt, hat natürlich leibliche Eltern in der Menschenwelt und kündigt auch mit der Anerkenntnis göttlicher Elternschaft die Beziehung zu ihnen nicht auf. Wenn er aber Gott als seinen Patron und Schutzherrn preist und hinzusetzt, »ich habe mir keinen Patron unter den Menschen gesucht«, dann darf man davon ausgehen, daß hier wirklich die soziale zugunsten der religiösen Patronatsbeziehung aufgekündigt wird. Das Vertrauen, das der Fromme im wörtlichsten Sinne in die Gottheit »investiert«, wird den Menschen entzogen. Frömmigkeit bedeutet nicht eine Ausweitung, sondern eine Ersetzung der herkömmlichen Ma'at. An die Stelle der Ma'at tritt der Wille Gottes. An diesem Text läßt sich ziemlich deutlich sehen, auf welcher Art von Entscheidung – wofür und wogegen – die Frömmigkeit beruht. Es handelt sich nicht um die Entscheidung für die Göttin Mut im Gegensatz zu dem Gott Amun oder anderen Göttern. Sondern es geht vollkommen eindeutig darum, sich einen Patron nicht unter den Menschen, sondern unter den Göttern zu suchen, und nicht den eigenen Sohn und sonstige Angehörige zu Erben einzusetzen und mit dem Totendienst zu beauftragen, sondern die Göttin Mut und ihre Priesterschaft. Indem der Mensch zum Klienten Gottes wird, verblaßt sein Interesse an menschlichen Patronen. Die sozialen Bindungen werden relativiert. Sie verlieren ihren religiösen, normativen Charakter. Wer sich in die Hand Gottes setzt, kann dem menschlichen Treiben mit Gelassenheit zusehen. So erklärt sich die unverkennbar quietistische Stimmung, die die Lehre des Amenemope durchzieht.[299] Die Religion stiftet eine neue Form und Dimension der Konnektivität. Die Gott-Mensch-Beziehung wird hier zu einem sozialen Band, das den Einzelnen ebenso »konstellativ« einbindet und ihn dadurch zur Person macht, wie es die Weisheit des Mittleren Reichs von der sozialen Einbindung des Einzelnen mit Hilfe seines hörenden und erinnerungsfähigen Herzens lehrte. Genau dieses Band ist gemeint, wenn Menschen des Neuen Reichs sagen, sie hätten sich Gott »ins Herz gesetzt«. Wenn zentrale Axiome der kulturellen Semantik von der sozialen auf die religiöse Dimension des menschlichen Lebens »umgebucht« werden, dann hat das Folgen für die Gemeinschaft, ebenso wie es Folgen für die Religion hat, wenn in umgekehrter Richtung zentrale religiöse Axiome in die soziale bzw. politische Dimension umgebucht, d. h. säkularisiert werden. Im Ägypten der Ramessidenzeit waren diese Folgen unübersehbar. Die gesellschaftliche Solidarität zerfiel, Skandale und Affären aller Art häuften sich[300], schwere Versorgungskrisen waren die Folge. Schließlich zerbrach auch mit dem Ende des Neuen Reichs im 11. Jh. v. Chr. die Einheit des Reiches, weil die Ordnung nur kleinräumig wiederherzustellen war, mit diktatorischen Maßnahmen, die die Funktionen des Hohenpriesters, Militärführers und Chefs der Zivilverwaltung in einer Hand vereinigten.[301] Nirgends sonst in der ägyptischen Geschichte tritt die unauflösliche Ineinanderverwobenheit von Religion und Politik so deutlich zutage wie in der Geschichte des thebanischen Gottesstaats der 21. Dynastie.

Der Prozeß läßt sich als Theologisierung der konnektiven Gerechtigkeit beschreiben, aber auch als Theologisierung der Lehre von der »gespaltenen Welt«. Diese Lehre polarisiert und politisiert die Welt, indem sie feststellt, daß in einer in gut und böse gespaltenen Welt der Staat unverzichtbar ist. Nur der Staat rettet vor der Gewalt des Bösen. Jetzt ist es Gott, der als Retter gilt, und der Staat verliert seine vorrangige Normativität. In der ägyptischen Geschichte bleibt dieser radikale Umschwung eine Episode. Schon der Gründer der 22. Dynastie, Scheschonk I., setzt alles daran, den Staatsgedanken wieder in seiner Bedeutung zu restituieren, und mit der 26. Dynastie kehrt Ägypten vollends zur pharaonischen Monokratie klassischer Prägung zurück, zur selben Zeit, als sich in Israel die Relativierung des Staates und die Umbuchung der Herrschaft von der soziopolitischen auf die theopolitische Ebene endgültig durchsetzte.

Dritter Teil
Gemeinschaft

Wie es eine Theologie der Herrschaft gibt, läßt sich auch von einer
»Theologie der Gemeinschaft« sprechen, und auch dies ist eine »Politische Theologie«. Dieser Sprachgebrauch ist wenig eingebürgert und
bedarf daher einer kurzen Begründung. Eine Theologie der Herrschaft
beruht auf dem Gedanken, daß »Herrschen« in letzter Instanz ein göttliches Geschäft ist und von den irdischen, sterblichen Herrschern nur
im Auftrag bzw. in Nachfolge und Nachahmung der göttlichen Herrschaft ausgeübt werden kann. In Umkehrung der begriffsgeschichtlichen Herleitung des Politischen aus dem Theologischen durch Carl
Schmitt haben wir die These aufgestellt und an einigen Beispielen zu
begründen versucht, daß eine Theologie der Herrschaft aus der Theologisierung des Herrschens entsteht. Eine politische Ordnung beruht
aber nicht nur auf den »vertikalen« Strukturen von Befehl und Gehorsam, sondern auch auf den »horizontalen« Zusammengehörigkeitsstrukturen, die eine Gruppe von Individuen zur Gemeinschaft verbinden. Diese Prinzipien lassen sich ebenso theologisieren wie die
Strukturen der Herrschaft. Hierfür genügt der Hinweis auf Jesu »Doppelgebot der Liebe«, das diese beiden Achsen politischer Zusammengehörigkeit auf eine verblüffend präzise Weise verbindet. Das erste
Gebot, »Du sollst den Herrn, deinen Gott, lieben aus ganzem Herzen,
ganzer Seele und ganzem Vermögen«, ist der Kernsatz des Sch$^{ema^c}$-
Gebets, dessen Herkunft aus hethitischen Treueverpflichtungen M.
Weinfeld aufgezeigt hat (s. o., S. 61 f. mit Anm. 154), und betrifft die
vertikale Bindungsachse. Das andere, ihm an Bedeutung gleiche Gebot,
die Nächstenliebe, betrifft demgegenüber die horizontale Bindungsachse. Beide zusammen umschreiben die gesamte Ordnung des »Gottesvolks« und enthalten damit in der Tat »das ganze Gesetz und die
Propheten«. Jede Gesellschaft beruht in irgendeiner Form auf diesen
beiden Achsen, die sich in verschiedenster semantischer und affektiver
Besetzung ausprägen und dabei auch in schwächeren und stärkeren

Formen von Theologisierung auftreten können. Dabei ist innerhalb der Zusammengehörigkeitsstrukturen der horizontalen Achse, die die Menschen zur Gemeinschaft verbindet, nochmals zwischen eher vertikalen und eher horizontalen Prinzipien zu unterscheiden. Das Gebot der Nächstenliebe ist dezidiert horizontal, es beruht auf den Idealen der Gleichheit und Brüderlichkeit. Vor dem alles beherrschenden Prinzip der Zugehörigkeit zur Gruppe treten alle sonstigen Unterschiede des Geschlechts, des Standes, des Vermögens, der Bildung zurück. Für das ägyptische Ideal der gesellschaftlichen Harmonie gilt jedoch das eher vertikale Prinzip der gegenseitigen Verantwortung, das ich als »vertikale Solidarität« bezeichnet habe. Dieses Prinzip hebt die Ungleichheit zwischen den Menschen nicht auf, versucht aber, ihre Auswirkungen zu mildern. Auch dies gehört zur politischen Theologie, wenn sich Formen einer Theologisierung der vertikalen Solidarität feststellen lassen, und auch dafür stellt Ägypten einen besonders interessanten Fall dar. Die ägyptische Form einer Theologisierung der sozialen Bindungskräfte ist das Totengericht, dessen allmähliche Entwicklung zu einer Leitidee der ägyptischen Ethik sich im historischen Kontext beobachten läßt. Die Kapitel des Dritten Teils gehen verschiedenen Aspekten der ägyptischen Antwort auf die Frage nach, was die Menschen zur Gemeinschaft verbindet. Insofern diese Antworten auf das Göttliche Bezug nehmen, gehören sie in das Gebiet der politischen Theologie. Dabei treten zwei Brennpunkte solcher theologischen Bezugnahme hervor. Den einen Brennpunkt bildet die Idee des Totengerichts. Hier werden die Normen des Zusammenlebens zum Maßstab einer Lebensführung gemacht, die der Einzelne nach dem Tode vor einem göttlichen Richtertribunal zu verantworten hat. Das ist eine ganz andere Form der Theologisierung als etwa in Israel, wo diese Normen zu Bestimmungen einer göttlichen Gesetzgebung und zum Willen Gottes erklärt werden. In Ägypten tritt Gott nicht als Gesetzgeber auf, aber als Richter, und die Grundlage seiner Gesetzgebung bilden die Normen des Zusammenlebens. Den anderen Brennpunkt stellt die Vorstellung von der irdischen Herrschaft der Götter dar. Die großen Gottheiten Ägyptens sind Stadtgötter; dieses Phänomen haben die Griechen zum Prinzip der griechischen Wiedergabe ägyptischer Ortsnamen gemacht. So wird aus der Stadt des Horus, dem heutigen Edfu, Apollinopolis, aus Theben, der Stadt des Zeus, Diospolis, aus Dendara, der Stadt der Hathor, Aphroditopolis, aus Schmun, der Stadt des Thot, Hermupolis und aus On, der Stadt des Re, Heliopolis. Jeder Gott hat seine Gottesstadt, jede Stadt hat ihren Stadtgott. Die Stadt aber, und nicht das Land, bildet das Zentrum der ägyptischen Zugehörigkeitsstruktur; ein Ägypter fühlt sich in erster Linie seiner Stadt und ihrem Stadtgott zugehörig, dort ist er geboren, dort folgt er seinem Gott als Mitglied seiner Festgemeinschaft, und dort legt er sich sein Grab an. So spielen die Götter auch in die »horizontalen« politischen Strukturen hinein, die die Menschen zur Gemeinschaft verbinden. Die ersten drei Kapitel dieses Teils (7-9) widmen sich den sozialen Normen und dem Totengericht, das letzte (10) behandelt unter dem Gesichtspunkt der Fremdheit die Frage der Zugehörigkeitsstruktur.

Das Siebte Kapitel, das die Normen des Zusammenlebens und die ägyptischen Strukturen des Zusammenlebens unter dem Gesichtspunkt der Schuld und der Schuldkultur behandelt, zeigt nicht nur, in welcher Weise die Idee des Totengerichts diese Normen theologisiert, d. h. auf eine religiöse Grundlage stellt, sondern auch, in welchem Umfang die spezifisch politische Kategorie der Öffentlichkeit dabei eine tragende Rolle spielt. Der Tote muß die Reinigungsbeichte, die ihm das Jenseits und die Unsterblichkeit eröffnen soll, vor der symbolischen Öffentlichkeit der 42 Totenrichter ablegen, die die 42 Gaue Ägyptens und damit die Öffentlichkeit des Landes vertreten. Dadurch wird das moralisch verantwortungsvolle Handeln zugleich als politisch verantwortungsvoll dargestellt. Moralisches Handeln ist zugleich gottgefällig und staatstragend.

Daher läßt sich die Idee des Totengerichts auch als eine politische Theologie der Öffentlichkeit interpretieren. Die Öffentlichkeit, vor der sich der Tote zu verantworten hat und auf die hin er zu Lebzeiten seine persönlichen Interessen in bezug setzen und u. U. zurückstellen muß, ist götterweltlich bestimmt und repräsentiert. Stadt und Staat sind sakrale Räume, die durch ein Netz religiöser Zentren gebildet werden: der Staat durch die 42 Gaue und die Stadtgötter ihrer Hauptstädte, die Stadt durch die Tempel und Feststraßen, die ihr urbanistisches Layout bestimmen. Die 42 Götter, vor denen der Verstorbene sich im Totengericht zu rechtfertigen hat, repräsentieren daher die politische Einheit des Landes.

Obwohl ohne jeden Zweifel die Idee des Totengerichts eine Theologisierung der ägyptischen Ethik darstellt, indem sie Gott anstelle des Urteils der Mit- und Nachwelt zum Richter über die Lebensführung des Menschen einsetzt, bedeutet sie doch keine Umbuchung. Die religiösen Normen des göttlichen Totengerichts sind mit den sozialen

Normen der weltlichen Weisheit identisch, und Osiris bestätigt als Totenrichter nur das Urteil, das die »Welt« mit ihrer Anerkennung oder ihrer Verachtung bereits über den Einzelnen gesprochen hat. Von einer Umbuchung im strengen Sinne könnte aber nur dann gesprochen werden, wenn dieses Gericht nach ganz anderen Normen urteilt als die Gesellschaft und eine höhere Gerechtigkeit walten läßt, auf die man in »dieser« Welt vergeblich hofft. Ein solches Auseinandertreten von Hier und Nichthier, dieser und jener Welt, wird aber durch die Idee des Totengerichts gerade verhindert. Das Totengericht gehört voll und ganz in das System einer repräsentativen politischen Theologie: Es sanktioniert dieselbe Ordnung und dieselben Normen, die der Staat in dieser Welt vertritt und auf denen er errichtet ist. Das Totengericht ist eine durchaus staatstragende Idee. Erst ganz zum Ende der ägyptischen Geschichte begegnen wir in der demotischen Literatur einmal dem Fall, daß das Totengericht das Urteil der Gesellschaft auf den Kopf stellt. Da wird gezeigt, wie der im Leben verachtete und ausgestoßene Bettler in der Unterwelt einen Ehrenplatz einnimmt, während der allseits geachtete Reiche dort in der furchtbarsten Weise geschunden wird, indem er mit seiner Augenhöhle der fünften Unterweltspforte als Angelloch dienen muß.[302] Dieser Text ist wohl bereits unter biblischem Einfluß entstanden[303] und bestätigt durch die Neuartigkeit seiner Stimmung und Semantik nur die ganz anders geartete Einstellung der älteren Zeit.

Siebtes Kapitel
Das Herz auf der Waage –
Scham, Schuld und Sünde

I
Schuld und Zeit

Gesicht und Herz – Scham und Verantwortung

»Im Gesicht« und »auf dem Herzen« sind zwei Wendungen, mit denen der Ägypter sich auf Anschein und Einschätzung bezieht. »Etwas ist in meinem Gesicht als dies und das« heißt »es erscheint mir als, kommt mir vor wie«. Die Wendung »auf dem Herzen« dagegen bezieht sich auf eine Meinung, ein Urteil, das man sich von etwas gebildet hat. Die Wendung »im Gesicht« bezieht man meist auf sich selbst und spricht davon, wie einem selbst etwas erscheint oder vorkommt; die Wendung »auf dem Herzen« dagegen bezieht man meist auf andere und spricht von der hohen Meinung, die andere sich von einem gebildet haben. Man möchte gut sein »auf dem Herzen« der anderen, d. h. der Mitmenschen, des Königs und der Götter. Jeder Mensch strebt nach Anerkennung; die Anerkennung, nach der der Ägypter strebt, ist eine Sache des Herzens und nicht des Gesichts. Was hat dieser Unterschied zu bedeuten?

Gesicht und Herz sind Symbole intersubjektiver Handlungs- und Wahrnehmungsräume. Das Gesicht bezieht sich auf Sehen und Gesehenwerden; wir wollen dies den Raum der Inter-Vision nennen. Das Herz ist in der ägyptischen Anthropologie der Sitz des Verstandes und bezieht sich daher auf Verstehen und Verstandenwerden; dies ist in erster Linie eine Sache der Sprache, des Aufeinander-Hörens und Miteinander-Redens; wir wollen dies die Sphäre der Inter-Lokution nennen. Die Sphäre der Inter-Vision ist der Raum, in dem man sich zeigt, um von anderen gesehen zu werden. Die Sphäre der Inter-Lokution dagegen ist der Raum, in dem man sich äußert, um von anderen gehört zu werden. In der Sphäre der Inter-Vision bildet man ein Gesicht aus, das man den anderen zeigt, das im Blick der anderen sich formt, und das man zu verlieren fürchtet. Dieses Gesicht heißt »Ehre«, und diese Furcht heißt »Scham«. Scham ist die Sorge um das Erscheinungsbild, das man anderen zeigt. Es wird gefährdet, nicht durch Schuld, sondern durch Schande. Damit ist eine Entblößung, Befleckung oder sonstige Versehrung dieses Erscheinungsbildes gemeint. Das beste Beispiel für eine Gesichts- oder Ehrgefährdung ist Lächerlichkeit. Der Schuldige macht sich nicht lächerlich. Die Normen, die derjenige verletzt, der sein Gesicht verliert, sind von ganz anderer Art als die Normen, die der Schuldige verletzt hat. Die Angst, sich lächerlich zu machen, und die Angst, sich schuldig zu machen, sind so grundverschiedene Ängste, daß die Berechtigung dieser Unterscheidung wohl ohne weiteres einleuchten dürfte.

Ulrich Müller-Herold hat die Sphäre der Scham charakterisiert als horizontal strukturiert durch gegenseitige Wahrnehmung und Kontrolle und die Sphäre der Schuld als vertikal durch Bezug auf Gott und das Gewissen.[304] Ich möchte diese Unterscheidung auf die Zeitdimension ausdehnen. In der Sphäre der Inter-Vision, der Ehre und der Scham – so meine These – dominiert die Synchronie, in der Sphäre der Inter-Lokution, der Schuld und des Gewissens dagegen die Diachronie. In der Sphäre der Inter-Lokution bildet man ein Gewissen und ein Gedächtnis aus, um ein Ansprechpartner zu sein für die anderen. Dieses gewissenhafte Gedächtnis heißt Verantwortung. Nicht Scham und Schuld bilden ein Gegensatzpaar, sondern Scham und Verantwortung sowie Schuld und Schande. In der Sphäre der Inter-Vision interagieren Individuum und Mitwelt, in der Sphäre der Inter-Lokution dagegen erweitert sich die Mitwelt um Vorwelt und Nachwelt. Wer sein »Gesicht«, seine »Ehre« kultiviert, lebt vor allem in der Gegenwart; wer dagegen sein Gewissen kultiviert, lebt im Blick auf Vergangenheit und Zukunft. In der Sphäre der Inter-Vision möchte man möglichst sichtbar sein, in der Sphäre der Inter-Lokution dagegen möchte man gehört, verstanden und vor allem erinnert werden; hier geht es um Zeit, Bestand und Fortdauer.

Es gibt einen Zusammenhang zwischen Schuld und Zeit, der in der Konfrontation mit dem Gegenbegriff der Scham hervortritt. Schuld gehört in einen diachronen Gedächtnisraum, Scham dagegen in einen synchronen Sichtbarkeitsraum. Damit man schuldfähig wird, muß man ein Gedächtnis ausbilden, damit man schamfähig wird, müssen einem, wie es in der Bibel heißt, die Augen geöffnet werden: »Da wurden ihre Augen aufgetan und sie erkannten, daß sie nackt waren.« Das ist etwas ganz anderes als die versprochene Erkenntnis des Guten und des Bösen. Für diese Erkenntnis muß dem Menschen ein ganz anderes Organ aufgetan werden. Es ist genau das Organ, das der Ägypter mit dem Herzen identifiziert.

Schuld, Gewissen und Gedächtnis

Wir wollen nun einen Schritt weitergehen und den Zusammenhang von Schuld und Gedächtnis ausleuchten, erst allgemein und im Rückgang auf eine moderne philosophische Position, und dann auf Ägypten bezogen und anhand ägyptischer Texte. Den Zusammenhang von Gewissen und Gedächtnis, Schuld und Diachronie hat vor allem Friedrich Nietzsche sichtbar gemacht. Nach Nietzsche ist das Gedächtnis der Sozialsinn par excellence, denn es macht den Menschen zum *animal sociale*. Von Natur aus ist der Mensch nach Nietzsche ein »notwendig vergeßliches Tier, an dem das Vergessen eine Kraft, eine Form der starken Gesundheit darstellt«. Um aber in Gesellschaft leben zu können, und das heißt für Nietzsche, um Versprechen abgeben und Verpflichtungen eingehen zu können, hat sich dieses Tier »nun ein Gegenvermögen angezüchtet, ein Gedächtnis, mit Hilfe dessen für gewisse Fälle die Vergeßlichkeit ausgehängt wird – für die Fälle nämlich« (und damit bringt Nietzsche die Zeit in Gestalt der Zukunft und Vergangenheit ins Spiel), »daß versprochen werden soll: somit keineswegs bloß als ein passivisches Nicht-wieder-los-werden-können des einmal eingeritzten Eindrucks, ... sondern ein aktives Nicht-wieder-los-werden-wollen, ein Fort-und-fort-wollen des einmal Gewollten, ein eigentliches Gedächtnis des Willens«. Dieses »Gedächtnis des Willens« macht den Menschen zum Mitmenschen, indem es ihn in den Stand setzt, Versprechen abgeben und Verpflichtungen eingehen zu können. Für Nietzsche entsteht das Gewissen aus dem Obligationenrecht. Die Begriffe »Schuld« und »Schulden«, Schuldfähigkeit und Kreditwürdigkeit liegen hier ganz nah beieinander. Sie beziehen sich auf ein Wesen, von dem angenommen werden darf, daß es sich erinnert. Nietzsche nennt das »Berechenbarkeit«. Nur mit dem berechenbar gemachten Individuum läßt sich zusammenleben.

Das, sagt Nietzsche, ist »die lange Geschichte von der Herkunft der Verantwortlichkeit«.[305] Bekanntlich hat Nietzsche im Gewissen gerade nicht das innerste Selbst, den Wesenskern des Menschen gesehen. Im

Gegenteil. Wer sich ein Gedächtnis anzüchtet und ein Gewissen ausbildet, muß sein Selbst aufgeben: »der einzelne soll sich opfern, – so heischt es die Sittlichkeit der Sitte«.[306] Anstelle seines geopferten Individual-Selbst erhält er das Sozial-Selbst, das ein Gedächtnis hat und aufgrund dieser Tatsache als stabil und verläßlich gelten kann. Es ist morgen derselbe wie gestern und heute. Das sich erinnernde Selbst ist der Ort, in den die Gesellschaft sich einschreibt mit ihren Ansprüchen und Verpflichtungen. Diesem Selbst hat der zum Mitmenschen erzogene Mensch treu zu bleiben, und indem er »sich« treu bleibt, steht er zu seinen Pflichten und bleibt der Gruppe treu. Das Gedächtnis braucht, wer sich verpflichten muß, wer sich bindet. Erinnerung vermittelt Zugehörigkeit, man erinnert sich, um dazugehören zu können. Daher ist das Gedächtnis der Sozialsinn par excellence.

Der ägyptische Begriff für diese normative Erinnerung, die dem Einzelnen Identität mit sich selbst und Zugehörigkeit zur Gemeinschaft vermittelt, heißt Ma'at. Ma'at – Wahrheit, Gerechtigkeit, Ordnung – ist der Oberbegriff aller Normen, die das Zusammenleben der Menschen und Götter fundieren und die der Einzelne erinnern muß, um in Gemeinschaft leben zu können und den anderen das Zusammenleben mit ihm zu ermöglichen. Ma'at ist nicht Lebenskunst im Sinne von Epiktet oder Montaigne, sondern »Zusammenlebenskunst«. Solche Zusammenlebenskunst vermittelt dem Einzelnen Zugehörigkeit, indem sie ihm im nietzscheschen Sinne ein »Gedächtnis macht«. In einem ägyptischen Text des Mittleren Reichs, den *Klagen des Bauern*, lesen wir: »Der Träge hat kein Gestern.«[307] Damit ist gemeint, daß der sozial inaktive und zum Zusammenleben unfähige Mensch keine Vergangenheit und kein Gedächtnis hat. Im Gegensatz zu Nietzsche, der das moralische Gedächtnis, das »Gedächtnis des Willens«, vom Versprechen und damit im Blick auf die Zukunft ableitet, ist für die Ägypter die Dankbarkeit und damit der Blick auf die Vergangenheit das zentrale Paradigma. Das hängt damit zusammen, daß sich der Ägypter in der Zeit grundsätzlich anders orientiert als wir. Die Vergangenheit liegt vor ihm, die Zukunft hinter ihm, in seinem Rücken. Er schreitet gewissermaßen rückwärts in der Zeit, den Blick auf die Vergangenheit gerichtet. Daher denkt er das moralische Gedächtnis nicht vom Versprechen her, das ihn für die Zukunft bindet, sondern von der Dankbarkeit her, die auf die Vergangenheit gerichtet ist und empfangene Wohltaten sowie eingegangene Verpflichtungen beantwortet. Auch hier aber geht es um den Zusammenhang von Zeit, Identität und Verantwortung. In denselben *Klagen des Bauern* heißt es an anderer Stelle: »Ein guter Charakter kehrt zurück an seine Stelle von gestern, denn es ist befohlen: Handle für den, der handelt, um zu veranlassen, daß er tätig bleibt. Das heißt, ihm danken für das, was er getan hat.«[308] In einem anderen Text derselben Zeit, dem Gespräch eines Mannes mit seinem *Ba*[309], wird eine heillose, aus den Fugen gegangene Welt mit folgenden Worten beklagt: »Man erinnert sich nicht des Gestern, man handelt nicht für den, der gehandelt hat heutzutage.«[310] Hier ist die soziale Zeit zerfallen, die das Zusammenleben der Menschen ermöglicht, indem sie der menschlichen Welt Dauer, Bestand, Berechenbarkeit und Zusammenhang verleiht.

Das Vergessen des Gestern, die Zerstörung der sozialen Zeit, ist daher für die Ägypter die schlimmste Sünde. Die Ägypter nennen sie Habgier. Der Habgierige vergißt die diachronen Verpflichtungszusammenhänge seiner sozialen Existenz und lebt asozial und egoistisch nur den Nahzielen seiner Begierde. Indem er sein Gestern vergißt, zerstört er sein Morgen. Der Habgierige hat kein Grab, heißt es in der Lehre des Ptahhotep, d. h., er ist von der Fortdauer im sozialen Gedächtnis ausgeschlossen. Damit kommen wir von den Verpflichtungen der Ma'at zu ihren Verheißungen.

Die Verheißungen der Ma'at:
Das Jenseits als Gelobtes Land

Die Ma'at verheißt dem, der nach ihren Normen lebt, Unsterblichkeit, und zwar als eine über den Tod hinaus währende Fortdauer im sozialen Gedächtnis der Gruppe. »Das Denkmal eines Mannes«, so lautet das Sprichwort, »ist seine Tugend. Der mit schlechtem Charakter wird vergessen«[311], oder auch: »ein Denkmal ist es, das Gute zu tun«. Das Motiv von der Denkmalhaftigkeit der guten Tat wird dabei explizit in den Zusammenhang der Dankbarkeit, ägyptisch des »Füreinander-Handelns«, hineingestellt:

Denn der, der handelt, ist einer, für den gehandelt wird. Ein Denkmal ist es, das Gute zu tun.[312]

Denn der, der handelt, ist einer, für den gehandelt wird; tut für mich, was ich getan habe.
Ein Denkmal ist es, das Gute zu tun:

man findet den Ertrag für die Zukunft der Jahre
bis in die Länge der Ewigkeit.[313]

In den *Klagen des Oasenmannes* wird die Beziehung von Ma'at und Zeit am klarsten zum Ausdruck gebracht. Ma'at reguliert nicht nur die Ordnung des Zusammenlebens, sondern stiftet auch einen Gedächtnisraum der Fortdauer, der dem menschlichen Dasein Bestand verleiht und sogar den Tod überwindet:

Ma'at aber wird ewig sein,
sie steigt an der Hand dessen, der sie tat, ins Totenreich hinab.
Er wird begraben und vereint sich der Erde,
aber sein Name wird nicht ausgelöscht werden auf Erden,
sondern man gedenkt seiner wegen des Guten[314]
Das ist die Regel der Gottesworte.[315]
(...)
Sage die Ma'at, tue die Ma'at,
denn sie ist groß und gewaltig;
sie ist beständig, ihre Macht ist bewährt,
sie allein geleitet zur Grabversorgtheit (*jm3hjj*).[316]

In diesen Gedächtnisraum der Fortdauer stellt sich der Mensch hinein, indem er sich ein Denkmal errichtet. Wie wir gesehen haben, besteht ein solches Denkmal in erster Linie darin, »das Gute zu tun«. In zweiter Linie aber bedarf es auch eines sichtbaren Zeichens. Zwar wird nur der Tugendhafte erinnert, aber diese Erinnerung muß auch gestiftet und wachgehalten werden. Dem dient das monumentale Grab. Das ägyptische Grabdenkmal ist vor allem ein Schriftträger, der nicht nur den unauslöschlichen Namen des Toten, sondern auch seine Stimme oder Rede verewigen soll. Der Gedächtnisraum der Fortdauer ist genau jener Raum der Inter-Lokution, von dem wir eingangs sprachen. Er ist durch Sprache konstituiert. Daher ist das ägyptische Denkmal in erster Linie ein Sprachzeichen, ein monumentaler Sprechakt.

Wir dürfen also einen Zusammenhang konstatieren zwischen der ägyptischen Grabkultur und der ägyptischen Schuldkultur. Der Gedächtnisraum der Fortdauer, in den sich der Ägypter im Medium eines Grabmonuments hineinstellt, ist in erster Linie bestimmt als ein schuldfreier Raum. In Griechenland ist das ganz anders. Da ist nur dem Fortdauer im sozialen Gedächtnis vergönnt, der sich durch außergewöhnliche Taten Ruhm erwirbt. Hier muß man die Normen durchbrechen, um erinnert zu werden. In Ägypten dagegen kommt es darauf an, möglichst schuldfrei zu sein, und zwar durch das schlichte Erfüllen der Verpflichtungen, die die Normen des Zusammenlebens in Wahrheit und Gerechtigkeit dem Einzelnen auferlegen. Nicht die glanzvolle, sondern die unbeschädigte Erinnerung verleiht einem Leben Bestand und Fortdauer.

Daher ist das ägyptische Grab, mit Schiller zu reden, eine »moralische Anstalt«; es markiert den Ort, von dem aus ein Mensch Rechenschaft ablegt für sein Leben vor dem Tribunal der Nachwelt und sich als schuldfrei qualifiziert für eine Fortdauer im Gedächtnisraum. Die autobiographische Grabinschrift hat die Funktion einer Apologie oder Rechtfertigung.[317]

Wir halten also fest: Im ägyptischen Denken erweitert sich der Zusammenhang zwischen Schuld, Zeit und Gedächtnis zur Vorstellung eines Gedächtnisraums der Fortdauer, der dem Einzelnen die Chance einer Überwindung von Tod und Vergänglichkeit eröffnet. Um in diesen Gedächtnisraum hineinzukommen, muß man schuldfrei sein. Schuld beschädigt die Erinnerung und zerstört die Aussicht auf Dauer. Der Schuldige vergeht, der Schuldfreie besteht. Daraus ergeben sich Konsequenzen sowohl für das Totenritual, das in allererster Linie der Reinigung von Schuld dient, als auch für die Lebensführung, die im Zeichen der Schuldvermeidung steht. Im folgenden wollen wir erst den einen Aspekt, also Tod und Rechtfertigung, behandeln und uns dann dem anderen Aspekt zuwenden, also der Bedeutung der ägyptischen Schuldkultur für die Lebensführung.

Das Totengericht als Schuldabfuhr

Aus der Beziehung von Schuld und Zeit ergibt sich, daß man Schuld akkumulieren kann. Schuld vergeht nicht, sie häuft sich an und muß, wie man heute sagt, entsorgt werden. Mit der Schande ist das anders. Schande entsteht, indem sie sichtbar wird. Zur Schande gehören zwei: der Fehltritt des einen und der Blick des anderen. Bleibt der Fehltritt unbemerkt, tritt die Schande nicht ein. Schuld entsteht auch, wo sie nicht bemerkt wird. Bleibt der Fehltritt in einer Schuldkultur unbemerkt, dann bleibt die Schuld zwar ungesühnt, erhält sich aber im Gewissen des Täters. Sie beschädigt zwar nicht seine Ehre, aber sein inneres Selbstbild. Im Herzen des Täters erhält sich die Schuld. Im Fall der Schande ist das Herz, also die innere Selbstwahrnehmung des Täters, völlig unerheblich. Schande zieht sich auch derjenige zu, der die Normen gar nicht kennt, die er verletzt hat. Wer sich lächerlich macht, legt es meist nicht darauf an. Im Raum der Sichtbarkeit und der Ehre gelten ungeschriebene Gesetze; wer sie durch Unkenntnis verletzt, wie der Lächerliche, zieht ebenso Schande auf sich wie z. B. der Feige, der sie bewußt verletzt.

Auch Schande erhält sich im Gedächtnis des Betroffenen sowie der Gemeinschaft. Sie ist keine Sache des Augenblicks. Man kann auch sagen, daß Schande »angehäuft« wird. Sie hat also ebenfalls ein Verhältnis zur Zeit, aber dieses Verhältnis ist anders als im Falle der Schuld. Der Unterschied tritt vor allem im Licht der Frage nach Abhilfe und Auswegen hervor. Schuld kann man bearbeiten, Schande nicht. Man kann eine Schande nicht durch Reue und bessere Einsicht wettmachen. Schande wird man nicht wieder los. Hier ist oft der Tod der einzige Ausweg. Eine Schuldkultur jedoch schafft Formen, wie sie mit der sich in der Zeit erhaltenden, aufhäufenden Schuld umgeht. Diese Formen einer »Schuldabfuhr« werden unter Begriffen wie Sühne oder Entsühnung zusammengefaßt.

Der entscheidende Unterschied zwischen Schande und Schuld liegt darin, daß Schuld auch dort anfällt, wo sie nicht von der Gesellschaft und ihren Organen des Überwachens und Strafens festgestellt wird. Diese nichtfestgestellte Schuld stellt das Problem dar, für das Schuldkulturen Lösungen ausbilden. Wenn es sich um eine festgestellte Schuld handelt, sorgt die Strafe für Entsühnung. Dafür sind soziale Institutionen der Rechtsprechung und Vollstreckung zuständig. Das betrifft aber nur einen kleinen Teil der Schuld, die in einer Schuldkultur tatsächlich anfällt. Je komplexer und unübersichtlicher die Gesellschaft, desto größer werden die Möglichkeiten zur Übertretung der Normen, auf deren Respektierung sie gegründet ist. Keine Rechtskultur reicht hin, das alles zu erfassen und zu entsühnen, was hier an Schuld anfällt. Viele Vergehen gegen die Mitmenschlichkeit, wie etwa Undankbarkeit, Neid, Hartherzigkeit oder Egoismus, sind auch oft gar nicht justitiabel. Die Normen des Zusammenlebens lassen sich weder vollständig verrechtlichen noch überwachen. Diese Tatsache hat zweierlei Konsequenzen. Die eine Konsequenz besteht darin, daß eine zivile Gesellschaft nicht allein auf den Organen des Überwachens und Strafens errichtet werden kann. Der Einzelne muß diese Organe verinnerlichen und die Gesetze freiwillig halten. Das Gesetz muß ihm, mit Paulus zu reden, ins Herz geschrieben werden. Das ist genau der Zusammenhang zwischen Gesellschaft und Gewissen, den Nietzsche aufgedeckt hat. Eine zivile Gesellschaft braucht daher zu ihrem Funktionieren das Herz, in das sie ihre Normen einschreiben kann, das Gedächtnis des Willens, das berechenbare Individuum. Wir wollen das die politische Konsequenz nennen.

Die andere Konsequenz besteht darin, daß der Einzelne, der der Strafe entgeht, seine Schuld auf andere Weise loswerden muß, wenn anders er über den Tod hinaus fortdauern will. Diese Konsequenz gilt nur im Rahmen einer Schuldkultur, die wie die altägyptische die Unsterblichkeit von Schuldfreiheit abhängig macht bzw. an die Schuldfreiheit die Verheißung ewigen Lebens knüpft. Hier wird dieser Zusammenhang so eng und konkret gesehen, daß Schuld geradezu als ein Schadstoff erscheint, der Verwesung bewirkt. Die Techniken und Rituale der Schuldabfuhr durch Entsühnung und Rechtfertigung entwickeln sich im engsten Zusammenhang mit den Techniken der Einbalsamierung und Mumifizierung.

In diesen Zusammenhang zwischen Einbalsamierung und Rechtfertigung geben uns vor allem die Totentexte des Mittleren Reichs, die sog. Sargtexte, einen überraschenden Einblick.[318] Hier stoßen wir auf Spruchfolgen oder »Totenliturgien«, die ihren eigenen Angaben zufolge in der Balsamierungskammer rezitiert werden, und zwar aller Wahrscheinlichkeit nach zum Abschluß der Einbalsamierung und in der Nacht vor der Beisetzung. Im Rahmen dieser Liturgien kommt es zur rituellen Inszenierung eines Totengerichts, vor dem sich der Verstorbene zu rechtfertigen hat, um schuldfrei in das Jenseits und in den Gedächtnisraum der Fortdauer eingehen zu können. Diese Totenliturgien bringen den Gedanken der Rechtfertigung in engste Verbindung mit Einbalsamierung und Mumifizierung. Schuld, Anklage, Feindschaft usw. werden als Formen von Unreinheit und Verwesung – sozusagen als immaterielle Schadstoffe – behandelt, die entfernt werden müssen, um den Verstorbenen in einen Zustand der Reinheit zu versetzen, der der Verwesung und Auflösung widersteht. Schuld verursacht Vergänglichkeit. Um sich der Vergänglichkeit zu entreißen, muß der Mensch versuchen, die in seinem Leben angehäufte Schuld loszuwerden. Durch Rechtfertigung vor dem Totengericht wird der Mensch vom Joch der Vergänglichkeit befreit. Rechtfertigung ist moralische Mumifizierung. Wenn die Arbeit der Einbalsamierer am Leichnam beendet ist, übernehmen die Priester und dehnen das Werk der Reinigung und Konservierung auf die ganze Person aus. Das ägyptische Wort für »Mumie«, sʿḥ, bedeutet auch »Würde« und »Adel«. Als letztes Stadium der Mumifizierung passiert der Tote das Totengericht und erhält den »Mumienadel« eines Gefolgsmannes des Osiris in der Unterwelt. Er ist gerechtfertigt gegen alle Anklagen und gereinigt von jeglicher Schuld, die seinen Übergang in die andere Welt behindert haben könnten, inklusive der Torheiten der frühen Kindheit.

Wir wollen nun eine dieser Totenliturgien etwas eingehender betrachten, und zwar unter dem Gesichtspunkt der Schuldabfuhr.[319]

Einige Handschriften geben dieser Liturgie einen Titel, der in zwei verschiedenen Fassungen vorkommt:

Titel 1:
Einen Mann zu rechtfertigen gegen seine
Feinde/Feindinnen in der Nekropole.
Titel 2:
Zu rezitieren. Sprüche der Verklärung,
Rechtfertigung in der Nekropole.[320]

Die Liturgie beginnt mit Anrufungen des Toten, die den Zweck haben, ihn aufzuwecken und für die Gerichtssitzung auszustatten.

O Osiris N, nimm dir deinen Stab,
deinen d3jw-Schurz, deine Sandalen,
um hinabzusteigen zum Tribunal,
auf daß du gerechtfertigt werdest gegen deine Feinde und Feindinnen,
die gegen dich handeln (männlich und weiblich),
die gerichtlich gegen dich vorgehen werden
an diesem schönen Tag im Tribunal.[321]

Die Feinde werden in einer pauschalen, umfassenden Weise genannt. Es sind alle möglichen Feinde, auf die der Tote sich gefaßt machen muß. So ausgestattet, hat der Tote jetzt die nötige personale Form wiedergewonnen, um sich zum Gerichtsort zu begeben.

Mögest du dich zur Großen Treppe begeben,
mögest du zur Großen Stadt kommen!
Mögest du dir deine Wärme zu Boden gießen,
mögest du zu (einem) Osiris werden![322]

»Wärme« wird metaphorisch für Leidenschaft gebraucht. Davon soll der Tote sich freimachen. Vor dem Gericht des Osiris, das hier in Abydos lokalisiert wird (darauf beziehen sich die Wendungen »Große Treppe« und »Große Stadt«), soll er selbst als Osiris, in der Rolle des Gottes, erscheinen.

Nach diesen und weiteren Vorbereitungen kommt die Liturgie zu ihrem Höhepunkt, der eigentlichen Gerichtsszene:

(Spruch 7)
Aufgehackt ist die Erde, nachdem die beiden Gefährten gekämpft haben,
nachdem ihre Füße den Gottes-Teich in Heliopolis aufgegraben haben.
Thot kommt, ausgerüstet mit seiner Würde,
nachdem Atum ihn ausgezeichnet hat mit (dem Bedarf der) Kraft
und die beiden Großen (Neunheiten) zufrieden sind über ihn.
Beendet ist der Kampf, zu Ende der Streit,
gelöscht die Flamme, die herausgekommen war.
beweihräuchert (= besänftigt?) ist die Rötung (= Zorn) vor dem Tribunal des Gottes.
so daß es Platz nimmt um Recht zu sprechen vor Geb.[323]

Diese Strophe evoziert in der Form des mythischen Parallelismus den Thronfolgeprozeß zwischen Horus und Seth vor den versammelten Göttern, im »Fürstenhaus« von Heliopolis unter dem Vorsitz des Geb. Von Schuld ist hier zunächst nicht die Rede, wohl aber von Streit und Rechtsprechung.

Zunächst ein Wort zur Methode des mythischen Parallelismus. Dieses Verfahren wird vor allem in magischen Texten angewandt, zu denen auch die Totenliteratur zu rechnen ist.[324] Es besteht darin, ein Ereignis des Mythos zu vergegenwärtigen, das in der Weise eines Präzedenzfalls Licht auf eine aktuelle Situation werfen und sie dadurch im günstigen Sinne beeinflussen soll. In unserem Fall ist das mythische Ereignis der Thronfolgeprozeß zwischen Horus und Seth und die aktuelle Situation, die in das Licht dieses Präzedenzfalles gestellt wird, der Rechtfertigungsprozeß des Toten vor dem Totengericht. Zunächst erscheint der Zusammenhang zwischen einem Prozeß um die Thronfolge und der Rechtfertigung des Toten vollkommen dunkel. Wie kann der Streit zwischen Horus und Seth als Präzedenzfall des Totengerichts dienen?

Um diesen Zusammenhang verstehen zu können, ist es unumgänglich, sich kurz die entsprechenden Episoden des Osiris-Mythos in Erinnerung zu rufen.[325] Osiris war ein Gott und König von Ägypten. Er wurde von seinem Bruder Seth ermordet. Isis, die Schwester und Gattin des Osiris, fand den Erschlagenen und beweinte ihn zusammen mit Nephthys, ihrer Schwester. Sie suchte die verstreuten Körperteile zusammen und bewahrte den Leichnam vor Verwesung. Zusammen mit Gottheiten wie Anubis, Geb und Nut, Schu und Tefnut und vielen anderen vermag sie dem toten Osiris Bewußtsein und personale Integrität zurückzugeben in solchem Umfang, daß er in der Lage ist, den Sohn zu zeugen, der vor Gericht erscheinen und seinen Gegner Seth herausfordern kann. Dem Toten sind die Rollen des Osiris und des Horus bestimmt. Seth, sein mythischer Bruder, personifiziert den Tod, den der Tote erlitten hat. Durch diese mythische Figuration wird der Tod in gewisser Weise objektiviert und behandelbar. Seth personifiziert alle Feinde und Feindinnen des Toten, die ihn anklagen und durch den Nachweis einer Schuld seine Fortdauer gefährden könnten. Wenn es ihm gelingt, sich gegen diese Vorwürfe zu rechtfertigen und Seth zu besiegen, dann wird ihm der Status der Schuldfreiheit zuteil, der die Vorbedingung seiner Fortdauer ist.

Der mythische Osiris wurde zum König der Unterwelt und Herrscher der Toten gemacht. Der jeweilige Tote folgt Osiris nach, wird Osiris genannt, wird ihm gleichgesetzt und zu einem seiner Gefolgsleute. Er bekommt nicht nur Leben, sondern persönlichen Status und Anerkennung. Er trägt den Gottesnamen zusammen mit seinen Titeln und seinem Eigennamen, und er erhält das Beiwort »gerechtfertigt«, d. h. »schuldfrei«. Er hat Seth geschlagen, was bedeutet, daß er den Tod besiegt hat. Rechtfertigung bedeutet die Wiederherstellung personaler Identität und Integrität. Eine Person aber ist nach ägyptischer Vorstellung eine Konstellation. Der Mythos von Osiris, Isis, Horus und Seth liefert das Modell dieser Konstellation. Der Tod – in der Person des Seth – wird überwunden und ausgeschaltet. Die auseinandergefallene Integrität wird dem Toten wiedergegeben, indem er rituell in die Dreieckskonstellation Osiris–Isis–Horus eingebunden wird.

Nach diesem Exkurs zum mythischen Modell des Thronfolgeprozesses wollen wir uns wieder unserem Text zuwenden. Er erzählt das mythische Ereignis nicht in narrativen, d. h. vergangenheitsbezogenen, Verbformen, sondern beschreibt es als eine gegenwärtige Situation. Auch das ist eine sehr typische Form.

Die Erde ist aufgehackt infolge des Kampfes, Thot tritt auf, um den Streit zu schlichten. Thot ist von Atum selbst zum Schlichter des Streites bestimmt worden: das ist mit der »Würde« gemeint. Aber auch Atum kann Thot nur mit Einverständnis der beiden Neunheiten zum Schlichter bestimmen. Die Verse beschreiben den durch Thots Auftritt bewirkten Zustand der Befriedung, der die Gerichtssitzung überhaupt erst möglich macht. An die Stelle der Brachialgewalt tritt das Recht. Thot hat mit seinem Eingreifen diese Transformation herbeigeführt.

(Fortsetzung Spruch 7)
Seid gegrüßt, ihr Magistrate der Götter!
Möge Osiris N durch euch gerechtfertigt werden an diesem Tage,
wie Horus gerechtfertigt wurde gegen seine Feinde
an jenem seinem schönen Tage der Thronbesteigung.
Möge sein Herz erfreut werden durch euch,
wie das Herz der Isis erfreut wurde
an jenem ihrem schönen Tag des Sistrenspiels;
als ihr Sohn Horus seine beiden Länder in Besitz nahm im Triumph.[326]

Mit dieser Strophe wird der Parallelismus der mythischen Szene des Thronfolgeprozesses zwischen Horus und Seth, die die erste Strophe geschildert hatte, und der aktuellen Szene, der Rechtfertigung des NN vor dem Jenseitsgericht, durch die Präposition »wie« explizit hergestellt. Damit wird zugleich klar, daß sich die erste Strophe nicht auf die aktuelle Szene »an diesem Tage« bezieht, sondern auf die mythische Szene »an jenem Tage«, die im Sinne der mythischen Präzedenz beschworen wird.

Die Anrufung des Gerichts geht weiter und nimmt nun zum ersten Mal auf den menschlichen, nicht den mythisch überhöhten NN Bezug:

(Spruch 8)
Seid gegrüßt, Tribunal des Gottes,
das Osiris N richten wird
wegen dessen, was er gesagt hat, als er unwissend und jung war,
als es ihm gutging, bevor er elend wurde.
Schart euch um ihn, stellt euch hinter ihn,
möge gerechtfertigt sein dieser Osiris N vor Geb,
dem Erbfürst der Götter,
bei jenem Gott, der ihn richtet entsprechend dem, was er weiß,
nachdem er vor Gericht aufgetreten ist, seine Feder an seinem Kopf,
seine Ma'at an seiner Stirn.
Seine Feinde sind in Trauer,
denn er hat von all seinen Sachen Besitz ergriffen in Triumph.[327]

Hier kommt nun bereits eine ganz andere Perspektive zum Tragen, die erst später, im Neuen Reich, allgemein verbindlich werden wird. In der Gerichtsverhandlung, wie sie hier konzipiert wird, treten nicht nur »Feinde« auf, die den Toten vor einem Jenseitsgericht verklagen. Vielmehr hat sich der Tote auch und vor allem gegenüber Anklagen zu rechtfertigen, die von göttlicher Seite gegen ihn vorgebracht werden. In dieser Entwicklung haben wir den entscheidenden Schritt einer Theologisierung des Schuldbegriffs zu sehen. Damit wird das Prinzip der sozialen Kontrolle, das innerhalb der Gemeinschaft das Wohlverhalten des Einzelnen regelt, in die Götterwelt übertragen und der Einzelne für seine Lebensführung einem göttlichen Ankläger gegenüber verantwortlich. Nur so ergibt auch die Angst vor unbewußten Verfehlungen einen Sinn. Hier sind spezifisch religiöse Verfehlungen, Verunreinigungen, Tabuverletzungen gemeint, eine »Schuld«, für die man sich vor einer beleidigten Gottheit verantworten zu müssen fürchtet.

Nichts ist aufschlußreicher für den ägyptischen Begriff der Sünde als diese Vorstellung unwissentlich begangener Verfehlungen. Unwissenheit wird durch Jugend begründet und als mildernder Umstand eingeführt. Auf eine ähnliche Argumentation stoßen wir auch in den Schlußgebeten eines Sonnenhymnus aus dem Neuen Reich: »als ich ein Kind war und (...) nicht kannte«[328] sowie eines Osirishymnus auf dem Sarg der Anchnesneferibre und im Grab des Petosiris:

sie hat dir deinen Ruhm gesagt,
und wenn sie etwas unterlassen hat, so hat A. dies nicht mit ihrem Wissen getan,
wie der Jüngling, das Kind der Hathor.
Man hat keinen Anstoß genommen an einer unwissenden Seele,
(vieles) kann man wegen der Jugend nicht wissen.[329]

In diesem Sinne ist auch die Seligpreisung des »unwissenden Ba« zu verstehen, mit denen ein Totenspruch im ramessidischen Grab TT 259 schließt:

O (wie glücklich ist) ein unwissender Ba,
Nicht wird er, Osiris, ihn belasten.[330]

Dahinter steht die Vorstellung, daß man erst im Alter die nötige Reife und Einsicht gewinnt, um die im Totengericht inkriminierten Fehler zu vermeiden, und die Angst, für Vergehen zur Rechenschaft gezogen zu werden, die man vor dieser Altersstufe, im Zustand der Unreife und Unwissenheit begangen hat. Die Nachschrift zu Spruch 228 der Sargtexte (= Kapitel 70 des Totenbuches) setzt diese Phase der Unzurechnungsfähigkeit mit 10 Jahren an:

Was jeden anbetrifft, der diesen Spruch kennt:
der wird 100 Lebensjahre verbringen
indem 10 Jahre im Bereich seiner Belastung und seiner Unreinheit,
seiner Verfehlungen und seiner Lüge liegen
wie sie ein Mensch begeht, der unwissend war und wissend wird.[331]

Zehn Jahre seines Lebens werden dem Menschen als moralische Schonfrist zugestanden. Hermann Kees hat diesem Text eine eingehende Studie gewidmet.[332] Darin hat er die Auffassung vertreten, daß die 10 Jahre das Lebensende bilden und auf das höchste Greisenalter zu beziehen sind: »Die zusätzlichen 10 Jahre (10 Prozent) des Lebens über 100 Jahre waren nach unserem Text dazu bestimmt, daß ein Mann, der sein Leben lang ein ›Unwissender‹ war, und mit der Würde des Alters endlich ein ›Wissender‹ wurde, noch eine Zeit auf Erden habe, um allmählich von allen irdischen Fehlern freiwerdend zu leben (...) Die 10 Jahre sollen den Übergang bilden vom fehlerhaften Leben zur Verklärtheit beim Gott ›an der Grenze‹.«

Dieser Auffassung haben sich, soweit ich sehe, alle angeschlossen, die sich über die ägyptische Vorstellung vom Lebensalter Gedanken gemacht haben.[333] Die 10 Jahre gelten als »reine, ungetrübte Zeit, die zum runden Höchstalter der hundert Jahre noch hinzukommt und auch dem Ältesten die Chance gibt, am Ende seines Lebens weise und frei von allen irdischen Fehlern zu werden, bevor er in das Totenreich hinabsteigt. Auf jeden Fall haben die Ägypter dieses Idealalter als 100 + 10 Jahre aufgefaßt, also in den 10 Jahren einen Bonus an zusätzlicher, geschenkter Zeit gesehen«.[334] Diese Übersetzung und Deutung ist interessant, weil sie das Jenseits als einen schuldfreien Raum scharf gegen das Diesseits als einen Raum schuldhafter Verstrickung abhebt. Nach dieser Auffassung bekommt der Ägypter im Idealfall die Chance einer zehnjährigen Frist, während deren er sich von den Schuldverstrickungen seines Erdenlebens läutern und auf die schuldfreie Existenz im Jenseits vorbereiten kann. Diese Deutung stößt aber auf eine sprachliche Schwierigkeit. $m\text{-}\underline{d}r$ heißt nicht »an der Grenze«, geschweige denn »außerhalb«, sondern »im Bereich«. Legt man die übliche Bedeutung der Präposition zugrunde, dann kann nur gemeint sein, daß diese 10 Jahre »im Bereich« von Schuld, Lüge etc. verbracht werden, aber nicht »jenseits« oder »außerhalb« davon, was ja gemeint sein müßte, wenn Kees' Deutung zutrifft. Der Satz sagt also genau das Gegenteil von dem, was Kees ihm entnimmt. Zehn Jahre seiner idealen Lebenszeit verbringt der Mensch in Schuld und Verfehlung; der Rest ist offenbar schuldfrei gedacht. Dann kann es sich aber nicht um die letzten 10 Lebensjahre handeln. Nun zwingt aber nichts dazu, diese 10 Jahre ans Lebensende zu verlegen. Wenn wir sie als Kindheitsphase auffassen, erhalten wir einen sehr viel besseren Sinn. Dann werden dem Menschen 10 Kindheitsjahre als moralische Schonfrist zugestanden. Was er in dieser Zeit an Lügen, Verfehlungen, Befleckungen und Tabuverletzungen begangen hat, wird seiner Unwissenheit zugute gehalten. Wir stoßen hier auf eine Vorstellung von Kindheit, die dem (später auch in ägyptischen Texten bezeugten) Bild kindlicher Unschuld diametral widerspricht. Aufgrund seiner Unwissenheit hat das Kind im Gegenteil ganz besonders viel »Schuld« auf sich geladen. Sie wird ihm jedoch nicht angerechnet.

Auch diese Deutung ist interessant. Denn sie zeigt, daß der Ägypter auch und gerade den Bereich erwachsenen, urteilsfähigen und moralisch zurechnungsfähigen Diesseitslebens als einen idealiter schuldfreien Raum konzipiert hat. Der Wunschtraum des Ägypters war nicht, ein Leben in Lüge und Verfehlung leben zu dürfen, um dann nach einer Phase der Läuterung und magischen Aufbereitung in die Fortdauer in einem schuldfreien Jenseits überzugehen. Sein Wunschtraum war vielmehr, schon im Diesseits ein schuldfreies Leben zu führen, schon das Erdendasein in einem schuldfreien Raum zu verbringen. Der Immoralismus, den Kees ihm mit seinem Verständnis unterstellt, lag ihm fern: läuft er doch darauf hinaus, daß der Mensch die sozial aktive Zeit seines Lebens in Belastung, Unreinheit, Verbrechen und Lüge verbringt und erst im Alter von 100 Jahren zu einer Art von moralischer Zurechnungsfähigkeit und Verantwortlichkeit vorstößt.[335] Genau das Gegenteil ist gemeint. Der Mensch soll sein Leben in Reinheit und Schuldfreiheit verbringen. Das Totengericht bestätigt seine Schuldfreiheit und reinigt ihn von allen unbewußt begangenen oder sonstwie verbleibenden Sünden, die seiner Fortdauer im schuldfreien Raum der Fortdauer entgegenstehen könnten. Nichts berechtigt uns zu der Annahme, der Ägypter habe im sicheren Vertrauen auf die magische Herstellbarkeit seiner Rechtfertigung ein Leben in Schuld und Lüge geführt. Auf das Problem der Magie werden wir noch zurückkommen.

Mit der Vorstellung, sich vor dem Totengericht nicht nur gegenüber allen möglichen Feinden und Feindinnen verantworten zu müssen, die einem etwas vorwerfen könnten, sondern auch gegenüber einem Gott, der uns richtet gemäß dem, was er von uns weiß, kommt ein ganz anderer Begriff von Schuld und Verantwortung in den Blick. Er wird in einem Weisheitstext explizit ausgeführt, der aller Wahrscheinlichkeit nach aus ungefähr derselben Zeit wie der Sargtext stammt, aber möglicherweise der Vorstellungsschicht einer anderen sozialen Schicht angehört. Es handelt sich um eine Lehre für einen König. Aus diesem Text geht hervor, daß das Totengericht nicht nur ein magischer Ritus zur Schuldabfuhr im Zusammenhang der Einbalsamierung war. Hier wird vielmehr gelehrt, daß der Einzelne schon sein Leben im Hinblick auf das Totengericht zu führen hat, d. h. im Bewußtsein, sich einmal für sein Leben vor dem Tribunal der Götter verantworten zu müssen.

Die Richter, die den Bedrängten richten,
du weißt, daß sie nicht milde sind
an jenem Tag des Richtens des Bedrückten,
in der Stunde des Erfüllens der Vorschrift.
Schlimm ist der Ankläger, der ein Wissender ist.

Verlasse dich nicht auf die Länge der Jahre!
Sie sehen die Lebenszeit als eine Stunde an.
Wenn der Mensch übrigbleibt nach dem Landen,
werden seine Taten als Summe neben ihn gelegt.

Das Dortsein aber währt ewig.
Ein Tor, wer tut, was sie tadeln.
Wer zu ihnen gelangt ohne Frevel,
der wird dort sein als ein Gott,
frei schreitend wie die Herren der Ewigkeit.[336]

Schuld oder Sünde?

Schuld entsteht dadurch, daß man eine Norm verletzt. Man kann daher sagen, daß Normen Schuld generieren. *Nulla poena sine lege* lautet der lateinische Grundsatz; man könnte ihn dahingehend abwandeln: *nulla culpa sine lege*. Wer eine Norm verletzt, riskiert eine Strafe. Wer jedoch eine Sünde begeht, verletzt ein Bündnis und begeht einen Treubruch.

Noch etwas anderes kommt hinzu. Normen sehen eine Strafe vor für den, der sie verletzt, aber keine Belohnung für den, der sie einhält. Man bekommt nichts dafür, daß man die Vorfahrt achtet und nicht bei Rot über die Ampel fährt. Der Staat kennt nur Straffreiheit, aber keinerlei Belohnung für gesetzeskonformes Verhalten. Es gibt aber auch Normen, mit deren Einhaltung sich eine Heilsverheißung verbindet. Von dieser Art ist das Mosaische Gesetz der Bibel, das nicht nur den Begriff der Schuld, sondern auch den der Sünde impliziert. Denn dieses Gesetz wird ja explizit einem Bündnis zugrunde gelegt, das Gott mit seinem erwählten Volk eingeht. Wir müssen uns fragen, ob die »Gesetze der Halle des Totengerichts« nicht von gleicher Art wie die biblischen Gesetze sind. Auch sie implizieren ja eine Verheißung. Da sie sich auf den Einzelnen und nicht auf die Gemeinschaft beziehen, verheißen sie genau wie im Neuen Testament dem Gerechten Unsterblichkeit. Wer diese Gesetze verletzt, zieht daher möglicherweise nicht nur Schuld auf sich, sondern begeht eine Sünde im biblischen Sinne.

Die Gesetze des Totengerichts verheißen dem, der sie einhält, daß er in das Reich des Osiris und in die Sonnenbarke zugelassen wird; er erhält den Status eines Verklärten und ist vor dem Tode gerettet. Wer umgekehrt diese Gesetze verletzt, zieht sich nicht einfach nur eine Strafe zu, sondern verscherzt sein Fortleben nach dem Tode, also das, was die Christen Seelenheil nennen. In diesem Fall dürfen wir von Sünde sprechen. Sünde verletzt nicht nur ein Gesetz, sondern setzt eine Heilsverheißung aufs Spiel. Die Mosaischen Gesetze schreiben zum Teil präzise Strafen vor. Hier handelt es sich um Schuld, die durch Strafe gesühnt werden kann. Nicht mehr zu sühnen ist die Abkehr vom Gesetz als solchem, dadurch etwa, daß man sich fremden Göttern zuwendet. Hierauf steht nicht Strafe, sondern Entzug der Heilsverheißung, d. h. Verlust des Gelobten Landes, Vernichtung, Zerstreuung unter die Völker der Erde.

Im Mosaischen Gesetz ist von Seelenheil und Unsterblichkeit nicht die Rede. Die Verheißungen beziehen sich hier auf das Leben im Gelobten Land, und an die Stelle der ägyptischen Unsterblichkeit tritt hier die Fortdauer im Lande auf Tausende von Generationen hinaus. Dies ist das Heil, das durch Übertretung verscherzt wird. Das hängt damit zusammen, daß die Verheißungen nicht an den Einzelnen, sondern an das ganze Volk gerichtet sind. Die Fortdauer eines Volkes findet naturgemäß im Diesseits und nicht im Jenseits statt. Die Gesetze des ägyptischen Totengerichts jedoch wenden sich an den Einzelnen und verheißen ihm im Falle einer gesetzestreuen Lebensführung eine Fortdauer im Jenseits. Das Christentum hat sich dem altägyptischen Modell angenähert und das Heil nicht in der kollektiven Fortdauer im Gelobten Land, sondern in der individuellen Fortdauer im Reich Gottes angesiedelt. Das christliche Seelenheil entspricht in vielen Details dem ägyptischen Ideal der Verklärtheit. Daher ist der christliche Begriff der Sünde an das Seelenheil gebunden. Es spricht also manches dafür, das ägyptische Totengericht mit einem Begriff von »Sünde« im biblischen Sinne in Verbindung zu bringen.

Wir können, den ersten Abschnitt abschließend, festhalten: Scham setzt einen Begriff von Ehre voraus. Ehre ist etwas, das in der sozialen Anerkennung existiert und durch soziale Aberkennung verlorengeht. Scham ist die Angst vor Ehrverlust. Eine Schamkultur funktioniert im Rahmen mutueller sozialer Kontrolle. Hierzu bedarf es weder eines Herrschers noch eines Gottes. Daher sind Schamkulturen typischerweise die Sache einfacher Gesellschaften.

Schuld setzt einen Begriff von Gesetz im Sinne politisch sanktionierter Normen voraus. Eine Schuldkultur funktioniert daher nur im Rahmen öffentlicher (staatlicher) Rechtsinstitutionen und deren religiöser Fundierung bzw. Überhöhung in Form einer göttlichen Rechtspflege und Gerichtsbarkeit. Daher geht die Ausbildung komplexer Gesellschaften typischerweise mit der Ausbildung von Schuldkultur einher. Schamkulturelle Strukturen ziehen sich auf die partielle Ebene ständischer oder höfischer Ethik zurück.

Sünde schließlich setzt einen Begriff von Heil voraus, worunter mehr verstanden werden muß als das bloße Gelingen des irdischen Zusammenlebens. Dieses Heil ist als Verheißung und Belohnung zu verstehen, ausgesetzt von einer höchsten Instanz für diejenigen, die eine bestimmte Norm erfüllen. Durch solche Verheißungen bindet sich diese höchste Instanz enger an die Menschen als durch die bloßen Institutionen des Überwachens und Strafens. Begriffe wie Vertrag, Bündnis und Treue legen sich nahe, um dieses besondere Verhältnis zu charakterisieren.

Für die Christen ist dieses Heil als Seelenheil, d. h. als Auferstehung der Toten und ewiges Leben, definiert, und die zu erfüllende Norm ist mit dem Begriff Glauben umschrieben. Für die Juden geht es um das Kommen des Messias und die Erlösung. Für die alten Israeliten bestand das verheißene Heil im fortwährenden unangefochtenen Bewohnen des Gelobten Landes. In jedem Fall geht die Heilsverheißung über den Rahmen der individuellen Lebenszeit hinaus. Hier befinden wir uns im

Umkreis von Schuldkulturen, die den Begriff der Sünde kennen als einer Schuld, die das Heil aufs Spiel setzt. Wir können sie daher Sündekulturen nennen.

Die Verknüpfung von Norm und Verheißung geht weit über die übliche Verknüpfung von Norm und Sanktion hinaus. Jede politische Institution kann Gesetze aufstellen und Strafen verhängen. Welche Institution aber ist in der Lage, über die Lebenszeit hinausgehende Belohnungen und Zukunftsverheißungen auszusetzen für den Fall treuer Befolgung, bis hin zur Verheißung von Auferstehung und Unsterblichkeit? Die Antwort liegt nahe, daß dies keine irdische Institution vermag, sondern nur Gott, und daß gerade dies den Unterschied zwischen Schuld und Sünde ausmacht. Wer gegen eine irdische Strafbestimmung verstößt, macht sich schuldig im Sinne von straffällig, wer jedoch gegen eine göttliche Heilsbedingung verstößt, versündigt sich im Sinne der Heilsgefährdung. Dies ist der Punkt, an dem sich das Thema Schuld in den Problembereich der politischen Theologie einpaßt. Schuld ist einerseits ein politisches Thema, weil es die Verpflichtungen des Einzelnen gegenüber der Gemeinschaft und die Verpflichtungen der Gemeinschaft gegenüber anderen Gemeinschaften betrifft, und andererseits ein theologisches Thema, insofern diese Verpflichtungen göttlich sanktioniert oder geradezu Gott gegenüber eingegangen werden. Dieser letztgenannte Fall erst schafft die Bedingungen der Sünde.

Die Grundlage der Sünde ist daher nicht einfach die Norm, sondern der Vertrag, d. h. der Bruch einer gegenseitigen Verpflichtung. Man kann sich fragen, ob Adam und Eva eigentlich eine Sünde im Sinne dieser Definition begingen, als sie vom verbotenen Apfel aßen. War an die Haltung des Verbots eine Heilsverheißung gebunden, die Adam und Eva verspielten? Nein. Zur Sünde wurde ihre Schuld erst nachträglich, als die Welt in einen Zustand der Heilsbedürftigkeit verfiel, der nun zuallererst eine Heilsverheißung möglich und notwendig machte.

Wenn im Namen der Ma'at Heilsverheißungen für ein Leben nach dem Tode gemacht werden, dann gehen auch die ägyptischen Götter Verpflichtungen ein, an die sie gebunden sind. Thot, Osiris, der Sonnengott sind keine ambivalenten Götter, von denen man sich des Bösen wie des Guten gewärtig sein muß, sondern sie sind ebenso gerecht und berechenbar wie die Ordnungen der Ma'at und wie das Individuum, das sie sich zu eigen gemacht hat. Das ist das Vertrauen, das von seiten des Menschen gefordert wird und das den Gehorsam gegenüber den Gesetzen motiviert. Hier stellt sich nun die Frage, ob auch das alte

Ägypten bereits eine solche Sündekultur darstellt. In der Idee des Totengerichts scheint doch eine Verknüpfung von Norm und Verheißung Gestalt zu gewinnen, wie sie das Kennzeichen der Sündekultur ausmacht. Ich möchte diese Frage hier offenlassen und sie am Schluß wieder aufgreifen, wenn weitere Befunde zur Sprache gekommen sind.

2
Schuld und Individualität

Individualismus der Unsterblichkeit

Bis hierher haben wir uns mit dem Zusammenhang von Schuld und Zeit befaßt. Eine Schuldkultur kultiviert die Diachronie. Sie erweitert den Horizont mitweltlicher Interaktion um Vorwelt und Nachwelt. Sie macht dem Menschen ein Gedächtnis und Gewissen, sie dringt auf diachrone Berechenbarkeit, Kontinuität, Personalität, Treue und verheißt ihm Zukunft, Fortdauer, ja Unsterblichkeit. Diese Steigerungsform, die an die Normen nicht nur Sanktionen, sondern große, lebenstranszendierende Verheißungen knüpft, haben wir versuchsweise mit dem Begriff der »Sünde« verbunden, weil sie die Götter einbezieht. Der Staat kann bestrafen, kann aber keine Verheißungen über das Leben nach dem Tode machen. Nun möchte ich den Aspekt des »Selbst«, der individuellen Identität, die sich im Kontext einer Schuldkultur herausbildet, in den Mittelpunkt stellen und die Schuld als einen Faktor der Individuation deuten. In der Erfahrung der Schuld, so lautet meine These, bildet sich der »innere Mensch« heraus, *homo interior*, wie Augustinus ihn genannt hat. In diesen Zusammenhang gehört als untrügliches Kennzeichen einer Schuldkultur die Institution der Beichte, des öffentlichen oder geheimen Schuldbekenntnisses, der schuldbezogenen Selbstthematisierung.[337] Die beiden thematischen Brennpunkte der folgenden Darstellung lauten also »das schuldige Ich« und die Formen seines Schuldeingeständnisses.

Im Totenbuch des Neuen Reichs[338] gewinnt die Idee des Totengerichts ihre klassische oder kanonische Form.[339] Das mythische Modell ist verschwunden. Der Tote tritt nicht in Götterrolle, sondern als individuelles Subjekt vor die Richter. Diese Form umfaßt zwei große Abschnitte, die sich komplementär ergänzen und die genau unseren beiden thematischen Brennpunkten entsprechen: die Wägung des Herzens – also die Prüfung des »inneren Menschen« – und das sogenannte »negative Bekenntnis« – also den Sprechakt einer schuldbezogenen Selbstthematisierung.[340]

Die Wägung des Herzens

In den bildlichen Darstellungen des Totengerichts erscheint das »Selbst« des Verstorbenen im Symbol des Herzens. Das Herz ist im Ägyptischen das zentrale Symbol für jenes Gedächtnis und Gewissen, das den Menschen zurechnungsfähig, schuldfähig und verantwortlich macht.[341] Im Totengericht wird das Herz geprüft. Der Ägypter hat dafür die eindrückliche Bildformel von der Wägung des Herzens gefunden. Das Herz wird auf eine Waagschale gelegt und gegen eine Feder, das Symbol der Ma'at, abgewogen, die auf der anderen Waagschale liegt. Worauf es ankommt, ist, gleich leicht wie diese Feder zu sein, also beim Wägen nicht zu schwer befunden zu werden. Jede Schuld würde das Herz beschweren.

Das Alter dieser Bildformel ist schwer zu bestimmen. Von Waage und Wägen ist im Zusammenhang mit dem Totengericht schon im Mittleren Reich die Rede. Auch Beschwörungen an das Herz, im Gericht nicht gegen den Toten auszusagen, kommen schon in den Sargtexten vor. Vermutlich ist der Gedanke als solcher hier schon gefunden worden. Als graphisches Bild jedoch begegnet das Motiv erst in Totenbüchern und Wandbildern des Neuen Reichs, zuerst in den Gräbern des Menena (TT 69) und Haremhab (TT 78) aus der Zeit Thutmosis' IV. und dann nach der Amarnazeit in zahllosen Totenbüchern als Vignette zu Kapitel 30 des Totenbuchs.

In der Mitte sieht man die Waage mit Herz und Feder, von Anubis bedient, der das Gleichgewicht prüft. Bei der Waage stehen noch einige kleinere Figuren, auf die wir später eingehen. Links sehen wir Ani und seine Frau in ehrfürchtiger Haltung dem Vorgang beiwohnen. Zu ihnen gehört folgender Spruch, der an das Herz gerichtet ist (nach der Übersetzung von E. Hornung):

Mein Herz meiner Mutter,
mein Herz meiner Mutter,
mein Herz meiner wechselnden Formen,

stehe nicht auf gegen mich als Zeuge,
tritt mir nicht entgegen im Gerichtshof,
mache keine Widersetzlichkeit gegen mich vor dem Wiegemeister.

Du bist mein Ka, der in meinem Leib ist,
mein »Chnum«, der meine Glieder heil sein läßt.
Geh doch hervor zum Guten, das uns dort bereitet ist.

Mache meinen Namen nicht stinkend für die Räte,
sag keine Lüge wider mich bei dem Gott.
Wie gut ist das, gut ist, wenn du hörst.

Das Herz hat zwei Ursprünge, die Mutter und die »wechselnden Formen«. Es ist zum einen angeboren und zum anderen Ergebnis der irdischen Entwicklung, als Sitz von Gedächtnis, Gewissen, Vernunft und Urteilsvermögen. Es wird »Ka« und »Chnum« genannt. »Ka« ist so etwas wie »Wille«, »Zeugungskraft«, während »Chnum« ein Schöpfergott ist und als persönlicher Schöpfer des Einzelnen so etwas wie das genetische Programm personifiziert, das Gestalt, Gesundheit und Veranlagung umfaßt. Wir sehen also, daß die Vorstellung vom Herzen auf die Individualität des Toten abhebt. In die gleiche Richtung weisen auch die kleinen Figuren, die zuweilen bei der Waagschale mit dem Herzen, also auf der Seite des Verstorbenen dargestellt werden und gewissermaßen für ihn eintreten. Rechts von der Waagschale mit dem Herzen steht ein Gott mit der Beischrift *Schaii*, »Schicksal«; das ist die Personifikation der Lebensfrist, die dem Verstorbenen zugemessen war und innerhalb deren er seine Biographie zu verwirklichen hatte. Über ihm ein rätselhaftes Gebilde: ein schwarzes Rechteck, aus dem ein weiblicher Kopf sphinxartig hervorwächst, und das auf einem Schrein liegt. Links der Waagschale stehen zwei Göttinnen, die durch die Beischrift als Meschenet und Renenet ausgewiesen werden. Meschenet ist die Göttin des »Geburtsziegels« und personifiziert die bei der Geburt gestellte Lebensprognose des Menschen. Die ägyptischen Frauen haben ihre Kinder nicht auf einem Bett liegend, sondern auf zwei Ziegeln hockend zur Welt gebracht. Diesen Ziegel haben wir auch in dem schwarzen Rechteck über dem Gott Schaii zu erkennen. Renenet heißt »Ernte« und personifiziert den Erfolg und die Erfüllung, die dem Menschen in seinem Leben beschieden waren. Über den beiden Göttinnen hockt der *Ba*-Vogel, die Seele des Verstorbenen, auf einem weißen Kasten. Wir finden also hier um die Waagschale des Herzens herum eine

Reihe individuierender Aspekte angeordnet: Lebensfrist, Lebensprognose, Erfüllung und Seele. Sie alle machen klar, daß es hier um das Individuum in seiner unverwechselbaren Einmaligkeit und in der Kontingenz seiner besonderen Lebensumstände geht, dessen Würdigkeit zur Fortdauer im schuldfreien Jenseitsraum der Fortdauer hier geprüft wird. Rechts führt der ibisköpfige Schreibergott Thot über den Wiegeprozeß Buch. Er stellt nicht nur das Ergebnis der Wägung fest. Er ist auch der »wissende Gott«, der den Einzelnen richtet gemäß dem, was er weiß. Er hat auch über die Taten des Verstorbenen Buch geführt und kennt deren Endsumme, das Resultat, das über Fortdauer oder Vernichtung entscheidet. Das Verdikt der Vernichtung ist als Möglichkeit präsent in Gestalt des Monsters, das neben der Waage hockt. Vorn ein Krokodil, hinten ein Nilpferd, in der Mitte ein Leopard, genannt die »Fresserin«, ein Müllschlucker, der den Toten verschwinden läßt, falls er die Prüfung nicht besteht. Oben sitzen die Gottheiten, die das Gerichtskollegium, die Jury, des Totengerichts bilden.

Das negative Bekenntnis und die Normen schuldfreier Lebensführung

Das Problem des mythischen Modells war, daß es die moralischen Erwartungen der Totenrichter nicht explizit machte. Niemand konnte sicher sein, als unschuldig zu bestehen; niemand konnte genau wissen, auf welche moralischen Investitionen in das Projekt des Todes es ankam. Es gab keinen Kodex geschriebener oder ungeschriebener Gesetze, die bei der Rechtsprechung des Totengerichts zugrunde gelegt wurden und durch deren Befolgung zu Lebzeiten man die Totenrichter zufriedenstellen zu können hoffen durfte.

Dieses Problem wurde durch die klassische oder kanonische Form gelöst, die das Totengericht im Neuen Reich annahm. Die übliche Form einer Kodifizierung von Normen ist das Gebot bzw. Verbot, also »Du sollst x tun« bzw. »Du sollst nicht y tun«. So würden sich die Gesetze des Totengerichts im Munde des Osiris oder des Thot ausnehmen. Sie sind aber dem Toten in den Mund gelegt, und zwar in der Form des Bekenntnisses. In seinem Mund nehmen sie naturgemäß die Form »Ich habe x getan« bzw. »Ich habe nicht y getan« an. Im Totengericht dominiert die negative Form. Das heißt, daß die Normen in der Form von Verboten kodifiziert gedacht waren.

Der Tote brauchte sich beim Totengericht also nicht mehr auf alle möglichen Anschuldigen gefaßt machen, die irgendein beliebiger Ankläger gegen ihn vorbringen mochte. Er kannte die Beschuldigungen im voraus und mußte seine Unschuld erklären. Alle möglichen Verbrechen und Verfehlungen, die ein Hindernis für seine Zulassung ins Jenseits darstellen konnten, waren ausbuchstabiert und in zwei Listen niedergelegt worden, eine mit 40, die andere mit 42 Sünden. Der Tote hatte diese Listen aufzusagen und seine Unschuld gegenüber jeder einzelnen Sünde explizit zu beteuern. Die eine Liste mußte vor Osiris, die andere vor den 42 Richtern rezitiert werden.

Mit dieser Kodifizierung gewinnt die Idee der Ma'at aber auch den Charakter eines expliziten Vertrages oder Bundes. Jetzt war jedem deutlich gemacht, was die Bedingungen waren, an deren Befolgung die Verheißung der Fortdauer geknüpft war. Es ist aufschlußreich, den Ma'at-Bund und den Sinai-Bund einander gegenüberzustellen. Auf der Grundlage der Gemeinsamkeit von Norm und Verheißung könnten die Unterschiede nicht größer sein. In Israel, darauf haben wir schon hingewiesen, gibt es kein ewiges Leben im Jenseits. Gleichwohl sind die Verheißungen lebenszeittranszendent: sie beziehen sich hier auf Vermehrung und Dauern im Gelobten Land. Sie gelten dem ganzen Volk. Gott vollstreckt sein Urteil auf der Bühne der Geschichte. In Ägypten tritt das Reich des Osiris an die Stelle des Gelobten Landes. Die Verheißung gilt dem einzelnen Individuum, und das Urteil wird nach dem Tode vollstreckt.

Wir können uns hier nicht auf die Einzelheiten jener 82 Verbote einlassen, hinsichtlich deren der Verstorbene auf Unschuld plädiert. Wir begnügen uns mit der Feststellung, daß sie folgendes verbinden:

(a) sehr allgemeine Regeln, wie etwa »Ich habe nicht getötet«, »Ich habe keine Falschheit begangen gegenüber irgend jemandem« usw.,

(b) eher spezifische Tabuvorschriften, wie z. B. »Ich habe fließendes Wasser nicht abgedämmt, ich habe brennendes Feuer nicht gelöscht«,

(c) Regeln korrekter Amtsführung, insbesondere im Umgang mit Maßen und Gewichten: »Ich habe den Gewichten der Handwaage nichts hinzugefügt, ich habe an den Gewichten der Standwaage nichts weggenommen«, und

(d) Regeln solidarischen Verhaltens in der praktischen Interaktion, ägypt. *jrj M3ʿt*, »die Ma'at tun«, und in der sprachlichen Kommunikation, ägypt. *ḏd M3ʿt*, »die Ma'at sagen«.

Für »Ma'at tun« zum Beispiel:

7 ich habe nichts Krummes getan;
8 keinen Tempelbesitz gestohlen;
10 keine Nahrung gestohlen (*nhm wnm*);
15 keine Portionen geraubt (*ꜥwꜣ hnbt*);
14 keinen Kornwucher getrieben;
18 nur den eigenen Besitz begehrt (vgl. 41);
12; 22 Ich habe nicht übertreten (*thꜣ*);
19 ich habe nicht die Frau eines anderen beschlafen;
20 ich habe nicht Unzucht getrieben (19-20 wörtlich übereinstimmend mit A, 21-22);
27 ich habe nicht gleichgeschlechtlich verkehrt.

Und für »Ma'at sagen« etwa:

9 ich habe nicht gelogen;
11 nicht geschimpft;
25 ich habe nicht gestritten;
29 prozessiert;
21 keinen Terror gemacht;
33 keine überflüssigen Worte gemacht;
37 nicht die Stimme erhoben;
35 keinen Gott beleidigt;
38 nicht den König beleidigt;
17 nicht unbedacht geredet;
16 niemanden belauscht;
26 niemandem zugeblinzelt;
39 mich nicht aufgeblasen;
40 mich nicht überhoben;
23 ich war nicht hitzig (var. »heißmäulig«);
31 nicht jähzornig;
30 nicht gewalttätig;
24 ich habe mich nicht taub gestellt gegenüber Worten der Wahrheit.

Es geht also auch im Totengericht um nicht viel anderes als die normalen Regeln korrekten Verhaltens: nicht töten, nicht lügen, nicht stehlen, nicht fluchen, keine Unzucht treiben, Maße und Gewichte nicht verfälschen usw., von einigen seltsamen Tabus abgesehen. Dabei wird aber, wie schon gesagt, der Horizont schwerer justitiabler Vergehen überschritten in Richtung auf eine Moral, die eine erstaunliche Sensibilität für die feineren Regeln mitmenschlicher Verständigung oder »kommunikativer Solidarität« an den Tag legt.

Die Form des negativen Bekenntnisses ist ein Paradox. Ein Bekenntnis kann nur positiv sein, sonst ist es kein Bekenntnis, sondern eine Bestreitung. Daher hat man den traditionellen Begriff des negativen Bekenntnisses durch den Begriff der Unschuldsbeteuerung ersetzt.[342] In jedem Falle aber handelt es sich um eine schuldbezogene Selbstthematisierung, und das ist, was uns hier interessiert.

Die Grundintention der paradoxen »Unschuldsbeichte« ist die Reinigung. Der Spruch ist im Totenbuch überschrieben:

NN von allem Bösen reinigen, das er getan hat.
Das Angesicht der Götter schauen.[343]

Der Tote kann das Gelobte Land, den schuldfreien Raum der Fortdauer, nur im Zustand moralischer Reinheit betreten. Das Modell für diesen schuldfreien Raum, als das man sich das Jenseits denkt, gibt der Tempel ab.[344] So wie sich im Tempelkult der Priester jeden Morgen im heiligen See zu baden hat, bevor er den Tempel betreten, den Schrein öffnen und den Gott schauen kann, so muß sich auch der Tote vor dem Betreten des Jenseits reinigen. Wenn der Tote das Jenseits wie einen Tempel betritt, so tritt er dort aber den Göttern nicht in Form von Bildern, sondern leibhaftig, von Angesicht zu Angesicht gegenüber. Jede Sünde oder Schuld, von der sich der Tote im Totengericht nicht reinigen konnte, würde ihn vom Anblick der Götter ausschließen. Er würde von der göttlichen Gegenwart verbannt werden in eine Region, in die die Strahlen der Nachtsonne nicht reichen.[345]

Wir müssen uns nun fragen, was diese Vorstellung vom Jenseits als einem schuldfreien Raum, den man nur im Zustand moralischer und kultischer Reinheit betreten darf, für die Lebensführung der Ägypter bedeutet haben mag. Solange man sich das Totengericht als einen Ort vorstellte, an dem man mit allen möglichen Anklagen konfrontiert wurde, die beliebige Feinde und Feindinnen, inklusive Toten, Göttern und Dämonen, gegen einen vorzubringen hatten, war es schwierig, sich bei Lebzeiten darauf vorzubereiten. Hier half wahrscheinlich nur, seinen Fall in das Licht eines mächtigen mythischen Präzedenzfalles zu stellen und sich selbst mit der Rolle des siegreichen Gottes zu identifizieren. In dem Maße aber, wie das mythische Modell eines Gerichts verblaßte zugunsten des klassischen Modells einer Initiationsprüfung, gewann das Totengericht an moralischer Rationalität. Auf diese Form des Totengerichts konnte man sich in der Weise vorbereiten, daß man die 82 im negativen Sündenbekenntnis vorausgesetzten Verbote zur Grundlage seiner Lebensführung machte.

Dem steht freilich die Annahme entgegen, daß das 125. Totenbuch-Kapitel ein magischer Text ist, dazu gedacht, das Totengericht und seine Gefahren für das Heil des Einzelnen magisch auszuflankieren und nicht, ihm Anleitungen für seine Lebensführung zu geben. Gewiß, das 125. Kapitel des Totenbuchs ist magisch wie alle Totenliteratur, daran kann kein Zweifel bestehen. Nichts zwingt uns aber zu der Annahme, die Ägypter hätten sich in dieser Sache ausschließlich auf die Magie verlassen. Das ist vielmehr extrem unwahrscheinlich, denn es läßt sich leicht zeigen, daß die Ägypter sich in vergleichbaren Fällen keineswegs ausschließlich auf die Magie verlassen haben. Bei der Mumifizierung etwa haben sie es nicht bei Amuletten und Zaubersprüchen bewenden lassen, sondern ihr ganzes anatomisches und chemisches Wissen zur Anwendung gebracht. Bei Unfällen und Krankheiten haben die Ärzte, die zugleich Magier waren, zunächst einmal alle Mittel ihrer ärztlichen Kunst angewandt, bevor sie in besonderen Fällen zu magischen Mitteln griffen. Die Medizin wurde nie durch Magie ersetzt, sondern immer nur ergänzt. Daher spricht in meinen Augen alles dagegen, daß der Ägypter im Falle des Totengerichts die Moral durch Magie »ausflankiert« haben sollte, anstatt sie in gleicher Weise ergänzend einzusetzen.

Wir können daher mit einiger Sicherheit davon ausgehen, daß das Totengericht und die Gesetze der Gerichtshalle »der beiden Wahrheiten« nicht nur über das zukünftige Geschick der Seele entschieden, sondern zu einem gewissen Teil auch die irdische Lebensführung des Einzelnen bestimmten. Die Idee des Totengerichts konstituierte nicht nur das Jenseits, sondern auch das Diesseits als einen schuldfreien Raum. Darin möchte ich sogar seine eigentliche Funktion sehen. Nicht die Normen des Jenseitslebens, sondern des diesseitigen Zusammenlebens sollten durch das Totengericht fundiert werden. Ich erinnere noch einmal an die neue Deutung jenes Textes, der das ideale Lebensalter in 100 + 10 Jahre einteilte: Zehn Jahre darf der Mensch als moralische Karenzzeit im Bereich von Lüge und Unreinheit verbringen, dann hat er sein Leben möglichst schuldfrei zu führen. Es gibt sogar einen ägyptischen Text, eine Stele mit einer autobiographischen Grabinschrift aus dem 14. Jh. v. Chr., die explizit zum Ausdruck bringt, daß der Autor die »Gesetze« des Totengerichts zur Grundlage seiner Lebensführung gemacht hat.

Ich bin ein wahrhaft Gerechter, frei von Verfehlungen,
der Gott in sein Herz gegeben hat
und kundig ist seiner Macht.
Ich bin gekommen zur »Stadt in der Ewigkeit«,
nachdem ich das Gute getan habe auf Erden.
Ich habe nicht gefrevelt und bin ohne Tadel,
mein Name wurde nicht gefragt wegen eines Vergehens,
ebensowenig wegen eines Unrechts (*Isfet*).

Ich frohlocke beim Sagen der Ma'at,
denn ich weiß, daß sie wertvoll ist
für den, der sie tut auf Erden
von der Geburt bis zum »Landen«.
Ein trefflicher Schutzwall ist sie für den, der sie sagt,
an jenem Tage, wenn er gelangt zum Gerichtshof,
der den Bedrängten richtet und den Charakter aufdeckt,
den Sünder (*Isfeti*) bestraft und seinen Ba abschneidet.

Ich existierte ohne Tadel,
so daß es keine Anklage gegen mich und keine Sünde von mir gibt vor ihnen,
so daß ich gerechtfertigt hervorgehe,
indem ich gelobt bin inmitten der Grabversorgten,
die zu ihrem Ka gegangen sind.

(...)[346]

Ich bin ein Edler, der über die Ma'at glücklich ist,
der den Gesetzen der »Halle der beiden Ma'at« nacheiferte,
denn ich plante, ins Totenreich zu gelangen,
ohne daß mein Name mit einer Gemeinheit verbunden wäre,
ohne den Menschen Böses angetan zu haben
oder etwas, das ihre Götter tadeln.[347]

Was Baki die »Gesetze der Halle der beiden Wahrheiten« nennt, sind die 82 Verbote des negativen Bekenntnisses. Ausdrücklich bestätigt er, daß er diesen Gesetzen schon zu Lebzeiten nacheiferte, d. h. sie zur Grundlage seiner Lebensführung machte, um ohne Schuld ins Totenreich zu gelangen, d. h. im schuldfreien Raum der Fortdauer dem Tod zu entgehen.

Die Heimlichkeit der Schuld und die Öffentlichkeit des Bekenntnisses

Im folgenden möchte ich eine ganz andere Form von Bekenntnissen behandeln. Vorher aber möchte ich noch eine Eigentümlichkeit des negativen Bekenntnisses hervorheben, die es mit dieser anderen Bekenntnisform gemeinsam hat: seine Öffentlichkeit. Im Totengericht wird diese Öffentlichkeit symbolisch hergestellt durch die 42 Beisitzer des Gerichts. Sie vertreten die 42 »Gaue«, in die Ägypten gegliedert ist. In der Vorstellung der alten Ägypter ist Ägypten bekanntlich ein Doppelreich, das aus der Vereinigung von Ober- und Unterägypten entsteht. Darin mögen sich historische Reminiszenzen an einen spätvorgeschichtlichen Nord-Süd-Konflikt erhalten haben. Das Modell der dualen Einheit entspricht aber auch einer ägyptischen Denkform, die umfassende Ganzheit als Vereinigung einer Zweiheit denkt. Die beiden Länder sind in sich nochmals gegliedert in 20 bzw. 22 »Gaue«. Früher wollte man auch hierin prähistorische Reminiszenzen erkennen; inzwischen ist jedoch klargeworden, das die Gaueinteilung erst im Laufe des Alten Reichs im Zuge einer Art inneren Kolonisation entstand. Die administrative Binnengliederung Ägyptens hat sich vom Alten Reich bis zur byzantinischen Zeit immer wieder verändert; die Zahl 42 aber samt den Namen der Gaue und Gauhauptstädte ist von einem gewissen Zeitpunkt an kanonisch geworden und in den Rang einer heiligen Ordnung aufgestiegen. In den Spätzeittempeln spielt diese *geographia sacra* eine große Rolle; sie liegt aber bereits den 42 Beisitzern im Totengericht zugrunde. Diese repräsentieren offenkundig das ganze Land, die größtmögliche Öffentlichkeit, an die bei einem Bekenntnis zu denken ist.

Darauf kommt es dem Ägypter bei der Ausgestaltung der Totengerichtsidee offenbar ganz besonders an. Der Tote soll seine Schuld bzw. Unschuld vor aller Welt bekennen; die Öffentlichkeit dieses Bekenntnisses verleiht ihm Rechtskraft. Wir halten das fest und gehen nun zu einer ganz anderen Form von Bekenntnissen über, die wir zwar hier nur ganz summarisch behandeln, aber im Zusammenhang des Themas »Schuld« auf keinen Fall übergehen können. Ich meine die Buß- und Dankpsalmen der »Persönlichen Frömmigkeit«. In diesen Texten stoßen wir auf Zeugnisse einer »Schuldarbeit«, die nicht die Toten, sondern die Lebenden betrifft und bei der es um das positive Eingeständnis wirklich begangener Sünden geht.

Die Texte, die als Zeugnisse dieser ägyptischen »Schuldarbeit« gelten können, stammen alle aus dem verhältnismäßig engen Zeitraum der 19. und 20. Dynastie (also maximal 150 Jahre) und darüber hinaus alle vom gleichen Fundplatz, nämlich Der el Medine. Es ist daher äußerst fraglich, in welchem Umfang man diese Zeugnisse als repräsentativ betrachten darf. Für »die« ägyptische Schuldkultur schlechthin? Für die ägyptische Schuldkultur der Ramessidenzeit? Für die thebanische Schuldkultur der Ramessidenzeit? Für die Schuldkultur einer bestimmten Schicht (Künstler und Handwerker)? Für die Schuldkultur der Handwerkersiedlung von Der el Medine?

Ich betrachte die Stelen von Der el Medine als repräsentativ für die Schuldkultur einer religiösen Strömung, die man in der Ägyptologie »Persönliche Frömmigkeit« nennt.[348] Sogenannte Gebetsostraka, d. h. Scherben mit Gebetstexten, die man dem in Prozession vorüberziehenden Gott vorlegen kann, lassen sich in Theben schon vor der Amarnazeit nachweisen und zeigen, daß diese Bewegung hier ihren Ursprung hat und zumindest bis in die religiös sehr bewegte Zeit von Hatschepsut und Thutmosis' III. zurückgeht. Hier kommen auch schon die ersten Bekenntnisse vor. Mit dem Scheitern der Amarnareligion, die sich nicht zuletzt auch gegen diese religiöse Strömung gestellt hatte, kommt die Persönliche Frömmigkeit dann allgemein zum Durchbruch und bestimmt die gesamtägyptische Mentalität der Ramessidenzeit.

Wir müssen daher erklären, warum es solche Bekenntnisstelen nur aus Der el Medine gibt. Hierfür gibt es nur zwei Erklärungen: entweder handelt es sich um einen Zufall, und wir müssen ständig darauf gefaßt sein, daß neue Ausgrabungen doch einmal ähnliche Denkmäler aus anderen Fundorten zutage bringen, oder es handelt sich um eine speziell thebanische Tradition. Wer an anderen Orten eine erzürnte Gottheit versöhnen wollte, griff zu anderen Mitteln, stellte z. B. eine Stele auf, die nur Ohren abbildete, um an die erhörende Seite der Gottheit zu appellieren (solche »Ohrenstelen« sind sehr zahlreich aus allen Gegenden Ägyptens), oder weihte andere Votivgaben an den Tempel. Das Leiden, das als Strafe einer erzürnten Gottheit und daher als Folge einer Verschuldung gedeutet wurde, konnte sich in vielen Formen Ausdruck verschaffen, und nur in Theben stand ihm die sprachliche Ausdrucksform der bekennenden Klage zur Verfügung; nur hier gab es eine spezifisch sprachliche Tradition der Schuldarbeit, nur der Thebaner kannte Texte, die auf eine solche Stele geschrieben werden konnten. Anderenorts genügten Bilder. Die grundsätzliche Einstellung jedoch – daß man nämlich sich an einer Gottheit versündigen konnte, daß diese dann strafend auf das Lebensschicksal des Sünders einwirken konnte, und daß es schließlich Wege gab, die zürnende Gottheit durch das Aufstellen einer Votivstele oder sonstigen Votivgabe als Zeugnis eines Eingeständnisses und Bekenntnisses wieder zu versöhnen – diese grundsätzliche Einstellung halte ich für ein allgemein ägyptisches Phänomen der Ramessidenzeit und ihrer Persönlichen Frömmigkeit.

Mit dem Begriff der Persönlichen Frömmigkeit bezeichnet man eine mentalitätsgeschichtliche Strömung, die auch für den Begriff der Schuld von zentraler Bedeutung ist. Der Mensch fühlt sich jetzt in seinen individuellen Entscheidungen Gott verantwortlich. Die ägyptischen Wendungen sind »sich Gott ins Herz setzen« und »auf Gottes Wasser handeln«. Im Licht solcher persönlichen Gottesbindung werden nun auch die Wechselfälle des einzelnen Lebens in ganz neuer Weise lesbar. In älterer Zeit wurden Unglücksfälle dem Einfluß von Dämonen, bösen Geistern, Feinden und ihrer Magie zugeschrieben, gegen die man sich seinerseits mit Magie zur Wehr setzen konnte. Jetzt sucht man zumindest in bestimmten Fällen – insbesondere schweren Erkrankungen – die Ursache in einer Schuld, die man einer Gottheit gegenüber auf sich gezogen hat. In diesen Fällen war mit Magie nichts geholfen. Es kam vielmehr darauf an, die erzürnte Gottheit zu versöhnen. Zu diesem Zweck wurde ein Verfahren in Gang gesetzt, das verschiedene Schritte umfaßte. Darüber informieren uns einige Texte, die sämtlich aus Der el Medine stammen, der Siedlung für die Arbeiter der Königsnekropole.

In einer dieser Inschriften lesen wir:

»Ich werde diese Stele anfertigen auf deinen Namen
und ich werde dir diesen Hymnus inschriftlich
auf seiner Vorderseite aufzeichnen,
denn du hast mir den Vorzeichner Nachtamun gerettet!«
So sprach ich zu dir und du hast mich gehört,
nun schau: ich habe getan, was ich gesagt habe!

Hier zitiert ein gewisser Nebre das Gelübde, das er vor dem Gott Amun für seinen Sohn Nachtamun abgelegt hatte in einer Situation der Not. Später, nach erfolgter Rettung, hat er dann diese Stele in Erfüllung seines Gelübdes errichtet. Aus diesem und anderen Fällen läßt sich folgender Gang des Verfahrens rekonstruieren:

Als erstes wird die Erfahrung einer ernsthaften Krise gemacht, in diesem Fall die schwere Erkrankung des Vorzeichners Nachtamun, und festgestellt, daß es sich um die Strafe einer bestimmten Gottheit handelt. Wie man das herausgefunden hat, erfahren wir aus den Texten nicht; vermutlich war sich der Betroffene aufgrund seines schlechten Gewissens über diesen Zusammenhang im klaren. Es gibt aber auch Hinweise auf eine »weise Frau«, die in unklaren Fällen konsultiert wurde und die die erzürnte Gottheit identifizieren konnte.

Der zweite Schritt bestand in einem Gebet an die zürnende Gottheit. Dieses Gebet enthielt, wie wir aus unserem Text erfahren, nicht nur ein Gelübde, im Fall der Rettung eine Dankstele zu errichten, sondern auch ein Eingeständnis der Schuld. Dabei wird die Öffentlichkeit der Handlung betont:

Es waren ihm Hymnen verfaßt worden auf seinen Namen,
weil seine Kraft so groß war;
es waren ihm Gebete gemacht worden vor seinem Angesicht,
in Gegenwart des ganzen Landes,
zugunsten des Vorzeichners Nachtamun, gerechtfertigt,
als er krank darniederlag am Rand des Todes,
als er in der Gewalt des Amun war wegen jener seiner Kuh.

Das dritte Ereignis bestand in der Erfahrung der Rettung und Heilung:

Ich fand, daß der Herr der Götter gekommen war als Nordwind,
süßer Lufthauch ihm voraus,
er rettete den Schreiber des Amun
Nachtamun, gerechtfertigt,
den Sohn des Vorzeichners des Amun aus Der el Medine
Nebre, gerechtfertigt,
geboren von der Hausherrin Pasched, gerechtfertigt.
Er (Nachtamun) sagte:
War der Diener bereit, die Sünde zu tun,
so ist doch der Herr bereit zur Gnade!
Der Herr von Theben zürnt
nicht einen ganzen Tag lang –
wenn er zürnt, ist es ein Augenblick, und nichts bleibt zurück.
Die Brise hat sich zu uns umgewendet in Gnade.
Amun kam gefahren in seinem Lufthauch.
So wahr dein Ka dauert, mögest du gnädig sein
und wir werden es nicht wieder tun.

Der vierte und letzte Schritt bestand dann in der Errichtung der Stele.

Manchmal wurden diese Stelen in der Situation der Not errichtet und enthalten Gebete um Vergebung mit dem Versprechen, im Fall der Rettung aller Welt die Macht der Gottheit zu verkünden. In den meisten Fällen jedoch wurde die Stele erst nach erfahrener Rettung errichtet. Die Gebete, die zum ersten Fall gehören, nennt man Bußlieder, die zum häufigeren zweiten Fall gehörenden Danklieder. Diese Terminologie stammt aus der alttestamentlichen Wissenschaft und ist in bezug auf den Psalter geprägt, denn es ist evident, daß eine große Zahl von Psalmen ihren ursprünglichen »Sitz im Leben« nicht im Gottesdienst, sondern in vergleichbaren sakralrechtlichen Prozeduren der Schuldbegleichung und Versöhnung haben.[349]

Wir interessieren uns hier für diese Lieder unter dem Gesichtspunkt der Schuld, d. h. als Ausdrucksformen einer Schuldkultur, als Formen schuldbezogener Selbstthematisierung. Dabei springt vor allem das ausgeprägte Verkündigungspathos ins Auge, mit dem diese Texte sich an eine allumfassende Öffentlichkeit wenden. Bekenntnis heißt hier in erster Linie Veröffentlichung, Aufdeckung, Bekanntmachung. Nicht auf die Details der Verfehlung kommt es an, hiervon ist vielmehr nur in ganz pauschalen Wendungen die Rede, sondern auf die Enthüllung des bislang Verborgenen und die allumfassende Reichweite der Verkündung.

So beginnt etwa der Stelentext des Nebre[350]:

Ich will Amun Lob spenden,
ich will ihm Hymnen verfassen auf seinen Namen;
ich spende ihm Lob,
so hoch der Himmel ist und so weit der Erdboden reicht,
ich verkünde seine Machterweise dem, der stromauf, und dem, der stromab zieht:

Hütet euch vor ihm!
Verkündet ihn Sohn und Tochter,
Großen und Kleinen!
Erzählt von ihm Kindern und Kindeskindern,
die noch nicht geboren sind.
Erzählt von ihm den Fischen im Strom
und den Vögeln im Himmel!
Verkündet ihn dem, der ihn kennt, und dem, der ihn nicht kennt!
Hütet euch vor ihm!

Betrachten wir noch ein paar weitere Texte dieser Gattung. Der Stelentext eines Neferabu[351] beginnt gleich mit dem Bekenntnis:

Ich war ein unwissender Mann, der keinen Verstand hat,
der Gut und Böse nicht unterscheiden kann.
Ich beging diesen Fall von Übertretung an der (Göttin der) Bergspitze[352],
sie erteilte mir eine Lehre.
Ich war in ihrer Hand Tag und Nacht
und saß auf dem Gebärziegel wie die Schwangere;
ich rief nach Luft, und sie kam nicht zu mir.
Ich brachte ein Trankopfer dar der westlichen Bergspitze, der gewaltig
   Starken,
und allen Göttern und Göttinnen.
Schau, ich will sagen zu Großen und Kleinen in der Mannschaft:
«Hütet euch vor der Bergspitze!
Denn ein Löwe ist in der Bergspitze!
Sie schlägt zu mit dem Schlag eines wütenden Löwen,
sie sitzt dem im Nacken, der sich gegen sie vergeht.«

So rief ich zu meiner Herrin
und fand sie, wie sie zu mir kam in süßem Hauch:
sie war mir gnädig, nachdem sie mich ihre Hand hatte schauen lassen,
sie wandte mir wieder Gnade zu.
Sie ließ mich das Leid vergessen, in dem ich befangen war –
die Bergspitze ist gnädig, wenn man zu ihr ruft!
(...)
Schaut und hört, alles was Ohren hat,
was auf Erden lebt:
Hütet euch vor der westlichen Bergspitze!

Dieser Text verbindet das Motiv der Beichte mit dem Pathos der öffentlichen Verkündigung. Die Schuld wird nur pauschal anerkannt – »dieser Fall von Übertretung« – ; worauf es ankommt, ist die persönliche Erfahrung der strafenden und rettenden Macht und deren Verkündigung. Auch hier finden wir die typische Abfolge Schuldbekenntnis, Verkündigungsgelübde, Rettung, Einlösung. Auch hier wird die Erfahrung der Rettung mit den Worten »Ich fand« und dem Motiv des Lufthauchs eingeleitet, die in diesem Zusammenhang immer wieder vorkommen. Wichtig ist die Antithese der Privatheit einer religiösen Erfahrung und der Öffentlichkeit ihrer Verkündigung.

Derselbe Neferabu errichtete auch dem Gott Ptah eine Stele.[353] Hier spezifiziert er die Sünde, die er begangen hat. Der Text beginnt wie ein literarisches Werk mit einer Überschrift. Es handelt sich offenbar um ein Bußlied. Von Dank und Rettung ist darin nicht die Rede.

Beginn der Verkündigung der Machterweise des Ptah
(...) durch Neferabu (...), er sagt:
Ich bin der Mann, der falsch geschworen hat
bei Ptah, dem Herrn der Wahrheit.
Er hat mich Finsternis sehen lassen am Tage.

Ich werde seine Machterweise verkünden dem, der ihn kennt, und dem,
    der ihn nicht kennt,
Kleinen und Großen:
»Hütet euch vor Ptah, dem Herrn der Wahrheit,
denn er läßt keinen Frevel ungestraft.
Fürchtet euch, den Namen des Ptah zu Unrecht auszusprechen.
Wer ihn zu Unrecht ausspricht, kommt zuschanden!
Er bewirkte, daß ich lebe wie die Hunde der Straße,
indem ich in seiner Hand bin;
er bewirkte, daß Menschen und Götter auf mich schauen,
indem ich bin wie einer, der seinem Herrn Abscheuliches angetan hat.
Gerecht ist Ptah, der Herr der Wahrheit, gegen mich,
er hat mir eine Lehre erteilt.
Sei mir gnädig! Möchte ich deine Gnade sehen!«

In diesem Text steht das Motiv der Verkündigung ganz besonders ausgeprägt im Vordergrund. Ich glaube, daß es genau diese Intention ist, die in dem Titel »Verkündung der Machterweise« zum Ausdruck kommt. Es scheint sich hier geradezu um die ägyptische Bezeichnung der Gattung zu handeln. Das entscheidende Element der ägyptischen Beichte ist also nicht so sehr das Eingeständnis der eigenen Schuld, sondern die Verkündung der erfahrenen Strafmacht der Gottheit. Der Ausdruck »die Machterweise verkünden« kommt im Zusammenhang dieser Texte immer wieder vor. »Ich will seine Machterweise verkünden dem, der stromauf fährt, und dem, der stromab fährt«[354]; »Ich will seine Machterweise verkünden dem, der ihn nicht kennt, und dem, der ihn kennt«[355]; »Ich will deine Machterweise verkünden den Fischen im Fluß und den Vögeln im Himmel«[356] usw. Was das Motiv der Veröffentlichung oder Verbreitung angeht, erscheint der Gedanke, die Macht Gottes den Fischen im Fluß und den Vögeln im Himmel zu verkünden, ganz besonders interessant. Brunner hat diesem Motiv eine kleine Studie gewidmet.[357] Er vergleicht es mit christlichen Ideen einer Verkündigung an Tiere. Die Tiere scheinen mir aber hier metaphorisch für Wasser und Himmel zu stehen und damit den allumfassenden Umkreis der angestrebten Öffentlichkeit zu verdeutlichen. Der ganzen Welt soll die Macht Gottes erzählt werden.

Der Grundgedanke scheint zu sein, daß das Ereignis einer göttlichen Intervention in das Leben eines Einzelnen öffentliche Verkündung und Verbreitung erheischt. Die Manifestation göttlicher Macht wird als ein Wunder betrachtet, das bekanntgemacht werden muß. Der griechische Ausdruck für diese literarische Form und Funktion ist *aretalogia*, das Erzählen der *arete* Gottes, seiner Macht, Gerechtigkeit und Wirksamkeit. In der antiken Welt, besonders in Kleinasien, aber auch überall sonst im römischen, griechischen und orientalischen Hellenismus finden wir genau dieselbe Institution.[358] Stelen werden errichtet, um die erfahrene Strafe, Rettung, Heilung und sonstige Interventionen von Gottheiten im Leben Einzelner öffentlich bekanntzumachen. Der Impuls zur Verkündung und Verbreitung scheint untrennbar verbunden zu sein mit dem Motiv der Konfession, der schuldbezogenen Selbstthematisierung. Zwei Überlegungen können diesen Zusammenhang vielleicht verständlich machen.

Erstens stellt die Manifestation der göttlichen Macht eine Art Offenbarung dar. In Ägypten gelten die Götter als fern und verborgen. Auf Erden sind sie nur in der Form von Bildern und Symbolen präsent. Besonders die Texte der Ramessidenzeit betonen die Verborgenheit der Götter. Je verborgener die Götter, desto wunderbarer erscheinen ihre unerwarteten Manifestationen. Sie haben einen Appellcharakter und verpflichten zu Verbreitung und Verkündung.

Zweitens besteht ein scharfer Kontrast zwischen der Heimlichkeit der Schuld und der Öffentlichkeit des Bekenntnisses. Gerade die Öffentlichkeit der Beichte ist es, die sühnend (»schuldabführend«) wirkt. Schuld hat isolierende Wirkung. Wer ein Verbrechen begeht, schließt sich aus der zivilen Gesellschaft aus, ganz besonders, wenn es sich um heimliche, unentdeckt gebliebene Verbrechen handelt.

Durch die Heimlichkeit seines Vergehens verrät der Übeltäter die Vertrauensgemeinschaft der Gruppe und schließt sich aus dem Raum des Miteinander-Redens und Einander-Verstehens aus und in die Privatheit seiner Schuld ein. Dieser Akt schuldhafter Selbstverheimlichung kann nur durch einen entgegengesetzten Akt rückhaltloser Selbsteröffnung geheilt werden. Diese Wende von Bruch und Trennung zu Versöhnung und Vereinigung kann nur öffentlich vollzogen werden. Worauf es hier weniger ankommt, ist der Prozeß einer inneren Wende in Form von Umdenken, Reue, Zerknirschung, Formen innerer »Schuldarbeit«, wie sie etwa die hebräische *t'schuvah* und die griechische *metanoia* ausdrücken. Erst hier kommt es zu jener Dialektik von Verinnerlichung und Öffentlichkeit, die für eine voll ausgebildete Schuldkultur kennzeichnend ist.

Das Ägyptische scheint für solche Herzenswandlung kein Wort zu kennen. Hier tut sich ein diametraler Gegensatz auf zwischen hebräischer und ägyptischer Schuldkultur. Die hebräische Schuldkultur kennt alle Formen der ägyptischen, nämlich »Lobpreis, Bekenntnis und Opfer« – die drei Bedeutungen des hebräischen Begriffs *todah*[359] –, aber darüber hinaus und vor allem die Reue, das zerbrochene Herz, die kostbarste Gabe, die der Mensch Gott darbringen kann (Ps 51). Die ägyptische Schuldkultur scheint die Vorstellung einer Herzenswandlung nicht zu kennen. Was sich hier wandelt, ist nicht das Herz des Sünders, sondern das des strafenden Gottes. Er ist es, der umdenkt, einlenkt, nachgibt und vergibt. Nicht der Sünder, sondern Gott macht eine innere Wandlung durch, läßt von seinem Zorn ab und wendet sich dem Sünder wieder zu. Für diese vergebende Umkehr gibt es viele Ausdrücke; am häufigsten ist das Wort »umkehren« selbst, nämlich vom Zorn zur Gnade. Auf seiten des Menschen haben wir einen Prozeß von schuldhafter Verheimlichung zu bekennender Veröffentlichung, auf seiten der Gottheit vollzieht sich ein Wandel von strafendem Zorn zu vergebender Gnade.

Licht und Finsternis sind die zentralen Metaphern dieser Erfahrung. Damit kommen wir zurück auf eine Unterscheidung, mit der wir begonnen haben: zwischen einer synchronen Sphäre der visuellen Interaktion, die wir den Raum der Inter-Vision genannt haben, und einer diachronen Sphäre der sprachlichen Kommunikation, die wir den Raum der Inter-Lokution nannten. Zorn und Abwendung Gottes wird im Raum der Inter-Vision als eine Verdunkelung der Welt erfahren. Für den Schuldigen wird Gott unsichtbar, weil er sich von ihm abwendet. Seine Schuld bewirkt Gottesferne, und diese Gottesferne wird als Finsternis bezeichnet. Schon die frühesten Gebete verwenden diese Metaphorik. Es handelt sich um Ostraka, die aus paläographischen Gründen in die Zeit Amenophis' II., also vor die Amarnazeit zu datieren sind. Sie stammen aus Theben-West und gehören offenbar in den Kontext des schönen Fests vom Wüstental, wo sie dem Gott bei seiner Prozession vorgelegt wurden.[360] Mit diesen Texten greifen wir die allerersten Anfänge einer Strömung, die nach der Amarnazeit dann beherrschend zum Durchbruch kommt:

Amun, komm zu mir in Frieden,
daß ich die Schönheit deines Angesichts sehe.
O du schönes Angesicht des Amun,
das vom ganzen Land gesehen wird –
die Menschen betrachten es bis zur Trunkenheit
mehr als jede schöne Farbe.[361]

Amun-Re, groß an Zorn, aber auch Herr der Gnade,
mögest du geben, daß ich <dich?> sehe am Tage wie in der Nacht,
mögest du meinen Weg erleuchten.[362]
Wende dein Angesicht, Amun-Re,
du bist der Geliebte, du bist es, der sich umwendet von seinem Zorn.[363]

Diese Gebete sind Bußlieder, verfaßt in der Situation der Not. Sie enthalten nur Klage und Bitte, noch kein Gelübde und Schuldgeständnis. Aber schon hier kleidet sich die Sehnsucht nach Heilung in den Wunsch nach dem Anblick Gottes, von dem der Beter durch seine Schuld ausgeschlossen ist. Gott sehen können ist gleichbedeutend mit Gnade, Vergebung und Rettung.

Das Leid, das diesem Wunsch zugrunde liegt, ist üblicherweise als physische Blindheit gedeutet worden.[364] Das läßt sich in manchen Fällen in der Tat nachweisen, z. B. für einen Mann aus Der el Medine, von dem wir nicht nur zwei Stelen besitzen, in denen er von Finsternis spricht, sondern auch einen Brief an einen Sohn, in dem er sich über Blindheit beklagt und um Medizin bittet.[365] In den beiden Stelen wendet er sich an den Mondgott Chons und sagt:

Siehe, du läßt mich die Finsternis schauen, die du bewirkst.
Sei mir gnädig, damit ich es verkünde.[366]

Nicht alle Unglücksfälle und Krankheiten wurden in dieser Zeit auf göttliche Intervention zurückgeführt. Plötzlich auftretende Blindheit aber gehört in der ganzen alten Welt zu den Leiden, bei denen typischerweise göttliche Strafe vermutet wurde. Wer sich gegen die Gottheit versündigt, den bestraft sie mit dem Ausschluß aus dem Gesichtskreis ihrer Gnade und Zuwendung. Licht ist im ganzen alten Orient die zentrale Metapher für Gerechtigkeit. Wer gegen die Gerechtigkeit verstößt, schottet sich ab vor diesem Licht und wird von der Gottheit mit Blindheit bestraft.[367] Man denke auch an den Begriff der »Verblendung« bei Ulrich Müller-Herold.[368] In dieser Deutung erscheint Blindheit selbst als eine Metapher. Sie bedeutet Verbannung vom Angesicht Gottes und Ausschluß aus der Sphäre der sozialen Inter-Vision. Darüber hinaus aber bedeutet die Klage über Finsternis nicht nur Blindheit, sondern auch Abwesenheit, Ungnade, Abwendung und jede darauf zurückgeführte Notlage. Der Vizekönig von Nubien, Huja, errichtete dem König Tutanchamun eine Stele, in der es heißt:

> Komm in Gnaden, mein Herr Tutanchamun!
> Ich sehe Finsternis, die du bewirkst, Tag für Tag.
> Mach mir Licht, daß ich dich sehe,
> dann will ich deine Macht verkünden den Fischen im Fluß
> [und den Vögeln im Himmel].[369]

Huja beklagt sich gewiß nicht über Blindheit. Die Metapher der Finsternis bezieht sich hier auf die Abwesenheit von jemandem, nach dessen Anblick man sich sehnt. Ihn nicht sehen zu können bedeutet Finsternis. So klagen Isis und Nephthys über den entschwundenen Osiris:

> Ach könnten wir dich sehen in deiner früheren Gestalt
> so, wie ich dich zu sehen verlange!
> Ich bin deine Schwester Isis, die Sehnsucht deines Herzens.
> (...)
> Komm schnell zu mir,
> denn ich sehne mich danach, dein Angesicht zu schauen, nachdem ich es (so lange)
>   nicht sehen konnte!
> Finsternis ist hier für uns in meinem Gesicht, obwohl die Sonne am Himmel steht.
> Der Himmel hat sich mit der Erde vermischt und Schatten ist heute auf Erden
>   entstanden.[370]

Isis ist nicht mit Blindheit geschlagen, sondern des Anblicks ihres Gatten Osiris beraubt. Der Tod des Geliebten verdunkelt die Welt. In derselben Weise erfährt der Leidende den Zorn der Gottheit.

Wem Gott zürnt, dem entzieht er die Gnade seines Anblicks. Gott nicht sehen können bedeutet soviel wie Abwesenheit und Abwendung Gottes.

Erinnern wir uns noch einmal an die Überschrift des 125. Totenbuch-Kapitels: »NN von allem Bösen reinigen, das er getan hat. Das Angesicht der Götter schauen.« Wer Gott schauen will, muß schuldfrei sein. Im buchstäblichen Sinne schauen kann man die Götter nur im

Jenseits. Der Anblick, von dem die Gebete der Persönlichen Frömmigkeit reden, bezieht sich aber auf eine Gottesnähe im Diesseits, nämlich die Gottesnähe des Frommen, der sich Gott ins Herz gesetzt hat und auf Gottes Wegen wandelt. Das ist eine neue Form persönlicher Gottesbeziehung, vergleichbar der indischen Bhakti-Bewegung, dem jüdischen Chassidismus und dem christlichen Pietismus. Viele Religionen kennen das Aufkommen solcher persönlichen, teilweise mystischen Formen von Religiosität. Gott sehen heißt im Kontext der ägyptischen Persönlichen Frömmigkeit einfach ein gottnahes, gesegnetes Leben führen. Schuld zerstört diese alltägliche Zuwendung, die als Licht gedeutet wird, und bewirkt Finsternis. Schuld, mit anderen Worten, verdunkelt die Welt für den Schuldigen.

Licht, Gerechtigkeit und Öffentlichkeit gehören ebenso zusammen wie Finsternis, Schuld und Heimlichkeit. Die emphatische Öffentlichkeit des Bekenntnisses, wie es sowohl die paradoxe Unschuldsbeichte des Totengerichts wie die Schuldeingeständnisse in den Stelen der Persönlichen Frömmigkeit kennzeichnet, entspricht, wie wir sahen, der Heimlichkeit der Schuld. In allen Fällen handelt es sich meiner Ansicht nach um heimliche, ungesühnt gebliebene, z. T. gar nicht justitiable Verfehlungen. So heißt es z. B. im Totenbuch: »ich habe niemandem zugeblinzelt«, und auf einer Stele der Persönlichen Frömmigkeit fühlt sich jemand schuldig »wegen des Weibergeschwätzes«.[371] Wir bewegen uns hier in einem normativen Horizont, der weit über das gesetzmäßig oder legislativ Erfaßbare hinausgeht.

Es ist eine Erkenntnis der radikalen und religionskritischen Aufklärung, daß keine komplexe Gesellschaft allein auf der Grundlage säkularer Rechtsorgane errichtet werden kann. Der Arm des Gesetzes reicht niemals weit genug, um die Menschen wirkungsvoll voreinander zu schützen und ein ziviles Zusammenleben zu gewährleisten. Die Aufklärung zog daraus den Schluß, daß die Religion eine notwendige Fiktion darstellt, um das Zusammenleben in komplexen Gemeinwesen zu ermöglichen. Wir begegnen diesem Argument zuerst im 5. Jh. v. Chr. in dem berühmten Fragment des Kritias[372] und weiterhin bei Livius, Lukrez und Cicero, und dann natürlich in der radikalen Aufklärung des 17. und 18. Jahrhunderts.[373] Die Religion wird hier als eine politische Theologie gedeutet, im Sinne einer Theologisierung der herrschafts- und gemeinschaftstragenden Axiome zum Zwecke ihrer Immunisierung gegen Anfechtung und Veränderung. Darauf werden die beiden letzten Kapitel unserer Untersuchung näher eingehen. Im

Zusammenhang einer Geschichte politischer Theologie dürfen wir unsere Augen nicht vor der Tatsache verschließen, daß die Begriffe Schuld und Sünde auch Herrschaftsinstrumente darstellen und daß der Begriff des Vertrages, den das Konzept Sünde impliziert, einen eminent politischen Charakter annehmen kann. So ist es sicher kein Zufall, daß die Ausbildung der Totengerichtsidee in Ägypten eine Sache des Mittleren Reichs ist, des ersten großen, seine Grundlagen reflektierenden und in dieser Hinsicht programmatischen Staatsgebildes, das die Menschheit kennt.[374] Wenn Schuld ein Herrschaftsinstrument ist, dann ist das Totengericht, das diese Schuld feststellt, die stärkste und umfassendste in diesem Zusammenhang denkbare Instanz. Die ägyptische Schuldkultur wird man nicht trennen können von der politischen Theologie dieses Staates. Der Staat braucht als Untertan den schuldfähigen Menschen, das verantwortliche, »berechenbare Individuum«, dem ein Gedächtnis angezüchtet wurde, damit es für seine Verpflichtungen einstehen kann. Schuldfähig ist der Mensch nach ägyptischer Auffassung vom 10. Lebensjahr an. In die Bindungen der Ma'at wird der Mensch sowohl hineingeboren als auch hineinerzogen. Er hat hier nur die Wahl der Auflehnung, wenn das eine Wahl ist. Ganz anders jedoch steht es mit den Bindungen der Persönlichen Frömmigkeit. Sie beruhen auf freier Wahl. »Fromm« in diesem Sinne wird man aufgrund einer Entscheidung, die fast schon gewisse Formen von Konversion vorwegnimmt. Der Fromme ist in anderem Sinne schuldfähig. Er vergeht sich an einem Bündnis ganz persönlicher Natur, bei dem auch der Begriff der Liebe eine tragende Rolle spielt. Hier eröffnet die Religion einen Raum, der über die Sphären der Inter-Vision und der Inter-Lokution hinausgeht, einen Raum jenseits sozialer und politischer Einbindung und damit auch einen Raum ganz neuer Chancen der Schuld und Versündigung.

Schuld und Sünde

Wir haben zwischen Schuld und Schande unterschieden und einen der wesentlichsten Merkmale der Schuld darin gesehen, daß sie akkumuliert, aber auch abgearbeitet werden kann, anders als die Schande, angesichts deren der Tod oft als einziger Ausweg erscheint. Im Hinblick auf diese Unterscheidung haben wir Ägypten als Schuldkultur eingestuft. Der Idee des Totengerichts liegt die Vorstellung zugrunde, daß der Mensch im Laufe seines irdischen Lebens Schuld anhäuft, für die er zur

Rechenschaft gezogen, von der er aber auch rituell gereinigt wird. Die ägyptische Idee des Totengerichts ist in erster Linie ein Reinigungsritual, eine Institution der Schuldabfuhr, dazu bestimmt, den Toten »abzulösen von allen Verfehlungen, die er begangen hat«. Auch die Tatsache, daß es darauf ankam, diese Normen bei Lebzeiten zu beherzigen und nicht »auf die Länge der Jahre zu vertrauen«, ändert nichts an der Semantik der Reinheit und Reinigung, die der Totengerichtsidee seit ihren Ursprüngen im Balsamierungsritual zugrunde liegt. Die »Gesetze des Totengerichts« buchstabieren einen normativen Raum der Reinheit aus. Wer die Normen hält, darf die Götter schauen und ist der schuldgewirkten Vergänglichkeit enthoben. Das »negative Bekenntnis« ist eben doch das Gegenteil einer wirklichen Beichte, die es nur im Horizont einer ganz anderen Semantik gibt, einer Semantik, zu der auch die Begrifflichkeit der inneren Wandlung (*t'schuvah, metanoia,* Reue) gehört. Das Bild vom Herzen auf der Waage betont zwar die Individualität der Schuld und damit auch des Subjekts, das nach dem Tode erhalten bleibt und als Individuum ins Jenseits eingeht. Aber die Schuldfähigkeit des Menschen und die damit verbundene Einsicht in seine Fehlbarkeit und Schwäche wird im Rahmen der ägyptischen Schuldkultur nicht wie in Griechenland und Israel zu einem definierenden Teil menschlicher Individualität, ja geradezu zu einem Ehrentitel erhoben.

Man muß wohl innerhalb der Schuldkulturen eine weitere Unterscheidung vornehmen, und zwar zwischen »Kulturen der Reinigung« und »Kulturen der Erlösung« bzw., was dasselbe bedeutet, »Erlösungsreligionen«. Wenn dieser Unterschied nicht beachtet wird, gerät ein fundamentaler Unterschied zwischen Ägypten und Israel aus dem Blick. Was der Begriff der Schuld bzw. der Sünde im Rahmen einer Erlösungsreligion bedeutet, läßt sich im Rückgang auf Sigmund Freud deutlich machen. Für ihn ist Schuldbewußtsein ein Kennzeichen des Monotheismus als einer Vaterreligion. Er deutet dieses Schuldbewußtsein bekanntlich als eine Wiederkehr des verdrängten mörderischen Hasses auf den Vater der Urhorde. »Zum Wesen des Vaterverhältnisses gehört die Ambivalenz; es konnte nicht ausbleiben, daß sich im Laufe der Zeiten auch jene Feindseligkeit regen wollte, die einst die Söhne angetrieben, den bewunderten und gefürchteten Vater zu töten. Im Rahmen der Moses-Religion war für den direkten Ausdruck des mörderischen Vaterhasses kein Raum; nur eine mächtige Reaktion auf ihn konnte zum Vorschein kommen, das Schuldbewußtsein wegen dieser

Feindseligkeit, das schlechte Gewissen, man habe sich gegen Gott versündigt und höre nicht auf zu sündigen.«[375] Auch wer Freud nicht bis in sein Phantasma der Urhorde folgen mag, muß zugeben, daß mit den letzten Worten – »das Schuldbewußtsein (...) das schlechte Gewissen, man habe sich gegen Gott versündigt und höre nicht auf zu sündigen« – ein zentrales Element der biblischen Semantik getroffen ist. Für dieses Schuldbewußtsein gibt es eine viel einfachere Erklärung, die ebenfalls auf dem Begriff der »Vaterreligion« aufbaut, aber ohne den Mythos der Urhorde auskommt. Der Monotheismus konfrontiert die Menschen mit einem Beziehungsproblem. Sie sehen sich einem Gott gegenübergestellt, der zu keinen anderen Göttern in Beziehung steht und ganz und gar auf die Menschen verwiesen ist, um sich als Person zu verwirklichen. Daher wendet sich Gott den Menschen zu, insbesondere seinem erwählten Volk, und daher erträgt er es nicht, wenn sich diese von ihm abwenden. Das ist der Ursprung der Sünde. Die Sünde ist nicht nur ein Anthropologikum, sondern auch und in erster Linie ein Theologikum. Sie ist eine Begleiterscheinung der Bindung, auf die Gott sich mit den Menschen eingelassen hat. Erst mit dem Bundesschluß am Sinai wird Gott in diesem Punkt überempfindlich, und der Mensch kann sich in seinen Augen ganz anders versündigen als je vorher; keine andere Religion der Antike kannte diesen Sündenbegriff. Diesem Übermaß der göttlichen Zuwendung entspricht das schlechte Gewissen, »man habe sich gegen Gott versündigt und höre nicht auf zu sündigen«. Im Horizont der monotheistischen Gottesbindung wird die Schuld zur »Sünde«, d. h. zur Untreue, von der man sich nicht reinigen kann, sondern die man im Gegenteil sich ganz und gar klarmachen, zu Herzen nehmen, beweinen und bereuen muß, um dann von Gott gereinigt zu werden. Die Sünde kann man nicht »abführen«.[376] Im Gegenteil wird sie zum Ausgangspunkt religiöser Sinnbildung.

Die ägyptische »Urschuld« ist die Habgier, sie ist das Laster aller Laster. Habgier betrifft den Mitmenschen und die Gemeinschaft. Über diesen Horizont denkt die ägyptische Moral nicht hinaus. Die israelitische Ursünde dagegen ist Idolatrie, wie sie in der Geschichte vom Goldenen Kalb veranschaulicht wird (und nicht etwa die Frucht vom Baum der Erkenntnis; die rückt erst in der christlichen Tradition an diese zentrale Stelle). Idolatrie betrifft einzig und allein Gott; sie entzieht ihm die Zuwendung, auf die er Anspruch hat, indem sie sich anderen Göttern bzw. den Dingen dieser Welt zuwendet. Sünde als Trennung und Abwendung gibt es erst auf dem Hintergrund von Bindung und Zuwendung. Für diese Zuwendung ist in der Bibel das politische Bündnis das Modell. Wenn der Mensch eines der Gebote übertritt, macht er sich schuldig. Wenn er aber Gottes Zuwendung ausschägt und das Gesetz insgesamt mißachtet, begeht er eine Sünde gegen das Gebot aller Gebote, das da lautet: »Du sollst den Herrn, deinen Gott, lieben von ganzem Herzen, ganzer Seele und ganzem Vermögen.« Das Modell dieser Zuwendung Gottes ist in Israel das politische Bündnis, der Staatsvertrag, den das Volk mit Gott schließt. Daher läßt sich hier auch in bezug auf den Begriff der Sünde von einer Herkunft aus der Sphäre des Politischen reden. Schuld heißt, ein Gesetz übertreten, Sünde dagegen: ein Bündnis brechen. Den einzigen Rahmen, in dem sich in Ägypten Ansätze einer solchen Vorstellung aufspüren lassen, stellt die Persönliche Frömmigkeit dar. Hier finden sich rudimentäre Formen von Schuldbewußtsein, Beichte und Bekenntnis, und hier finden sich auch Modelle und Metaphern einer auf Zuwendung, Erwählung und gegenseitigen Bindung beruhenden Beziehung zwischen Mensch und Gott. Wie ich im Sechsten Kapitel zu zeigen versuchte, liegt auch dieser neuartigen Konzeption des Gott-Mensch-Verhältnisses ein Modell zugrunde, das aus der politischen Sphäre stammt: das Modell des Patronats. Das Patronatsmodell aber bindet nicht ein ganzes Volk an ein einen einzigen Gott, sondern einen einzelnen Menschen an eine bestimmte Gottheit. Mit dieser schließt er kein Bündnis, sondern geht ein Abhängigkeitsverhältnis ein. Die Gottheit ist auf ihre »Klienten« nicht in dem Sinne angewiesen, wie der biblische Gott auf sein Volk angewiesen ist. Daher kommt es in Ägypten nicht zu einem vergleichbar starken Sündenbegriff. Wieder zeigt sich, daß zwar die große biblische »Umbuchung«, die Geburt einer neuen Form von Religion aus dem Geist der Politik, gewisse Vorläufer und Parallelen in der ägyptischen Geschichte des späten Neuen Reichs und der Dritten Zwischenzeit hat, aber nur in Israel zu ihrer vollen, weltverändernden Verwirklichung kommt.

Achtes Kapitel
Schrift und Normativität

I
Warum das Recht in Ägypten nicht verschriftet wurde

Wir wissen nur wenig über die Verschriftung von Gesetzen in Ägypten.[377] Vermutlich haben wir es hier jedoch nicht mit einer zufälligen Lücke unserer Dokumentation zu tun (womit bei einem so weitgehenden Verlust des nichtmonumentalen Schrifttums ja immer gerechnet werden muß), sondern mit einer absichtsvollen Vermeidung. Zwei Punkte waren es, die mich zu einem neuen Verständnis des Phänomens der fehlenden Rechtsverschriftung in Ägypten geführt haben: erstens die Erkenntnis, daß es sich weder beim *Codex Hammurapi* noch bei den nichtmonumentalen mesopotamischen Rechtsbüchern um Gesetzeskodifikationen im eigentlichen Sinne handelt[378], und zweitens, daß die inschriftliche Kodifikation von Gesetzen, wie sie in archaischer Zeit insbesondere in Kreta auftritt, an die Institution der Polis gebunden und als protodemokratischer Akt bürgerlicher Selbstbestimmung zu verstehen ist. Diese beiden Erkenntnisse scheinen auf den ersten Blick wenig miteinander zu tun zu haben. Zusammengenommen weisen sie den Weg zur Lösung des ägyptischen Problems.

Es gibt zwei ganz verschiedene Funktionen von Schrift. Bevor nach den Gründen gefragt wird, warum in Ägypten das Recht nicht verschriftet wurde, muß man sich darüber klarwerden, welche Formen und Funktionen von Rechtsverschriftung im alten Ägypten überhaupt zu erwarten wären. Die eine Funktion der Schrift ist die der Speicherung, im Sinne einer Extension und Exteriorisierung des Gedächtnisses[379], die andere ist die der verbindlichen Veröffentlichung, im Sinne einer Extension und »Exkarnation« – diesen Begriff übernehme ich von Aleida Assmann[380] – des höchstrichterlichen (legislativen oder judikativen) Machtworts. Im einen Fall unterstützt die Schrift das Gedächtnis, im anderen die Stimme. Die eine Funktion könnte man »depositiv« nennen: hier wird sprachlich artikulierter Sinn gelagert, deponiert, archiviert; die andere ist »performativ«: hier wird mit den Mitteln der

Schrift eine sprachliche Handlung vollzogen.³⁸¹ Daneben gibt es als dritte Funktion noch die »informative«: hier wird einem Abwesenden im Medium der Schrift ein sprachlich artikulierter Sinn mitgeteilt; davon können wir in unserem Fall absehen.

Das Rechtsbuch

Der depositiven, also der Gedächtnisfunktion der Schrift entspricht in Mesopotamien die Gattung des *Rechtsbuchs*. Das Rechtsbuch ist kein Kodex, d. h. kein Gesetzbuch: Es hat keinen präskriptiven, absolut bindenden Charakter. Kodifikation in diesem strengen, rechtlichen Sinne gehört zur performativen Schriftlichkeit: Sie stellt den Sachverhalt einer Rechtsordnung her, den sie beschreibt. Das Rechtsbuch dagegen stellt die für die Formulierung von Gesetzen und Urteilen notwendige Wissenstradition bereit, aber gibt diese Gesetze und Urteile nicht in verbindlicher Weise vor. Es ist eine Hilfe, aber keine Vorschrift bei der Rechtsfindung. Die Legitimität der Gesetze entspringt nicht einer kodifizierten Tradition, sondern der jeweiligen königlichen Autorität. Die Gesetze müssen immer neu vom König in Kraft gesetzt oder verändert werden. Die Schriftlichkeit allein sichert ihnen weder Legitimität noch Autorität.

Die kommemorative Rechtsinschrift

Anders liegt der Fall beim *Codex Hammurapi*, der inschriftlich auf einer monumentalen Basaltstele aufgezeichnet wurde. Hier scheint es sich nun in der Tat um die andere, performative Funktion der Schriftlichkeit zu handeln: um die Fixierung, Veröffentlichung und Verewigung des königlichen, gesetzgebenden Machtworts, das über die Regierungszeit des Königs hinaus als autoritative und umfassende Rechtsgrundlage künftiger Rechtsprechung in Kraft bleiben soll. So hat man früher den Text verstanden, und diese Deutung war es, die das Fehlen vergleichbarer ägyptischer Inschriften als rätselhaft erscheinen ließ.³⁸² Zwar handelt es sich bei dem Text der Hammurapi-Stele im Louvre in der Tat um »performative« Schriftlichkeit, also nicht um Schrift als Gedächtnisstütze, sondern als sicht- und haltbar gemachtes »Machtwort«. Aber diese monumentale Aufzeichnung soll den König als Gesetzgeber kommemorieren, nicht die Rechtspraxis auf eine ein für allemal bindende einheitliche Legitimitätsgrundlage stellen. Es handelt sich um ein Denkmal, nicht um einen Kodex. Die Schrift verewigt die Gerechtigkeit von König Hammurapi. Die zahlreichen Fluchformeln des Epilogs schützen das Denkmal, nicht das Recht.[383] Wer das Recht bricht, wird bestraft; wer es aber Hammurapi abspricht, indem er das Denkmal beschädigt oder seinen eigenen Namen daraufschreibt, wird verflucht. Wir haben es daher nicht mit der Gattung »Kodex«, sondern mit der Gattung der kommemorativen Inschrift zu tun, die hier einmal anstelle von Feldzügen und Tempelbauten die Gesetzgebung des Königs kommemoriert.

Die performative Rechtsinschrift (Dekrete, Edikte)

Eine dritte Gattung ist die performative Rechtsinschrift. Ihre Funktion ist nicht, das Andenken an den Rechtsstifter wachzuhalten, sondern das Recht in verbindlicher Weise zu publizieren. Hier handelt es sich im eigentlichen Sinne um die Sichtbarmachung und »Exkarnation« des rechtsetzenden Machtworts. Diese Gattung wird aber niemals zum Zwecke einer *umfassenden* Grundlegung geltenden Rechts – und nur dies wäre als »Kodifizierung« zu bezeichnen – eingesetzt, sondern immer nur zur Regelung begrenzter Bereiche, vorzugsweise zur Sicherung von Stiftungen, die deswegen Anspruch auf bindende, auch künftige Könige bindende Rechtsordnung erheben können, weil sie als die persönliche Schöpfung eines bestimmten Stifters gelten dürfen. Zur Schöpfer- und Stifterrolle des Königs, vor allem als Bau- und Kultherr, gehört auch die Aufgabe der Rechtssicherung des Geschaffenen. Diese Rolle gehört auch in Ägypten zum Bild des Königs. Daher ist auch die Gattung der performativen Rechtsinschrift in der Form des Edikts oder Dekrets – die ägyptische Gattungsbezeichnung lautet *wḏ njswt*[384] – reich belegt.

Das Gesetz als Satzung einer Gemeinschaft

Die inschriftlich niedergelegten Gesetzeskorpora archaischer griechischer Städte – Gortyn, Dreros, Lokroi, Katana usw. – verbinden den umfassenden Anspruch der mesopotamischen Rechtsbücher mit dem bindenden Anspruch der königlichen Rechtsinschriften. Meine These ist nun, daß eine solche Form der Rechtsverschriftung überhaupt nur dort möglich ist, wo es das Königtum nicht gibt. Das hat seinen Grund darin, daß der König als rechtsetzende Instanz hier gewissermaßen durch die Inschrift ersetzt wird. In den orientalischen Reichen ist das Recht im König verkörpert. Daher besteht nicht nur kein Bedürfnis, sondern im Gegenteil geradezu ein entschiedener Widerstand dagegen, es in der Form einer bindenden Rechtsinschrift aus dieser lebendigen Verkörperung im Königtum herauszulösen, zu »exkarnieren«. Diese Form der Verschriftung würde ja auch künftige Könige binden und in ihrem Auftrag als Rechtsverwirklicher einschränken. Die umfassende Rechtsinschrift hat daher einen ausgeprägt antimonarchischen Aspekt.

Das gilt auch und ganz besonders für die Thora, von den Anfängen der Rechtsverschriftung in Israel bis hin zur umfassenden Rechtskodifikation, wie sie in den Büchern Exodus bis Deuteronomium vorliegt.[385] Dieses Projekt der Rechtsverschriftung ist im gleichen Sinne wie die Rechtsinschriften der archaischen griechischen, kretischen und unteritalischen *poleis* zu sehen, nämlich als bewußte Kontraposition zum orientalischen Königtum, dessen legislativer und judikativer Anspruch und Auftrag durch die Schrift ersetzt wird. Die Symbolik ist in Israel anders, weil hier die Form des theokratischen Staatsvertrages, des mit Gott geschlossenen politischen Bündnisses, dazukommt.[386] Auf keinen Fall aber darf man die biblischen Gesetzestexte als »Rechtsbücher« verstehen.[387] Es handelt sich nicht um Wissensliteratur, die das Gedächtnis der Rechtspfleger entlasten soll, sondern ganz eindeutig um performative Schriftlichkeit, die als absolut verbindliche Grundlage aller künftigen Rechtspraxis gedacht ist.

Der König als verkörpertes Recht

Nach allem Gesagten verwundert es nicht, daß in Ägypten umfassende Verschriftungen geltenden Rechts fehlen. Das Recht war im Pharao inkarniert. Er verfügt über die beiden entscheidenden, als Sondergötter hypostasierten Qualitäten »Erkenntnis« (*Sj3*) und »Machtwort« (*Ḥw*), die auch dem Sonnengott bei seinem Werk der Weltschöpfung und Welterhaltung beistehen. Daher findet sich auch der Gedanke, daß dieser Gott selbst dem Herzen des Königs einwohnt und durch den

Mund des Königs redet, so wie Jahwe durch den Mund des Mose. In einem Hymnus an Amun-Re, den wir schon im Ersten Kapitel (S. 39) zitiert haben und hier unter dem Gesichtspunkt der »Inkarnation« nochmals heranziehen wollen, heißt es:

Dein Wesen (ḏt.k) ist das, was im Herzen des Königs von Oberägypten ist: gegen deine Feinde richtet er seinen Zorn (b3w).
Du sitzest auf dem Mund des Königs von Unterägypten: seine Worte entsprechen deiner Weisung.
Die beiden Lippen des Herrn sind dein Heiligtum,
Deine Majestät ist in seinem Inneren:
Er spricht auf Erden aus, was du bestimmt hast.[388]

Ein anderer Text richtet sich an den König (Ramses II.):

Hu ist dein Mund,
Sia ist dein Herz,
deine Zunge ist ein Schrein der Ma'at,
auf deinen Lippen sitzt der Gott.[389]

Pharao verkörpert die Gerechtigkeit (*Ma'at*), in seinen Entscheidungen und Handlungen verwirklicht sich das Ideal der gerechten Ordnung. Er ist, was bei Platon und der darauf aufbauenden antiken Staatslehre als »lebendes Gesetz« (*nomos empsychos*) bezeichnet wird.[390] Der Begriff *nomos empsychos* nimmt den Schritt der Exkarnation zurück. Das als Schrift verfestigte, veräußerlichte, auf Dauer gestellte und weiterer Veränderung entzogene Machtwort soll wieder dorthin zurückverlegt werden, von wo es ursprünglich stammt und wo es nach Auffassung der hellenistischen Herrschertheologie und politischen Metaphysik seinen einzig legitimen Ort hat: in die »Seele« des Herrschers.[391] Es ist kein Wunder, daß der explizite Begriff erst im Stadium der Re-Inkarnation aufkommt. Er nimmt polemisch Stellung gegen die Formen der Exkarnation und die mit ihnen gemachten Erfahrungen. Das ägyptische Äquivalent zur Vorstellung des »lebenden«, d. h. im Herrscher inkarnierten, Nomos haben wir in der reich entfalteten Phraseologie der im Pharao inkarnierten göttlichen Hypostasen des Rechts (*Ma'at*), der Rechtsfindung (*Sj3*) und der Rechtsprechung (*Ḥw*) zu erblicken, von der ich oben zwei Proben zitiert habe.[392]

Das königliche Machtwort wird typischerweise verschriftet in der

Gattung des »Königsbefehls«, von der unzählige Exemplare erhalten sind. Der Begriff bezieht sich auf jedes von der Staatskanzlei gesiegelte Schriftstück von rechtlich bindendem Charakter wie auch auf seine Veröffentlichung in Form einer Inschrift. Der Begriff der »Veröffentlichung« verweist auf die problematische Kategorie der Öffentlichkeit. Darauf kann hier nur ganz am Rande eingegangen werden. In Ägypten gibt es keine Orte einer profanen, gewissermaßen bürgerlichen Öffentlichkeit. Diese sind vielmehr erst die Errungenschaft der griechischen Demokratisierungsbewegungen. Öffentlichkeit ist eine sakrale Kategorie. Es handelt sich um einen Raum, der vor allem zur Götterwelt hin offen ist. Die Götter bezeugen und verkörpern die Allgemeingültigkeit und Verbindlichkeit dessen, was in der Form der Schrift in diesen Ort hineingestellt wird. Im gesamten Orient und auch in Israel haben die großen Feste die Funktion, Öffentlichkeit herzustellen. Daher ist der gegebene Ort der »Veröffentlichung« der Tempel, und zwar in seinen nach außen gerichteten Teilen. Der inschriftliche Königsbefehl markiert als Veröffentlichung des königlichen Machtworts einen sakralen Ort. Er ist entweder an der Außenwand eines Tempels angebracht oder in der Form einer Felsstele mit Naos-Rahmung, die einen Tempel andeutet. Es gibt also in Ägypten schriftliches Recht, aber kein kodifiziertes Recht, d. h., es gibt einzelne schriftlich niedergelegte Bestimmungen (»Gesetze«), aber keine systematische Sammlung solcher Bestimmungen.

Gesetze (*hpw*) werden in der Form von Edikten erlassen. Sie sind immer spezifisch: für einen Tempel, eine Region oder auch einen bestimmten Problembereich, der einer Neuregelung bedarf.[393] Möglicherweise verlieren bestimmte Gesetze im Laufe der Zeit ihren prägnanten Charakter als königliche Anweisungen und gehen in eine Art *common law* oder Traditionsrecht ein.[394] »Kodifikation« wäre demgegenüber eine Sammlung solcher Edikte und eventueller sonstiger Formen von Gesetzgebung zum Zwecke einer umfassenden und verbindlichen Grundlage künftiger Rechtsprechung. So etwas scheint in Ägypten zu fehlen.[395] Die Frage, warum die Ägypter die Masse der Edikte nicht kodifiziert haben, erklärt sich aus dem Königsbild. Weniger klar ist aber, warum es in Ägypten keine Rechtsbücher im Sinne juristischer Wissensliteratur gibt, so wie das in Mesopotamien seit der Mitte des 3. Jt.s bezeugt ist. Wahrscheinlich fehlte die entsprechende Abstraktionsebene. Man empfand die einzelnen Erlasse als zu spezifisch, um sie zu einem Gesamtkorpus zusammenzustellen. Offenbar bezogen sich schriftliche Regelungen immer nur auf solche Bereiche, für die keine traditionellen Regelungen bestanden. An die Stelle des Rechtsbuchs trat bei den Ägyptern als Oberbegriff der einzelnen Gesetze die im König verkörperte regulative Idee der Ma'at, aus der die Gesetze fließen.[396]

2
Die Verschriftung sozialer Normen: Heilige und kulturelle Texte

Ich unterscheide »soziale Normen« und »Rechtsnormen« (Gesetze) nach dem Kriterium der Sanktion. Soziale Normen sind mit einer generellen Gelingensverheißung bzw. Scheiternsandrohung sanktioniert, Rechtsnormen dagegen mit einer spezifischen Strafe.[397] Eine Rechtsnorm ist also eine Norm, deren Übertretung eine spezifische, zugleich mit der Norm festgesetzte Strafe auf sich zieht, für deren Festsetzung und Ausführung bestimmte Instanzen zuständig sind. Eine Sozialnorm dagegen ist eine Norm, deren Übertretung sich generell und möglicherweise erst auf lange Sicht in Mißerfolg, sozialer Isolation, Unglück äußert.

Es gibt in Ägypten vor der Saiten- und Perserzeit zwar keine Rechtsbücher, aber es gibt Ma'at-Bücher, d. h. Lehren zum rechten Leben, die man als eine Art Verschriftung und Kodifizierung sozialer Normen einstufen kann.[398] Es handelt sich hier um eine Schrifttradition, die im alten Ägypten den Rang einer »Großen Tradition« einnahm.[399] Hierher gehörten die wichtigsten, meistkopierten und -zitierten Texte der altägyptischen Welt. Die Wissenschaft faßt sie unter dem Begriff »Weisheitsliteratur« zusammen. Dieser Begriff ist zugleich aufschlußreich und irreführend. Er ist aufschlußreich, weil er die engen interkulturellen Bezüge zu entsprechenden literarischen Phänomenen in Mesopotamien und Israel unterstreicht. Auch dort gibt es Weisheitsliteratur, und sie steht formal wie inhaltlich den ägyptischen Texten sehr nahe. Zweifellos handelt es sich bei dieser sogenannten Weisheit um ein interkulturelles Phänomen.[400] Die Bezeichnung »Weisheitsliteratur« ist dagegen irreführend, weil sie den engen Bezug zwischen sozialen Normen und Rechtsnormen – man könnte auch sagen: den normativen Anspruch dieser Literatur – verdeckt. Der ägyptische Begriff, um den diese Tradition gewissermaßen zentriert ist, heißt auch nicht »Weisheit« und hat mit der hebräischen *hokhmah*, von der der Begriff »Weisheitsliteratur« abgeleitet ist, nichts zu tun. Es handelt sich um den Begriff Ma'at. Wir sollten also von »Ma'at-Literatur« sprechen. Damit wird sofort klar, daß es auch in diesen Texten um Recht und Gerechtigkeit geht, wenn auch auf einer anderen, allgemeineren Ebene als auf der Ebene von im engeren Sinne gesetzlichen Bestimmungen. Das ägyptische Wort Ma'at bezieht sich auf semantische Felder, die wir im deutschen mit Recht, Gerechtigkeit, Richtigkeit, Wahrheit, Ordnung umschreiben können. Ma'at ist eine regulative Idee, an der sich sowohl die Rechtsprechung der Richter als auch die Unterweisung der sogenannten Weisheitslehrer orientieren soll. Ma'at ist also der Oberbegriff aller Gesetze und Vorschriften, nach denen sich die Richter bei der Rechtsprechung, die Priester bei der Kultausübung, die Beamten bei der Verwaltung und – dieser Punkt ist entscheidend – jeder Ägypter in einer verantwortlichen Lebensführung zu richten haben. Alle diese Normen, also auch die sozialen Normen der allgemeinen Lebensführung, werden als »die Gesetze *(hpw)* der Ma'at« zusammengefaßt.[401] Der ägyptische Begriff Ma'at stellt daher Moral und Recht, soziale Normen und juristische Gesetze in einen viel engeren Zusammenhang, als der ägyptologische Begriff »Weisheitsliteratur« das erkennen läßt.

Im folgenden möchte ich zunächst auf den Zusammenhang zwischen Recht und Weisheit und damit auf den normativen Charakter der ägyptischen Lebenslehre eingehen. Dabei werde ich auch an einigen Beispielen illustrieren, worum es bei diesen sozialen Normen inhaltlich geht. In einem zweiten Schritt will ich dann nach dem Zusammenhang zwischen Schrift und Weisheit fragen, und zwar erstens nach der Funktion dieser Lehren im Zusammenhang des Schreibenlernens und zweitens nach den Bedingungen, Triebkräften und Motiven, die in diesem Prozeß der Explizitmachung, Schriftwerdung, Literatur- und Traditionswerdung des moralischen Diskurses am Werk sind.

Recht und Weisheit: *iustitia connectiva*

Der Ägypter kann, wie wir gesehen haben, von sozialen Normen bzw. Maximen als von den »Gesetzen der Ma'at« sprechen und damit dasselbe Wort verwenden, das die durch eine spezifische Strafe sanktionierte gesetzliche Bestimmung bezeichnet. In der Tat ist ja auch im weisheitlichen Kontext explizit von Strafen die Rede: »Bestraft wird, wer ihre Gesetze übertritt.« Diese Strafe ist aber von anderer Art als die im engeren Sinne gesetzliche Strafe. Sie besteht ganz allgemein in Mißerfolg und Scheitern. Der Übertreter dieser Art von Normen wird nicht vor Gericht gebracht, angeklagt, verurteilt und bestraft, sondern er kommt innerhalb seines eigenen Handlungs- und Lebenszusammenhangs zu Fall. Es gibt keine Instanzen und Institutionen, die für seine Bestrafung zuständig sind. Er straft sich gewissermaßen selbst, indem seine böse Handlung »sich rächt«. Im Horizont dieses Weltbildes erweist sich das rechte Leben an seinem Gelingen. Die Gesetze der Ma'at lassen sich also nicht abstrakt deduzieren, sondern erschließen sich nur der Erfahrung. Das Richtige ist das, was sich auf lange Sicht als das Erfolgreiche, Gelingende, Beständige erweist. Ma'at bezieht sich auf den inneren Zusammenhang einer funktionierenden Weltordnung, die man sich nach dem Modell dieses Zusammenhangs von Tun und Ergehen vorstellt, also nach dem Modell von Verhaltensnormen, die sich im Gelingen bewähren. In einer nach dem Prinzip Ma'at organisierten Welt lohnt sich das Gute und rächt sich das Böse. Diesen Zusammenhang entfalten die Lehren in Form einer Kasuistik.

Diese Welt wird durch dieselbe Gerechtigkeit zusammengehalten, die auch der Richter praktiziert, und deshalb genügt dem Ägypter ein einziges Wort für Recht, Wahrheit, Gerechtigkeit, Weltordnung und Sinn. Ich umschreibe diesen Komplex mit dem Begriff der »konnektiven Gerechtigkeit«.[402] Die Gerechtigkeit wirkt konnektiv in zwei Dimensionen. Zum einen verbindet sie Tat und Folge, indem sie dafür sorgt, daß das Gute sich lohnt und das Böse sich rächt. Sie wirkt also in der Art einer Kausalität, aber nicht naturgesetzlich, sondern im Sinne einer Ordnung, für deren Funktionieren der Mensch verantwortlich ist.[403] Aber auch die natürlichen Ordnungen hängen von diesem gesellschaftlich verantworteten Funktionieren ab. Im Horizont der konnektiven Gerechtigkeit herrscht die Überzeugung, daß Unrecht, Habgier, Gewalt und Rechtlosigkeit den ganzen Kosmos in Mitleidenschaft ziehen, so daß sich die Sonne verfinstert, die Nilüberschwemmung ausbleibt und die Winde aus verkehrten Richtungen wehen. Das ist die eine Dimension der moralischen Konnektivität. Die andere ist die im engeren Sinne soziale. Hier verbindet Gerechtigkeit Mensch und Mitmensch, stiftet Freundschaft und Harmonie, Solidarität und Vertrauen. Oberster Grundsatz aller dieser Normen ist das Prinzip der Mitmenschlichkeit, die Erziehung des Menschen zum Mitmenschen.

Oberster Wert ist Gemeinsinn, schärfster Unwert – das Böse – ist entsprechend Egoismus, ägypt. »Habgier«. Was die Lehren einschärfen, ist Abhängigkeit, Nichtautarkie, Angewiesenheit auf Integration, Sicheinfügen in den sozialen Zusammenhang. Dieser Zusammenhang wird vorwiegend vertikal vorgestellt. Die Ordnung, in die der Einzelne sich einzufügen hat, ist eine Über- und Unterordnung, in der es darauf ankommt, nach oben zu gehorchen und nach unten zu helfen und zu schützen. Das beginnt bei den Tischsitten – daß man sich nicht etwa zuerst und das größte Stück nimmt, nicht neidisch auf den Teller des Nachbarn blickt, lacht, wenn der Hausherr lacht, usw. – und geht dann über alle möglichen Regeln des Anstands, der Korrektheit, der Diskretion und Bescheidenheit bis zu den großen Tugenden des Mitleids, der Geduld, der Unparteilichkeit, Unbestechlichkeit, Aufrichtigkeit, Selbstbeherrschung und Selbstzurücknahme.

Es ist gerade diese Verknüpfung des Trivialen mit dem Tiefsinnigen, des Biederen mit dem Anspruchsvollen, die uns so fremdartig anmutet. Das liegt daran, daß unser Verständnis dieser Fragen geprägt ist von jener menschheitsgeschichtlichen Wende, die Karl Jaspers »Achsenzeit« nannte. Diese Wende läuft auf eine Nobilitierung des Scheiterns hinaus. Es geht nicht nur um die noch immer verhältnismäßig triviale Erfahrung, daß auch, vielleicht sogar gerade selbstsüchtiges Handeln Erfolg haben kann und der Selbstlose auf lange Sicht leer ausgeht, es geht vielmehr um die schon wesentlich anspruchsvollere Idee, daß gerade der Gerechte leiden muß, und zwar um so mehr, je kompromißloser und unbedingter er an der Gerechtigkeit festhält. Hier kommt ein Weltbild zum Durchbruch, das durch einen kategorischen Bruch gekennzeichnet ist: zwischen »dieser Welt« und dem Reich Gottes, zwischen Status quo und Wahrheit, zwischen Sein und Sollen, zwischen dem Gegebenen und dem Eigentlichen, oder wie immer man die beiden Sphären dieser gespaltenen Welt bezeichnen will. Darauf können wir hier natürlich nicht eingehen. Unser Thema ist das Schriftlichwerden der Normen. Wir können es aber auch nicht vollkommen ausblenden. Es gibt nämlich einen Zusammenhang zwischen Bruch- oder Krisenerfahrungen und Verschriftungsschüben, und ich hoffe, wenigstens andeutungsweise plausibel machen zu können, daß auch die ägyptische Weisheitsliteratur sich als ein Phänomen schriftkultureller Traditionsbildung einer solchen Erfahrung, d. h. eines Verlusts an Geschlossenheit, verdankt.

Zunächst aber muß festgestellt werden, daß wir es in Ägypten mit einem Weltbild zu tun haben, das der achsenzeitlichen Wasserscheide vorausliegt. Ein Sokrates ist in dieser Welt nicht denkbar, Märtyrer der Ma'at kann es hier nicht geben.[404] Die Möglichkeit, zwischen dieser und jener Welt, vordergründigem Gelingen und hintergründigem Scheitern oder umgekehrt zu unterscheiden, war im ägyptischen Denken nicht angelegt. Als das Gute galt das Gelingende, das Böse mußte scheitern. Die Normen der Ma'at stehen zu den Ordnungen des »Gegebenen« bzw. »dieser Welt« nicht in Widerspruch, sondern sind vielmehr mit ihnen identisch.

Die politische Krise der sozialen Gerechtigkeit und die Entstehung und Funktion der Weisheitsliteratur

Die väterliche Unterweisung als Inszenierungsform der Weisheit

Nach diesen allgemeinen Bemerkungen möchte ich mich nun der spezifischeren Problematik von Mündlichkeit und Schriftlichkeit zuwenden. Im Hinblick auf welche Funktionen hat man damit begonnen, die Normen der Ma'at zu verschriften und welche literarische Formen hat man dabei gefunden? Beginnen wir mit der Frage nach der Form, denn dieser Aspekt ist der handgreiflichste und augenfälligste. Die Texte haben regelmäßig eine Überschrift, was in der ägyptischen Literatur sonst unüblich ist. Sie nennen sich »Lehre« oder »Unterweisung«, ägypt. *sb3jjt*, und setzen regelmäßig hinzu, wer wen unterweist. Immer ist es ein Vater, der als Lehrer seines Sohnes auftritt. Die Lehrrede hat einen zugleich initiatorischen und testamentarischen Charakter. Der greise Vater faßt darin die ganze Summe seiner Lebenserfahrung zusammen. Beide, Vater und Sohn, stehen auf der Schwelle der gesellschaftlichen und beruflichen Existenz, der Vater im Begriff, sie zu verlassen, der Sohn im Begriff, in sie einzutreten. Dieser Punkt ist wichtig, denn er motiviert die Allgemeingültigkeit der Belehrung. Sie bezieht sich nicht auf spezifische Kompetenzen, sondern auf das Insgesamt der sozialen Existenz; was sie vermittelt, ist soziale Kompetenz allgemein, d. h. Gesellschaftsfähigkeit. Darin kommt ein systematisierender Anspruch zum Ausdruck, der uns berechtigt, von Kodifizierung und nicht nur von Verschriftung zu sprechen.

Hier gilt die Anpassung an das Gegebene und die Orientierung am

Gelingen. Was hat nun die Form der väterlichen Unterweisung zu bedeuten? Sie gibt uns einen Hinweis auf den »Sitz im Leben« dieser Literatur, freilich in einem besonderen Sinne. Natürlich sind die Lehren nicht als Handbücher für unterweisende Väter gedacht. Ich möchte hier zwischen Ausgangstyp und Verwendungssituation bzw. zwischen Inszenierungsform und Funktionsrahmen unterscheiden. Die väterliche Unterweisung ist eine Inszenierungsform, aber kein Funktionsrahmen. Sie ist eine literarische Fiktion, mit deren Mitteln der Inhalt in das Licht einer vertrauten lebensweltlichen Situation gestellt wird. Der Autor borgt sich gewissermaßen von dieser Situation her die Autorität des Vaters und die Grundsätzlichkeit eines von der Todesschwelle auf das Leben geworfenen Überblicks, den Ernst der Initiation, die keine Fragen zuläßt, den normativen Anspruch der Worte, die vertikale Achse der Kommunikation, aber natürlich auch die Verbundenheit der Vater-Sohn-Konstellation, die die Belehrung zu einem Akt geistiger Zeugung macht.[405] So wäre vielleicht das Licht zu umschreiben, das von dieser Rahmenfiktion her auf den Inhalt, den Binnentext, fällt und den wir als Kodifikation sozialer Normen verstehen wollen.

Mit dieser Bestimmung der väterlichen Unterweisung als Ausgangstyp und Inszenierungsform der Lebenslehren ist zweierlei gesagt. Zum einen, daß es diese Unterweisung als lebensweltliche Form mündlicher Kommunikation wirklich gab, und zum anderen, daß die literarischen Lebenslehren etwas anderes sind, daß sie in ganz anderen Kommunikationszusammenhängen und Funktionsrahmen stehen und diese lebensweltliche Situation nur zitieren. Nichts wäre naiver und unzutreffender als die Auffassung, es handele sich hier um Texte historischer Väter für historische Söhne. Daraus ergibt sich auch, daß wir die historische Situierung der Väter nicht als Hinweise auf die Entstehungszeit der Texte nehmen dürfen. Die Väter der Rahmenfiktion sind gerade *nicht* die Autoren der Texte. Die Autoren kennen wir nicht. Die Väter, die die Texte als Sprecher der Lehrreden auftreten lassen, sind aber historische Persönlichkeiten; sie verteilen sich auf die 4., 5., 10., 12. Dynastie usw., also auf das Alte, Mittlere, Neue Reich und die Spätzeit. Für die Entstehungszeit der Texte ist damit aber nur ein *terminus post* gegeben.

Die Geburt der Schriftlichkeit aus dem Zerfall von Mündlichkeit: Wann entstanden die Lehren?

Für die Frage nach den Motiven und Triebkräften, die hinter der Verschriftung und Kodifizierung sozialer Normen stehen und in ihrer Literatur- und Traditionswerdung in Gestalt der ägyptischen Weisheitsliteratur wirksam bleiben, für diese ganze Problematik von Mündlichkeit und Schriftlichkeit ist nun aber die Datierungsfrage schlechterdings entscheidend. Wenn wir nämlich die Rahmenfiktionen im Sinne historischer Verfasserangaben verstehen, dann hat sich diese Tradition gleichzeitig mit und parallel zum Staatsentstehungsprozeß entfaltet. Mit der Konstitution der ägyptischen Gesellschaft wäre ihre reflexive und normative Selbstthematisierung vollkommen gleichzeitig einhergegangen. Von Brüchen und Krisen könnte dann keine Rede sein.

Ich selbst vertrete eine andere Auffassung, die sich in letzter Zeit durchzusetzen, jedenfalls erheblich an Boden zu gewinnen scheint. Danach ist die Entstehung dieser Literatur nicht mit Entstehung und Blüte, sondern mit Verfall und Zusammenbruch des Alten Reichs gleichzeitig, vielleicht sogar überhaupt erst mit dem Projekt der Reorganisation des ägyptischen Staates in der 12. Dynastie.[406] Jedenfalls ist es diese Phase, in der diese Literatur in den Rang zentraler kultureller Texte der ägyptischen Welt aufgerückt ist.

Das entscheidende Argument ist für mich, daß die in diesen Texten vertretene Ethik der Integration und der Selbstzurücknahme geistesgeschichtlich ins Mittlere, aber nicht ins Alte Reich paßt. Wir haben ja nicht nur die Weisheitslehren; wir haben auch viele Hunderte biographischer Grabinschriften, in denen Grabherren Rechenschaft über ihre Lebensführung ablegen. Dieser Rechenschaft liegen natürlich die gleichen sozialen Normen zugrunde, wie sie die Lehren zusammenhängend entfalten. In den Inschriften des Alten Reichs kommt nun aber dieses Thema nur in einem vergleichsweise kleinen Ausschnitt und auch nur höchst kompakt zur Sprache, und zwar in der sog. Idealbiographie, von der ich als ein Beispiel für alle anderen die Inschrift des Nefer-seschem-Scheschi zitieren möchte:

Ich bin aus meiner Stadt herausgegangen
und aus meinem Gau herabgestiegen,
nachdem ich die Ma'at getan habe für ihren Herrn
und ihn zufriedengestellt habe mit dem, was er liebt.

Ich habe die Ma'at gesagt, ich habe die Ma'at getan,
ich habe das Gute gesagt und Gutes wiederholt,
ich habe die Vollkommenheit erreicht,
denn ich wollte, daß es mir gut erginge bei den Menschen.
Ich habe zwei Prozeßgegner so beschieden, daß beide zufrieden waren,
ich habe den Elenden errettet vor dem, der mächtiger war als er, soweit dies in
   meiner Macht stand,
ich habe dem Hungrigen Brot gegeben
und Kleider dem Nackten,
eine Überfahrt dem Schiffbrüchigen,
einen Sarg dem, der keinen Sohn hatte,
und ein Schiff dem Schifflosen.
Ich habe meinen Vater geehrt
und wurde von meiner Mutter geliebt,
ich habe ihre Kinder aufgezogen.
So spricht er, dessen schöner Name Scheschi ist.[407]

Diese Inschriften beschränken sich auf einen festen Kanon immer derselben konkreten Handlungen, die offenbar *pars pro toto* für das ganze Gebiet sozialer Normen und moralischer Bewährung dienen: Brot dem Hungrigen, Kleider dem Nackten, ein Schiff dem Schifflosen, einen Sarg dem Sarglosen, und damit auf Wohltätigkeit und Armenfürsorge, als einen zweifellos zentralen, aber doch eben nur Teilaspekt der ägyptischen Ethik, der zudem in den Lebenslehren eine vergleichsweise geringe Rolle spielt. Deren Tugendlehre, die sich auf einem ganz anderen Niveau begrifflicher Differenzierung, Sensibilität, Abstraktion und Explizität bewegt, scheint hier noch nicht entfaltet. Vor allem fehlt, was ich »die Lehre des Herzens« nenne, eine Theorie des inneren Menschen mit ihrem Vokabular der Tugenden, Gesinnungen, Charaktereigenschaften, inneren Werte, unter denen die der Selbstzurücknahme den vordersten Rang einnehmen.

Ich halte zwar die Ethik der Selbstzurücknahme, der Integration und des Altruismus für etwas sehr Ursprüngliches in Ägypten und bin überzeugt, daß schon die praktische Ethik des Alten Reichs von solchen Grundsätzen bestimmt war. Ebenso überzeugt bin ich aber auch davon, daß diese Grundsätze im Alten Reich in der Form von Sprichwörtern und Redensarten teils mündlich tradiert, teils aber überhaupt implizit waren. Mit dem Zusammenbruch des Alten Reichs wurden nun auch diese Werte in Frage gestellt. In den biographischen Inschriften der Zeit tritt uns ein ganz neuer Menschentyp von geradezu renaissancehafter Selbstherrlichkeit entgegen. Hier geht es nicht um die Beamtentugenden der selbstlosen Einfügung, sondern um Magnatentugenden, um das Bild des Patrons, der in den Zeiten der Hungersnot seine Klienten bzw. seinen ganzen Gau am Leben erhalten hat, also um alternative Ordnungskonzepte, die sich nach dem Zusammenbruch der pharaonischen Ordnung entwickelt haben.[408] Diese Werte und Tugenden setzen sich aber in der Folgezeit weniger im allgemeinen Menschenbild als vielmehr im Königsbild der Ägypter fort. Mit dem Wiedererstarken des Zentralkönigtums wurden sie in das offizielle Herrscherbild aufgenommen. Der König des Mittleren Reichs verbindet das Gottkönigtum des Alten Reichs mit dem Image und Tugendkanon eines »Großpatrons« der Ersten Zwischenzeit.[409]

Die Erste Zwischenzeit ist die Zeit der Gaufürsten, Magnaten und Truppenführer, der konkurrierenden Kleinhöfe, ein ganz anderes Ägypten, gegen das dann das Mittlere Reich als ein Projekt restaurativer Rezentralisierung mit allen Mitteln ankämpft. Die Weisheitsliteratur als Kodifikation sozialer Normen gehört meines Erachtens zu diesem Projekt. Und damit komme ich zum zweiten Punkt, zur Funktion dieser Texte. Diese Funktion hängt meines Erachtens aufs engste mit der Reorganisation des mono- und theokratisch organisierten Staatswesens zusammen. Die Normen sozialen Handelns und Verhaltens werden in dem Moment verschriftlicht und kodifiziert, wo erstens ihre selbstverständliche Geltung nicht mehr gegeben ist und zweitens ihre Verbreitung über den angestammten Trägerkreis hinaus notwendig wird. Beides beschreibt die Problematik, vor die sich das Mittlere Reich gestellt sah. Einerseits galt es, den Normen der integrativen Ethik und Selbstzurücknahme, die mit dem Zusammenbruch des Alten Reichs so gründlich in Frage gestellt worden waren, wieder Geltung zu verschaffen. Andererseits mußten diese Normen universalisiert werden, d. h., aus der impliziten Standesethik einer hauchdünnen Oberschicht mußte die Ethik einer breiten, staatstragenden und das Ägyptertum insgesamt repräsentierenden kulturellen Elite, d. h. eine Art »Bildung« werden. Erst das Mittlere Reich sah sich genötigt, mit dem Projekt der politischen Restauration auch eine gezielte Bildungspolitik zu betreiben. In diesen Kontext gehört die Verschriftung sozialer Normen.

Die Verschriftung sozialer Normen als kultureller Text

An dieser Stelle möchte ich den Begriff des kulturellen Textes aufgreifen.[410] Der kulturelle Text ist zum Auswendiglernen bestimmt. Kulturelle Texte sind Texte, in denen eine Kultur die gültige, verpflichtende und maßgebliche Formulierung ihrer Weltansicht ausgedrückt sieht und in deren kommunikativer Vergegenwärtigung sie dieses Weltbild und damit sich selbst bestätigt. Das müssen keine sprachlichen Texte sein; auch Tänze, Riten, Bilder können diese Funktion erfüllen, solange sie nur einen zentralen Platz in der Zirkulation des kulturellen Sinns einnehmen und immer wieder, vorzugsweise in zeremonieller Weise, aktualisiert und gewissermaßen gemeinsam begangen und bewohnt werden.

Meine These geht nun dahin, daß wir es bei der sog. Weisheitsliteratur mit kulturellen Texten zu tun haben, die hier nun einmal nicht die mündliche Überlieferung in schriftliche überführen, sondern aus dem Geist der Schriftkultur heraus entwickelt sind. Die Weisheitstexte gehören in den Funktionszusammenhang einer schriftkulturellen Initiation bzw. Sozialisation. Anhand der kulturellen Texte wurde das Schreiben gelernt. Sie waren auswendig zu lernen und perikopenweise aus dem Gedächtnis niederzuschreiben. So wurde zugleich mit der Schreibkompetenz auch ein Fundus auswendig gelernten Wissens vermittelt. Dieses Schulwissen aber, das ist der entscheidende Punkt, war kein spezialisiertes Fachwissen, es befähigte nicht zur korrekten Lösung von Verwaltungs- oder Kultaufgaben, sondern es bezog sich auf die normativen und formativen Grundeinstellungen der ägyptischen Kultur; es war kulturelles Grundwissen, das aus dem Schreiberlehrling einen gebildeten, wohlerzogenen und rechtdenkenden Ägypter machte. Die Schriftkultur aber stand für Kultur überhaupt, und die Schreiber bildeten keine Zunft für sich, sondern repräsentierten stellvertretend für alle das Ägyptertum. Daher dürfen die Texte der Schreibererziehung als kulturelle Texte im vollen Sinne gelten.

Die Weisheitsliteratur ist also zur Hauptsache Bildungs- oder Erziehungsliteratur. Ihr ägyptischer Name, *sb3jjt*, der soviel wie Lehre, Unterweisung, aber auch Zucht und Strafe bedeutet, entspricht dem hebräischen *mûsar*, »Zucht, Bildung«[411], und dem griechischen *paideia*. Wer diese Texte auswendig kannte – ägypt.: »sie sich ins Herz gegeben hatte« –, der hatte mit ihrem Wortlaut zugleich jene kulturellen Grundeinstellungen, Deutungsmuster, Wertvorzugsordnungen und Weltansichten in sich aufgenommen, die Thomas Luckmann unter dem Stichwort »Unsichtbare Religion« zusammenfaßt, ein Wissen von objektiv verpflichtendem Charakter.

Die religiöse Krise der sozialen Gerechtigkeit und die Kodifizierung sozialer Normen im Rahmen des Totengerichts

Die Weisheitsliteratur ist nicht die einzige Verschriftungsform sozialer Normen. Daneben entwickelt sich eine zweite im Rahmen der sog. Totenliteratur. Hier ist die Nähe zur Rechtssphäre sogar noch wesentlich enger als im Falle der Weisheit, die »die Gesetze der Ma'at« kodifiziert. Unter dem Gesichtspunkt der Kodifikation müssen wir daher noch einmal auf das Totengericht zurückkommen, das wir im Siebten Kapitel unter dem Gesichtspunkt der Schuldkultur behandelt haben. Die Idee des Totengerichts hat sich aus älteren, weit zurückreichenden Anfängen heraus im frühen Mittleren Reich entwickelt, aber wohl erst mit dem Neuen Reich allgemeine, kanonische Geltung gewonnen.[412] Aus dieser Zeit stammen die ersten Belege des sog. negativen Sündenbekenntnisses, das das 125. Kapitel des Totenbuchs bildet. Der Tote muß hier vor dem jenseitigen Richterkollegium ca. 82 Sünden aufführen mit der Beteuerung, sie nicht begangen zu haben. Wenn man die Liste dieser »Ich habe nicht«-Aussagen in die »Du sollst nicht«-Form übersetzt, erhält man eine sehr umfassende Kodifikation sozialer Normen. Von diesen Normen ist in der Inschrift des Baki, die wir oben im Siebten Kapitel zitiert haben, denn auch als von den »Gesetzen der Halle der beiden Wahrheiten« die Rede.[413] Diese Inschrift macht zugleich klar, in welcher Weise die Normen des Totengerichts in Grundsätze irdischer Lebensführung übersetzt werden, d. h. im Diesseits beherzigt werden konnten.

Die Kodifizierung sozialer Normen als »Gesetze des Totengerichts« antwortet auf ein anderes Problem als die Weisheitsliteratur des Mittleren Reichs. Die Normen der sozialen Gerechtigkeit sind nicht einklagbar; darin liegt ihre Schwäche. Es handelt sich nicht um Gesetze, auf die sich ein Kläger jederzeit und unbedingt vor einem unabhängigem Gericht berufen könnte und deren Übertretung mit schweren Sanktionen belegt wären. Es handelt sich lediglich um Gnadenakte und Wohltätigkeitsverpflichtungen, deren Unterlassung um so weniger unter Strafe gestellt werden kann, als sie per definitionem immer nur von oben kommen. Der Habgierige und Hartherzige, Selbstsüchtige und Selbstherrliche ist vor irdischen Gerichten nicht zu belangen. Aus dieser Aporie erwächst die Vorstellung einer jenseitigen Gerichtsbarkeit. In Mesopotamien und Israel, wo man nicht an die Unsterblichkeit der Seele glaubt, nimmt sie die Formen einer göttlichen Vergeltung an: Gott sorgt selbst als höchster Richter und Retter für das Funktionieren der konnektiven Gerechtigkeit. Aber die Rechnungen müssen im Diesseits aufgehen, so daß unter Umständen die Kinder und Kindeskinder für eine Strafe einstehen müssen, die den Täter zu Lebzeiten nicht mehr treffen konnte. In Ägypten dagegen entwickelt sich auf dem Boden fester Unsterblichkeitsüberzeugungen die Idee eines Totengerichts, dem sich jeder Verstorbene unterziehen muß im Sinne einer Aufnahmeprüfung ins Jenseits (s. hierzu Siebtes Kapitel, bes. Seite 139ff.). Vor einem Kollegium von 42 Richtern hat der Tote seine Unschuld zu beweisen, indem er die entscheidenden Verfehlungen aufzählt mit der Behauptung, sie *nicht* begangen zu haben. Gleichzeitig wird auf einer Waage sein Herz gegen das Symbol der Wahrheit abgewogen.

In der Liste dieser Verfehlungen dürfen wir also eine weitere Kodifizierung sozialer Normen erblicken, die hier, im Kontext des Totengerichts, Gesetzeskraft erhalten und mit Sanktionen belegt werden. Wer das Totengericht nicht besteht, verfällt dem »Nichtsein« und wird alsbald von der monströsen »Fresserin« verschluckt. Entscheidend ist in unserem Zusammenhang, daß unter diesen Normen eine ganze Reihe sich mit den Maximen der Weisheitsliteratur decken und sich auf die Tugenden des Helfens und Schützens, der Schonung und Rücksicht, der Selbstzurücknahme und Bescheidenheit beziehen.[414] Das Totenbuch-Kapitel gehört also zusammen mit den biographischen Grabinschriften und den kulturellen Basis- bzw. Bildungstexten der Weisheitsliteratur zu den Formen, in denen soziale Normen schriftlich tradiert wurden und die man unter dem Begriff des moralischen Diskurses zusammenfassen kann. In der Geschichte dieses Diskurses fallen die Verfallszeiten, die sog. Zwischenzeiten, mit den entscheidenden Innovationen zusammen. An der Schwelle zum Mittleren Reich entsteht die Weisheitsliteratur, die die sozialen Normen in der Form kultureller Bildungstexte kodifiziert, an der Schwelle zum Neuen Reich entsteht das 125. Totenbuch-Kapitel, die die Einhaltung der sozialen Normen zur Voraussetzung für den Freispruch im Totengericht und damit für die Unsterblichkeit macht. Als je gefährdeter sich das immanente Funktionieren der *iustitia connectiva* erweist, desto stärker wird das Bedürfnis nach transzendenter Fundierung.

Die Antwort des Mittleren Reichs auf das Problem der Zerbrechlichkeit gerechter Ordnung ist der Staat. Ohne den Staat kann der Tun-Ergehen-Zusammenhang auf Erden nicht funktionieren. Aus der Erfahrung des Zusammenbruchs des Staates im Alten Reich zieht man die Konsequenz, daß auch der Staat gefährdet ist, und zwar durch Habgier, Gewalt und fehlenden Gemeinsinn. Der Staat beruht auf dem Gemeinsinn seiner Bürger, ihrer »vertikalen Solidarität«. Diesen Zusammenhang entfaltet die Weisheitsliteratur des Mittleren Reichs. Die pessimistische Weltsicht des Mittleren Reichs geht aber davon aus, daß in der »gespaltenen Welt« ohne Zwang und Gewalt der Gemeinsinn der Menschen nicht aufrechtzuerhalten ist. Der Staat des Mittleren Reichs versteht sich daher als eine rettende Institution. Er ist dazu eingesetzt, die Gerechtigkeit durchzusetzen, d. h. das Prinzip, daß die Menschen zur Gemeinschaft verbindet und Gemeinschaft stiftet zwischen Menschen, Göttern und Toten; daher gehören die Gottes- und Totenopfer auch zur Verwirklichung der Ma'at. So ist also nach der Auffassung des Mittleren Reichs der Staat die Verwirklichung der Gerechtigkeit, die vom Joch der Vergänglichkeit befreit, dadurch daß sie Bindung und Bestand schafft, und die von der Unterdrückung durch Gewalt befreit, dadurch daß sie Recht schafft, vor dem jeder gleich ist. So kann man mit Hegel sagen, daß der Staat die Verwirklichung der Freiheit ist.

Die Antwort des Neuen Reichs ist die Religion. Jetzt sorgt das Totengericht für die Geltungskraft der sozialen Normen und das Funktionieren der konnektiven Gerechtigkeit.

Die Normen, um die es beim Totengericht ging, waren die Normen des sozialen Lebens: nicht töten, nicht stehen, nicht lügen, keine Unzucht treiben, den König nicht beleidigen, den Gott nicht schmähen, keinen Aufruhr anzetteln, keinen Tempelbesitz antasten, aber auch sehr viel subtilere Dinge, wie etwa niemanden bei seinem Vorgesetzten anschwärzen, keinen Schmerz zufügen, niemanden hungern lassen, keine Tränen verursachen, keine Tiere quälen, nicht am Beginn jeden Tages die vorgeschriebene Arbeitsleistung erhöhen, nicht zu schimpfen und zu streiten, niemanden zu belauschen, niemandem zuzuwinkern, nicht zornig, nicht gewalttätig zu sein, sich nicht zu überheben und nicht taub zu sein gegenüber Worten der Wahrheit. Das 125. Kapitel des ägyptischen Totenbuchs[415] entfaltet und begründet aber diese Normen nicht im Stil der Weisheitsliteratur, sondern kodifiziert sie nach Art eines Gesetzbuchs, und zwar, dieser Punkt ist entscheidend, als Grundlage göttlicher, nicht staatlicher Rechtsprechung. Das ist ein großer Schritt in die Richtung einer Sakralisierung der Ethik, wie wir sie in den ersten drei Kapiteln als das Spezifikum Israels dargestellt haben.

Das 125. Kapitel des Totenbuchs hat mit der Thora gemeinsam, daß es die Normen der Gerechtigkeit kodifiziert und als Grundlage göttlicher Rechtsprechung versteht. Die Unterschiede dieser beiden Texte sind jedoch eklatant. Die Thora ist nicht nur ein heiliger, sondern auch ein kultureller Text: jeder hat ihn zu lernen und in jeder Lebenssituation zu beherzigen. »Lies dem Volk regelmäßig aus meinem Gesetz vor und denke selber Tag und Nacht darüber nach, damit dein ganzes Tun an meinen Weisungen ausgerichtet ist«, so spricht der Herr zu Josua. Das ägyptische Totenbuch ist ein heiliger, aber kein kultureller Text. Nichts deutet darauf hin, daß die ägyptischen Kinder von klein auf zu seiner Kenntnis und Beherzigung erzogen wurden, wie das in der Thora auf Schritt und Tritt betont wird. Die Basis der ägyptischen Erziehung bleibt nach wie vor die Weisheitsliteratur. Kein Kommentar hat sich erhalten, der zwischen den geheiligten Normen und konkreten Lebenssituationen vermittelt hätte, wie das schon in der Bibel ständig geschieht und in der nachbiblischen jüdischen Literatur dann das wichtigste Thema ist. Das ägyptische Totenbuch begründet keine ägyptische »Halacha«, d. h., eine rechtsförmige Organisation sämtlicher Lebensbereiche unter dem Gesichtspunkt göttlicher Rechtsprechung. Das Totengericht ist eine regulative Idee, die eine allgemeine Grundlegung der Gerechtigkeit leistet, aber kaum spezifische Lebensregeln vorgibt. Dazu war das Totenbuch mit seinem 125. Kapitel ein viel zu exklusiver Text, den sich vielleicht wohlhabendere Schichten für ihre Grabausstattung anschaffen konnten, der aber kaum in der Schule gelehrt wurde. Vor allem aber betrachtete man es nicht als den geoffenbarten Willen der Gottheit, der einem jeden ein für allemal vor Augen stellt, »was gut ist und was der Herr von dir fordert«.

Aber gerade in dieser Form, als eine allgemeine regulative Idee zur Grundlegung der Moral, kann die Antwort, die das alte Ägypten auf das Problem der Gerechtigkeit, und das heißt, der letztinstanzlichen Fundierbarkeit der Moral gefunden hat, als klassisch gelten. Sie erschien bis weit ins 18. Jh. hinein als die einzig tragfähige, bis hin zu Kant, dessen Bestimmung des kategorischen Imperativs dann erst die Bedingungen moralischen Handelns auf eine neue Grundlage stellte. Zwei Grundannahmen, so schloß man, sind nötig, damit auf Erden Gerechtigkeit herrscht: die Unsterblichkeit der Seele und die Existenz einer Instanz, die lohnend und strafend über das Schicksal der Seele entscheidet. Es wurde weithin als ungenügend empfunden, die Frage nach der letztinstanzlichen Grundlage der Gerechtigkeit mit »Gott« oder »Religion« zu beantworten. Welche Religion? Und welcher Gott? Daß die hebräische Bibel bzw. das Alte Testament von Totengericht und Unsterblichkeit nichts wußten, war ein Problem, das man auf verschiedene Weise zu lösen versuchte.[416] Daß andererseits die alten Ägypter so viel darüber wußten, ja daß ebendiese beiden Ideen in Ägypten zentral und ursprünglich waren, war ein starkes Argument zugunsten der Annahme einer *prisca theologia*, einer ursprünglichen Gotteserkenntnis vor aller Offenbarung. Es waren diese beiden Ideen, die Ägypten, lange vor der Entzifferung der Hieroglyphen, für das Abendland bedeutend machten. Den Ägyptern war es gelungen, ohne geoffenbartes Gesetz einen Staat und eine Gesellschaft von geradezu fabelhafter Stabilität aufzubauen, die weithin für ihre Weisheit, Gerechtigkeit und Frömmigkeit berühmt waren.

Neuntes Kapitel
Vertikaler Sozialismus

I
Konnektive Gerechtigkeit als politische Idee

Von dem Konzept der konnektiven Gerechtigkeit war in diesem Buch schon mehrfach die Rede. Vor allem die beiden vorangehenden Kapitel haben es beleuchtet, das siebte vom Aspekt der Schuld und das achte vom Aspekt der Verschriftlichung und Kodifizierung her. In diesem Kapitel soll es nun um den spezifisch politischen Aspekt der konnektiven Gerechtigkeit gehen.

Haupt- und Untertitel dieses Kapitels enthalten provozierende Widersprüche. Die Begriffe »Vertikalität« und »Sozialismus« scheinen sich gegenseitig auszuschließen, und der Frondienststaat im Niltal gilt uns eher als das Gegenteil denn als der Inbegriff von Solidarität und Gerechtigkeit.[417] Mit dem Begriff des Sozialismus verbinden wir, was immer man darunter an historischen Erscheinungsformen oder politischen Theorien verbuchen mag, in jedem Falle eine horizontale Sozialstruktur, die Gleichheit aller Mitglieder anstrebt und die Formen vertikaler Differenzierung – Stratifikation und Hierarchie – aufhebt. Vertikale Modelle, die Ungleichheit verstetigen, indem sie den Begriff der Ordnung nicht anders als im Sinne von Über- und Unterordnung zu denken imstande sind, können nicht sozialistisch sein, sondern bilden vielmehr die Ausgangslage, der gegenüber sozialistische Ansätze als Forderung nach Horizontalität (d. h. Gleichheit) in Widerspruch und revolutionären Gegensatz treten. Wir wollen gleich eingestehen, daß der Begriff »Sozialismus« vermutlich zu weit geht. Um ihn auf das alte Ägypten anwenden zu können, werden wir ihn etwas verallgemeinern und gewissermaßen entschärfen müssen, etwa im Sinne von Denk- und Sozialformen, die »das Individuum in der Rolle des Mitmenschen« verankern und nicht in der des unabhängigen, autonomen Subjekts. Es wird sich eher um einen präskriptiven Altruismus handeln, um die Forderung nach Selbstzurücknahme und Selbsteinbindung in den sozialen Kontext, im Gegensatz zur Selbstbehauptung im gesellschaftlichen Lebenskampf. Mit der Bestimmung dieses so verstandenen

»Sozialismus« als vertikal ist ein Bild des sozialen Kontexts gemeint, das die vertikalen Bindungen der Über- und Unterordnung, also der »Väterlichkeit« gegenüber den horizontalen der »Brüderlichkeit«, in den Vordergrund stellt. An den Begriffen »Gerechtigkeit« und »Solidarität« dagegen möchte ich ohne Einschränkungen festhalten.[418] Sie stehen dem Bild entgegen, das die Bibel vom Staat der Pharaonen zeichnet: Ägypten als »orientalische Despotie«, als Fronstaat und daher als Gegensatz von Solidarität und Gerechtigkeit. An der Spitze einer zum Zwecke wasserbautechnischer Anlagen und kolossaler Repräsentationsbauten versklavten Volksmasse und einer das Ganze verwaltenden und kontrollierenden Bürokratie steht der Despot als absoluter und nur seinem eigenen Willen folgender Herrscher.[419] Seine Macht ist absolut, sein Wille verwirklicht sich auf der Stelle. Das Volk ist willenloses Objekt, die riesig aufgeblähte Beamtenschaft das Instrument dieses das Ganze lenkenden und verwaltenden Willens, dessen einziges Ziel die Selbstbehauptung der Macht ist. Der sozialistischen Idee aber – und nur darum handelt es sich in unserem Zusammenhang – kann man ihre Voraussetzungen von Freiheit, Gleichheit und Solidarität nicht absprechen, ohne sie im Kern zu verfehlen.

Der Ansatz sozialistischer Denkformen und Handlungsnormen im altägyptischen Staat erscheint auch aus einem anderen Grunde widersinnig. Der Sozialismus ist eine politische Idee, und politische Ideen setzen politisches Denken voraus. Politisches Denken kann sich aber nur dort entwickeln, wo sich ein Freiraum alternativer Optionen und Konzeptionen politischer Ordnung herausgebildet hat. Christian Meier hat in verschiedenen Studien die ganz besonderen Voraussetzungen aufgezeigt, unter denen sich im archaischen und frühklassischen Griechenland politisches Denken im strengen Sinne entwickelt hat, und es wäre anachronistisch und widersinnig, wenn man entsprechende Denkformen im alten Ägypten voraussetzen wollte.[420] Allenfalls ließe sich das alte Israel anführen, um die These von der »Entstehung des Politischen bei den Griechen« zu relativieren. Denn hier wird in den königskritischen Texten ebenfalls ein Denkraum erschlossen, der alternative Optionen politischer Ordnung zur Diskussion stellt.[421] Wenn sich die kühne These bestätigen sollte, daß sich Israel in der späten Bronzezeit als »Kontrastgesellschaft« in bewußter Absetzung von den Großreichen der damaligen Welt die politische Form einer »regulierten Anarchie« gegeben hat[422], dann wird man die Entstehung des Politischen um einige hundert Kilometer nach Osten und einige Jahrhunderte in die Vergangenheit verschieben müssen. Aber damit kommen wir noch nicht bis ins alte Ägypten zurück, sondern ganz im Gegenteil zu einem Volk, das sich selbst im schärfsten Gegensatz zur ägyptischen Ordnung gesehen und diesen Gegensatz in der Erinnerungsfigur des Exodus zum Fundament seiner Selbstdefinition gesteigert hat.[423]

Emma Brunner-Traut bestimmt die altägyptische Gesellschaft denn auch als eine »aggregierte« Gesellschaft, die keine Struktur besitzt, sondern eine aggregierte Masse aus Individuen, eine Addition von Einzelmenschen darstellt.[424] Diese Masse war zwar hierarchisch aufgebaut, aber dies Ganze konnte von niemandem »einheitlich überblickt und in seiner allseitigen funktionellen Abhängigkeit verstanden« werden. Den Ägyptern fehlten also nicht nur alternative Optionen, sondern auch die mentalen Voraussetzungen dafür, sie überhaupt in den Blick zu fassen. Daher fügt sich der hierarchische Aufbau nicht zu einer »Struktur« zusammen, sondern lediglich zu einem Aggregat, einer »Aggregation (lat. *grex* – die Herde) von einzelnen, aber nicht einem organischen Körper, bei dem sämtliche Teile aufeinander wechselseitig bezogen, durch Längs- wie Querfäden verspannt und so zu einem Ganzen verflochten sind«.[425] Auch E. Brunner-Traut notiert also »das Fehlen von Querverbindungen«, von »horizontalen« Sozialbeziehungen, die man als Orte sozialen Denkens in Anspruch nehmen könnte.

Nach dieser Auffassung ist die ägyptische Situation durch folgende drei Punkte gekennzeichnet: die alternativenlose Geltung der pharaonischen Ordnung, also der monozentrischen Herrschaft des Gottkönigs; die Abwesenheit horizontaler Sozialformen; das Fehlen von Konzepten gemeinsamer Zusammengehörigkeit und Verantwortung, also politischen Denkens.

Es ist zweifellos richtig, daß sich die pharaonische Ordnung allen Zusammenbrüchen zum Trotz immer wieder hergestellt und auch noch unter den Bedingungen der persischen, makedonischen und römischen Fremdherrschaft bis ans Ende der römischen Kaiserzeit durchgehalten hat. Sie war von den Ägyptern offensichtlich mit der gottgewollten Weltordnung schlechthin gleichgesetzt worden. Das pharaonische Herrscheramt galt als Fortsetzung der Schöpfung, wodurch der pharaonische Staat gewissermaßen naturalisiert, zu einer der menschlichen Verfügbarkeit entzogen und daher natürlichen bzw. göttlichen Ordnung erhoben wurde. Auch das Fehlen horizontaler Sozialformen ist kaum zu bestreiten. Die Dominanz der pharaonischen Monokratie ist so allbeherrschend, daß sie außerhalb der bürokratisch-administrativen und priesterlichen, später auch militärischen Berufshierarchien keine weiteren, z. B. gentilizischen, genossenschaftlichen, vereinsmäßigen Formen der Vergesellschaftung zuläßt. Vollkommen zu Recht konstatiert E. Brunner-Traut: »Großfamilien, wie sie heute noch vielfach im Orient, auch im Fernen Osten, bestehen, gab es nicht, auch keine Sippengemeinschaft mit kollektiver Identität durch eine Reihe von Generationen.«[426] Dadurch entsteht der Eindruck der amorphen »Masse«, den E. Brunner-Traut beschreibt. Aber dieser Eindruck trügt. Denn ganz entschieden bestritten werden muß der dritte Punkt, das Fehlen politischer Reflexion und Begriffsbildung, die Abwesenheit von Konzeptualisierungen des politischen Zusammenhangs, des »Ganzen« und seiner Kohärenz, sowie der für den Einzelnen daraus folgenden politischen und sozialen Normen. Die Quellen, in denen sich ein solches Denken artikuliert, fließen im Gegenteil überreichlich, sie sind lediglich bisher nicht in diesem Licht interpretiert worden.

Der politische Zentralbegriff, unter dem das Ganze des gesellschaftlichen Zusammenhangs in seinem Aufbau und seinem Funktionieren in den altorientalischen Kulturen gedacht wurde, lautet »Gerechtigkeit«, ägyptisch *Ma'at,* vedisch *rta,* nachvedisch *dharma,* chinesisch *tao,* altpersisch *ascha,* akkadisch *kittu* und *mescharu,* hebräisch *ṣedeq/ṣedaqa,* griechisch *dike* und *themis.* Allen diesen Begriffen, vor allem aber den fünf erstgenannten, ist gemeinsam, daß sie auch Weltordnung bedeuten, also eine naturrechtliche Auffassung von Gerechtigkeit meinen. Gerechtes Handeln ist ein Handeln in Übereinstimmung mit dem der Welt inhärenten Sinn. Ferner ist dieser Begriff von Gerechtigkeit dadurch gekennzeichnet, daß er mehr umfaßt als das »Recht« (hebr. *din*) im strengen Sinne, ja er kann sich geradezu auf das Gegenteil, auf die Aufhebung des Rechts beziehen und Begriffe wie Gnade, Erbarmen, Rechtsverzicht umfassen. Richten und Retten, zwei in unserer Vorstellungswelt eher entgegengesetzte Begriffe, sind im Rahmen der altorientalischen Gerechtigkeitsidee geradezu synonym.[427]

Gerechtigkeit ist in dieser Vorstellungswelt das, was die Welt im Innersten zusammenhält, und zwar dadurch, daß sie die Folge an die Tat bindet. Diese Vorstellung eines allumfassenden Vergeltungszusammenhangs hat der Staatsrechtler Hans Kelsen als Vorform eines Kausalitätskonzepts beschrieben.[428] Vergeltung als Kausalität, Kausalität als Vergeltung: diese Formel trifft am besten den »kosmischen« Aspekt der konnektiven Gerechtigkeit. Indem sie die Folge an die Tat bindet, knüpft sie den Lauf der Ereignisse, den Gang der Dinge und damit die Welt insgesamt zu einem sinnhaften Ganzen zusammen. Es ist denn auch kennzeichnend für diese Vorstellung, daß Störungen der gesellschaftlichen Ordnung mit kosmischen Störungen einherzugehen pflegen. Die Welt ist, mit Hamlet zu reden, »aus den Fugen« (*out of joints*), wenn die konnektive Gerechtigkeit nicht mehr funktioniert, d. h. das Böse straffrei ausgeht und das Gute sich nicht mehr lohnt.

Die Ägypter haben das Funktionieren der konnektiven Gerechtigkeit von der Solidarität der Menschen untereinander abhängig gemacht. In der konkreten Ausdrucksweise der ägyptischen Texte heißt dieses Konzept »Füreinander-Handeln«.[429] Wenn diese Solidarität verschwindet, dann bricht die konnektive Gerechtigkeit zusammen. Die Gerechtigkeit hält zwar die Welt in Gang, aber sie ist ihrerseits inganghaltungsbedürftig. In diesem Punkt ist also hinter die Gleichung »Gerechtigkeit=Weltordnung« ein dickes Fragezeichen zu setzen, jedenfalls wenn man unter Weltordnung ein der Welt mit der Schöpfung eingeschriebenes Programm versteht, das ihren sinnhaften Aufbau und Ablauf garantiert. Für das ägyptische Denken steht die Sinnhaftigkeit, das Gelingen, des Weltprozesses ständig auf dem Spiel, und der Mensch hat durch die Verwirklichung der Gerechtigkeit unablässig zu diesem Gelingen beizutragen.[430] Die Gerechtigkeit ist weder ihm noch der Welt von Natur aus eingepflanzt. Sie ist aber auch nicht in utopische Ferne gerückt. Sie ist eine Sache tätiger Inganghaltung, nicht revolutionärer Veränderung der Welt.

Zu dieser Inganghaltung gehört nach ägyptischer Auffassung vor allem zweierlei. Erstens der pharaonische Staat, der zuallererst die Rahmenbedingungen für alles Weitere bereitstellt, ägypt.: »die Ma'at verwirklicht und die Isfet (Unrecht/Unordnung) vertreibt«, und zweitens der Gemeinsinn der Menschen, eine Art Zusammengehörigkeits- und Verantwortungsbewußtsein, das sie zur tätigen Inganghaltung der Gerechtigkeit, ägypt.: zum »Tun und Sagen der Ma'at«, motiviert. Wenn der Staat zusammenbricht, verschwindet auch dieser Gemeinsinn. Aber das bedeutet nicht, daß mit dem Funktionieren des Staates auch der Gemeinsinn bereits herrschen würde. Er muß vielmehr dem Einzelnen in langjähriger Unterweisung eingepflanzt werden. Das ist, wie ich im Achten Kapitel gezeigt habe, Sache der Erziehung und der Weisheitsliteratur.[431] Diese Literatur kodifiziert das Nachdenken über die Gerechtigkeit und damit das politische Denken der altorientalischen Gesellschaften. Über »Gerechtigkeit« nachdenken heißt: über die politische Existenz und Verantwortung des Menschen, über die Bedingungen der Möglichkeit sozialer Ordnung nachdenken. Der Begriff der konnektiven Gerechtigkeit bezieht sich daher auf genau jene Struktur, jenen Gesamtzusammenhang, den E. Brunner-Traut den altorientalischen Gesellschaften abspricht. Wir haben es also hier nicht mit amorphen »Massen« zu tun, sondern mit Gesellschaften, die aufgrund einer politisch-sozialen Kultur und Erziehung im Zeichen der »Gerechtigkeit« zur »Gemeinschaft« verbunden sind.

Der Mensch ist nach altägyptischer Auffassung dadurch »politisch«, daß er »nur gemeinsam leben kann«.[432] »Einer lebt, wenn der andere ihn leitet«, sagt ein ägyptisches Sprichwort. Ohne gegenseitige Unterstützung und Orientierung sind die Menschen nicht lebensfähig. Von diesem Ansatz her entwickeln die alten Ägypter ein Menschenbild, das das Ziel des Individuums nicht in der Autonomie seiner freien Selbstverwirklichung, sondern in der Entfaltung in sozialen Konstellationen sieht. Als das bildkräftigste Symbol dieses »konstellativen« Personbegriffs kann ein Objekt aus einer ganz anderen Welt gelten, das zugleich den Bezug zum Thema »Sozialismus« aufdeckt: die auf dem Rücken zu knöpfende Weste der Saint-Simonisten, die man sich nicht selber zuknöpfen kann und die ihren Träger daher nachdrücklich und jeden Tag aufs neue auf seine konstitutive Abhängigkeit vom Anderen verweist. Nichts anderes will auch das ägyptische Sprichwort besagen. Darin sehe ich den sozialistischen Kern der ägyptischen Lehre.

Es wird mir also im folgenden darum gehen, die Ideen von Freiheit, Gleichheit und Solidarität aufzuzeigen, die auch in die Konzeption des ägyptischen Staates eingebaut sind, und zwar nicht ansatzweise und am Rande, sondern an sehr zentraler Stelle.

2
Ungleichheit versus Hierarchie, Macht versus Herrschaft

Ich möchte mit dem Begriff der Gleichheit beginnen. Es ist davon zwar, soviel mir bekannt ist, nur an einer einzigen Stelle die Rede; aber ich glaube, daß der Text für die ägyptische Einschätzung des Problems als repräsentativ gelten kann. Es handelt sich um eine Apologie des Schöpfer- und Sonnengottes, der seine Schöpfung rechtfertigt, um »die Entrüstung zu stillen in der Barkenmannschaft«. Er faßt sein Schöpfungswerk in vier Taten zusammen:

– Ich habe die vier Winde erschaffen,
damit jedermann atmen kann zu seiner Zeit.
– Ich habe die große Flut geschaffen, auf daß der Arme darüber verfüge wie der Reiche.
– Ich habe einen jeden seinem Nächsten gleich geschaffen
und habe verboten, daß sie Unrecht (*jzft*) tun sollten.
Aber ihre Herzen haben sich meinem Befehl widersetzt.
– Ich habe geschaffen, daß ihre Herzen den Westen (Tod) nicht vergessen können, damit den Gaugöttern Opfer dargebracht würden.[433]

Alle vier Taten betonen die Gleichheit der Menschen. Die ersten beiden betreffen die kosmische Ordnung, die letzten beiden die gesellschaftliche Harmonie.

Die Ungleichheit gehört nicht zum »Programm« und damit zum sinnhaften Aufbau und Ablauf der Schöpfung. Sie ist nicht gottgewollt, sondern vom Menschen verschuldet, und zwar wird sie auf das »Herz«, also den freien Willen des Menschen, zurückgeführt. Dieser Punkt ist entscheidend. Denn damit erweist sich die Ungleichheit als ein Phänomen der Unordnung (ägypt. *Isfet*) und nicht der Ordnung. Die »herzverschuldete« Ungleichheit äußert sich darin, daß es Schwache und Starke, Arme und Reiche gibt. Wir wollen das die natürliche Machtverteilung nennen, wobei sich das Adjektiv »natürlich«, wie gesagt, nicht auf eine natürliche Ordnung, sondern Unordnung bezieht, einen »Naturzustand«, der als solcher untragbar und unbedingt in einen Zivilzustand zu überführen ist, damit die Erde überhaupt bewohnbar ist.[434] Ma'at oder Gerechtigkeit ist die Ordnung, die gegen die natürlicherweise auf Erden herrschende Unordnung durchgesetzt werden muß. Und da diese Unordnung sich als Ungleichheit manifestiert, stellt Ma'at eine Form von Gleichheit her.

Dem König wird empfohlen, seine Beamten nur nach dem Kriterium der Qualifikation zu berufen: »Mache keinen Unterschied zwischen dem Sohn eines (vornehmen) Mannes und einem Geringen. Hole dir den Mann nach seiner Leistung, damit alle Künste gepflegt werden.«[435] Vor allem aber gilt die Forderung, daß vor dem Gesetz jeder gleich ist. Richter betonen, daß sie keinen Unterschied gemacht haben zwischen dem Reichen und dem Armen, dem Starken und dem Schwachen, dem ihnen Bekannten und dem ihnen Unbekannten. Von einem Wesir wird erzählt, daß er aus Furcht vor dem Vorwurf der Parteilichkeit »Leute seiner Familie gegenüber anderen, Fernerstehenden, benachteiligte« und dadurch doch nur bei einer Parteilichkeit mit umgekehrten Vorzeichen landete. Aber »dies ist mehr als Ma'at« heißt es dazu, und: »Parteilichkeit ist der Abscheu Gottes.«[436]

Die Ungleichheit wird nicht aufgehoben, sondern balanciert. Der natürlichen *Macht*verteilung wird durch eine politische *Herrschafts*verteilung gegengesteuert. Die natürliche Machtverteilung ist nicht nur nicht gottgewollt, sondern Gottes Willen geradezu entgegengesetzt. Auf dem Hintergrund dieser Sicht der Welt und des Menschen erklärt sich der Zusammenhang von Richten und Retten. Den Menschen Recht sprechen ist ein Akt der Rettung, der den Schwachen vor der Unterdrückung durch den Starken bewahrt. Daher schließt auch in dem zitierten Sargtext der Schöpfergott seine Apologie mit der Versicherung: »Ich richte zwischen den Starken und den Schwachen.«[437] Der Schöpfer hat das Unrecht zwar nicht zu verantworten, aber er ist weit davon entfernt, seine Welt dem Unrecht zu überlassen. Er ist im Gegenteil entschlossen, durch rettend-richtende Eingriffe die Gleichheit, Ordnung und Gerechtigkeit immer wieder herzustellen, deren fraglose Geltung in der Welt der Eigensinn der Menschen vereitelt hat.

Zu diesem inganghaltenden Eingriff bedient sich der Schöpfer des Staats. Er hat den Menschen »Herrscher im Ei und Vorgesetzte gegeben, um den Rücken des Schwachen zu stärken«.[438] Der Staat ist zur Rettung und zum Schutz der Schwachen da. In der Amtseinsetzung des Wesirs heißt es geradezu: »Der Herrscher liebt den Furchtsamen mehr als den Starkherzigen.«[439] Der ägyptische Staat verwirklicht eine Rechtsordnung, die das Faustrecht ausschließt und dem Schwachen – den »Witwen und Waisen« – Lebenschancen ermöglicht, die sie sonst nicht besäßen. Die politische Hierarchie des Staates ist das Instrument des Schöpfers, »den Armen aus der Hand des Starken zu erretten« und dadurch die Welt bewohnbar zu erhalten.

Diese Argumentation ist bekannt. Sie legitimiert den starken Staat unter Hinweis auf die Schwäche des Menschen. Diesen Zusammenhang zwischen negativer Anthropologie und Positivierung des starken Staates hat vor allem Carl Schmitt aufgezeigt.[440] Das Besondere der ägyptischen Tradition liegt aber darin, daß sie mit der Freiheit des menschlichen Herzens, sich über das göttliche Verbot hinwegzusetzen und für das Böse zu entscheiden, die Notwendigkeit nicht nur des Staates, sondern auch der Erziehung begründet. Sie geht also davon aus, daß der Mensch nicht durch den äußeren Zwang der politischen Herrschaft, d. h. durch Androhung von Gegengewalt, sondern auch und vor allem durch Erziehung dazu gebracht werden kann, das Recht zu achten und den Schwachen zu schonen. Es handelt sich also nicht um eine radikal negative Anthropologie im Sinne Carl Schmitts. Die Gerechtigkeit ist zwar nicht von Natur aus im Menschen angelegt, aber er ist von Natur aus auf Gerechtigkeit hin angelegt, so daß er zu ihr erzogen werden kann, von wenigen unverbesserlich Bösen abgesehen. Der natürlichen Vertikalität von Arm und Reich, die als Isfet, d. h. Chaos, Unrecht, verteufelt wird, steht die hierarchische Vertikalität von Vorgesetzem und Untergebenem, Patron und Abhängigem gegenüber. Die natürliche Vertikalität entsteht durch »Habgier« – den Trieb des Herzens –, die hierarchische dagegen basiert auf Solidarität, und zwar »vertikaler Solidarität«, d. h. einem Bewußtsein der Zusammengehörigkeit und Verantwortung, das in vertikalen Bezügen denkt. Dieses Bewußtsein kann durch Erziehung im Menschen ausgebildet werden.

Die Weisheitstexte, die den Zusammenbruch der Gerechtigkeit beklagen und die wir daher unter dem Gattungsbegriff »Klagen« zusammenfassen, sprechen daher auch in erster Linie vom Verschwinden der Solidarität unter den Menschen, vom Zusammenbruch der sprachlichen Verständigung und dem Überhandnehmen autonomer Gewalt.[441] Die politische und die ethische Katastrophe werden in engen Zusammenhang gebracht, so daß der Staat als »moralische Anstalt«, als Institutionalisierung der sozialen Tugenden erscheint. Die Klagen wollen nicht nur und vielleicht nicht einmal in erster Linie deutlich machen, daß die Menschen ohne staatliche Ordnung nicht leben können; vielmehr geht es ihnen mindestens mit gleicher Dringlichkeit um den Aufweis, daß sie ohne Gemeinsinn, ohne die im Begriff der Gerechtigkeit zusammengefaßten Tugenden, Gesinnungen, Einstellungen und Haltungen nicht leben können. Dieses Thema beherrscht einen der bedeutendsten Vertreter dieser Gattung, das *Gespräch des Lebensmüden mit seinem Ba*, in dem von Staat und Königtum gar nicht die Rede ist. Das zweite Lied des »Lebensmüden«, dessen Strophen mit der Zeile anfangen: »Zu wem kann ich heute reden?«, behandelt in 15 Strophen den Zusammenbruch mitmenschlicher Solidarität als einen Zusammenbruch der Sprache. Stellvertretend für das ganze Gedicht zitiere ich nur den Anfang:

Zu wem kann ich heute reden?
Die Brüder sind böse, die Freunde von heute, sie lieben nicht.

Zu wem kann ich heute reden?
Die Herzen sind habgierig, jedermann nimmt die Habe seines Nächsten.

<Zu wem kann ich heute reden?>
Der Milde geht zugrunde, der Gewalttätige (*nht*) ist herabgestiegen zu jedermann.⁴⁴²

Was hier beklagt wird, ist der Zerfall des Miteinander-Redens. Das ist durchgängiges Thema aller Klagen. Wo die Sprache aufhört, übernimmt die Gewalt.⁴⁴³ Auch in den *Prophezeiungen des Neferti*, jenes wohl berühmtesten Texts der Gattung, der später zu den Schulklassikern gezählt wurde, spielt dieses Thema eine zentrale Rolle:

> Man gibt nur mit Haß, um den Mund, der spricht, zum Schweigen zu bringen.
> Um ein Wort zu beantworten, fährt der Arm mit dem Stock heraus, man spricht durch Totschlag.
> Rede wirkt auf das Herz wie Feuerbrand,
> man kann das Wort eines Mundes nicht ertragen.⁴⁴⁴

Konnektive Gerechtigkeit ist eine Sache der Verständigung, der Sprache und des Hörens, und nicht der Gewalt. Nicht die staatlich organisierte Macht verbindet die Menschen, sondern die Sprache, worunter hier alles zusammengefaßt ist, was wir mit Begriffen wie Verständigung, Solidarität, Verantwortung, Freundschaft und Mitmenschlichkeit umschreiben. Ob mit der Sprache das Königtum oder mit dem Königtum die Sprache verschwindet, bleibt offen und läßt sich möglicherweise gar nicht entscheiden. Der Gedanke aber, daß mit der Sprachfähigkeit auch die sozialen Normen und Ordnungen leiden, ist alles andere als abwegig, jedenfalls sehr viel weniger abwegig als die von Platon zitierte Theorie des Musikwissenschaftlers Damon, daß die Gesetze der Polis in Mitleidenschaft gezogen würden, wenn jemand etwas an den Gesetzen der Musik ändern wollte. George Steiner, ein konservativer und darin den alten Ägyptern geistesverwandter Literaturwissenschaftler unserer Tage, stimmt eine ganz ähnliche Klage über den Zerfall des Miteinander-Redens an und postuliert einen Zusammenhang zwischen Grammatik und Gesellschaftsordnung: »Explizite Grammatik ist so viel wie Anerkennung einer bestimmten Ordnung – ist eine um so durchgreifendere Hierarchisierung der im Staate geltenden Kräfte und Wertungen, als sie dem Leben jedes einzelnen schon frühzeitig auferlegt wird. Die Kräfte westlicher Sprache, erst einmal zusammengefaßt und danach stabilisiert, haben die Machtverhältnisse der sozialen Ordnung des Westens weitergetragen. Differenzierung und Sonderung nach Genus und Tempora, die Regeln, welche Präfix- und Suffixkonstruktionen regieren, Synapsen und Anatomie der Grammatik – sie bilden die zugleich ostensive und tief verinnerlichte *figura* der Beziehungen zwischen den Geschlechtern, zwischen Herren und Untertanen (...) innerhalb der korrespondierenden Sprachgemeinschaft. (...) Der Aufrührer und der Freak-out haben das Gespräch mit einem kulturellen System abgebrochen, das sie verachten als einen grausamen, antiquierten Betrug. Sie wollen kein Wort mehr wechseln mit dergleichen. Akzeptiere auch nur für einen Moment die Konventionen gebildeten Wortaustausches, und du bist gefangen im Netz der alten Werte und damit einer Grammatik der Leutseligkeit oder Versklavung. Wandlungen des Idioms zwischen den Generationen sind ein normaler Bestandteil der Sozialgeschichte. In früheren Zeiten jedoch sind derlei Wandlungen und auch die verbalen Provokationen der Jugend gegenüber dem Alter nur Varianten eines evolutionären Kontinuums gewesen. Was heute vor sich geht, ist etwas gänzlich neues: nämlich der Versuch, einen totalen Bruch herbeizuführen. Das Gestammel des *drop-out*, das ›fuck-off‹ des Beatnik, das Schweigen des Teenagers im feindlichen Elternhaus – all das ist darauf aus, zu zerstören. (...) Wem wir die Rede verweigern, den entkleiden wir seines Menschentums. (...) Hör auf, mit den anderen zu reden, und Medusas versteinernder Blick wendet sich nach innen. Aus solcher Haltung kommt manches von dem Verletzenden und Hoffnungslosen des heutigen Generationenkonflikts. Aus freien Stücken tut man den aus der gemeinsamen Sprache kommenden, ursprünglichen Bindungen der Identität und sozialen Zusammengehörigkeit Gewalt an.«[445]

Die ägyptischen Kinder mußten nicht den metaphorischen Umweg über die »explizite Grammatik« nehmen, um das Prinzip »Gerechtigkeit« und die Machtverhältnisse der sozialen Ordnung zu lernen. Sie lernten Texte, in denen es direkt um die Grammatik der zwischen- und mitmenschlichen Verständigung ging.

3
Vertikale Solidarität

Das Thema der Wohltätigkeit nimmt in den autobiographischen Grabinschriften der alten Ägypter einen auffallend zentralen Platz ein.[446] Diese Inschriften haben einen unverkennbar apologetischen Charakter. In ihnen rechtfertigt sich ein »Grabherr« vor der Nachwelt gegenüber dem impliziten Vorwurf, seinen Reichtum auf Kosten anderer erworben zu haben. Die frühesten Inschriften dieser Art betonen die Rechtmäßigkeit des Grabbaus: keine älteren Gräber sind dabei beschädigt worden, und die Handwerker wurden anständig entlohnt.

Ich habe dieses Grab errichtet aus meinem rechtmäßigem Besitz; niemals habe ich irgend jemand etwas weggenommen.[447]

Alle Leute, die darin für mich gearbeitet haben, für die habe ich gehandelt, daß sie mir über die Maßen dankten. Sie machten »dies« (Grab) für mich gegen Brot, Bier und Kleidung, Salböl und Korn in reichlichster Weise. Niemals habe ich irgendwelche Leute unterdrückt.[448]

Später wird diese Rechtfertigung verallgemeinert und vom Spezialfall des monumentalen Grabbaus auf das Ganze der Lebensführung übertragen. Denn es sind die Mächtigen, die diese Inschriften aufstellen, und sie müssen sich rechtfertigen, weil die Macht an sich in Ägypten – darauf haben wir bereits hingewiesen – unter dem grundsätzlichen Verdacht der Ausbeutung und Unterdrückung steht. Wenn der Begriff der Rechtsprechung erläutert wird als »den Armen erretten aus der Hand des Mächtigen«, dann müssen die Mächtigen betonen, daß sie zu solcher Rettung keinen Anlaß gegeben haben. So lesen wir etwa:

Ich bin aus meiner Stadt herausgegangen,
ich bin aus meinem Gau herabgestiegen,
nachdem ich die Ma'at getan habe für ihren Herrn
und den Gott zufriedengestellt habe mit dem, was er liebt.
Ich habe Gutes gesagt und Gutes wiederholt,
ich habe Ma'at gesagt und Ma'at getan.
Ich gab Brot dem Hungrigen
und Kleider dem Nackten.
Ich habe meinen Vater geehrt

und wurde von meiner Mutter geliebt.
Ich habe niemals etwas Schlechtes,
Böses oder Boshaftes gesagt gegen irgend jemand,
denn ich wollte, daß es mir gut ginge und daß ich
ein Jenseitsversorgter sei bei Gott und bei den Menschen für immer.[449]

In späteren Inschriften treten die sprichwörtlichen Witwen und Waisen als die exemplarischen Objekte patronaler Wohltätigkeit auf. Im Rahmen eines »konstellativen« Menschenbilds muß deren Schicksal besonders furchtbar erscheinen; sie sind vor allen anderen auf einen »Patron« angewiesen, der den Gatten und Vater vertritt, sie dadurch wieder in eine Konstellation einbindet und ihnen damit zu einer sozial anerkennungsfähigen Personalität verhilft. Die Witwen und Waisen können geradezu als ein Erkennungszeichen dienen für die Mentalität der »vertikalen Solidarität« und »konnektiven Gerechtigkeit«; wo immer wir in altorientalischen, biblischen und ägyptischen Texten auf dieses Motiv stoßen, haben wir es mit dieser Grundeinstellung zu tun.[450] Die folgende Inschrift stammt von einem Wesir des Neuen Reichs (Rechmire, um 1475 v. Chr.):

Ich habe die Ma'at erhoben bis zur Höhe des Himmels,
und ihre Schönheit verbreitet, so weit die Erde ist,
auf daß sie ihre Nasen erfülle wie der [Nordwind]
und die Bitternis vertreibe in den Leibern.
Ich habe Recht gesprochen zwischen dem Armen und dem Reichen,
ich habe den Schwachen bewahrt vor dem Starken,
ich habe die Wut des Bösen abgewehrt,
ich habe den Habgierigen zurückgedrängt in seiner Stunde,
ich habe [...] die Zeit des Wütenden.
Ich habe die Tränen abgewischt ...,
ich habe die Witwe beschützt, die keinen Gatten hat,
ich habe den Sohn eingesetzt auf den Amtssitz seines Vaters,
ich habe [Brot] gegeben [dem Hungrigen]
und Wasser dem Durstigen,
Fleisch, Salbe und Kleider dem, der nichts hat.
Ich habe den Alten gestärkt,
indem ich ihm meinen Stock gab,
ich veranlaßte, daß die alten Frauen sagten: »das ist eine gute Sache!« (usw.)[451]

Im Grab des Paser, eines anderen Wesirs, der 150 Jahre später lebte, liest man:

Ich gab Brot dem Hungrigen,
Wasser dem Dürstenden,
Kleider dem Nackten.
Ich rettete den Elenden vor dem Gewalttätigen,
ich setzte den Sohn auf den Platz seines Vaters.
Ich befriedigte den König meiner Zeit,
um den zu retten, der in der Hand des Mächtigen war.[452]

Anhurmose, aus dessen langer biographischer Inschrift die folgenden Ausschnitte stammen, wirkte unter Merenptah (Ende 13. Jh. v. Chr.) als Hoherpriester des Schu in This:

Ich war ein Schweigender von vollkommenem Verhalten,
(...) der sich mit dem, der nichts hatte, vereinigte.
Ich beachtete den Friedfertigen und setzte hintan den Ausspruch des Hitzigen.
(...) Ich vertrieb Unrecht und Sorge,
ich schenkte Aufmerksamkeit der Stimme der Witwe.
Ich rettete die Untergehenden und gab Lebensunterhalt den Notleidenden.
Ich war ein Schutz des Schwachen,
der eintrat für die Witwe, wenn sie ihrer Habe beraubt war.
Ich war ein Vater des Vaterlosen,
eine Mutter, die die Geringen rettete.
Ich war eine Amme für seine Klienten,
der sie auf den rechten Weg gab.
Ich war ein Hirte seiner Leute,
der sie schützte vor allem Leid.
Ich war ein Schiffer für seine Hörigen,
der sich kümmerte um ihre Angelegenheiten.
(...) Ich war der Vertraute des Besitzlosen,
der den Klagen der Leute Aufmerksamkeit schenkte.
Ich hörte dem Geringen zu
und tat, was er sagte.

Ich freute mich über Worte der Ma'at,
mein Abscheu war es, Lügen anzuhören.
Ich tat die Ma'at auf Erden
so viele Male wie Haare auf dem Kopf sind.
Ich bin ein Gerechtfertigter an allen meinen Plätzen
am Tag des (Toten-)Gerichts.

(...) Ich war einer, den das Volk liebte,
über dessen Worte die Leute sich freuten.
Ich war freigebig gegenüber dem, der nichts hatte,
und belebte den Niedergeschlagenen.

Ich weinte über einen Unglücksfall
und sorgte mich um den, der zu Boden schaute.
Ich war wach für den Notschrei der Waise
und erfüllte alle ihre Wünsche.
Ich hob das Kind auf, das von Kummer beladen war,
ich beendete sein (Leid) und wischte seine Tränen ab.
Ich ließ die Klagende ihre Trauer vergessen.
(...)
Ich salbte die verarmte Witwe,
und gab Kleider dem Nackten.
Ich sprach Recht zwischen zwei Wütenden,
so daß sie zufrieden herausgingen.
Ich befriedete zwei streitende Brüder,
so daß ich ihren Zorn mit meinem Ausspruch vertrieb.
Ich vertrieb das Leid aus dem Herzen der Leute
und beglückte das Herz des Traurigen.
Ich beschützte das mittellose Kind,
bis der Tag kam, da es flügge wurde.
Ich hob den Niedergesunkenen auf mit meiner Nahrung,
ich (war eine Zuflucht für) die Elende, um ihre Glieder am Feuer zu wärmen.
(...)[453]

Diese Inschrift ist besonders bemerkenswert, weil sie über das Motiv der Verantwortung gegenüber den Schwachen und Bedürftigen hinausgeht und, vielleicht zum ersten Mal in der ägyptischen Tradition, das Gefühl des Mitleids artikuliert, das in der Bibel eine so große Rolle spielt. Man spricht hier geradezu von »Erbarmensgesetzen«.[454] Nach altorientalischer und biblischer Rechtsauffassung dient das Gesetz nicht vornehmlich dem Schutz des Eigentums; im Gegenteil spielt der Gedanke gesetzlich vorgeschriebenen Verzichts auf Eigentum, etwa in der Form von Schulderlassen, eine große Rolle.[455] Typische Verzichtgesetze sind etwa Edikte der Begnadigung, Freilassung, Amnestie, wie sie mesopotamische und ptolemäische Herrscher anläßlich ihrer Thronbesteigung zu erlassen pflegten, also ein Akt, den wir eher als Rechtsaufhebung denn als Rechtsstiftung einstufen würden.[456]

In Ägypten gibt es keine kodifizierten Gesetze. Wir stoßen aber auf ähnliche Grundsätze in den Lebenslehren und biographischen Grabinschriften, die wir als Kodifikationen sozialer Normen ansehen dürfen. So heißt es etwa in der späten Lehre des Amenemope:

Wenn du einen großen Rückstand bei einem Armen findest,
so mache daraus drei Teile:
Erlasse (ihm) zwei davon und laß nur einen stehen.
Du wirst diese (Vorgehensweise) wie den Weg des Lebens finden ...
Besser als Schätze im Speicher ist es,
als Menschenfreund gelobt zu werden.[457]

In einer etwa gleichzeitigen Inschrift rühmt sich ein Priester, diese Grundsätze in seiner Lebensführung in die Tat umgesetzt zu haben:

Ich war besorgt, den Thebanern Saatgutdarlehen zu geben,
und ich erhielt die Armen meiner Stadt am Leben.
Ich war nicht zornig gegen einen,
der (es) nicht zurückzahlen konnte.
Ich bedrängte ihn auch nicht (mit der Drohung),
ihm seine Habe wegzunehmen.
Ebenso ließ ich es nicht zu, daß er seine Güter einem anderen verschrieb,
um seine Schuld, die er aufgenommen hatte, zu tilgen.[458]

Ein anderer nennt sich lapidar: »Einer, der die Abgaben lindert und Steuerrückstände erläßt«.[459] Schon am Ende des 3. Jts. v. Chr. liest man im Grab des Gaufürsten Cheti:

Jedermann bei mir empfing das Überschwemmungswasser nach Herzenslust.
Wasser wurde auch seinen Nachbarn gegeben,
so daß er mit ihnen in Frieden lebte.
Ich war reich an nördlicher Gerste,
während das Land eine »Sandbank« war.
Die Stadt wurde mit dem $ḥ3$-Getreidemaß,
(je selbst) mit dem $ḥq3t$-Getreidemaß mit Lebensunterhalt versorgt.
Weiter ließ ich den Armen und seine Frau, die Witwe und ihren Sohn nördliche
    Gerste für sich holen.
Weiter erließ ich die Steuern von jedermann, und zwar die, die ich von meinen
    Vätern berechnet fand.[460]

Vertikaler Sozialismus bezieht sich auf das Programm einer Sozialordnung, die die Ungleichheit unter den Menschen zwar als eine Form von Unordnung bekämpft, aber nicht aufhebt, sondern als unaufhebbares Charakteristikum der Welt, wie sie ist, hinnimmt und anerkennt. Die Ungleichheit wird nicht aufgehoben, sie wird lediglich in ihren Folgen gemildert: durch soziale Normen, die Wohltätigkeit und Armenpflege, Erbarmen und Verantwortung einschärfen im Sinne von Verpflichtungen, die mit der Zugehörigkeit zur Hierarchie verbunden sind. Wir wollen uns das billige Argument versagen, daß damit die bestehenden Verhältnisse nur verstetigt werden und daß die helfende Hand den Armen nur in seiner Abhängigkeit bestärkt, anstatt ihn daraus zu befreien. Wir wollen uns auch den Einwand versagen, daß die aufdringliche Thematisierung von Altruismus und Wohltätigkeit ein eher schlechtes Licht auf die tatsächlichen Verhältnisse wirft, die diesen unausgesetzten Aufruf offenbar notwendig machten. Niemand weiß, wie die tatsächlichen Verhältnisse wirklich ausgesehen haben. Sicher ist aber, daß wirksame Hilfe den Armen nicht ärmer macht und daß die unermüdliche Erziehung zur Gerechtigkeit die Welt nicht gut ungerechter machen kann.

Wenn man das Fehlen sozialer Revolutionen oder wenigstens Reformen in den altorientalischen Staaten beklagt, muß man bedenken, daß die Rolle des sozialen Reformers und »Guten Hirten« in gewisser Weise zum offiziellen Königsbild gehörte. Die Herrscherqualitäten eines Königs erweisen sich darin, wie es ihm gelingt, die Gerechtigkeit in seinem Reich zur Geltung zu bringen, und der Maßstab hierfür sind die sprichwörtlichen Witwen und Waisen und nicht etwa die Mächtigen und Besitzenden.

Vieles spricht dafür, daß dieses Herrscherbild in Ägypten nicht ursprünglich ist, sondern sich bei den Gaufürsten der Ersten Zwischenzeit, also nach dem Zusammenbruch des Alten Reichs, entwickelt hat. Darauf sind wir im sechsten Kapitel näher eingegangen. Es handelt sich ursprünglich nicht um Herrscher-, sondern um Magnatentugenden, um das Bild des Patrons, der in den Zeiten der Hungersnot seine Klienten bzw. seinen ganzen Gau am Leben erhalten hat, also um alternative Ordnungskonzepte, die sich nach dem Zusammenbruch der pharaonischen Ordnung entwickelt haben und dann mit dem Wiedererstarken des Zentralkönigtums in das offizielle Herrscherbild aufgenommen wurden. Der König des Mittleren Reichs verbindet das Gottkönigtum des Alten Reichs mit dem Image und Tugendkanon eines »Großpatrons« der Ersten Zwischenzeit.

Wenn man auf diesen Ursprung blickt, in einer Zeit der Krise, der fehlenden Zentralherrschaft, könnte man dem »vertikalen Sozialismus« geradezu den Charakter einer revolutionären Ideologie zuerkennen. Aber dagegen spricht denn doch, daß er so bruchlos in die Staatsideologie des Mittleren Reichs übersetzbar war. Das Herrschaftskonzept der Patrone, Magnaten und Gaufürsten zielte nicht auf eine alternative politische Ordnung, sondern ließ sich ohne weiteres in das pharaonische Herrscherbild übernehmen. So kommt es zu dem Bild des »Guten Hirten«, der seine Herde schützt, allerdings weniger vor Hungersnot und Elend, als vor Unterdrückung und Ausbeutung durch die »Mächtigen«. Das Prinzip der vertikalen Solidarität erfährt im Laufe der pharaonischen Geschichte eine starke und vielfältige Theologisierung. Von Anfang an ist klar, daß Pharao nicht die Spitze der Pyramide bildet. Er ist eine Verweisfigur, die auf einen noch Höheren hindeutet. Das ist zum einen der Sonnen- und Schöpfergott, der ihn als seinen Sohn auf Erden eingesetzt hat, damit er das Werk der Weltinganghaltung dort im Rahmen der Menschenwelt durchführe wie der Sonnengott im Rahmen der Götterwelt, und das ist zum anderen der Gott Horus, den der König verkörpert und in dessen Rolle er dem Gott Osiris als Sohn und Rächer verantwortlich ist. Das ist das Prinzip der repräsentativen Theokratie. Eine ganz andere Theologisierung erfährt das Prinzip der vertikalen Solidarität, wenn es den einzelnen Menschen unmittelbar mit der Gottheit in Beziehung setzt, ohne Vermittlung über deren königliche Repräsentation. Diesen Fall haben wir in den vorangehenden Kapiteln im Zusammenhang der Idee des Totengerichts und der Persönlichen Frömmigkeit betrachtet. Im Totengericht tritt der Mensch unmittelbar vor seinen göttlichen Richter. Dieser beurteilt ihn aber nach den Normen der vertikalen Solidarität. Er repräsentiert den König ebenso in der Unterwelt, wie dieser ihn auf Erden repräsentiert hatte. Das Totengericht eröffnet dem Einzelnen keinen Sonderweg, um unabhängig von sozialen und politischen Pflichten und Verantwortlichkeiten zur Unsterblichkeit zu gelangen. Anders steht es mit der Persönlichen Frömmigkeit; hier scheint die Möglichkeit des Heilsegoismus keineswegs ausgeschlossen. Es deutet sich ein Umbuchungsprozeß an, der das Konzept der vertikalen Solidarität auf die Dauer ausgehöhlt hätte, wenn er sich in Ägypten vollkommen hätte durchsetzen können.

Zehntes Kapitel
Fremdheit im alten Ägypten

I
Die kulturelle Konstruktion von Fremdheit

Der »vertikalen Solidarität«, die wir betrachtet haben, möchte das folgende Kapitel die »horizontalen« Zugehörigkeitsstrukturen gegenüberstellen, wie sie im Unterschied, nicht von arm und reich, schwach und stark, Herr und Knecht hervortreten, sondern im Unterschied von Eigenart und Fremdheit. Auch Fremdheit (und nicht erst Feindschaft) ist ein politischer Begriff, und auch die Unterscheidung des Eigenen und des Fremden steht vielfältigen Theologisierungen offen.

Fremdheit, Zugehörigkeit und Übersetzung

Eine umfassende Behandlung des Themas Fremdheit im Sinne einer kulturwissenschaftlichen Xenologie sollte das Thema in mindestens drei Aspekten behandeln: Fremdheit, Zugehörigkeit und Verfahren der Übersetzung. Die untrennbare Zusammengehörigkeit der beiden ersten Aspekte versteht sich von selbst, denn Fremdheit ist gewissermaßen der Schatten der Zugehörigkeit und davon nicht zu trennen. Aber auch der dritte Aspekt, Übersetzung, gehört systematisch in diesen thematischen Zusammenhang hinein. Kulturen haben gleichzeitig mit der Ausbildung von Identität nicht nur Alterität und Fremdheit als deren Schattenbilder generiert, sondern immer auch Kulturtechniken des Umgangs mit und Verstehens von Fremdheit entwickelt. Diese Kulturtechniken seien unter dem Oberbegriff »Übersetzung« zusammengefaßt. Darunter soll alles verstanden werden, was – vom sprachlichen Dolmetschen über Riten und Medien der Allianz und der Rivalität bis hin zu völkerrechtlich geregelten Kontaktzonen interkultureller Begegnung, Kooperation und Kompetition – als Kulturtechniken der Verständigung dazu dient, Fremdheit zu normalisieren und den Fremden in den »Anderen« zu transformieren, den Partner in Beziehungen der Kooperation wie der Rivalität. Der folgende Beitrag beschränkt sich jedoch aus Raumgründen auf die ersten beiden Aspekte. Der Aspekt der Übersetzung erfordert eine eigene Studie. Ich möchte hier nur soviel andeuten, daß die Religion in diesem Zusammenhang eine höchst ambivalente Rolle spielt. Sie kann, das erleben wir in unserer eigenen Gegenwart, interkulturelle Übersetzbarkeit und Verständigung blockieren und fremdheitsverschärfend wirken, sie kann aber auch ganz im Gegenteil als der wichtigste Faktor interkultureller Übersetzbarkeit wirken: Das ist der Fall bei den antiken Polytheismen. In Ägypten können wir beobachten, wie sich in der Spätzeit, unter Bedingungen äußerer Bedrohung und wechselnder Fremdherrschaften, die der Geschichte Israels während des gleichen Zeitraums nicht unähnlich sind, die Religion zu einem fremdheitsverschärfenden, Übersetzung blockierenden Prinzip entwickelt.[461]

Fremdheit ist zu unterscheiden von Andersheit auf der einen und Feindschaft auf der anderen Seite. Der Andere ist der Partner in einem übergreifenden System symbolischer Klassifikation und Kontradistinktion. Der Andere entsteht durch Individuation, Abgrenzung, aber nicht Ausgrenzung. Die Grenze, die zwischen »mir« und dem Anderen, zwischen »uns« und den Anderen gezogen wird, ist immer eine »Grenze zwischen«, niemals eine »Grenze bis«; es handelt sich um eine gegenseitige Abgrenzung. Fremdheit dagegen entsteht als das Jenseits einer »Grenze bis«, die sich als der Horizont von Eigenheit und Vertrautheit bestimmen läßt, wie ihn jede Form von Identität unausweichlicherweise ausbildet. Der Andere ist nicht der Unbekannte, im Gegenteil: Man kann u. U. den Anderen besser kennen als sich selbst. Der Fremde aber hört mit wachsender Kenntnis auf, fremd zu sein, und wird zum Anderen im Sinne der kooperativen oder kompetitiven Partnerschaft. Nur durch Selbstarkanisierung, indem er die Kenntnis über sich vorenthält und aus sich ein Geheimnis macht, kann er sich diesem Prozeß entziehen. Fremdheit läßt sich nicht nur abbauen und überwinden, sondern auch steigern, und Selbstarkanisierung und Exotisierung sind Formen solcher Steigerung. Mit der einen steigere ich gegenüber den Anderen meine eigene Fremdheit, mit der anderen die der Anderen gegenüber mir selbst.

Auch Andersheit läßt sich steigern, und zwar durch das, was E. W. Mühlmann die Aufrüstung der »limitischen Struktur« genannt hat. »Sie bestimmt sich durch den Menschen selbst, der zum Träger von ›Grenzzeichen‹ wird. Diese Grenze markiert sich durch Tätowiermuster, Körperbemalung, Körperdeformationen, Schmuck, Tracht, Sprache,

Küche, Lebenshaltung, in Summa: Durch die ›Kultur‹ als Sachbesitz, Überlieferungen, Mythen usw. (Erinnert sei an die Schottenmuster, die ja auch Klanabzeichen sind). Matten, Sarongmuster, auch Waffen in ihrer Formgestaltung können ›Grenzen‹ markieren, sogar Gesänge und Tänze. Das alles ist nicht bloß ›da‹, es grenzt auch ab gegen die ›Anderen‹, ist mit Vorzugs- und Überlegenheitsbegriffen, Ideologien markierend verbunden. Für den Grenzbegriff der Naturvölker ist diese Markierung (vgl. lat. margo) viel wichtiger als eine etwa auch bestehende Abgrenzung der Felder – die *auch* vorhanden sein kann, aber zu etwas Umfassenderem, in die Existenz des Menschen Greifenden gehört, eben eine ›limitische Struktur‹. (...)
Die limitische Struktur grenzt im idealtypischen Fall die ›Kultur‹ nicht als *eine* Form der Lebenshaltung ab gegen andere Formen, die auch als ›Kulturen‹ gelten könnten, sondern sie involviert ›Kultur‹ schlechthin als die eigene, d. h. als gültigen Kosmos, demgegenüber alle anderen ›Kulturen‹ als eigentlich untermenschlich gelten. ›Andere Kulturen‹ sind sie nur für den Kulturforscher, mit seinem breiteren kasuistischen Überblick, nicht jedoch für den Eingeborenen. Erst allmählich und mühsam wird gelernt, daß das ›Andere‹ auch Menschenähnlichkeit hat.«[462]

Feindschaft schließlich gibt es sowohl im Zeichen der Andersheit als auch in dem der Fremdheit. Der Andere ist als Feind der Rivale; in diesem Fall ist auch Krieg eine Form der Partnerschaft, die Nähe voraussetzt und mögliche Allianz nicht ausschließt. Der Fremde dagegen ist als Feind entweder das Subjekt oder das Objekt von Raubüberfällen mit dem Ziel der bedingungslosen Unterwerfung, Versklavung oder gar Vernichtung. Allianz ist hier ausgeschlossen. Es gibt aber auch den Sonderfall einer Kontraidentifikation auf individueller oder auf kollektiver Ebene, die Personifikation einer Identifikation »gegen«.[463] Der zum Feind gesteigerte Fremde wird zum Inbegriff all dessen, was die eigene Identität bedroht. Solche kollektive Konstruktion von Feindbildern geht einher mit der Blockierung des dritten Aspekts: der Übersetzung.[464]

Was ist ein Fremdheitskonzept?

Fremdheit ist das notwendige und unausweichliche Korrelat von Zugehörigkeit, also eine Funktion der menschlichen Gruppenbildung. Ebenso vielfältig wie die Formen und Strukturen dieser Gruppenbildung, so läßt sich vermuten, sind daher die Formen und Strukturen der Fremdheit. Fremdheit und Zugehörigkeit sind zwei Seiten desselben Prozesses der Gruppenbildung oder »Pseudospeziation«.[465] Steigerungen der Zugehörigkeit oder »Ethnizität«, z. B. nationalistische Tendenzen und Bewegungen, führen regelmäßig zu Verschärfungen der Fremdheitskonzepte, zu Fremdenablehnung und Fremdenhaß. Die »Generatoren« von Zugehörigkeit sind gleichzeitig auch die Generatoren von Fremdheit. Da dieser Prozeß von Gesellschaft zu Gesellschaft verschieden abläuft und höchst unterschiedliche Strukturen ausbildet, sind sie kulturell spezifisch. Daher ist es sinnvoll, nach spezifisch ägyptischen Konzepten von Fremdheit zu fragen und bei dieser Untersuchung von den spezifisch ägyptischen Strukturen und »Generatoren« von Zugehörigkeit auszugehen.

Dichte und lockere Strukturen

Zugehörigkeitsstrukturen können eher locker, und sie können eher eng sein. Im ersten Falle spricht man von *loose*, im zweiten von *tight societies*.[466] Man muß sich »Lockerheit« und »Dichte« als Pole auf einer Skala vorstellen. Der Ort einer Gesellschaft auf dieser Skala scheint mit dem Grad ihrer Seßhaftigkeit zusammenzuhängen. Nomadische Gesellschaften weisen eine lockere, seßhafte dagegen eine dichte Zugehörigkeitsstruktur auf. Ägypten gehört in jedem Falle zu den ausgesprochen »dichten« Gesellschaften, und zwar aus zwei Gründen. Der eine Grund liegt in der Seßhaftigkeit, die in Ägypten nicht nur eine mehr oder weniger selbstverständliche Lebensform darstellt, sondern zur Ideologie gesteigert wird. »Stadtgott« und »Grab« sind die Exponenten dieser Ideologie, die den Einzelnen an seinen Ort bindet. Der andere Grund liegt in dem ägyptischen Personbegriff, der durch Nichtautarkie gekennzeichnet ist. Nicht »Selbständigkeit«, sondern »Eingebundenheit« ist das ägyptische Ideal. Leben heißt nach ägyptischer Vorstellung: Bindungen eingehen; Bindungen der Familie, der sozialen Verantwortung, der beruflichen Beauftragung, Bindungen der Treue und des Gehorsams sowie der Fürsorge und Verantwortung. Man gewinnt Personalität nur in bezug auf Andere, und zwar in einem hierarchischen Ordnungsgefüge, das ich mit dem Begriff der »vertikalen Solidarität« kennzeichne. Ebenso wichtig ist in diesem Zusammenhang aber auch ein anderer Aspekt der Eingebundenheit, den ich

»konnektive Gerechtigkeit« nenne. Mit diesem Begriff umschreibe ich das ägyptische Axiom des »Füreinander-Handelns«: »Handeln für den, der gehandelt hat«. Nach ägyptischer Vorstellung ist der sogenannte Tun-Ergehen-Zusammenhang eine Sache des sozialen Gedächtnisses. In einem Text aus dem frühen 2. Jt. v. Chr. heißt es:

Zu wem kann ich heute reden? Man erinnert sich nicht des Gestern, man handelt nicht für den, der gehandelt hat heutzutage. Zu wem kann ich heute reden? Die Brüder sind böse, man nimmt Zuflucht zu Fremden für Zuneigung des Herzens (...) Zu wem kann ich heute reden? Es mangelt an einem Vertrauten, man nimmt Zuflucht zu einem Fremden, um ihm zu klagen.[467]

Dieser Text handelt von der Entstehung von Fremdheit durch soziales Vergessen. Es gibt keinen Vertrauten mehr, man muß sich an Fremde wenden ... Der Einzelne wird zum Fremdling inmitten einer Gesellschaft, die das Gedächtnis verloren hat. Zugehörigkeit ist also nach ägyptischer Auffassung keine natürlich gegebene, sondern eine durch kulturelle Anstrengungen aufrechtzuerhaltende Struktur, eine Leistung des sozialen Gedächtnisses. Als solche aber wird Zugehörigkeit zu einem Wert ersten Ranges gesteigert. Daher kann man von einer besonders »dichten« Zugehörigkeitsstruktur sprechen.

Enge und weite Zugehörigkeitshorizonte

Zugehörigkeitsstrukturen können, vollkommen unabhängig von der Frage ihrer Intensität, den Einzelnen in einen engeren oder weiteren Horizont von Gemeinschaft einbinden. Der engste Horizont ist die Familie, worunter jedoch ebenfalls wieder Gruppierungen verschiedener Größenordnung verstanden werden. Selbstverständlich ist jedes Individuum in mehrere solche Zugehörigkeitshorizonte gleichzeitig eingebunden. Entsprechend vielen Erscheinungsformen von Nichtzugehörigkeit oder Fremdheit sieht sich auch jedes Individuum ausgesetzt. Man kann sich im Kleinhorizont von Familie, Verein oder Berufsgruppe fremd sein und doch im Großhorizont der Ethnie, Nation oder Religion zusammengehören. Je weiter der Zugehörigkeitshorizont, desto blasser ist seine natürliche Evidenz und desto größer ist seine Angewiesenheit auf kulturelle Generatoren von Identität. In diesem Raum sich überlagernder und kreuzender Zugehörigkeitsstrukturen gibt es aber in der Regel Schwerpunktbildungen und Prioritäten. Als Nationalismus z. B. wird eine Bewegung verstanden, die die ethnopolitische Zugehörigkeit zur schlechthin prioritären, alle anderen Zugehörigkeiten ausstechenden erklärt.[468]

Generatoren von Identität sind Faktoren, auf die eine Gruppe ihre Zusammengehörigkeit zurückführt. Diese Faktoren können ganz verschieden sein: Abstammung, Sprache, Religion, Territorium, Geschichte usw., wichtig ist nur, daß sie den Mitgliedern der Gruppe bewußt sind. Es gibt auf diesem Gebiet keine natürliche Determination. Alles kann einer Gruppe zum Symbol und Generator von Zugehörigkeit werden, und ebenso kann ein Faktor, der im einen Kontext die zentrale Rolle spielt, in einem anderen nebensächlich oder geradezu abwesend sein.

Bei Herodot wird eine Geschichte erzählt, die auf die Faktoren eines ethnopolitischen Zugehörigkeitsbewußtseins im antiken Griechenland ein sehr bezeichnendes Licht wirft. Gegen Ende der Perserkriege hielt sich Alexandros von Mazedonien als Unterhändler in Athen auf, um die Athener zu einem Bündnis mit dem Perserkönig zu überreden. Die Athener schoben aber die Verhandlung hinaus, »weil sie wußten, daß man in Sparta von der Ankunft des persischen Gesandten und dem beabsichtigten Vertrage hören und schleunigst Gesandte schicken würde. Sie hatten daher absichtlich gewartet, um den Spartanern ihre wahre Gesinnung vor Augen zu führen.« Zunächst erhält Alexandros eine scharfe Absage, dann bekommen die mißtrauischen Spartaner ihre Lektion. »Und dann ist da das Griechentum (*tò hellenikón*), nämlich die Gleichheit des Blutes und der Sprache (*homaimón te kaì homóglosson*), die gemeinsamen Heiligtümer und Riten und die gleichgerichteten Sitten (*etheá te homótropa*).[469] Dieses Zugehörigkeitsbewußtsein stützt sich also auf Gemeinsamkeiten der Abstammung, Sprache, Religion und Lebensform als Brennpunkten und Generatoren von Identität. Was in dieser Aufzählung fehlt, ist die politische Einheit und das gemeinsame Territorium. Die panhellenische Identität, die in den Perserkriegen wo nicht entsteht, dann doch hervorgekehrt und aufgewertet wird, ist in politischer und territorialer Hinsicht polyzentrisch und verstreut. Es ist überhaupt fraglich, ob sich mit dieser panhellenischen Identität, diesem »Hellenikon«, der Begriff einer gemeinsamen Zusammengehörigkeit im Sinne von »Volk«, griech. *ethnos* oder *laos* oder *demos*, verbindet. Es sind viele *ethne* und viele politische Einheiten, die sich unter dem Oberbegriff des Griechentums zusammengehörig fühlen. Wir haben also eine gestufte politische Zugehörigkeitsstruktur vor uns. Zunächst gehört man seiner Polis zu und darüber hinaus, in zweiter Linie, dem Griechentum. Entsprechend abgestuft ist die Fremdheitsstruktur. Ein Fremder ersten Grades, sozusagen, wäre der Angehörige einer anderen Polis, ein Fremder zweiten Grades ein Nichtgrieche, der als solcher definiert ist durch Abweichungen der Abstammung, Sprache, Religion und Lebensform. In der Situation höchster äußerer Bedrohung bekennen sich die Athener zur Zugehörigkeit zweiten Grades, zum Griechentum als der vorrangigen Identität. Das Griechentum als Ausdruck eines vorrangigen Zugehörigkeitsbewußtseins entsteht erst in der Bedrohung durch die Perser, also in der Situation einer historischen Herausforderung. Man kann sich fragen, ob nicht Ethnizität, also die Ausbildung einer kollektiven Identität, die auf der Gemeinsamkeit von Abstammung, Sprache, Religion und Lebensform beruht, immer in Reaktion auf vergleichbare Herausforderungen entsteht.

Generatoren von Zugehörigkeit (Identität) in Ägypten

Wenn man die von Herodot genannten griechischen Generatoren von Identität einmal versuchsweise auf die ägyptische Gesellschaft anwendet, kommt man zu ganz anderen Resultaten.

Abstammung bildet im ägyptischen Denken keinen kollektiven Identitätsfokus. Mythen, die – wie etwa in Israel – die Vielzahl der Stämme und Völker genealogisch ordnen und auf verschiedene Stammväter zurückführen, sind nicht bekannt. Man darf daher vermuten, daß auch im ägyptischen Fremdheitskonzept die Frage der Abstammung – also »rassische« Gesichtspunkte – keine oder jedenfalls keine vorrangige Rolle spielen.

Sprache. Daß die Ägypter eine gemeinsame Sprache, aber verschiedene Dialekte sprachen, erscheint außer Zweifel. Die ägyptische Schrift spiegelt dialektale Varianten nicht wider. Erst im Koptischen treten sie hervor. Wir müssen aber in allen Perioden der ägyptischen Sprachgeschichte mit entsprechenden Dialekten rechnen.[470] Die Frage ist, ob sie groß genug waren, um die interlokale Verständigung zu erschweren oder gar zu verunmöglichen. In der für unsere Fragestellung hochbedeutsamen Sinuhe-Erzählung, auf die wir noch mehrfach zurückkommen müssen, vergleicht sich der Held – ein Höfling, der im Zusammenhang der Ereignisse um die Ermordung Amenemhets I. aus

Ägypten ins syro-palästinensische Ausland flieht – in seiner vollkommenen Orientierungslosigkeit mit der Situation eines Mannes aus Elephantine im Delta oder eines Deltabewohners im äußersten Süden. Was ist das *tertium comparationis* dieses Vergleichs? Warum fühlt sich der Elephantiner im Delta in der Fremde? Ist es denkbar, daß sich die Bewohner der äußersten Landesteile sprachlich nicht verständigen konnten? In genau diesem Sinne hat 700 Jahre später, in der Ramessidenzeit (13. Jh. v. Chr.) der Verfasser der *Literarischen Streitschrift* (Pap. Anastasi I) diesen Vergleich verwendet: »(Dein Gerede,) es gibt keinen Fremdsprachigen, der es erklären könnte. Es ist wie die Unterhaltung eines Deltabewohners mit einem Mann aus Elephantine.«[471]

In der Sinuhe-Erzählung wirbt der Beduinenhäuptling Amunenschi um den Auswanderer Sinuhe mit dem Versprechen: Du wirst die Sprache Ägyptens hören. Er stellt ihm in Aussicht, daß er an seinem Hof auf Landsleute treffen wird. Von diesen Landsleuten ist aber im weiteren nicht die Rede. Sinuhe folgt Amunenschi, hält sich aber an ihn und seine Familie und nicht etwa an die Ägypter. Die Tatsache, daß er in der Fremde auf »Landsleute« trifft, wird nicht als narratives Motiv entfaltet, spielt also keine Rolle.

Religion. Es ist sehr fraglich, ob wir ein Recht haben, von »der« ägyptischen Religion zu sprechen. Wahrscheinlich gab es eine gesamtägyptische und zahlreiche lokale Religionen. Vermutlich nahmen im Lauf der ägyptischen Geschichte erstere an Bedeutung zu und letztere entsprechend an Bedeutung ab, so daß man in bezug auf das Mittlere und Neue Reich mit sehr viel größerem Recht von »der« ägyptischen Religion sprechen kann als in bezug auf das Alte. Zur Spätzeit hin nahm aber der Regionalismus wieder zu. Das hat politische Gründe. Die »gemeinsame«, gesamtägyptische Religion interlokaler Geltung hängt mit der Institution des pharaonischen Königtums in engster Weise zusammen, sie bildet nicht nur eine Art Staatsreligion, sondern der Staat ist die Institutionalisierungsform, gewissermaßen die »Kirche« dieser Religion. An ihrer Spitze steht der Pharao als Sohn und Repräsentant des Schöpfer- und Sonnengottes, der wiederum an der Spitze des ägyptischen Pantheons steht. Die politische Einheit des Landes fungiert als ein Ordnungsparameter, der in die Vielzahl der Kulte eine gemeinsame Struktur bringt und sie zu einer »ägyptischen Religion« jenseits aller regionalen Ausprägungen integriert. Mit dem Zerfall der politischen Einheit schwächt sich auch die religiöse Integration ab zugunsten der Vielheit. Die Religion stellt daher zumindest von Haus aus keinen starken Brennpunkt interlokaler Zusammengehörigkeit dar und entsprechend auch keinen Generator von Fremdheit. Interessanterweise ändert sich das jedoch in der Spätzeit. Das spätägyptische Bild des Fremden sieht im Ausländer in erster Linie den Religionsfrevler, Tabuverletzer und Tempelschänder. Hier scheinen die heiligen Tiere eine ähnliche Rolle gespielt zu haben wie die sprichwörtlichen heiligen Kühe in Indien während der englischen Kolonialzeit. Die heiligen Tiere und die verschiedenen, regional differenzierten Speise- und sonstigen Tabus entwickeln sich zu ethnischen Zentralsymbolen und kollektiven Identitätsbrennpunkten erster Ordnung. Auch stößt man jetzt in verschiedenen Quellen auf einen Mythos des zum Feind gesteigerten Fremden, der ihn als *miaros*, als Aussätzigen, Unreinen, als befleckten Beflecker abstempelt, den man aus dem Lande jagen muß, um im Zustand der Reinheit, Heiligkeit und Gottesnähe leben zu können. Uns ist dieser Mythos in der biblischen Exodus-Erzählung bekannt, die ihn auf den Kopf stellt, indem sie aus den Vertriebenen zurückgehaltene Auswanderungswillige macht und das Motiv der Befleckung, zehnfach gesteigert, von den Fremden auf die Ägypter selbst überträgt. In Ägypten geht dieser Mythos auf Erfahrungen der Hyksos-, vor allem aber der Amarnazeit zurück und entwickelt sich, angereichert durch verschiedene traumatische Erfahrungen von Eroberungen, Plünderungen und Besatzungen, zu einem zentralen Element spätägyptischer Kollektivsymbolik. Darauf werden wir noch eingehen.

Lebensform

Gab es eine gemeinsame ägyptische Lebensform? Und war sie so ausgeprägt, daß Abweichungen von dieser Gesittung als unägyptisch, als fremd empfunden wurden? Schon die erste Frage wird man eher mit »Nein« beantworten. Was wir als »die ägyptische Lebensform« einschätzen würden, jene Gesittung, wie sie in den Lebenslehren entworfen und vermittelt wird, kennzeichnet die Lebensform der höheren Stände. Hierzu gehört erstens die Ethik der Ma'at, die eine typische Oberschichtenethik ist: eine Ethik des Helfens und Schützens, der Verantwortung und Selbstzurücknahme[472]; hierzu gehört zweitens eine höchste Verfeinerung der Manieren, der Diskretion und Höflichkeit; und hierzu gehört drittens ein durch Kosmetik, Kleidung und Körperpflege angestrebtes Schönheitsideal. Durch all das hebt sich die ägyptische Oberschicht ebenso von den Ausländern wie von den einheimischen Unterschichten ab. Auch hier also gibt es genug Fremdheit im Eigenen, um die äußere Fremdheit zu relativieren. Man hat immer wieder das karikaturistische Element in den ägyptischen Fremdvölkerdarstellungen hervorgehoben und dabei völlig übersehen, daß die Kunst denselben scharfen, karikierenden Blick auch auf die eigenen Unterschichten richtet.[473]

Man kann aber auch hier davon ausgehen, daß sich die Trägerschicht der ägyptischen Lebensform im Laufe der Zeit verbreitert und sich im gleichen Zuge eine Vorstellung herausbildet von dem, was in einem allgemeinen, nichtstandesspezifischen Sinne ägyptisch ist. Es sieht auch so aus, als hätten sich in Ägypten niemals spezifisch unter- und mittelständische Lebensformen in Kontradistinktion zur Beamtenaristokratie herausgebildet, sondern als hätte die Elite als Träger der ägyptischen Kultur und Identität schlechthin gegolten und sie gewissermaßen stellvertretend für alle repräsentiert und realisiert.

Erst in der Spätzeit entwickelt sich im Zusammenhang mit einer allgemeinen »Klerikalisierung« der Kultur eine stark von religiösen Tabus, insbesondere Speise- und Reinheitsvorschriften geprägte Lebensform, die, ähnlich wie die jüdische Halacha, einen exklusiven, den Umgang mit Fremden erschwerenden und daher fremdheitsverstärkenden Charakter hat. Bei Herodot lesen wir, daß die Ägypter keine Tischgemeinschaft mit Ausländern zuließen.[474] Darüber hinaus stellt er fest: »Darum (weil die Kühe ihnen heilig sind) würde auch kein Ägypter oder Ägypterin einen Hellenen auf den Mund küssen (weil dieser Mund das Fleisch von Kühen gegessen hat), oder das Messer, die Gabel, den Kochkessel eines Hellenen benutzen (weil damit das Fleisch von Kühen bereitet und gegessen wurde).« (II 41) Diese Bemerkung findet sich nur bei Herodot; sie dient seinem Darstellungsinteresse, die Differenz zu markieren, ebenso wie in der biblischen Josefserzählung, die behauptet, die Ägypter würden nicht mit Hebräern zusammen essen (Gen 43,23). Der einzige ägyptische Text, dem man ähnliche Dinge entnehmen kann, ist die Piye-Stele: »Die Könige ... konnten den Palast nicht betreten, denn sie waren unbeschnitten und aßen Fisch, was ein Abscheu des Palastes ist. Nur König Namart betrat den Palast, denn er war rein und aß keinen Fisch.«[475] Ein halbes Jahrtausend früher dagegen, in der Ramessidenzeit, wird in der Hochzeitsstele Ramses' II. eigens hervorgehoben, daß die ägyptischen und die hethitischen Soldaten zusammen gegessen und getrunken hätten:

sie aßen und tranken zusammen,
sie waren ein Herz und eine Seele wie Brüder,
ohne daß einer dem anderen grollte,
vielmehr herrschte Frieden und Bruderschaft unter ihnen.[476]

Territorium

Die Physiognomie der ägyptischen Flußoase ist so ausgeprägt und so ungleich allem, was der Ägypter außerhalb ihrer natürlichen Grenzen erfahren konnte, daß die heimische Landschaft unweigerlich zum Brennpunkt eines starken Zugehörigkeitsgefühls werden mußte. So wundert es nicht, daß etwa die asiatische Landschaft – z. B. in den Schulhandschriften – in allen Farben des Schreckens und der Fremdheit geschildert wird. Die natürlichen Grenzen fallen aber zur Zeit der Abfassung dieser Texte mit den politischen nicht zusammen. Daher muß jeder Soldat und Offizier damit rechnen, in eine asiatische Garnisonstadt versetzt zu werden. So werden die Schrecken der asiatischen Landschaft zu einem Topos, mit dem diese Schriften die Jugend vom Soldatenberuf ab- und für den Schreiberberuf anwerben will. Im Interesse dieser Werbung wird die Fremdheit der asiatischen Landschaft zweifellos übertrieben.[477] Auch in diesem Zusammenhang mag der Vergleich des desorientierten Sinuhe mit einem Mann aus dem Delta in Elephantine oder umgekehrt einschlägig sein. Auch innerhalb der natürlichen Grenzen Ägyptens gab es kontrastierende Landschaftsbilder. Auch hier gilt also: Fremdheit im Eigenen relativiert die Grenze nach außen.

Politische Einheit

Die politische Zugehörigkeit bildet in der ägyptischen Welt zumal des Mittleren Reichs den entscheidenden Brennpunkt kollektiver Identität. Sie wird geradezu zu einer Art Religion gesteigert, dem Loyalismus. Entsprechend wird auch die Nichtzugehörigkeit verschärft: zum Feindbild des Rebellen. Dieses Feindbild macht jedoch keinen Unterschied zwischen Ausländern und Ägyptern, äußeren und inneren Feinden.[478] Auch die Feinde »rebellieren« gegen den Herrschaftsanspruch Pharaos. Die »Ächtungstexte«, magische Bannformeln im Zusammenhang eines Exekrationsritus, wenden sich sowohl gegen fremdländische Fürsten mit ihrem Gefolge als auch gegen »alle Ägypter: Männer, Eunuchen, Frauen und Beamte«,

> die rebellieren, Ränke spinnen oder kämpfen werden, die auf Rebellion oder Kampf sinnen, jeder Rebell, der auf Rebellion sinnt in diesem ganzen Land.[479]

Die magische Verfluchung ist ein Akt der Exkommunikation. Daß er unterschiedslos auf In- und Ausländer angewandt wird, zeigt, daß man auch dem Ausländer eine Art von Zugehörigkeit unterstellt bzw. den Loyalitätsanspruch Pharaos über die politischen Grenzen hinaus ausdehnt. Noch gibt es keine völkerrechtlich fundierte Möglichkeit der Unterscheidung zwischen außen und innen. Wer sich zu Pharao bekennt, ist innen, gleichgültig, ob er in Aleppo oder in Assiut wohnt, wer sich von ihm abwendet, ist außen.

Die Erzählung des Sinuhe kann als so etwas wie ein literarisches Experiment gelten, um die Frage der politischen Zugehörigkeit zu testen. Die Frage lautet: Was wird aus einem Ägypter, der sich der politischen Zugehörigkeit durch Auswanderung entzieht? Welche Aspekte seiner Trennung erweisen sich auf die Dauer als untragbar und rufen ihn in die Heimat zurück? Die Trennung von Herkunft und Abstammung ist kein Problem: Sinuhe heiratet die Tochter des Häuptlings und gründet einen eigenen Stamm. Die Trennung von der Sprache ist nicht weiter dramatisch, weil es an Amunenschis syrischem Hof Ägypter und Dolmetscher gibt und im Ausland Ägyptisch zumindest verstanden wird. Was die Trennung von der Religion angeht, so fühlt Sinuhe sich auch oder vielmehr gerade außerhalb der staatlich institutionalisierten ägyptischen Religion jenem »unbekannten Gott« besonders nahe, auf dessen Plan er seine Flucht zurückführt. Das Ausland erscheint als ein Raum besonderer Gottesnähe, die im Inland nur über vermittelnde Instanzen, aber niemals in dieser Unmittelbarkeit erfahrbar ist.[480] Die Trennung von der ägyptischen Lebensform spielt ebenfalls keine besondere Rolle. Sinuhe hat nicht die geringsten Schwierigkeiten, äußerlich zum Asiaten zu werden und innerlich am ethischen Ägyptertum und seinen Grundsätzen festzuhalten. Die Trennung vom heimischen Territorium: die fremde Landschaft, spielt in der Erzählung keine Rolle. Den entscheidenden Brennpunkt bildet in der Tat die politische Zugehörigkeit: Zuletzt ist es ein Brief Pharaos, der ihn zurückholt. Dabei geht es jedoch um etwas anderes. Das entscheidende

Ziel von Sinuhes plötzlich erwachter Sehnsucht ist nicht der König, sondern das Grab in der Heimatstadt, und dieses Ziel ist nur über den König zu erreichen. Der Fall ist ägyptisch gesehen völlig klar und läßt sich hundertfach bestärken und bestätigen: Der entscheidende Brennpunkt von Zugehörigkeit in Ägypten ist das Grab. Die Geschichte des Sinuhe führt dem Leser vor Augen, daß man u. U. im Ausland leben, unter keinen Umständen aber im Ausland sterben kann. Erst beim Gedanken an den Tod überkommt Sinuhe der Schrecken der Fremde.

2
Heimat, Grab, Stadt

»Der Ort, an dem mein Herz weilt«

»Der Schrecken der Fremde« ist ein ägyptischer Begriff.

»So wahr ihr das Leben liebt und den Tod vergeßt,
sollen eure Stadtgötter euch loben,
sollt ihr den Schrecken eines anderen Landes nicht schmecken
sondern sollt begraben werden in euren Gräbern
und eure Ämter euren Kindern überweisen ...[481]

Er gilt nicht der Fremde als solcher, sondern der Vorstellung, in ihr zu sterben und begraben zu werden. Das ist der kulturelle Abscheu schlechthin.[482] Der Ägypter braucht »Heimat«, um darin begraben zu werden. Die ägyptische Zugehörigkeitsstruktur ist von Totenglauben und Unsterblichkeitshoffnungen geprägt.

Der ideale Ort des Grabes ist der Geburtsort. »Was ist größer als das Beisetzen meines Leichnams in dem Lande, in dem ich geboren bin?« So formuliert Sinuhe die entscheidende Einsicht, die ihn auf dem Höhepunkt seiner ausländischen Karriere in die Heimat zurücktreibt.[483] In einem 2000 Jahre späteren Text, der aber auf ältere Vorbilder zurückgeht, im demotischen *Mythos vom Sonnenauge* lesen wir dieselbe Lehre: »Denn was auch auf Erden ist, nichts liebt man mehr als seine Geburtsstätte, d. h. den Ort, an dem ich hier geboren bin«, sagt der Affe Thot zu der fernen Göttin, die Ägypten im Zorn verlassen hat und die er zur Rückkehr in die Heimat bewegen möchte. Dafür muß er ihr das »Prinzip Heimat« ausmalen und fährt fort:

ihr Ort ist ihnen auch auf ihren Gebär-Ziegel in Ägypten gesetzt worden. Es pflegt den Göttern des Deltas zu geschehen, welche in Oberägypten sind, daß er ihren Ort gesetzt (bestimmt) hat, indem er »sich öffnet« nach dem Delta. Es geschieht, daß er (der Schöpfergott) das Herz der Götter und Menschen auf ihren Ruheplatz (das Grab) gelenkt hat, den Ort, wo sie geboren sind, und wo sie auch zur Ruhe gehen. Das geschieht nicht nur den Menschen, (sondern) er läßt es (auch) allem, was auf Erden ist, geschehen, wenn sie an ihrem Ort bleiben, d. h. an dem Ort, an dem sie geboren sind.[484]

Dieser Gedanke wird dann auch poetisch ausgeführt:

Du fällst auf deine Tenne,
du findest deine Sykomore –
so spricht Psais zu seinem Liebling.
Du stirbst in deinem Dorf, in dem du geboren bist.
Du findest dein Begräbnis, du wirst bestattet und gehst zur Ruhe
in deinem Sarge, welches deine Sykomore ist, von der er gesprochen hat.
Und ferner: wenn ein Krokodil alt geworden ist an irgendeinem Ort,
so will es in dem Kanal sterben, welcher seine Stadt ist.
Wenn eine Schlange sich ausruhen will,
so sucht sie ihr Loch, um hineinzukriechen.[485]

Das Grab bildet den stärksten Brennpunkt von Identität und Zugehörigkeit. Die Stadt ist der Ort des eigenen Grabes und der Gräber, für die man als Nachfahre zuständig ist.[486] Der Sinn dieser Vorstellung vom Begräbnis am Heimatort ist, daß auf diese Weise auch der Tote nicht aus der Zugehörigkeitsstruktur herausfällt, sondern in die Gemeinschaft einbezogen bleibt. Die Formen dieser Einbezogenheit sind vielfältig. Die wichtigste, aber auch kurzlebigste und unsicherste Form ist der organisierte Totenkult; er dürfte in den seltensten Fällen ein oder zwei Generationen überdauert haben. Eine andere Form sind die Nekropolenfeste, an denen die Gräber der Vorfahren besucht werden und die eine Stadt gemeinsam mit ihren Toten begeht. Eine dritte Form ist der spontane und unorganisierte Besuch von Gräbern, von dem zum einen die zahlreichen Graffiti Zeugnis ablegen, die schriftkundige ägyptische Besucher zwar nicht in allen, aber doch in einigen, offenbar berühmten Gräbern hinterlassen haben, worauf aber auch die Inschriften verweisen, die sich explizit an die Grabbesucher wenden. Mit Hilfe des monumentalen, beschrifteten Grabes hält sich der Tote im sozialen Gedächtnis präsent und lebt als Mitglied in den Zugehörigkeitsstrukturen der Gemeinschaft fort, die in erster Linie eine Familien- und Stadtgemeinschaft ist. In der Fremde, wo niemand den Verstorbenen zu

Lebzeiten gekannt hat, ist diese todüberdauernde Zugehörigkeit im Medium des Grabes schwieriger; im Ausland, wo ein beschriftetes Grab mangels geschulter Handwerker gar nicht angelegt werden kann und auch niemand die Inschriften lesen könnte, ist sie ganz ausgeschlossen.

Grab, Heimatbindung und Königsloyalität

Das richtige Begräbnis ist daher für den Ägypter das Begräbnis am Heimatort. Dieses Begräbnis gilt als erstrebenswertestes Ziel. Der ägyptische Ausdruck dafür ist *qrst nfrt*, was die griechischen Texte als *taphe agathe* wiedergeben. Dieses Ziel zu erreichen ist nun allerdings alles andere als einfach eine Sache persönlichen Bemühens. Dies ist der Punkt, an dem die politische Dimension der grabzentrierten Zugehörigkeitsstruktur ins Spiel kommt. Ein Grab in diesem Sinne, also ein beschriftetes Monumentalgrab, ist nur über den König und auf dem Wege des Königsdienstes zu erhalten. Der König ist der »Herr des Begräbnisses«. Wer dem König den Rücken kehrt, so heißt es in der Sinuhe-Geschichte, für den gibt es kein »Ende«, d. h. kein Grab. In einer Weisheitslehre des Mittleren Reichs liest man:

Wer sich dem König anschließt, wird ein Grabherr sein.
Wer sich dem König widersetzt, für den gibt es kein Grab.
Sein Leichnam wird ins Wasser geworfen.[487]
(...)
(Darum) treten ein in die Erde durch das, was der König gibt,
ruht auf der Stätte der Dauer,
vereint euch mit der Höhle der Ewigkeit,
während die Wohnungen eurer Nachkommen die Liebe zu euch bewahren
und eure Erben auf euren Plätzen bleiben.[488]

Das hat man ganz buchstäblich zu verstehen. Das Handwerk war in Ägypten königliches Monopol. Daher konnte man nur mit königlicher Bevollmächtigung Künstler und Handwerker anstellen. Auf diese Weise verfügte das Königtum über die Mittel, die in den Augen des Ägypters den Weg zur Unsterblichkeit eröffneten und ein Heilsgut allerersten Ranges darstellten. Das Königtum hatte damit ein starkes Unterpfand nicht nur für die Loyalität, sondern auch für die Residenzpflicht seiner Untertanen in der Hand, d. h. ein Mittel, den Einzelnen an seine Stadt zu binden. Man muß das auf dem Hintergrund des ägyptischen Dauerproblems der Anachorese, der Arbeitsplatzflucht und Binnenwanderung, sehen.[489] Dieser ständigen Tendenz zur Abwanderung wegen der hohen Besteuerung, der Arbeitsdienstverpflichtungen und sonstiger staatlicher Belastungen wirkt die Ideologie der Heimatverbundenheit entgegen. So wie in der demotischen Erzählung vom Sonnenauge der Affe Thot die ausgewanderte Göttin nach Ägypten zurückholen will, so wirbt die Sinuhe-Erzählung um die Rückkehr der im Zusammenhang der Ermordung Amenemhets I. ausgewanderten Beamten und so werben die Lehren um Loyalität, also Königs- und Landestreue, und das stärkste Argument ist immer das Grab in der Heimat. Man darf die handfesten politischen Interessen hinter dieser grabzentrierten Zugehörigkeitsstruktur nicht aus dem Auge verlieren. Auch dem ägyptischen Staat ging es, nicht viel anders als modernen totalitären Regime, darum, seine Leute bei der Stange zu halten.

»Heimatbindung« und Gottesloyalität

Diese aus der Natur des ägyptischen Frondienst- oder Leiturgie-Staates[490] verständliche Ideologie der Heimatverwurzelung erfährt nun einen Prozeß der Theologisierung, der im Neuen Reich beginnt und in der Spätzeit die ägyptische Mentalität bestimmt. Aus der Staatsloyalität wird eine Religion. An die Stelle des Königs als Herrn des Begräbnisses tritt der Gott, und zwar der Stadtgott. So heißt es im 183. Kapitel des Totenbuchs:

Ich bin heute aus der Stadt meines Gottes gekommen: Memphis.
Sie ist der wahre aller schönen Gaue in diesem Land.
(...)
Selig, wer Gerechtigkeit übt für den Gott in ihr!
Er gibt dem ein Alter, der sie für ihn tut,
das Werden zu einem Grabherrn,
dies zu erreichen in einem schönen Begräbnis,
eine Beisetzung im Heiligen Bezirk.[491]

In Memphis gilt Ptah, in Theben Amun, und in anderen Städten gelten die jeweiligen Stadtgötter als Herren des Begräbnisses. Daher gilt der Stadtgott, wie es eine späte Weisheitslehre formuliert, als

derjenige, von dem Tod und Leben seiner Bürger abhängen.[492]

An die Stelle des Königsdienstes und der Königsloyalität treten Gottesdienst und Gottesloyalität. Man bleibt seinem Gott treu, wenn man in seiner Stadt bleibt und darin die Ma'at tut; und der Lohn für ein solches Leben ist ein schönes Begräbnis, das nun ganz in die Hand Gottes gelegt wird. In einem ramessidischen Hymnus heißt es von Amun-Re:

Sein Lohn ist ein schönes Begräbnis
für ein Herz, das mit der Ma'at zufrieden ist.[493]

Jetzt sagt man mit Bezug auf den Gott:

Wer ihm folgt, wird ein Grabherr sein.
der Tod erreicht ihn nicht.
Es stirbt lebenssatt und erreicht das Begräbnis,
wer auf seinem Wasser wandelt.[494]

In der Praxis bedeutet eine solche Gottes- und Stadtloyalität die Teilnahme an den großen Festen. In der Festteilnahme praktiziert man die stadtbezogene Form der Gotteszugehörigkeit. Zu einer Stadt gehören heißt, zu einem Gott gehören. Zu einem Gott gehören heißt, an seinen Festen teilnehmen. Die Stadtgemeinschaft konstitutiert sich als Festgemeinschaft. Alle größeren Städte haben ihre spezifischen Feste. Auch hierbei spielen die Gräber, der Besuch der Gräber und das Feiern in Gemeinschaft der Toten eine große Rolle. Nur über die Zugehörigkeit zu einer Stadt ist man an die höheren Werte und Ziele wie Gottesnähe, Unsterblichkeit usw. angeschlossen. Jede Stadt vermittelt eine besondere Art von »Glück«.[495]

Allerdings entwickelt sich auch im Rahmen der Feste eine gewisse Form von Interlokalität. Es gibt Feste, zu denen man aus allen Teilen des Landes pilgert. Das früheste dieser Feste von interlokaler Bedeutung sind die sog. Osirismysterien von Abydos. Jeder Ägypter wünscht sich, an diesem Fest teilzunehmen. Am Beispiel dieses Festes kann man den engen Zusammenhang von Festteilnahme und Jenseitsschicksal am besten beobachten. Für diesen Zusammenhang entwickeln sich zwei Formen. Die eine besteht darin, Darstellungen der Pilgerfahrt nach Abydos in das Dekorationsprogramm der Gräber aufzunehmen, so daß sichergestellt war, daß ein Grabherr, wo immer er sich auch begraben läßt, über den Tod hinaus der Festgemeinschaft des Herrn von Abydos zugehörig bleibt. Die andere, aufwendigere Form besteht in der Anlage eines Zweitgrabes in Gestalt einer Opferkapelle an der Feststraße in Abydos selbst.

Im Neuen Reich entwickeln eine Reihe großer Stadtfeste eine vergleichbare Ausstrahlung, allen voran das Luxorfest in Theben. Die Rolle des *qrj* (»Pilger«) wird zu einer besonderen Form von Gottesbeziehung und bezeichnet einen Menschen, der das Fremdsein auf sich nimmt, um einem Gott zu folgen, d. h., um an seinem Fest teilzunehmen. Das gilt als fromme Leistung. So liest man in Hymnen der Ramessidenzeit, die man zur »Persönlichen Frömmigkeit« rechnet:

Ich bin ein Schwacher ihres Ortes,
ein Armer und ein Pilger ihrer Stadt.[496]

Jeder, der zu deiner Stadt pilgert, der sagt, wenn er von dir scheidet:
Wohl dem, der sich dir anschließt![497]

Die Stadt (und nicht »Ägypten«) als prioritärer Horizont der ägyptischen Zugehörigkeitsstruktur: Der »Stadtfremde« (und nicht der Ausländer) als die typische Erscheinungsform von Fremdheit

Die 22. Lehre des Papyrus Insinger ist überschrieben, »die Lehre, den Platz nicht zu verlassen, an dem du leben kannst«. Sie spiegelt die spätägyptische Mentalität in typischer Weise wider. Die Zugehörigkeitsstruktur ist kleinräumig geworden und auf die Stadt bzw. das Dorf eingegrenzt, wo jeder jeden kennt. Nur dort kann man leben. Aber auch hier gilt als unabdingbare Voraussetzung eine gute Lebensführung und ein daraus resultierender guter Name. Zwar kann der Mensch nur in seiner Stadt leben, und doch »gibt es nicht viele, die wissen, wie sie in ihrer Stadt zu leben haben«.

Die Fremde ist der Ort, an dem man unbekannt ist. Man ist dort geradezu vogelfrei. Nur das Netz althergebrachter Vertrautheit kann den Einzelnen vor den Nachstellungen seiner Mitmenschen bewahren. In diesem vogelfreien Status des Fremden beruht der Schrecken der Fremde. In poetisch anmutenden Vergleichen beschreibt Sinuhe dieses Gefühl, in der Fremde willkürlichen Nachstellungen ausgesetzt zu sein:

Wahrhaftig, ich bin wie ein *huw*-Stier inmitten einer anderen Herde.
Der Bulle der Herde greift ihn an, das Langhornrind geht gegen ihn los.

(...)
Ein Bogenmann gesellt sich nicht zu einem Deltabauern
und wer könnte den unterägyptischen Papyrus am Gebirge festmachen?[498]

Man erfährt diese Fremdheit aber nicht erst im Ausland, sondern schon in der Stadt, in der man keine Freunde und Verwandten hat, in der einen niemand kennt. Diese Erfahrung wird ausgemalt in einem Literaturwerk der Dritten Zwischenzeit, dem *Moskauer Literarischen Brief.* Hier schreibt ein seiner Ämter und seines Besitzes beraubter ehemaliger Priester von Heliopolis aus einer Oase, in die er sich nach mühseligen Wanderungen geflüchtet hat, an einen Freund in Ägypten:

Ich war ständig in einer Stadt, die nicht die meine ist,
einer Siedlung, die ich nicht kenne,
in der Verfassung eines Fremden.
Meine alten Gefährten gab es nicht mehr
Die ich mir zu neuen Freunden machen wollte,
sie blieben zwar eine Weile neben mir,
aber dann entfernten sie sich wieder von mir.
Es war wegen dessen, was ich war, daß sie meiner Bedürftigkeit ihren Rücken kehrten.[499]

Daher empfiehlt die spätägyptische Weisheit: »Halte dich nicht in einer Gegend auf, in der du keine eigenen Leute hast. Wenn du aber in einer Gegend bist, in der du keine Verwandten hast, dann ist dein Charakter deine Familie.«[500] Der Gedanke, daß der Mensch nur in seiner Stadt leben könne, daß das Leben in der Fremde also nicht als Leben im eigentlichen Sinne gelten kann, gehört zu dem eigentümlich »konstellativen« Personbegriff der Ägypter. Person im vollen Sinne wird man nach ägyptischer Vorstellung nur im Rahmen und nach Maßgabe der sozialen Bindungen, in denen sich das Leben entfaltet. Was die Ägypter als schlimmstes Übel ansehen, sind die Vorstellungen der Isolierung, Einsamkeit, Selbstgenügsamkeit und Unabhängigkeit. In ihrer Sicht sind das Symptome von Tod, Auflösung und Zerstörung. Leben heißt Interdependenz, Kommunikation, Einbezogenheit in die Beziehungsnetze, aus denen die Wirklichkeit besteht. Man lebt nur mit und durch andere, oder, mit den Worten eines ägyptischen Sprichworts: »Einer lebt, wenn ein anderer ihn leitet«. Dieser extrem außenbestimmte bzw. »konstellative« Personbegriff wird jedoch kompensiert durch die Lehre vom Herzen. Das Herz ist nach ägyptischer Vorstellung die Mitte der

Person und vermag in Zeiten der Krise – wie etwa der Ausbettung aus den sozialen Konstellationen, z. B. bei einem Aufenthalt in der Fremde – die personale Identität gewissermaßen von innen her aufrechtzuerhalten. So heißt es im Papyrus Insinger: »In der Stadt, in der du keine Familie hast, ist dein Herz deine Familie.«[501] Dieses Sprichwort kann zweierlei bedeuten. Erstens: In der Fremde hast du niemanden, auf den du dich verlassen und dem du dich anvertrauen kannst, und bist daher auf dich allein angewiesen. Dein Herz ist dein einziger Ratgeber. Zweitens: In der Fremde gibt es niemanden, der sich dir aufgrund verwandtschaftlicher Beziehungen verpflichtet fühlt und dir in Konfliktfällen beistehen kann. Dein guter Charakter, d. h. deine Freundlichkeit, Bescheidenheit, Hilfsbereitschaft usw., ist die einzige Möglichkeit, dir die sozialen Bindungen zu schaffen, auf die du angewiesen bist. Wo die natürlich vorfindlichen Bindungen fehlen, vermag das Herz bzw. der gute Charakter eines Menschen solche Bindungen zu schaffen und damit eine Zugehörigkeitsstruktur aufzubauen, die die Situation der Fremdheit überwindet.

Die beiden Deutungen schließen einander nicht aus, sondern bilden vielmehr zusammen den Sinn dieses Sprichworts. Die erste Deutung wird durch die mittelägyptische Erzählung vom Schiffbrüchigen illustriert, der nicht nur in die Fremde, sondern – wie Robinson – auf eine einsame Insel verschlagen wird, wo er »nur sein Herz zum Gefährten hat«. Der Gott dieser Insel weissagt ihm:

Wenn du tapfer bist und wenn dein Herz fest ist,
dann wirst du deine Kinder umarmen,
deine Frau küssen und dein Haus wiedersehen![502]

Ein »festes Herz« vermag die Einsamkeit in der Fremde zu überstehen und das aus seinen sozialen Bindungen herausgefallene, gefährdete Selbst aus eigener Kraft zu erhalten. Die zweite Deutung wird durch die Erzählung des Sinuhe illustriert, auf die wir schon mehrfach eingegangen sind. Ein guter Charakter vermag sich auch in der Fremde Freunde zu verschaffen und sogar eine Familie aufzubauen. Allerdings zeigt, wie wir gesehen haben, die Geschichte des Sinuhe auch, daß damit der »Schrecken des Auslands« nicht endgültig überwunden ist und daß die Angewiesenheit auf ein Grab am Heimatort den Auswanderer trotz allem wieder in seinen ursprünglichen Lebenskreis zurücktreibt.

Der Ägypter lebte normalerweise in einer Gesellschaft, in der jeder jeden kannte. Auf der höchsten Ebene – der z. B. Sinuhe angehört – ist das die höfische Gesellschaft der Residenz, auf der mittleren die Stadt und auf der untersten der patronal strukturierte Haushalt, dem ein Armer als Klient angehören konnte. Als Fremder galt nicht erst der Ausländer, sondern bereits derjenige, der in seiner Umgebung unbekannt war, der Anonymus. Die »fremde Frau«, vor deren Gesellschaft die Lehre des Ani warnt, ist daher wohl auch weniger eine Ausländerin als vielmehr eine Frau, die in der Stadt nicht bekannt ist und die keine Familie, keine Bürgen und Zeugen hat:

Hüte dich vor der fremden Frau,
die niemand in ihrer Stadt kennt.
Starre ihr nicht nach, wenn sie vorbeigeht,
erkenne sie nicht fleischlich.
Sie ist ein tiefes Wasser, dessen Strömung man nicht kennt,
eine Frau, die fern von ihrem Manne ist.
»Ich bin glatt«, sagt sie wohl täglich zu dir,
wenn sie keinen Zeugen hat.
So stellt sie ihre Fallen auf;
aber es ist ein großes todeswürdiges Verbrechen,
wenn es herauskommt,
weil ihr Mund es nicht hat behalten können.[503]

Der paradigmatische Fremde ist der Unbekannte, nicht der Ausländer. Die politische Zugehörigkeit scheint in der ägyptischen Zugehörigkeitsstruktur nur schwach ausgebildet gewesen zu sein.

In diesem Zusammenhang muß auch die Selbstverständlichkeit erwähnt werden, mit der die Ägypter Ausländer als Söldner in ihr Heer integriert haben. Der typische ägyptische Milizionär war Ausländer. Diese Ausländer wurden offenbar sehr schnell akkulturiert und dann nicht mehr als Ausländer betrachtet. Jedenfalls scheinen die libyschen und äthiopischen Dynastien nicht als Fremdherrschaft empfunden worden zu sein, weil sie sich der ägyptischen Kultur und Symbolwelt einfügen; nicht anders als in China die Mandschu-Dynastien. Erst mit den Persern und Griechen, die an der eigenen Kultur festhielten, änderte sich diese Einstellung. Der Gott der Hyksos, Baal, ließ sich mühelos in Seth, einen vertrauten Gottesnamen des eigenen Pantheons, übersetzen. Fremde Götter sind für die altorientalischen Polytheismen kein Problem. Die Religion der anderen war ein Medium nicht der Abgrenzung, sondern vielmehr der Übersetzung und Verständigung. Für jede Gottheit der fremden Religion ließ sich ein Äquivalent in der eigenen finden, oder sie konnte als fremde Gottheit in die eigene Götterwelt integriert werden. Das Problem mit den Hyksos war nicht, daß sie einen fremden Baal verehrten, sondern daß sie die ägyptischen Götter nicht verehrten. Diesen Fehler haben jedoch die Griechen mit großer Sorgfalt und äußersten finanziellen Aufwendungen vermieden. Aber dafür hielten sie an ihrer Sprache und ihrer Lebensform fest und erregten auf diese Weise den kulturellen Widerwillen der Ägypter. Aus diesen Gründen scheint sich in Ägypten die Haltung gegenüber Ausländern in der Perser- und Ptolemäerzeit verändert zu haben.

Ich halte das jedoch für eine späte Entwicklung, die durch die Situation der Fremdherrschaft bedingt ist. In den klassischen Perioden seiner Geschichte entwickelt der Ägypter keine ethnischen oder nationalen Zugehörigkeitskonzepte und -gefühle. Die entscheidende Zugehörigkeitsstruktur bleibt für ihn die Face-to-face-Gemeinschaft von Familie, Dorf und Stadt und der Rahmen von Verwandtschaft, Bekanntheit, Vertrautheit. Außerhalb dieses Rahmens beginnt für ihn die Fremde. Landes-, Sprach- und Volksgrenzen spielen daher für ihn eine vergleichsweise geringe Rolle.

Die Theologisierung der Fremdheit: Der spätägyptische Mythos vom Fremden als Religionsfrevler

Das spätägyptische Bild des Fremden ist geprägt von der Furcht vor der Schändung der Kulte, Heiligtümer und heiligen Tiere. Der Inbegriff des Fremden ist der Religionsfrevler. Diese Ängste kristallisieren sich in einer Geschichte, die in verschiedenen Versionen bei mehreren griechischen und Griechisch schreibenden Historikern vorkommt und ganz offensichtlich auf mündlicher Überlieferung basiert.[504] Im folgenden Kapitel werden wir ausführlicher auf diese Legende eingehen. Sie begegnet zuerst bei Hekataios von Abdera, der sie mit der jüdischen Exodus-Überlieferung zusammenbringt.[505] In dieser Verbindung kommt sie dann auch bei Polemon, Lysimachos, Chairemon, Apion, Tacitus und anderen vor, als Teil also der jüdischen und nicht der ägyptischen Geschichte. Auch Josephus Flavius, der sich auf das Werk des ägyptischen Historikers Manetho stützt, hält sie für den ägyptischen Bericht des Exodus Israels aus Ägypten. Dabei wird aber deutlich, daß sie bei Manetho selbst auf einen von Israel unabhängigen, innerägyptischen Konflikt zurückgehen muß, in dem man am ehesten eine vage Erinnerung an die Amarnazeit erkennen möchte. Jedenfalls wird, wenn man all diese Quellen zusammennimmt, deutlich, daß es sich um eine ägyptische und nicht etwa jüdische Volkserzählung handelt, in der sich die spätägyptischen Gefühle gegenüber Fremden in einer besonders pointierten Form artikulieren. Die Erzählung beginnt, wie es sich für Erzählungen gehört, mit einer Mangelsituation, einer schweren Notlage. Bei Hekataios und anderen herrscht eine Pest in Ägypten. Das daraufhin befragte Orakel gibt die Weisung, das Land von den Fremden zu reinigen. In anderen Fassungen herrscht eine Hungersnot, und das Orakel befiehlt, die Tempel von den Aussätzigen zu reinigen, die sich darin festgesetzt hätten. Bei Chairemon erscheint die Göttin Isis dem König Bokchoris im Traum und beklagt sich über den ruinösen Zustand ihres Tempels. Daraufhin läßt der König die Fremden aus dem Land treiben. Bei Manetho ist zwar von einer Notlage nicht die Rede. Die Ereignisse nehmen vielmehr ihren Ausgang von dem Wunsch eines Königs Amenophis, die Götter schauen zu wollen. Aber aus diesem Wunsch läßt sich leicht die Mangelsituation rekonstruieren: Die Götter haben sich abgewendet und verweigern ihren Anblick. Hier lautet die Weisung, daß die Aussätzigen aus dem Land getrieben werden sollten: Dann würde der König die Götter sehen. Die Geschichte kursiert also in zwei Fassungen: Einmal sind die Ägypter die Kranken, und es werden die Fremden vertrieben, in der anderen Fassung sind es die Kranken, die vertrieben und damit zu Fremden abgestempelt werden. In der biblischen Version dieser Geschichte wird Ägypten mit zehn Plagen geschlagen, um die Fremden endlich ziehen zu lassen. Immer besteht die Notsituation, von der die Ereignisse ihren Ausgang nehmen, in einer Gottesferne, die sich in Krankheit, Unsichtbarkeit der Götter, Hungersnot äußert, und immer sind es die Fremden bzw. Aussätzigen, die daran schuld sind. Aus den Motiven Krankheit und Fremdheit baut sich hier ein Komplex auf, der sich in der politischen Mythologie späterer Zeiten in gefährlichster Weise wiederholt hat: eine quasiimmunologische Vorstellung von »Volksgesundheit«, die durch die Fremden bzw. Aussätzigen gefährdet ist und nur durch deren Eliminierung gerettet werden kann.

Die Fremden bzw. Aussätzigen verschanzen sich in Avaris, der Stadt des Seth und der Hauptstadt der Hyksos. Sie sind Anhänger des Seth, mit dem in griechisch-ägyptischen Quellen der jüdische Gott Jahwe gleichgesetzt wird. Dessen griechischer Name Iao lautet in ägyptischen Ohren wie das Wort für »Esel«, das Tier des Seth. Schon in einem ramessidischen Papyrus heißt es übrigens von den Hyksos, sie hätten keinen Gott und keine Göttin verehrt außer Seth, seien also Monotheisten gewesen:

> König Apophis aber machte sich den Seth zum Herrn.
> Er diente keinem Gott im ganzen Lande außer dem Seth.[506]

Nicht der fremde Gott, sondern die fremdartige Form seiner Verehrung – die Monolatrie – erregt den kulturellen Abscheu der Ägypter. In der Ramessidenzeit wurde Seth jedoch als großer Gott verehrt, der dem Sonnengott bei der Inganghaltung der Welt beisteht. Jetzt, in der Spätzeit, wandelt sich Seth zu einem Teufel mit asiatischen Zügen: Der Fremde als Teufel, der Teufel als Fremder. Seth erhält den Beinamen »der Meder« und verkörpert auf götterweltlicher Ebene den Typus des Religionsfrevlers. Er droht von Asien aus in Ägypten einzudringen und die heiligen Tiere zu schlachten, die Kultgeheimnisse zu enthüllen, die Tabus zu verletzen, kurz: alles das zu tun, was die Geschichte von den Aussätzigen bzw. Fremden berichtet. Sie setzen die Tempel in Brand, schlachten die heiligen Tiere, essen die verbotenen Speisen, vernichten die Kultbilder, verwüsten alles religiöse Leben, bis sie endgültig aus Ägypten vertrieben werden. In diesem Mythos müssen wir einen Reflex spätägyptischer Mentalität unter den Bedingungen der Fremdherrschaft erblicken. Interessant ist in diesem Zusammenhang die Inschrift des Udjahorresnet, der sich beim Perserkönig Kambyses darüber beklagt, daß sich »Fremde« im Tempel der Neith zu Sais niedergelassen hätten, und der sich die königliche Erlaubnis erwirkt, diese Fremden zu vertreiben und »zu veranlassen, daß der Tempel der Neith in all seiner Wirksamkeit wiederhergestellt wird, wie er früher war«.[507] Von ähnlichen Mißständen berichten auch andere Inschriften.[508]

Die Fremden sind verhaßt, weil sie die von den Göttern verbotenen Tabus verletzen[509] und nicht nach der gottgewollten Landessitte leben. Sie profanieren in der Imagination der Ägypter die Heiligkeit ihres Landes. Es handelt sich um einen massenpsychologischen Komplex, dessen Genese man letztlich bis auf das Trauma der Amarnazeit zurückführen kann und der sich in den Jahrhunderten der Eroberungen und Fremdherrschaften, von den Assyrern bis zu den Griechen, mit vielen Motiven angereichert hat.

Dieser Komplex trägt nicht nur allgemein fremdenfeindliche, sondern auch ausgeprägt antisemitische (d. h. antijüdische) Züge.[510] Diese ergeben sich aus der von den Juden selbst vorgenommenen Gleichsetzung des ägyptischen Mythos von der Vertreibung der Aussätzigen, der vermutlich auf die Erfahrung der Amarnazeit zurückgeht, mit der jüdischen Exodus-Überlieferung. Dadurch entsteht das scheußliche Bild vom Juden als Religionsfrevler, als Teufelsverbündetem, als Ritualmörder und Fremdkörper, den es zu eliminieren gilt, um in Heiligkeit, Reinheit und Gottesnähe leben zu können. Viele Komponenten des modernen Antisemitismus sind hier bereits greifbar sowie politische Angstmotive wie »die fünfte Kolonne« und der »Staat im Staat«.

Die griechische und römische Fremdherrschaft hatten beide Kulturen, Ägypten wie Israel, zu ertragen. Beide reagierten auf diese Herausforderung mit Ausgrenzung. In Israel nahm diese mehr den Charakter der Selbstausgrenzung, in Ägypten dagegen den der Selbstarkanisierung an. Israel wanderte aus in den Raum des Buches und befestigte ihn mit der »ehernen Mauer« des Gesetzes:

Der Gesetzgeber, von Gott zu umfassender Erkenntnis ausgerüstet, umschloß uns mit nicht zu durchbrechenden Palisaden und ehernen Mauern, damit wir mit keinem der anderen Völker in irgendeiner Hinsicht in Verkehr seien, rein an Leib und Seele, frei von trügerischen Vorstellungen, den Gott, der allein Gott, allein mächtig ist, im Unterschied zur Schöpfung verehrten (...) Damit wir nun mit nichts uns befleckten und nicht im Verkehr mit Schlechtem verdorben würden, umschloß er uns von allen Seiten mit Reinheitsvorschriften, Geboten über Speisen und Getränke und Hören und Sehen.[511]

Ägypten wanderte aus in den Raum der Tempel, der im wortwörtlichen Sinne mit hohen Mauern befestigt war, und hüllte sich in den Schleier undurchdringlicher Geheimnisse. In späten Kulttexten stößt man auch gelegentlich auf die Vorschrift, keine Ausländer ins Heiligtum eintreten und geheimen Riten beiwohnen zu lassen.[512] In den Krypten des Hathor-Tempels in Dendara ist expressis verbis davon die Rede, daß Ausländer hier keinen Zutritt haben:

(Dies ist die) Verborgene Stätte der Starken im Haus des Sistrums,
wenn die Feinde kommen zum Ort (?).
Nicht betreten die Asiaten sie,
nicht schädigen die Beduinen sie,
und nicht durchwandert der Pöbel sie.

Jedermann, der Böses gegen sie liest,
in dessen Leib wird die Milch der Sachmet sein.

(Dies ist der) Ort des Versteckens des geheimen Bildes,
wenn die Asiaten kommen und herabsteigen von außerhalb des »Versiegelten«
(Ägypten).
Die Phöniker nähern sich ihm nicht,
die Griechen treten nicht ein,
die Sandläufer wandern dort nicht herum.
Nicht liest der Zauberer in seinem Inneren,
und seine Türflügel sind nicht geöffnet außer vor dem Aufseher.[513]

Das späte Ägypten wird dezidiert fremdenfeindlich, und diese Xenophobie trägt religiöse Züge. In späteren Texten erscheinen die Ausländer als Rebellen, »die für die Götter eine Verunreinigung darstellen«.[514] Die Theologisierung der Fremdheit stempelt die Fremden zu Gottesfeinden ab. Israel grenzt sich aus der persisch-hellenistischen Welt aus als ein »auserwähltes Volk« und »Königreich von Priestern«, Ägypten als »templum mundi« und »allerheiligstes Land«.[515] In beiden Fällen äußert sich diese Selbstausgrenzung in einer Verschärfung der Differenz. In Israel betrifft es das Gesetz, das zum Prüfstein und Inbegriff der jüdischen Identität gesteigert wird, in Ägypten vor allem die heiligen Tiere, die erst jetzt, in der griechisch-römischen Zeit, eine Bedeutung erlangen, die sie nie vorher besessen haben.

Wiederum stoßen wir also auf den Prozeß einer Theologisierung bzw. Sakralisierung ursprünglich politischer Bereiche. In diesem Zusammenhang handelt es sich um den Komplex von Fremdheit und Eigenheit. In beiden Fällen geht die Theologisierung des Fremden – in Israel als »Heide«, in Ägypten als Religionsfrevler – einher mit der Sakralisierung des Eigenen, in Ägypten des Landes, in Israel des Volkes. Aus den »Völkern« (*goyim*) werden in der jüdischen und dann vor allem in der christlichen Tradition »Heiden« und in der ägyptischen Tradition »typhonische« Wesen, Religionsfrevler und Tempelschänder. Die Parallelen sind auffallend, aber auf dem Hintergrund dieser Gemeinsamkeiten tritt der entscheidende Unterschied nur um so deutlicher hervor. Im Judentum führt der Weg der Selbstausgrenzung zu einer Vergleichgültigung der »heidnischen« Welt, in Ägypten dagegen zu ihrer Dämonisierung.

Vierter Teil
Die Figur Moses und die politische Theologie

Wenn man auf die Ursprünge des biblischen Monotheismus blickt, zeigt sich bald, daß es sich hier um eine im Kern politische Idee und Bewegung handelt. Hier geht es in letzter Instanz weniger um die Einzigkeit Gottes als um die Ausschließlichkeit der Bindung an diesen Einen Gott. Diese Ausschließlichkeit wird eng verknüpft mit dem Motiv der politischen Freiheit. Die Bindung an den Einen Gott wird im Modell eines politischen Bündnisses gestaltet und in der Form eines politischen Treueides bekannt. Das Politische ist dieser Religion des Einen nicht äußerlich, sondern wesentlich. Ebenso zentral wie die Einheit Gottes ist ihr der Gedanke des Gottesvolkes als der Gemeinschaft, die sich durch die Bindung an den Einen Gott und die Annahme seines Gesetzes definiert. Gerade in diesen beiden Punkten unterscheidet sich der biblische Monotheismus diametral vom Monotheismus der Amarnareligion. Echnaton ging es zwar ebenso um die ausschließliche Verehrung eines einzigen Gottes. Aber dieser Gott war die Sonne, eine kosmische, keine politische Gottheit. Dieser Gott schloß kein Bündnis und gab keine Gesetze. Hier fehlt das Motiv des Gottesvolks vollkommen. Gerade in der Gestalt des Mose, nicht des historischen Mose, sondern des Mose der Tradition, tritt das Element des Politischen sehr prominent hervor. Mose gilt weniger als ein Gottesdenker wie Abraham, sondern vielmehr als ein politischer Führer und Volksgründer, ein politischer Theologe *katexochen*, an dessen Gestalt das Anliegen der politischen Theologie ganz besonders klar hervortritt. Die letzten beiden Kapitel beleuchten daher einige Aspekte der Mose-Rezeption in der Neuzeit, die für die Sache der politischen Theologie »zwischen Ägypten und Israel« besonders aufschlußreich ist. Das Elfte Kapitel behandelt das Bilderverbot und seine politisch-theologischen Implikationen einer radikalen Kritik der politischen Repräsentierbarkeit göttlicher Herrschaft. Das Zwölfte Kapitel widmet sich dem strategischen Aspekt der politischen Theologie, der Frage, welche Kompromisse mit der menschlichen Natur eine Theologie eingehen muß, um als staatstragend gelten zu können. Dabei tritt der Eigensinn des Politischen besonders deutlich an der Kategorie der Öffentlichkeit hervor, die hier jedoch nicht in Gegensatz zum Privaten, sondern zum Mysterium tritt. Die politische Theologie des Mose ist in der Vorstellungswelt des 18. Jh.s eine öffentliche und Öffentlichkeit konstituierende Theologie. Die Mosaischen Gesetze fundieren ähnlich wie die ägyptischen Gesetze des Totengerichts eine politische Existenz in einem Raum öffentlicher Verantwortung.

Elftes Kapitel
Monotheismus und Ikonoklasmus als politische Theologie

I
Mose als Figur der Erinnerung

Der allem Anschein nach ägyptische Name des hebräischen Religionsstifters lädt dazu ein, die Gestalt des Mose von Ägypten her zu beleuchten. Das kann man auf zwei Weisen tun. Man kann nach dem historischen Mose fragen und die ägyptische Überlieferung nach Spuren seiner geschichtlichen Existenz und Identität durchsuchen. Gerade das Fehlen eindeutiger historischer Spuren, die Entzogenheit des historischen Mose, lädt zu solcher Suche ein und bringt jedes Jahr aufs neue Erzeugnisse einer Art von Enthüllungsliteratur hervor, als deren prominentester Beitrag Sigmund Freuds Buch *Der Mann Moses und die monotheistische Religion* gelten kann.[516] Man kann aber auch nach Mose als Erinnerungsfigur fragen, also das Problem seiner historischen Existenz ganz einklammern und sich nur mit der Frage beschäftigen, welche Rolle Ägypten in den späteren biblischen und außerbiblischen Überlieferungen über den Mann Mose spielt. Das habe ich in meinem Buch *Moses der Ägypter* versucht. Dieser Perspektivenwechsel ist ungewohnt. Man fragt sich, ob wir als Historiker nicht unsere eigentliche Aufgabe im Stich lassen, wenn wir auf die Ermittlung der historischen Wahrheit verzichten und uns damit begnügen, die Überlieferungen um ihrer selbst willen, ohne Kritik ihres Wahrheitsgehaltes, zu betrachten. Was haben diese Überlieferungen für einen Wert, wenn nicht den, ein Körnchen Wahrheit zu enthalten, und was könnte dieses Körnchen Wahrheit anderes sein als ein Hinweis auf historische Wirklichkeit?

Nun liegt die Wahrheit der Erinnerung nicht nur in dem, was ihr in der uns immer entzogenen und nur asymptotisch erreichbaren Vergangenheit de facto entsprochen haben mag. Das ist die Wahrheit des Untersuchungsrichters, die forensische Wahrheit, die wir natürlich nicht aufgeben, auf die wir unseren Gegenstand aber auch nicht reduzieren dürfen. Die Wahrheit der Erinnerung liegt auch in dem, was sie an geschichtlicher Gegenwart fundiert und beleuchtet. Wir wenden uns der Vergangenheit ja immer aus einer bestimmten Gegenwart heraus zu, unsere Fragen, unser Erkenntnisinteresse und unsere Deutungsrahmen sind von unserer Gegenwart aus bestimmt. Erinnerte Vergangenheit ist immer Teil einer aktuellen, gegenwartsbezogenen Semantik. Freuds Moses-Buch wirft mehr Licht auf die kulturelle Semantik der dreißiger Jahre unseres Jahrhunderts als auf die historische Wirklichkeit der späten Bronzezeit. Es steht und fällt nicht mit der Frage, ob Mose ein Ägypter war. Dieses Problem läßt sich bis in das Alte Testament selbst zurückverfolgen. Das Buch Exodus wirft mehr Licht auf die kulturelle Semantik, d. h. die politische Theologie des 7.-5. Jh.s v. Chr., als auf die der späten Bronzezeit. Es sagt uns nichts über Ramses II. Ägypten erscheint darin als eine Erinnerungsfigur, eine symbolische Konstruktion, deren Wahrheitsgehalt man aus der Gegenwart heraus erschließen muß, in der sie konzipiert wurde.

Damit soll die Charakteristik der späten Bronzezeit jedoch nicht völlig aus den Augen verloren werden. Es läßt sich ja nicht bestreiten, daß der Untergang der bronzezeitlichen Welt eine intensive Erinnerungsdynamik ausgelöst hat, die in vielen Bereichen der damaligen Welt über die dunklen Jahrhunderte hinweg zu Wiederanknüpfungen führte, wie etwa die Homerischen Epen an Mykene, die neusassyrischen Königsinschriften an die Sargonidenzeit im 23. Jh. v. Chr., die Saitenzeit in Ägypten an das Alte, Mittlere und Neue Reich und zuletzt noch Vergils *Aeneis* an Troja. Wir dürfen nicht ganz vergessen, daß es Troja und Mykene wirklich gab, auch wenn wir die Wahrheit der Homerischen Epen nicht darauf reduzieren dürfen, was sie von der mykenischen Welt sichtbar werden lassen. So hat es natürlich auch das Ägypten der Amarna- und der Ramessidenzeit wirklich gegeben, und es steht zu vermuten, daß es ohne diese real existierende Vergangenheit nicht zu Mose als Figur der Erinnerung gekommen wäre.

Am besten läßt sich dieses Problem an Mose und Echnaton verdeutlichen. Eine Beziehung zwischen diesen beiden Figuren läßt sich nicht bestreiten. Beiden schreibt die Geschichte dieselbe Tat zu: die Verwerfung der polytheistischen Götterwelt zugunsten eines einzigen Gottes. Wie müssen wir uns aber diese Beziehung konkret vorstellen? Dafür gibt es m. E. drei Möglichkeiten: eine Beziehung der Identität, also daß Echnaton, eine real existierende Figur, die sich aber in keinerlei Tradition fortsetzen konnte, und Mose, eine Figur der Tradition, von der aber nie irgendwelche Spuren einer realen geschichtlichen Existenz

gefunden werden konnten, im Grunde ein und dieselbe Person sind –
eine Lieblingsthese der genannten Enthüllungsliteratur –; zweitens eine
Beziehung der Kausalität, also daß Echnaton auf Mose eingewirkt hat,
entweder direkt, wie Freud sich das vorstellte, der Mose zu einem
Anhänger Echnatons machte, oder indirekt, also daß Texte, Überlieferungen, Erinnerungen der Amarnareligion auf irgendwelchen Wegen
zu Mose gelangt sind oder, weniger personalistisch formuliert, in die
Bibel Eingang gefunden und den biblischen Monotheismus mitgeprägt
haben; und drittens eine Beziehung der Emergenz, daß also zwei kausal
in keiner Weise verbundene Erinnerungsströme im Laufe der Geschichte zusammengeflossen sind und eine Beziehung gestiftet haben:
das ist die These, die ich selbst vertrete.

Diese These stößt auf die Schwierigkeit, daß Echnaton und die
Amarnareligion in Ägypten gar keinen greifbaren Erinnerungsstrom
ausgelöst haben. Vielmehr sind bekanntlich in den Jahrzehnten nach
Echnatons Tod ziemlich systematisch alle Spuren seines Umsturzes getilgt und sein Name sogar aus den Königslisten gestrichen worden. Ich
muß also mit einer Unterströmung rechnen, einer verschobenen, kryptischen Erinnerung, d. h. mit genau jenen Formen kultureller Verdrängung, die Freud für seinen *Mann Moses* in Anspruch nahm und anhand
derer er seine Theorie der Wiederkehr des Verdrängten entwickelte.
Ich halte es für völlig undenkbar, daß ein so einschneidendes und allem
Anschein nach als schwer traumatisch erlebtes Geschehen wie die
Amarnareligion keine Spuren im kollektiven Gedächtnis hinterlassen
haben sollte, und halte es andererseits für höchst plausibel, daß diese
Spuren aufgrund der *damnatio memoriae* des Ketzers keinen Anhalt in der
offiziellen Überlieferung fanden und sich deshalb an andere Anhaltspunkte heften mußten: an die Hyksos-Überlieferungen, die Assyrer,
die Perser und zuletzt eben die Israeliten und Mose. Ohne diese unterschwellige Erinnerung an Amarna hätten sich die hellenistischen
Ägypter, die mit der Mose-Überlieferung in Berührung kamen, wohl
kaum so intensiv für diese Gestalt und den Exodus interessiert. Und
ohne die Wiederentdeckung Echnatons Ende des 19. Jh.s wäre vermutlich auch Freuds Moses-Buch nicht entstanden.

2
Mose und der Exodus aus ägyptischer Sicht

Über die ägyptisch-hellenistischen Texte zu Mose und dem Exodus sind wir überraschend gut informiert.[517] Das verdanken wir dem jüdischen Historiker Josephus Flavius, der in seinem Buch *Contra Apionem* eine Fülle antiker Zeugnisse über den Exodus zusammengestellt hat. *Contra Apionem* ist eine Streitschrift, in der Josephus die verschiedenen Verleumdungen zurückweisen will, die den Juden von hellenistischen, insbesondere ägyptischen Geschichtsschreibern angehängt wurden. Sie vermittelt uns erschreckende Einblicke in einen vor allem in Ägypten blühenden Antijudaismus lange vor der Heraufkunft des Christentums. Bei allen diesen Autoren geht es um den Exodus, den Auszug der Juden aus Ägypten. Dieser Auszug wird, wie in der Bibel ja auch, mit schweren Plagen in Verbindung gebracht. Die häufigste Fassung heftet den Auswandernden bzw. Vertriebenen diese Plage in Form einer hochansteckenden Krankheit, meist Aussatz, an. Die Juden erscheinen hier als aussätzige, unreine Ägypter. Der bei weitem ausführlichste und differenzierteste Text, in dem uns Mose als Ägypter und religiöser Rebell entgegentritt, stammt von dem Ägypter Manetho, einem Priester aus Sebennytos, der im zweiten Viertel des 3. Jh.s v. Chr. unter Ptolemaios II. wirkte, demselben Herrscher, dem die Legende auch die Entstehung der Septuaginta zuschreibt.[518]

Manetho erzählt in dem von Josephus überlieferten Fragment seiner *Aigyptiaka*, daß ein König Amenophis einmal die Götter schauen wollte, wie dies seinem Vorgänger Hor vergönnt gewesen sei. Sein Ratgeber und Namensvetter, der weise Amenophis Paapis, rät ihm, die Aussätzigen (*leloboménoi*, »Aussätzige«, bzw. *miaroi*, »Befleckte«) im ganzen Lande zusammenzutreiben und das Land von ihnen zu reinigen, dann würde er die Götter schauen. Der weise Amenophis ist eine historische Figur, die unter König Amenophis III., dem Vater Echnatons, lebte. So wird die ganze Geschichte in die Zeit Echnatons datiert.

Der König läßt daraufhin 80 000 Aussätzige in einer Art Konzentrationslager in der Ostwüste zusammentreiben und unter grausamen Umständen in den Steinbrüchen Zwangsarbeit verrichten. Unter den Kranken befinden sich auch eine Reihe von Priestern. Daher ergreift den weisen Amenophis die Furcht vor dem Zorn der Götter. Er sieht voraus, daß die Aussätzigen Hilfe von auswärts bekommen und für dreizehn Jahre in Ägypten herrschen würden, wagt aber nicht, dem König diese Prophezeiung selbst zu überbringen, schreibt alles auf und nimmt sich das Leben. Die Prophezeiung einer Leidenszeit ist ein typisches Motiv der spätägyptischen Literatur; der verbreitetste Text ist das *Orakel des Lammes*, in dem eine 900jährige Leidenszeit vorhergesagt wird.[519] Dieser andere Text spielt unter König Bokchoris, der in anderen außerbiblischen Versionen der Exodus-Geschichte vorkommt. Im *Orakel des Lammes* geht es auch um Fremdherrscher, die aber die Götterbilder nicht zerstören, sondern nach Assyrien verschleppen. Das in griechischer Sprache überlieferte *Töpferorakel*, in dem ebenfalls eine Leidenszeit unter fremden Eroberern prophezeit wird, spielt dagegen unter demselben König Amenophis wie Manethos Erzählung.[520] Das Motiv einer prophezeiten Leidenszeit geht in Ägypten bis auf die Literatur des Mittleren Reichs, bis auf den Anfang des 2. Jt.s zurück und gehört in den Zusammenhang eines politischen Messianismus, der in der Vorstellung Pharaos als Gottessohn und Heilsbringer porträtiert ist und immer akut wird, wenn das Königtum zusammenbricht oder fremde Könige das Land beherrschen.[521] Wir haben es hier mit einem festen literarischen Topos zu tun. Solche Geschichten einer prophezeiten Leidenszeit erzählte man sich in Ägypten in Zeiten, die entweder als Heilswende oder ihrerseits als Leidenszeit empfunden wurden. Die Motive, die in den anderen Versionen dieser Erzählung immer wieder vorkommen, sind die Konzentration der Unreinen und die Zwangsarbeit.

Die Aussätzigen erreichen zunächst vom König, sich in der verlassenen Hyksos-Hauptstadt Awaris als Leprakolonie einzurichten. Dort wählen sie sich einen heliopolitanischen Priester namens Osarsiph zum Führer.[522] Dieser gibt ihnen Gesetze, die alles vorschreiben, was in Ägypten verboten, und alles verbieten, was in Ägypten vorgeschrieben ist. Dieses Prinzip nenne ich »normative Inversion«. Das erste und wichtigste Gebot gilt den Göttern: Sie dürfen nicht angebetet werden *(mete proskynein theous)*. Das zweite Gebot betrifft die heiligen Tiere: Sie dürfen nicht geschont, d. h., sie müssen gegessen werden, und auch sonstige Nahrungstabus dürfen nicht beachtet werden. Das dritte Gebot verbietet den Umgang mit allen, die nicht zur eigenen Gruppe gehören. Das ist das zentrale Gebot jeder Sekte, d. h. jeder separatistischen Bewegung, die einen Schnitt, eine Trennung von der größeren Gemeinschaft vollzieht und sich von dieser Trennung, diesem Auszug her definiert. Die Ordnung, die Osarsiph gründet, ist also in erster Linie religiös bzw. antireligiös definiert; seine Gesetzgebung besteht vor allem in der Gründung einer Antireligion.

Nach der Festsetzung seiner theoklastischen, ikonoklastischen und exklusivistischen Gesetze befestigt Osarsiph die Stadt und lädt die Hyksos, die einige Zeit zuvor aus Ägypten vertrieben worden waren, ein, sich ihrem Aufstand anzuschließen. Die Hyksos kehren zurück. Pharao Amenophis erinnert sich daraufhin der Prophezeiung, verzichtet auf einen Kampf mit den Aufständischen, versteckt die heiligen Bilder und wandert mit sämtlichen aus allen Landesteilen zusammengetriebenen heiligen Tieren nach Äthiopien aus. Für dreizehn Jahre herrschen die Aussätzigen und die Hyksos über Ägypten in einer Weise, die den Ägyptern die frühere Hyksos-Herrschaft noch als ein Goldenes Zeitalter erscheinen läßt. Denn dieses Mal werden nicht nur die Städte gebrandschatzt, die Tempel zerstört und die Götterbilder vernichtet, es werden auch die Sanktuare in Küchen umgewandelt und die heiligen Tiere am Spieß gebraten. Schließlich jedoch kehren Amenophis und sein Enkel Ramses aus Äthiopien zurück und vertreiben die Aussätzigen und ihre Verbündeten.

Davor aber schob Manetho den entscheidenden Satz ein: »Osarsiph aber nahm den Namen Moyses an.« Mit diesem Satz macht Manetho deutlich, daß hier zwei Figuren, zwei Traditionen verschmolzen werden. Mose hieß vorher anders. Daß Mose ein ägyptischer Name ist, weiß Manetho nicht mehr, denn in seiner gräzisierten Form als Moyses läßt sich die ägyptische Form -*mose* (die Manetho selbst ja ständig benutzt in seinen Königsnamen Amosis, Thutmosis usw.) für ihn nicht mehr wiedererkennen. Mose hieß vorher, als Ägypter, Osarsiph. Daß hinter Osarsiph eine verschobene Erinnerung an Echnaton steckt, dessen Name durch die spurlose Vernichtung der Denkmäler und die Streichung aus den Königslisten vergessen worden war, halte ich mit Eduard Meyer, Donald Redford und vielen anderen für evident.[523] Wir haben es hier mit einer ägyptischen Legende zu tun, die in vielen Fassungen kursierte (was für mündliche Überlieferung spricht), denn sie erscheint bei den anderen von Josephus Flavius aufgeführten Autoren mit charakteristischen Abwandlungen, die zeigen, daß diese nicht etwa bei Manetho abgeschrieben haben, sondern auf unabhängigen Quellen beruhen. Diese Legende gehört zur Topik der prophezeiten Leidenszeit, beschränkt diese aber auf dreizehn Jahre, was genau der eigentlichen Amarnazeit (der Besiedlungsdauer von Amarna) entspricht, und beschreibt dieses Leiden als ein Leiden der Götter, spricht also nicht von

Mord und Totschlag, Dürre und Hungersnot, sondern vom Verfall der Tempel, Zerstörung der Götterbilder, Tötung der heiligen Tiere, Verbot der traditionellen Religion. Darin artikulieren sich bestimmte Phobien, die auf ein Trauma schließen lassen. Beide sind religiöser Natur. Mit den Griechen haben sie nichts zu tun, denn die Ptolemäer haben gewaltige Mittel in Tempelbau, Tierkult und Götterbilder investiert. Ihre Herrschaft wurde erst im Anschluß an die Schlacht bei Raphia, also seit dem Ende des 3. Jh.s, als eine Leidenszeit empfunden. Die vier assyrischen Eroberungen im 7. Jh. und die Perserzeit waren zweifellos Leidenszeiten, in denen diese Legenden kursierten. Aber es kann kaum Zufall sein, daß diese Legende in der Amarnazeit spielt. Dies war für die Ägypter in der Tat die erste Erfahrung einer ikonoklastischen Antireligion, und es spricht alles dafür, daß diese Erfahrung traumatisch war und zur Ausbildung entsprechender Phobien führte. Daß dann alle Spuren verwischt, alle konkreten Anhaltspunkte ausgelöscht und alle Erinnerungen an diese Epoche regelrecht verdrängt wurden, konnte das ikonoklastische Trauma und die Phobie nur verstärken. In der späteren Rückerinnerung hängt man diese traumatisierenden Erfahrungen dann den Hyksos an, die zwei Jahrhunderte vor Echnaton aus Ägypten vertrieben worden waren. Das weiß Manetho noch sehr gut, denn er unterscheidet genau zwischen der Fremdherrschaft der Hyksos und der Herrschaft der mit ihnen verbündeten Aussätzigen. Das sind zwei ganz verschiedene Ereignisse, zwischen denen mehrere hundert Jahre liegen. Nur Josephus war das nicht klar; er hält die beiden Berichte bei Manetho für Varianten ein und derselben Geschichte. Durch die Assoziation mit den Hyksos ergibt sich dann die Verbindung der Aussätzigen zu Palästina.

Der Mose des Manetho ist also erstens ein Ägypter, und zwar ein heliopolitanischer Priester, und zweitens ein religiöser und politischer Führer. Er organisiert einen Haufen unterdrückter Aussätziger zu einem politischen Gemeinwesen und gibt ihnen Gesetze, die sich in allererster Linie auf die Religion beziehen. Diese Religion ist rein destruktiv. Sie besteht nicht nur in einer normativen Inversion der bestehenden Ordnung, sondern zielt auch auf die Zerstörung der bestehenden Kulte, ohne etwas anderes als die schiere Negation an deren Stelle zu setzen. Daran erkennt man leicht ein Zerrbild des Monotheismus und der ersten beiden Gebote. Aus »keine anderen Götter« wird »überhaupt keine Götter« und aus »kein Bildnis machen« wird »alle Bilder zerstören«. Auch die Nahrungsgebote könnten hier eine Rolle spielen. Aus »nur reine Tiere essen« wird »die heiligen Tiere müssen gegessen werden«. Das Gebot: »nur mit Mitgliedern der eigenen Gruppe verkehren« ist dann ein völlig eindeutiger antijüdischer Topos (*amixia*), der mit Amarna nichts mehr zu tun hat.[524] Das sind Vorstellungen, die sich zu Manethos Zeiten mit dem Namen Mose verbanden.

Ich lasse hier jetzt die anderen von Josephus zitierten Varianten der Geschichte beiseite, in denen der Name Osarsiph nicht mehr auftaucht und in denen nur noch von Mose die Rede ist. Sie laufen, was das Mose-Bild angeht, ziemlich auf dasselbe hinaus. Mose ist immer der politische Anführer der Vertriebenen, die entweder als aussätzige Ägypter dargestellt werden oder als Fremde, die wegen ihrer Fremdheit das Land verunreinigen und Aussatz oder Pest als Strafe der Götter über die Ägypter bringen. Der phobische Komplex ist überall derselbe: Die Angst gilt der Vertreibung der Götter durch die Verunreinigung ihrer Tempel, Zerstörung ihrer Bilder und Schlachtung ihrer heiligen Tiere. Diese Phobie läßt sich übrigens auch in ägyptischen Texten der Spätzeit vielfach belegen. In der Begegnung mit den Juden führte sie zweifellos zu heftigen antijüdischen Reaktionen, die als antimonotheistisch und antiikonoklastisch zu verstehen sind. Statt dieser Varianten beschränke ich mich auf drei Versionen, die Josephus nicht aufführt: Hekataios von Abdera, Strabon von Apameia und Tacitus. Ihnen ist gemeinsam, daß sie Mose nicht nur als Zerstörer der abgelehnten, sondern auch als Gründer einer neuen Religion darstellen.

Hekataios schrieb seine *Ägyptische Geschichte* eine gute Generation vor Manetho.[525] Hier nehmen die Ereignisse ihren Ausgang von einer Pest, die in Ägypten wütet. Die Ägypter schließen daraus, daß die Götter erzürnt sind über die vielen Fremden, die in Ägypten wohnen und fremde Kulte und Sitten eingeführt haben. Sie beschließen daraufhin, die Fremden zu vertreiben. Wie und woher diese Fremden nach Ägypten gekommen sind, wird nicht erzählt und ist offenbar kein Problem; sie waren einfach da. Die Vertriebenen gründeten Kolonien teils in Griechenland, teils in Palästina. Anführer der einen waren Danaos und Kadmos, die anderen führte Moyses, der Gründer und Gesetzgeber der Jerusalemer Kolonie. Hier gilt Mose also nicht als Ägypter, sondern als ein in Ägypten lebender Fremder. Auch hier erscheint er als politischer Führer, Koloniegründer und Religionsstifter. Als einziges der von Mose erlassenen Gesetze wird das Bilderverbot genannt. Aber seine Religion besteht nicht nur in der bloßen Negation und Zerstörung des Bestehenden: »Götterbilder ließ er jedoch nicht herstellen, weil er glaubte, daß Gott keine menschliche Gestalt habe, sondern vielmehr der die Erde umfassende Himmel allein göttlich sei und Herr über alles.«[526]

Bei Strabon ist Mose wieder ein Ägypter, und zwar ein Priester, der aus Unzufriedenheit mit der traditionellen Religion das Land verläßt, um mit vielen Gleichgesinnten nach Judäa auszuwandern und dort seine Vorstellungen von wahrer Religion zu verwirklichen. Hier spielen also Plagen, Aussatz und Vertreibung keine Rolle. Mose verläßt das Land aus freien Stücken, weil ihm die ägyptische Tradition, die Götter in Tiergestalt darzustellen, ein Greuel ist. Seine Lehre besteht in der Erkenntnis, daß »jenes Eine Wesen Gott sei, welches uns alle und Erde und Meer umfaßt, welches wir Himmel und Erde und Natur der Dinge nennen«. Diese Gottheit könne kein Bild wiedergeben. »Man müsse vielmehr alles Bildnismachen unterlassen und die Gottheit verehren ohne Bildnis.« Worauf es allein ankommt, um Gott nahezukommen, sei, »tugendhaft und in Gerechtigkeit zu leben«.[527] Mose erscheint hier als ein Philosoph, der eine Religion der Vernunft und Gerechtigkeit begründet. Sein Gott ist der Gott der Philosophen. John Toland nannte Anfang des 18. Jh.s diesen »Moses Strabonicus« geradezu einen Spinozisten.

Schließlich Tacitus. Die klassische und wirkungsvollste Fassung dieser Legende findet sich in den *Historiae* V,3-5.[528] Hier nehmen die Dinge ihren Anfang mit einer in Ägypten herrschenden Seuche, die körperliche Mißbildungen zur Folge hat. König Bokchoris befragt das Orakel und erfährt, er müsse das Land von den Juden »reinigen« und diese Rasse (*genus*) in andere Länder bringen, da sie den Göttern verhaßt sei (*ut invisum deis*). Daraufhin werden die Juden in die Wüste getrieben. Dort tritt Mose als ihr Führer auf, der sie nach Palästina bringt und Jerusalem gründet. Um seinen Einfluß für immer zu festigen, gibt Moses dem Volk eine neue Religion, die allen anderen Religionen entgegengesetzt ist (*novos ritus contrariosque ceteris mortalibus indidit*). Bei Tacitus ist Mose also in erster Linie politischer Führer und erst in zweiter Linie Religionsstifter. Die Religion hat die Funktion, »seinen Einfluß für immer zu festigen«, d. h. seine Rolle als Volksgründer zu legitimieren und seine Gesetzgebung auf Dauer zu stellen. Diese Religion ist eine Inversion der ägyptischen Tradition und richtet sich vor allem gegen Bild- und Tierkult: »Die Ägypter verehren viele Tiere und monströse Bilder; die Juden kennen nur einen Gott und begreifen diesen nur mit dem Geist (*mente sola*). Sie betrachten solche, die Bilder von Gott nach menschlichem Vorbild herstellen, als unfromm: das höchste und ewige Wesen ist für sie undarstellbar und unendlich.«[529] Mit dieser positiven Darstellung des jüdischen Monotheismus verbindet Tacitus aber eine sehr polemische Deutung der normativen Inversion: »die Juden erachten alles als profan, was uns heilig ist; andererseits erlauben sie alles, was bei uns tabu ist« (*profana illic omnia quae apud nos sacra, rursum concessa apud illos quae nobis incesta*). In den Tempel weihen sie die Statue eines Esels und opfern ihm einen Widder, »anscheinend um Ammon zu verspotten«. Desgleichen opfern sie einen Stier, weil die Ägypter den Apis verehren.

Zu Tacitus' Deutung der politischen Rolle der Religion bei Mose läßt sich eine Stelle bei Diodor stellen. Da geht es um die sechs großen Gesetzgeber, die es verstanden hätten, ihren Gesetzeswerken eine zeitüberdauernde Stabilität und absolute Autorität zu verschaffen, indem sie sie als göttliche Weisungen ausgaben. Der erste ägyptische König und Kulturstifter, den Diodor bald Menas oder Menes, bald Mnevis nennt, »ein Mann, nicht nur groß an Seele, sondern in seiner Lebensführung auch der sozialdenkendste (*koinótatos*) aller überlieferten Gesetzgeber«, war auch der erste, sich dieses Prinzips zu bedienen. »Er behauptete, daß Hermes ihm die Gesetze gegeben habe.« So berief sich in Kreta Minos auf Zeus und Lykurg bei den Spartanern auf Apollon, Zarathustra bei den Iranern (*arianoi*) auf Ahura Mazda (*agathos daimon*), Zalmoxis bei den Getern auf Hestia und Mose bei den Juden auf Jahwe (*Iao*).[530] Diese Stelle wird übrigens im 18. Jh. zu einem zentralen Referenztext der radikalen Aufklärung. Von den sechs Gesetzgebern ist es nur ein Schritt zu den »drei Betrügern«.[531]

Spuren des historischen Mose darf man natürlich in diesen Überlieferungen nicht suchen. Es sind Klischees dritter Hand, in denen alles mögliche zusammenkommt, darunter auch eine vage Bekanntschaft mit den in griechischer Übersetzung zugänglich gewordenen biblischen Schriften. In Alexandria wohnten Juden, Griechen und Ägypter zusammen; kein Wunder, daß sich hier Kontakte und vor allem Konflikte ergaben. Peter Schäfer hat in seinem Buch *Judaeophobia* alle diese Texte zusammengestellt und ihre historischen Kontexte sorgfältig ausgeleuchtet.[532] Er sieht in ihnen nichts anderes als den Reflex historischer Konflikte. Mit irgendwelchen inhaltlich bedingten Phobien, Abscheureaktionen und Antagonismen habe das nichts zu tun. Das müßte man alles »historisch« erklären und von einer semantischen Deutung freihalten. Wenn diese Texte einen wahren Kern hätten, dann läge dieser nicht in irgendeiner genuinen Information über Mose und seine Religion, sondern in ihrem historischen Bezug auf ein Klima der Konfrontation und des Konflikts, das sie reflektieren. Das ist richtig, heißt aber nicht, daß es in diesen Überlieferungen nicht doch auch um religiösen Antagonismus und kulturelle Semantik geht. Ich meine, daß in diesen Texten eine verdrängte Erinnerung zum Ausdruck kommt und daß die affektive Einfärbung dieser Texte, die Sprache von Haß und Abscheu, auf traumatisch bedingten Phobien beruht, die eine lange Geschichte haben und letztlich auf die Erfahrung der Amarnazeit zurückgehen. Jedenfalls führt uns die Erinnerungsfigur Osarsiph mit ziemlicher Sicherheit auf die historische Figur Echnaton zurück. So können wir also feststellen, daß bei Manetho zwei Erinnerungsströme zusammenfließen, die ägyptische Erinnerung an die Amarnazeit und die jüdische Erinnerung an Mose. Aus dieser Fusion entsteht ein Mose, der Echnaton in sich aufgenommen hat: Mose der Ikonoklast, der Zerstörer der religiösen Traditionen. Dieser Zug des Mose ist in der biblischen Darstellung nicht angelegt. An keiner Stelle wird Mose als Ikonoklast dargestellt, der die ägyptischen Bilder zerstört und die heiligen Tiere schlachtet. Das Goldene Kalb wird nicht mit Ägypten in Verbindung gebracht. Das biblische Ägypten ist nicht das Land der Idolatrie, sondern der politischen Unterdrückung.

3
Ikonoklasmus als politische Theologie

Das Besondere dieser ägypto-hellenistischen Mose-Überlieferung ist, daß sie die Figur des Mose nicht narrativ entfaltet, sondern auf minimalistische Formeln reduziert. Dazu gehört in allererster Linie das Bilderverbot. Dies wird von den ägyptischen Autoren rein destruktiv verstanden, als pure Zerstörung der Bilder und damit der Götter, also Theoklasmus, der sich als Ikonoklasmus äußert (bzw. austobt), während die griechischen und lateinischen Autoren im Bilderverbot den Ausdruck eines geläuterten, geistigen, abstrakten Gottesbegriffs sehen, den Begriff des »Umfassenden«, den kein Bild abbilden und den man nur mit dem Geist erfassen kann. Um das Bilderverbot herum gruppieren sich die Motive des Gesetzgebers, Religionsstifters und Volksgründers. Der politische Aspekt ist ebenso prominent wie der religiöse bzw. antireligiöse. Mose erscheint hier als ein politischer Theologe, entweder, indem er eine neue Theologie politisch umsetzen will durch Gesetzgebung und Volksgründung (Strabon), oder indem er eine politische Ordnung theologisch legitimieren will (Tacitus, Diodor). Schließlich ist allen Texten und Versionen gemeinsam die Frontstellung zu Ägypten. Überall ist die Religion, die Mose gründet, eine Gegenreligion zur ägyptischen Tradition. Dieser Mose ist natürlich nicht Echnaton, denn Echnaton war kein Volksgründer und Gesetzgeber. Bei Echnaton spielt das Politische gar keine Rolle. Dafür steht hier das Physikalische und Kosmologische im Vordergrund, das wiederum bei Mose kaum eine Rolle spielt (allenfalls bei Hekataios, der den Gott des Mose mit Himmel und Erde identifiziert). Was beide gemeinsam haben, ist die Gründung einer antiägyptischen Gegenreligion, der theoklastische Impuls. Diese Gemeinsamkeit hat sie in der Erinnerung verschmelzen lassen. Wenn wir sie jetzt wieder auseinanderzunehmen versuchen, wenden wir uns dem Mose des Pentateuch zu. Hier stoßen wir natürlich auf ein völlig anderes Mose-Bild, anstelle der Minimalformeln finden wir eine reiche narrative Entfaltung, vor allem aber erscheint hier Gott als Protagonist, und Mose ist nur ein teilweise geradezu widerstrebendes Werkzeug der göttlichen Initiative. Diese prophetische Dimension geht den außerbiblischen Texten vollkommen ab. Aber es gibt auch eine Reihe in die Augen springender Gemeinsamkeiten: Manethos Konzentrationslager der zu Zwangsarbeiten in den Steinbrüchen verurteilten Aussätzigen entspricht den Leiden der versklavten Hebräer. Die verschiedenen Plagen, die bald die Vertriebenen, bald die Ägypter heimsuchen, nehmen im Buch Exodus einen sehr prominenten Platz ein. Hier sind die Ägypter die Heimgesuchten, und in ihrer Schilderung macht sich die ganze antiägyptische Polemik Luft, die auch hier im Zentrum der Geschichte steht und sie affektiv einfärbt. Natürlich geht es auch um Volksgründung, Gesetzgebung, darunter das Bilderverbot, und Ikonoklasmus. Aber das hat hier nichts mit einer normativen Inversion der ägyptischen Religion zu tun. Diese Gesetze kommen von Gott, der andere Interessen hat, als die ägyptische Sitte auf den Kopf zu stellen. Auch der Ikonoklasmus richtet sich nicht gegen die Ägypter, sondern gegen das eigene Volk, man könnte allenfalls sagen, den inneren Ägypter, den jeder als Sehnsucht oder Anfechtung im Herzen trägt.

Die »Urszene« des biblischen Ikonoklasmus ist die Episode des Goldenen Kalbes (Ex 32).[533] Das Goldene Kalb war nicht als ein Bild des ägyptischen Apis-Stiers gemeint, sondern als ein Ersatz für Mose, den die

Israeliten für tot halten, weil er vom Berge Sinai nicht wieder herunterkommt. Sie wollen den verschwundenen Repräsentanten Gottes durch eine Repräsentation Gottes ersetzen und bitten Aaron, ihnen »Elohim zu machen, die vor uns hergehen«. Aaron gießt ein Stierbild, das die Israeliten denn auch sogleich anerkennen: »Das ist dein Gott, Israel, der dich aus Ägyptenland geführt hat.« Bei diesem Gottesbild geht es also, wenn man auf den »subjektiv gemeinten Sinn« schaut, um ein Bild Jahwes und nicht um das eines anderen Gottes.[534] Aber ein Bild Jahwes kann es nicht geben, und darum gerät unabhängig von jedem noch so gutgemeinten Sinn jedes Bild geradezu automatisch zum Bild eines anderen Gottes und damit »zur Sünde« (1 Kg 12,30). Auf dieses Bild richtet sich Moses Ikonoklasmus. Als erstes zerstört er aber im Zorn die Gesetzestafeln. Wo dieses Bild steht, haben die göttlichen Tafeln nichts zu suchen, sie müssen sofort zerstört werden, um jede Kontamination zu vermeiden. Sodann wird das Bild zerstört, aber nicht im Zorn, sondern äußerst methodisch. Er schmilzt es im Feuer, zerstößt es zu Pulver, vermischt es mit Wasser und gibt es dem Volk zu trinken. Der Sinn dieser Handlung wird erst klar, wenn man für das »Bild« das »heilige Tier« substituiert. Was man nämlich mit heiligen Tieren auf keinen Fall machen darf, ist, sie zu verzehren. Die Israeliten werden also zu einem schweren Tabubruch im Sinne der heidnischen – und zwar der ägyptischen – Religion gezwungen, in die sie mit der Anbetung des »Kalbes« zurückgefallen waren. Zwar war das Kalb »subjektiv« als Bild des Herrn gemeint worden, aber es geriet ihnen zu einem Bild des Apis-Stiers, den sie nun verzehren müssen. Damit will Mose, so ließe sich diese Handlung vielleicht symbolisch deuten, den Ägypter in ihnen abtöten.

Schließlich kann man noch auf den Aussatz verweisen, der auch in der Bibel eine so bedeutende Rolle spielt. Das Buch Levitikus widmet ihm zwei Kapitel. Im Buch Numeri hat Mary Douglas eine zyklische Struktur entdeckt, die die Gesetze zur Austreibung der Aussätzigen (Num 5,1-4) mit den Gesetzen zur Austreibung von Götzendienern (Num 33,50-56) in engste Parallele setzt.[535] Aussatz und Idolatrie sind die schlimmsten Formen von Verunreinigung, weil sie Gott daran hindern, »inmitten seines Volkes zu wohnen«. Auch hier möchte man von einer Phobie sprechen. Die Krankheit, und zwar die hochgradig ansteckende, körperlich entstellende Krankheit wie Pest und Aussatz, erzeugt phobische Reaktionen und gilt darin als die wirksamste Metapher für kulturell generierte Phobien, die Bilderphobie auf der einen und die Phobie des Ikonoklasmus auf der anderen Seite.

Es gibt also eine Reihe gemeinsamer Punkte. Der entscheidende gemeinsame Nenner liegt in der Gestalt eines politischen Führers, der die Götter der Anderen bzw. »andere Götter« ablehnt, die Bilder verwirft und Gesetze gibt, also in einer neuartigen, ja revolutionären Verbindung von Theologie und Politik bzw. politischer Theologie. Das ist mit der Formel Ikonoklasmus als politische Theologie gemeint. Es geht um die Gründung einer politischen Ordnung, in der das Göttliche auf eine nicht durch Bilder vermittelte Weise präsent ist.

Alle Bilder, genauer und zugleich allgemeiner gesagt, jede Repräsentation setzt Abwesenheit voraus. In Ägypten ist das völlig eindeutig. Die Götter sind fern und verborgen und gerade darum in ihren Kultbildern im Tempel gegenwärtig. Zu den Bildern des Göttlichen zählen auch die heiligen Tiere und zählt auch der König. Ägypten ist eine Welt voller Repräsentationen des Göttlichen, eine Welt repräsentierter Gottesnähe, die gerade darum Gottesferne voraussetzt. Die Bibel drückt das in der Begrifflichkeit von Tod und Leben aus. Die Repräsentationen sind tot im Vergleich zum lebendigen Gott. Damit der lebendige Gott inmitten seines Volkes wohnen kann, müssen die Bilder verschwinden. Die Ägypter sehen das genau umgekehrt. Damit die Götter sich mit den Menschen zur Gemeinschaft verbinden können, müssen sie in ihr manifest werden, in Bildern, Königen und heiligen Tieren. Anders als durch Repräsentation ist ein Kontakt mit der Götterwelt nicht herzustellen. Wenn die Bilder zerstört werden, ziehen sich die Götter aus der Welt zurück.

In beiden Fällen handelt es sich um politische Theologie. Damit ist gemeint, daß Macht und Herrschaft, Ordnung und Gerechtigkeit von Gott kommen. Ikonoklasmus als politische Theologie besagt, daß Gott diese Herrschaft direkt ausübt, selbst die Gesetze erläßt, die Ordnung vorschreibt und Gerechtigkeit übt. Im Dienste dieser Unmittelbarkeit haben die Bilder zu verschwinden. Repräsentation als politische Theologie besagt umgekehrt, daß Gott sich in der Ausübung seiner Herrschaft und Gerechtigkeit auf Erden bzw. im Rahmen der Menschenwelt repräsentieren läßt und daß mit dem Verschwinden dieser Repräsentationen und Repräsentanten auch Gottes Herrschaft und Gerechtigkeit aus der Welt verschwinden.

Dieser Konflikt gehört nicht in die späte Bronzezeit, sondern in den Hellenismus. Die Themen Idolatrie und Ikonoklasmus sind im Alten Testament präsent, aber gewiß nicht so zentral, daß sie den Kernpunkt der Religion ausmachen, so, wie das dann in der hellenistischen

Mose-Überlieferung hervortritt. In den biblischen Texten zeichnet sich ein Crescendo ab. Bei Jeremia 10, Psalm 115 und Jesaia 44 haben wir es noch mit Spott und Satire zu tun:

Der Zimmermann (...) hatte Fichten gepflanzt und der Regen ließ sie wachsen.
Das gibt den Leuten Brennholz, davon nimmt er und wärmt sich;
teils heizt er damit, um Brot zu backen,
teils macht er daraus einen Gott
und wirft sich nieder, formt es zum Bilde und kniet vor ihm.
Die Hälfte verbrennt er im Feuer,
auf den Kohlen brät er Fleisch,
ißt einen Braten und sättigt sich;
auch wärmt er sich und spricht:
»Ah, mir ist schön warm, ich spüre das Feuer.«
Und den Rest macht er zu einem Gott,
zu einem Bilde, und kniet vor ihm,
und wirft sich nieder und fleht zu ihm:
»Rette du mich, denn du bist mein Gott!« (Jes 44,9-17)

In den vier Kapiteln, die die *Weisheit Salomos* den Götzendienern widmet, meldet sich dann darüber hinaus der blanke Haß zu Wort:

Verflucht soll das sein, was mit Händen geschnitzt ist, wie auch der, der es schnitzte;
dieser, weil er's machte, jenes, weil es Gott genannt wird, obwohl es doch vergänglich ist.
Denn Gott sind beide gleich verhaßt,
der Gottlose und sein gottloses Werk;
denn das Werk wird samt dem Meister bestraft werden.
Darum werden auch die Götzen der Heiden heimgesucht,
denn sie sind in der Schöpfung Gottes ein Greuel
und zum Ärgernis für die Seelen der Menschen geworden
und zum Fallstrick für die Füße der Unverständigen.
Denn Götzenbilder zu ersinnen ist der Anfang der Hurerei,
und sie zu erfinden ist des Lebens Verderben. (Weish 14,8-12)

In der Verwerfung der Bilder äußerst sich ein neuer Wahrheitsbegriff, der neue Grenzen zieht und ausgrenzend wirkt. Er gewinnt seine Tiefe aus dem Verständnis dessen, was er als mit sich selbst unvereinbar empfindet, und entfaltet sich narrativ in der Figur des Auszugs, der Trennung und der Abgrenzung. Dafür steht Mose als Erinnerungsfigur. Ausziehen aus der Welt des Bestehenden in eine neue Welt kompromißloser Unmittelbarkeit, in der es keine Repräsentanten und Repräsentationen gibt, sondern in der sich Gottes Wille unmittelbar verwirklicht. Ein Königreich von Priestern, das heißt auch: ein Volk, das keine Priester und keine Könige hat, jedenfalls nicht im ägyptischen Sinne der Repräsentation.

Der Name und der Begriff Mose steht für etwas, das sich in der Zeit und Geschichte entfaltet. Das sind nicht Legenden, die sich an einen großen Menschen heften, sondern Themen, die die westliche Menschheit in Atem gehalten haben und noch beschäftigen. Mose ist die Symbolfigur einer menschheitsgeschichtlichen Wende, deren historischer Ort sich nicht auf die späte Bronzezeit und auch nicht auf das historische Wirken einer Persönlichkeit festlegen läßt. Diese Wende verbindet sich mit dem exklusiven Monotheismus, der die Verehrung eines einzigen als des einzig wahren Gottes fordert und alle anderen Götter zu »Götzen«, d. h. Lug und Trug erklärt. Mit diesem neuen Religionstyp zieht die Unterscheidung von wahr und falsch in die Religionsgeschichte ein.

Was bedeutet diese Wende für die Geschichte der Politischen Theologie? Gibt es einen Zusammenhang zwischen der Unterscheidung von wahr und falsch und derjenigen zwischen Freund und Feind? Dieser Zusammenhang liegt auf der Hand und verbindet sich mit dem Bilderverbot. Das Bilderverbot wendet die theologische Unterscheidung zwischen Wahrheit und Unwahrheit, Gott und Götzen, ins Politische und interpretiert sie im Sinne von Freund und Feind. Sie definiert, wer die Feinde Gottes sind und wo sie stehen. Beim Bilderverbot handelt es sich um eine Feindbestimmung im Licht der Unterscheidung von wahr und falsch. Gottesfeind ist, wer dem Irrtum anhängt und Götzen verehrt.

Die Unterscheidung von Freund und Feind haben wir als Politik der Gewalt definiert. Folglich müssen wir den Ikonoklasmus als eine politische Theologie der Gewalt bestimmen. In der Tat reden die alttestamentlichen Texte, in denen es um die Ausmerzung der Götzendiener geht, eine gewalttätige Sprache. Man hat denn auch in der Zeit der Aufklärung das Alte Testament immer wieder als einen gewaltrünstigen Text denunziert und etwa an die grauenvolle Strafaktion der Leviten erinnert, die im Anschluß an die Szene des Goldenen Kalbes durch das Lager marschieren und wahllos 3 000 Menschen erschlagen (Ex 32,25-35). Kaum weniger gräßlich lesen sich die Abrechnung Elias mit den Baalspriestern (1 Kg 18,40) oder die Durchsetzung der Josianischen

Kultreform (2 Kg 23,4-20). In der Darstellung der alttestamentlichen Texte wurde der Monotheismus in Form von Massakern durchgesetzt. Doch wenn sich auch die Gewalttätigkeit der biblischen Semantik in keiner Weise abstreiten läßt, so läßt sich doch ebenso eindeutig konstatieren, daß von den drei auf dieser Semantik aufruhenden abrahamitischen Religionen es niemals die Juden, sondern ausschließlich die Christen und die Muslime gewesen sind, die diese Gewalt in die Tat umgesetzt haben. Heutzutage sind es ganz eindeutig die islamischen fundamentalistischen Bewegungen, die im Banne einer politischen Theologie der Gewalt stehen, wie sie in diesen biblischen Texten vorgezeichnet ist. Einzig die Juden haben es verstanden, diese Texte in der Auslegungsgeschichte so zu humanisieren, daß sie keinen Schaden anrichteten. Sie haben die Unterscheidung von Freund und Feind verinnerlicht. Schon im alten Israel wurde die Unterscheidung zwischen Freund und Feind ausschließlich auf innere Feinde angewendet. Abtrünnig werden, vom Gottesbund abfallen konnte nur ein Israelit. Die Unterscheidung zwischen Freund und Feind schnitt hier mitten durch die Gemeinschaft. Die Tendenz zur Verinnerlichung verstärkte sich im Judentum immer mehr, so daß sie schließlich durch das Herz des Einzelnen schnitt. Das Konzept des Götzendienstes, der »Idolatrie«, des Abfalls von Gott zu anderen Göttern, wurde als Inbegriff der »Sünde« immer stärker psychologisiert und dadurch entpolitisiert. Dafür erzeugte es einen Schuldkomplex, der die monotheistische Religion speziell in ihrer jüdischen und in ihrer protestantischen Form kennzeichnet und über den Sigmund Freud in seinem Mose-Buch sehr tiefe Einsichten dargelegt hat. Freud hat die politischen Aspekte des Phänomens gar nicht gesehen, sosehr sind diese in der jüdischen Tradition verblaßt und verinnerlicht worden. Das Judentum war immer nur an dem Heiden im eigenen Herzen interessiert, nicht an den Heiden ringsherum in der politischen Außenwelt.

Um so mehr haben sich dann Christentum und Islam die politische Theologie der Gewalt zur Unterdrückung der Heiden ringsum auf ihre Fahnen geschrieben. Die Gewalt ihres Gottes gegen die anderen Götter gibt ihnen das Recht, Gewalt gegen Menschen zu üben, die in ihren Augen anderen Göttern anhängen. Dahinter steht die Unterscheidung zwischen Wahrheit und Lüge, die die monotheistische Religion, und nur sie, kennzeichnet. Gott ist die Wahrheit, die Götter der anderen sind Lüge. Das ist die theologische Basis der Unterscheidung von Freund und Feind. Erst auf diesem Boden und in diesem semantischen

Rahmen ist die politische Theologie der Gewalt wirklich gefährlich geworden. In dieser Tradition offenbarungstheologischer Gewaltbereitschaft steht auch noch die politische Theologie Carl Schmitts. Hier liegt m. E. das eigentliche »politische Problem« des Monotheismus. Wenn man die monotheistische Idee retten will, dann muß man sie ihrer inhärenten Gewalttätigkeit entkleiden.

Zwölftes Kapitel
Die politische Theologie des Mose in der Sicht der europäischen Aufklärung

I

Duplex religio: Öffentliche und geheime Religion

In der stoischen Lehre der *theologia tripertita* steht der Begriff der politischen Theologie ergänzend neben zwei anderen Theologien, der *poetischen Theologie* der Dichter und der *natürlichen* oder *kosmischen Theologie* der Philosophen. Die *politische* Theologie ist die Sache der Priester als einer politischen Institution. In ihr artikuliert sich die staatstragende Funktion der Religion, ebenso wie die kultische Funktion der politischen Gemeinschaft. Wolf Daniel Hartwich hat in seinem Buch *Die Sendung Moses* auf die große Bedeutung aufmerksam gemacht, die dieser Lehre im 18. Jh. zukommt.[536]

Damit verwandt ist eine Theorie, die man *theologia bipertita* nennen könnte, die aber in den Quellen als *duplex religio* oder *duplex philosophia* verhandelt wird. Diese Theorie ist zwar nicht dem Namen, aber der Sache nach ebenfalls antik und bezieht sich auf eine Religionsform, die von den Griechen der ägyptischen Kultur zugeschrieben wird. Hier geht es um die Unterscheidung einer *populären* Theologie für das Volk und einer philosophischen und *esoterischen* Theologie für die Weisen, die sich verschieden interpretieren läßt. Die eine Interpretation geht in die Richtung eines epistemologischen Elitarismus und besagt, daß die breite Masse, zu abstraktem Denken und geistiger Erkenntnis unfähig, auf Bilder und Fabeln angewiesen ist. Die andere Interpretation geht in die Richtung einer politischen Funktionalisierung von Religion. Sie besagt, daß Religion, um staatstragend zu sein und Solidarität zu fundieren, auf konkrete Formen nicht verzichten kann. Es geht also beide Male um Akkommodation, im einen Falle an die intellektuelle Fassungskraft der breiten Masse, im anderen an die politischen Notwendigkeiten der Geschichte.

Man könnte diese beiden Akkommodationen, die eine an die Fassungskraft, die andere an die politische Funktion, als poetische und politische Theologie bezeichnen. Beide geraten in der Aufklärung unter einen je anderen Verdacht: die poetische unter den der Lüge, das ist ein Vorwurf, der den Dichtern seit Platons Tagen gemacht wird, der andere unter den der List und des Betrugs, und dieser Vorwurf wird in bezug auf Mose besonders virulent werden. Denn die funktionale Interpretation, die ich unter dem Stichwort der politischen Theologie behandeln möchte, legt sich naturgemäß dort besonders nahe, wo es um Gesetzgebung geht. Daher hat in bezug auf Mose gerade diese Variante der Akkommodationslehre im Mittelalter und in der Neuzeit besondere Bedeutung erlangt. Im Rahmen dieser Tradition wird der Sinn der populären Theologie in einer Weise bestimmt, für die es gar keine treffendere Bezeichnung als »politische Theologie« geben kann, auch wenn dieser Ausdruck, soweit wir sehen, nur im 17. Jh. von Daniel Georg Morhof und Baruch Spinoza verwendet wird.

Aber auch wo dieser Begriff nicht benutzt wird, geht es oft genug um die Sache der »institutionellen« politischen Theologie, und zwar im Sinne einer funktional determinierten Form von Religion, die einen Staat, eine Polis, zu tragen und von einem Staat getragen zu werden hat. Es geht also um den Gegensatz zwischen der reinen und der funktional determinierten Wahrheit. Dieser Gegensatz wird im Rahmen der Tradition, die ich im folgenden behandeln möchte, als Gegensatz von Öffentlichkeit und Geheimnis dargestellt. Die Wahrheit ist geheim, nicht nur, weil sie schwer zu fassen, sondern auch, weil sie politisch dysfunktional ist. So kommt es zur Ausprägung jenes Konzepts von Religion, das im 17. und 18. Jh. als *philosophia duplex* bezeichnet wird.

Das Konzept der doppelten oder Mysterien-Religion erwächst logisch aus der Akkommodationslehre und entwickelt sich historisch im 17. Jh. im Rahmen einer Forschungsrichtung, die man vielleicht »Paganologie« oder »Heidenforschung« nennen kann: die Wissenschaft des Heidentums, das Studium heidnischer Geschichte, Kulturen, Religionen. Ziel der Paganologie war die Erforschung der Differenz, die die heidnische von der biblischen Welt trennt, und die Deutung der biblischen Normen auf der Basis eines vertieften Verständnisses dieser Differenz. Daher ist die Paganologie von Haus aus ein theologisches Projekt, wie säkular auch immer die Forschungen und Spekulationen sein mögen, die letztlich aus ihr erwachsen, und nicht zu verwechseln mit den humanistischen Studien, die sich mit den heidnischen Texten um ihrer selbst und um des klassischen Rangs ihrer kulturellen Hinterlassenschaften willen beschäftigen.

Im Grunde geht die Paganologie ebenso wie die Idee der doppelten Religion auf die Antike, und zwar auf Kirchenväter wie Origenes, Clemens von Alexandrien und Eusebius von Caesarea, zurück. Sie schreiben viel über die antiken Mysterien, stellen aber auch die biblische Religion als geheimnisvoll dar. So vertrat z. B. Eusebius die Ansicht, daß auch die Thora ein doppelbödiger Text ist, der den Einfältigen eine Menge konkreter Vorschriften macht, den Weisen aber eine noch viel größere Menge zu denken gibt.

> Moses befahl dem jüdischen Volk, alle Riten auf sich zu nehmen, die in den Worten ihres Gesetzes beschlossen waren. Aber er wollte auch, daß die anderen, deren Geist und Tugend stärker waren, weil sie frei waren von dieser äußeren Schale, sich gewöhnen sollten an eine göttlichere, über die Fassungskraft des gemeinen Mannes hinausgehende Philosophie und mit den Augen des Geistes in den höheren Sinn der Gesetze eindringen sollten.[537]

2

Die List Gottes

Genau dieselbe doppelbödige Konzeption der Mosaischen Ritualgesetze findet sich ein knappes Jahrtausend später auch im jüdischen Kontext. Der Philosoph Rabbi Moses ben Maimon (Maimonides, 1135 bis 1204) kann zugleich auch als ein früher und sehr einflußreicher Vertreter der Paganologie gelten. In seinem *Führer der Verirrten* entwickelt er das Prinzip der historischen Erklärung, das ihn in letzter Konsequenz zum Religionshistoriker macht. In diesem Buch geht es um die Begründung der biblischen oder Mosaischen Gesetze *(ta'ame ha-miṣvot)*. Es gibt drei Typen von Gesetzen, moralische, juristische und rituelle, *miṣvot, mischpatim* und *chukkim* oder *moralia, iudicialia* und *caeremonialia*, wie sie bei Thomas von Aquin heißen, dessen Traktat *De legibus* intensiven Gebrauch von Maimonides' *Führer der Verirrten* macht. Die moralischen und juristischen Vorschriften lassen sich vernunftgemäß begründen, sie sind sittlich oder politisch vernünftig. Die Ritualgesetze dagegen gelten als unbegründbar, weshalb es in der jüdischen Orthodoxie auch verboten ist, hier nach Gründen zu forschen. Damit konnte Maimonides sich aber nicht abfinden. Völlig grundlose, unvernünftige Gesetze zu erlassen, das konnte Gottes Sache nicht sein. Wo sich keine Vernunftgründe auffinden lassen, muß man nach historischen Gründen suchen. Bei der Suche nach solchen historischen Gründen stieß er in einem gelehrten Werk über den Ackerbau der Nabatäer auf die »Sabier«, in der er die Überreste einer einstmals weltumspannenden Religionsgemeinschaft, einer in Vergessenheit geratenen Weltreligion erkennen wollte. Gott, so seine Theorie, war zu gnädig und weise, um sein Volk, das sich dem Sabiertum mit seinen unzähligen götzendienerischen Riten vollkommen assimiliert hatte, mit der kompromißlosen Wahrheit einer abstrakten, bild- und ritenlosen Religion zu konfrontieren. Vielmehr gestand er ihnen eine entsprechende Fülle höchst komplexer Riten zu, die als eine Mnemotechnik des Vergessens funktionieren und den Sinn der heidnischen Riten allmählich zum Verschwinden bringen sollten. Wie wir von Umberto Eco gelernt haben, kann es eine *ars oblivionalis* oder Vergessenskunst nicht geben, da Zeichen immer nur repräsentieren, aber nicht »absentifizieren« können. Daher läßt sich Vergessen nie durch Auslöschen, sondern nur durch Überschreiben induzieren. Maimonides stellt sich diese Überschreibung nämlich im Sinne einer normativen Inversion vor. Was die Gesetze verbieten, war bei den Sabiern vorgeschrieben, und was sie vorschreiben, war bei jenen verboten. Daher erschließt sich der Sinn der Gesetze nur, wenn man die Normen rekonstruiert, die sie invertieren. Das Gesetz oder vielmehr die gesamte biblische Religion als eine komplexe Praxis von Kultbräuchen, Riten und Lebensregeln bekommt im Licht dieser Theorie einen doppelten Boden. Sie erscheint als das historische, zeitbedingte Gefäß einer zeitlosen Wahrheit, die in ihr verborgen ist und sich erst in einem langen Prozeß der Läuterung, der Entwöhnung von der Idolatrie und der Umkehr zur reinen Gotteserkenntnis allmählich durchsetzen wird. In diesem Zusammenhang klingt nun bereits bei Maimonides jener Verdacht an, den ich mit den Stichworten »List« und »Betrug« angedeutet hatte. Maimonides gebraucht nämlich das Wort *talattuf*[538], das von *latifa*, »Witz, Feinheit, Freundlichkeit«, abgeleitet ist und »Strategie, diplomatisches Entgegenkommen« bezeichnet, von Ibn Tibbon, dem ersten und maßgeblichen Übersetzer des Maimonides aber hebräisch mit ʿorma wiedergegeben wird, was nun ganz eindeutig »List« bedeutet. Mit dieser gütigen List Gottes, die in Hegels »List der Vernunft« nachschwingt, kommt eine esoterische Dimension und eine historische Perspektive in die biblische Religion, die der heidnischen oder »sabischen« Religion vollkommen abging. Diese war reiner Götzendienst ohne Wahrheitskern. In der biblischen Religion wird dieser Dienst mit all seinen Riten von den Götzen ab- und auf Gott umgelenkt und zu einer zeitbedingten

Verpackung reduziert für eine Wahrheit, die den Heiden vollkommen abgeht und die auch dem auserwählten Volk nicht unmittelbar mitgeteilt werden kann. So kann Maimonides nicht nur als der Begründer der Paganologie gelten, sondern auch als ein früher Vertreter der *duplex-religio*-Theorie. Allerdings ist es bei ihm nur die biblische Religion, die sich durch solche Doppelbödigkeit auszeichnet, während die heidnische Religion flach und einfältig ist. Im 17. und 18. Jh. dagegen wird gerade die heidnische und insbesondere die ägyptische Religion als *duplex religio* vorgestellt. Ansonsten aber finden sich die entscheidenden Elemente der *duplex-religio*-Theorie schon bei Maimonides. Ich zitiere Maimonides in der Zusammenfassung von Moshe Halbertal: »Maimonides' Gedanke einer unabdingbaren, in der Natur der Sache liegenden Esoterik gründet sich auf die Vorstellung einer unüberbrückbaren Spaltung zwischen der aufgeklärten Elite und der unwissenden Masse. Der unkörperliche abstrakte Gottesbegriff konnte den Massen nicht auf exoterische Weise vermittelt werden, weil sie unfähig sind, eine nichtmaterielle Wirklichkeit zu begreifen. Außerdem würde ein solcher Gottesbegriff und die entsprechende natürliche Theologie die soziale Ordnung gefährden, die nun einmal auf dem Glauben an die göttliche Vorsehung und Vergeltung beruht. Ein verbreiteter Glaube an einen persönlichen Gott, der die Gerechten belohnt und die Bösen bestraft, ist die primäre Motivation zur Aufrechterhaltung der Normen, auf denen soziale Ordnung beruht. Eine natürliche Theologie im aristotelischen Sinne wäre für die Uneingeweihten gefährlich.«[539] Ich kann nicht beurteilen, inwieweit die Terminologie, besonders der Begriff der natürlichen oder Natur-Theologie (»naturalistic theology«), der Begrifflichkeit von Maimonides entspricht. Jedenfalls haben wir hier die Theorie der *duplex religio* bereits vollkommen im Sinne der Aufklärung vor uns. Eine genauere Entsprechung läßt sich kaum denken, insbesondere zu den Auffassungen der englischen Deisten. Es scheint mir evident, daß die Theorie der doppelten Religion mit ihrer Unterscheidung einer exoterischen politischen und einer esoterischen philosophischen Theologie auf Maimonides zurückgeht.[540]

Die erste Frage, die sich dabei aufdrängt, betrifft die Vermittlung. Wie kommt Maimonides zu den englischen Deisten? Diese Frage läßt sich leicht beantworten: durch Vermittlung der »Christian Hebraists«, einer Gruppe protestantischer Theologen des 17. Jh.s, denen Maimonides – und ganz besonders sein *Führer der Verirrten* in der lateinischen

Übersetzung von Johannes Buxtorf (1617) – als ein protestantisches Äquivalent zum katholischen Thomas von Aquin galt. Einer von ihnen knüpfte direkt an Maimonides an und griff sein Projekt einer historischen Erklärung der Ritualgesetze wieder auf: John Spencer, Dekan von Ely und Praefector des Corpus Christi College in Cambridge. Sein Buch *De Legibus Hebraeorum Ritualibus et earum rationibus* von 1685 wurde eines der grundlegenden und epochemachenden Werke der europäischen Aufklärung. Spencer fußt explizit auf Maimonides, den er auf jeder Seite mehrfach zitiert, und die Aufklärer, Shaftesbury, Warburton, Voltaire, Herder, Reinhold, Schiller, fußen unmittelbar oder mittelbar auf Spencer. So scheint es mir erwiesen, daß eine direkte Linie von Maimonides ins 18. Jh. führt.

Als Spencer das paganologische Projekt des Maimonides wiederaufgriff, durch Erforschung des historischen Kontexts dem Sinn der Gesetze auf die Spur zu kommen, nahm er eine naheliegende und plausible Änderung vor, die sich als allentscheidend erwies: Er ersetzte die »Sabier« durch die Ägypter. Schließlich war es ja Ägypten, dessen Sitten sich die Hebräer assimiliert hatten, bevor sie von Gott bzw. Mose heraus- und in das Gesetz hineingeführt wurden. Damit änderte sich alles. Denn die Sabier waren eine weitgehend imaginäre Gemeinschaft, deren Sitten Maimonides als Gegenwelt zur biblischen Religion ziemlich frei rekonstruieren konnte. Beim alten Ägypten aber hatte es Spencer mit einer real existierenden, reichdokumentierten und gründlich erforschten Kultur zu tun. Spencer lebte im Goldenen Zeitalter der antiquarischen Forschung und konnte über eine ganze ägyptologische Bibliothek von Autoren wie John Selden, Samuel Bochart, Gerardus Vossius, Hermann Witsius, Giambattista Casali, Nicolas de Peiresc, Athanasius Kircher, Pierre Daniel Huet, John Marsham, Ralph Cudworth und viele andere verfügen, deren Funde Spencer durch seine einzigartige Kenntnis patristischer und rabbinischer Quellen noch erheblich bereichern konnte. Wir vergessen heute gern, im Zeitalter der Ägyptologie und der entzifferten Hieroglyphen, was für ein immenses ägyptologisches Wissen die Gelehrsamkeit des 17. Jh.s allein aus den antiken Autoren zusammengetragen hatte. Uns erscheint alles vor Champollion als ein dunkles Zeitalter der Unwissenheit. Das ist grundfalsch. Dank der antiken Faszination für Ägypten gab es eine unerschöpfliche Fülle griechischer und lateinischer Quellen, die man nur zusammenzutragen brauchte, um ein höchst lebendiges Bild der ägyptischen Kultur und Religion zeichnen zu können. Spencers Bild war sicher das lebendigste und detaillierteste von allen.

Dieses Bild zwang Spencer, von dem polemischen Prinzip der normativen Inversion abzurücken. Der Eindruck der Übereinstimmung war für ihn sehr viel stärker als der des Antagonismus. Was hätte es auch theologisch für einen Sinn, daß Gott sein Volk erst nach Ägypten gebracht haben sollte, um ihm dann die dort angenommene Idolatrie mühsam wieder abzugewöhnen? Warum hätte Gott, und dies ist Spencers stärkstes Argument, einen Mann zum Führer seines Volkes berufen, der am pharaonischen Hof erzogen und, wie es in Apg 7,22 heißt, »in aller Weisheit der Ägypter unterrichtet« worden war, wenn nicht aus dem Grunde, daß es ihm auf ebendiese Weisheit ankam? Aus diesem Grund hat Gott ihn zu seinem ersten Propheten erwählt: einen Mann, »gesättigt mit der hieroglyphischen Literatur Ägyptens« (*hieroglyphicis Aegypti litteris innutritum*).»Gott wollte, daß Mose die mystischen Bilder der erhabeneren Dinge schreiben sollte. Nichts war zu diesem Zweck geeigneter als die hieroglyphische Literatur, in der Mose erzogen worden war.«[541] Der Sinn des Aufenthalts in Ägypten und der hieroglyphischen Erziehung des Mose lag im Prinzip der *duplex religio*. Gott wollte, wie Spencer fortfährt, bestimmte heiligere Dinge (*sacratiora quaedam*) im Gesetz unter dem Schleier von Symbolen und Zeichen (*symbolorum et typorum velis obducta*) verhüllen. Darin gibt er Maimonides vollkommen recht. Das Gesetz hat einen doppelten Sinn. Dieses Prinzip einer doppelten Kodierung steht aber nicht im Gegensatz zur heidnischen Religion, sondern wird ganz im Gegenteil von dieser übernommen. Genau dies ist, was die Hebräer und was Mose von den Ägyptern lernen und übernehmen sollten. Spencer übernimmt in diesem Zusammenhang sogar von Maimonides den Gedanken der List Gottes, und zwar in einer Form, die geradezu dem Begriff des frommen Betrugs nahekommt. Er meint, daß Gott sich in seiner Anpassung an menschliche Schwächen und Gewohnheiten *methodis honeste fallacibus et sinuis gradibus* bedient habe: auf eine ehrenhafte Weise täuschender Methoden und krummer Wege.[542] Nur das Wort *honeste* rettet diese Aussage vor der Blasphemie des Traktats *De Tribus Impostoribus* (s. dazu Anm. 545-546), dessen Thesen Spencer gleichwohl an dieser Stelle bedenklich nahe kommt. Die Idee des wohlmeinenden Betrugs wird dann im 18. Jh. von Gott auf Mose übergehen und das Mose-Bild der gemäßigten Aufklärung prägen.

Für Spencer bestand die List Gottes vor allem darin, »daß Gott den Juden eine Religion gegeben habe, die nur äußerlich fleischlich, im inneren aber göttlich und wunderbar war, um seine Institutionen dem

Geschmack und Gebrauch der Zeit zu akkommodieren, damit es nicht so aussähe, als könnte es seinem Gesetz und Kult an irgendetwas fehlen, das im Namen der Weisheit überliefert worden sei«.[543] Die jüdische Offenbarungsreligion ist also genauso eine Geheimnisreligion wie die ägyptische. Das belegt Spencer mit einem Zitat aus Clemens von Alexandrien: »Die Ägypter kennzeichneten den wirklich geheimen Logos, den sie im innersten Heiligtum der Wahrheit bewahrten, durch *adyta*, und die Hebräer (kennzeichneten ihn) durch den Vorhang (im Tempel). Was daher die Verheimlichung angeht, sind die Geheimnisse (*ainigmata*) der Hebräer und der Ägypter einander sehr ähnlich.«[544]

Was diese Sätze nahelegen, ist die These, daß die ägyptische Religion nicht nur ebenso doppelbödig und esoterisch war wie die biblische, sondern daß es in beiden im Grunde um dieselbe Wahrheit ging. Gottes wohlmeinender Betrug bestand darin, das Prinzip der Mysterien (*ainigmata*) von den Ägyptern zu übernehmen.

3
Moses Strategem

Kaum 24 Jahre nach Spencers oft wiederaufgelegtem und ungemein erfolgreichem Buch erschien ein schmales Büchlein von John Toland mit dem Titel *Origines Judaicae*. Toland war Deist und radikaler Aufklärer. Bei ihm nimmt die Theorie der doppelten Religion jene Wendung ins Politische, die für das Mose-Bild des 18. Jh.s charakteristisch ist. Hier erscheint Mose nicht nur als Theologe und Philosoph, sondern auch als Staatsmann und Gesetzgeber, und diese zwei Seelen in seiner Brust sind es, die sich in der Doppelbödigkeit der von ihm gestifteten Institutionen auswirken.

Tolands Porträt von Mose ist ziemlich dasselbe wie das, was man in einem spinozistischen Manifest finden kann, das im späten 17. und 18. Jh. unter dem Titel *L'esprit de Monsieur Benoit de Spinosa: Traité des trois imposteurs* zirkulierte[545], nicht zu verwechseln mit dem lateinischen, etwas älteren Pamphlet *De Tribus Impostoribus*.[546] Toland rechnet aber Mose nicht zu den »Drei Betrügern«, sondern zu den »Sechs Gesetzgebern«, was im Hinblick auf seine hohe Wertschätzung guter Gesetze und ihrer politischen Funktion[547] auch Mose in einem günstigeren, wenn auch säkularen Licht erscheinen läßt. Die Tradition der sechs Gesetzgeber geht auf Diodor zurück. Es sind Mnevis, Minos, Lycurgus,

Zoroastres, Zalmoxis und Mose. Jeder von ihnen gab einem besonderen Volk die Gesetze und bezog sich dabei auf eine besondere Gottheit als Quelle der Gesetzgebung, um den Gesetzen größere Autorität zu geben:

Mnevis	Ägypten	Hermes
Minos	Kreta	Jupiter
Lycurgus	Lacedaemon	Apollon
Zoroastres	Arimaspoi	Bonus Genius (Ahura Mazda)
Zalmoxis	Getes	Communis Vesta
Moses	Judaei	Deus qui Iao dicitur

Hier wird also Mose als Gesetzgeber dargestellt, der dem allgemeinen Prinzip folgte, einen Gott als Autor seines Gesetzeswerks »zu erfinden« (*finxisse*). Diese juristische Fiktion einer übermenschlichen Rechtsquelle ist aber genau der Betrug, dessen der *Traité des trois imposteurs* Mose bezichtigt.[548]

Für Toland – wie für Freud 225 Jahre später – war Mose ein ägyptischer Priester und Gaufürst. Seine wichtigsten Quellen für die Mose-Biographie sind Strabon und Diodor. Strabon berichtet, Mose sei mit der ägyptischen Religion unzufrieden gewesen. Worauf diese Unzufriedenheit sich gründete, läßt sich aus Diodor erschließen. Jeder Gau hatte seine eigene Gottheit, weil – nach Diodor – »ein gewisser sehr weiser Herrscher« die Eintracht im Königreich befestigen wollte und »eine pluralistische und polytheistische Religion« einführte, um eine Verschwörung unter den Ägyptern zu verhindern. Der Polytheismus ist also nichts anderes als eine politische Theologie, die durch Verstärkung und Differenzierung der religiösen Kontrolle die Untertanen in Schach halten sollte. Mose aber war Deist und Ikonoklast. Für ihn gab es nur *einen* Gott, und dieser war unsichtbar und unabbildbar. So schärft er seinen Anhängern ein: »nullam imaginem vidistis...« (Deut 4,15). Tacitus sagt, daß die Ägypter viele Tiere und monströse Bilder verehren, während die Juden nur Einen Gott kennen, und dies nur mit dem Geist (*mente sola*); die Heilige Schrift zeigt, daß Mose kein Wort verlor über die Unsterblichkeit der Seele und ebensowenig über Lohn und Strafe in einem künftigen Leben. Der Name, den er seinem Gott gab, bedeutet nichts als »notwendiges Sein« (*necessariam solummodo existentiam*) oder »Was durch sich selbst existiert« (*quod per se existit*), im gleichen Sinne wie das griechische »Sein« *(to on)* die unvergängliche, ewige und unendliche Welt bezeichnet. Der Mose des Strabon hält Gott für »Natur oder Materie der Welt, mechanisch angeordnet und ohne Bewußtsein und Intelligenz handelnd«. Mose war aber kein Atheist, sondern ein »Pantheist oder, um mich dem neuen Sprachgebrauch anzupassen, ein Spinozist«. Seine Gottheit war dieselbe wie Ciceros *mundus*: »*omnium autem rerum quae natura administrantur, seminator, & sator, & parens, ut ita dicam, atque Educator*«.[549] Der Typus des Kultes, den »Moses Strabonicus« stiftete, kam ohne Aufwendungen, ekstatische Inspirationen und andere »absurde Handlungen« aus.[550]

Die politische Theologie des Mose bestand nach Toland in der Fiktion einer göttlichen Rechtsquelle. In Wahrheit glaubte er an einen Gott, der keine Gesetze erließ und keine politischen Institutionen unterstützte, weil er mit der Natur und dem Kosmos identisch war. Mose machte aber aus diesem Gott kein Geheimnis, und auch seine politische Theologie bezog sich auf eine Rechtsordnung, die der Natur entsprach, den Dekalog mit dem Sittengesetz, das Toland als »Naturgesetz« (*naturae lex*) bezeichnet. Das einzige Fest war der Sabbat, und der einzige Kult bestand in der Verehrung der beiden Gesetzestafeln. Alles andere: die Unterscheidung zwischen reiner und unreiner Nahrung, Beschneidung, Opfer und so weiter – ist das Ergebnis späteren Verfalls, als die Juden sich der Idolatrie zuwandten und als Gott ihnen zur Strafe dafür den Propheten Hesekiel sandte, der im Namen Gottes sagte: »Ich aber werde ihnen Statuten geben, die nicht gut sind, und Gesetze, mit denen sie nicht leben können.«[551] Auf diese Weise verkehrte sich Religion in Aberglauben.

Bei Toland erscheint Mose nicht als ein eingeweihter Weiser, sondern als ein Revolutionär, der seinen Monotheismus oder vielmehr Spinozismus nicht aus der geheimen Tradition der Ägypter, sondern vielmehr aus der Unzufriedenheit mit der ägyptischen Tradition bezieht. Das entspricht den antiken Quellen über den Exodus, in denen, wie ich an anderer Stelle zu zeigen versuchte, Erinnerungen an die monotheistische Revolution des Echnaton von Amarna nachleben.[552] Daher kommt dieser Mose auch dem Mose Sigmund Freuds so nahe, der ja auf der inzwischen erfolgten archäologischen Wiederentdeckung Echnatons basiert.

Das bleibt aber eine extreme und vereinzelte Position. Einflußreicher sind jene Mose-Bücher, die sich nicht auf die antike, sondern auf die biblische Tradition berufen und in Mose nicht den Revolutionär, sondern den Eingeweihten sehen. Unter diesen ist nun an allererster Stelle

William Warburtons monumentales Werk *The Divine Legation of Moses* zu nennen, das 1738 bis 1741 erschien.[553] Zwar vertritt Warburton nach außen hin eine eher orthodoxe Position, wie ja auch Spencer, der sich in Abscheubekundungen über die ägyptische Idolatrie nicht genug tun kann, aber im Grunde davon überzeugt ist, daß es in den Mysterien um die wahre Religion ging. Beide waren sie geistliche Herren, Spencer Dekan von Ely, Warburton Bischof von Gloucester, die durch ihre Stellung zu einer gewissen Vorsicht gezwungen waren. Das revolutionär-aufklärerische Potential ihrer Texte kam erst in deren Rezeptionsgeschichte zum Vorschein.

In Warburtons Mose-Bild kommt es zu einer genauen Umkehrung der Theorie des Maimonides. Dieser hatte das Heidentum als *religio simplex*, die biblische Religion dagegen als *religio duplex* rekonstruiert. Die Heiden kannten nur die Rituale, die keinen tieferen Sinn hatten, weil sie den Götzen galten. Bei den Juden dagegen hatten die invertierten Riten einen tieferen, mystischen Sinn bekommen, der dazu bestimmt war, sich im Laufe der Zeit als bestimmende Erkenntnis durchzusetzen. Warburton nun stellte die Struktur der *religio duplex* oder Mysterienreligion als das Charakteristikum der heidnischen Religionen dar, während Mose auf Geheimnis und Esoterik verzichten und eine einfache Religion begründen konnte. Er hatte ja Offenbarung und Vorsehung auf seiner Seite. Dieses orthodoxe Argument rief bei seinen aufgeklärten Lesern allenfalls ein Lächeln hervor. Was dagegen den Ruhm dieses Buches begründete, war Warburtons Theorie der Mysterienreligion. Diese Theorie ist so eigenartig, aber zugleich auch so ungemein einflußreich, daß wir sie etwas näher behandeln müssen, auch wenn Warburton die Moses-Religion nun gerade aus diesem Schema ausnimmt. Wie seine Leser, die ihm darin nicht gefolgt sind, wollen auch wir seine orthodoxe Fassade beiseite lassen und uns seiner Paganologie zuwenden, die entschieden die interessantere Seite seines monumentalen Werks darstellt. Grundlegend dafür sind zwei von den neun Büchern, in die das Gesamtwerk gegliedert ist: das Buch über die Mysterien und das Buch über die Hieroglyphen.

Auf der Grundlage klassischer Quellen stellte Warburton den Polytheismus als die politische Theologie des Heidentums dar.[554] Warburtons These ist, daß die heidnischen Religionen, die sich ja nicht auf unmittelbare göttliche Führung berufen können, eine staatstragende und diesem Sinne politische Theologie brauchen, die zwei Funktionen erfüllen muß: Erstens muß sie die zivile Moral und den Gehorsam gegenüber den Gesetzen fundieren, die niemand angesichts des Erfolgs der Bosheit und des Leidens der Gerechten ernst nehmen würde ohne den starken Glauben an Lohn und Strafe in einem Leben nach dem Tode, und zweitens muß sie auf göttlicher Ebene die Unterscheidungen und Identitäten widerspiegeln, die die soziopolitische Welt konstituieren, die Differenzen zwischen Kasten, Klassen und Sippen und die Grenzen zwischen Völkern, Staaten, Provinzen und Städten. Daher muß eine Gesellschaft, der es um soziale Ordnung und politische Macht zu tun ist, notwendigerweise ein Pantheon von Schutzgottheiten ausbilden, indem sie verdienstvolle Gesetzgeber, Kulturbringer, Helden und Könige zu Göttern erhebt und ihnen Funktionen zuschreibt in der Überwachung der Gesetze und in der Verkörperung politischer und sozialer Identitäten. Diese Götter sind zwar eine Fiktion, aber eine legitime, notwendige und unabdingbare Fiktion, ohne die eine zivile Gesellschaft nicht bestehen könnte. In seiner Verteidigung der heidnischen Religion gegenüber dem Vorwurf des Priesterbetrugs kommt Warburton in die Nähe von Nietzsche und dessen Begriff lebensdienlicher Illusionen. Polytheismus und Idolatrie entspringen einer politischen Notwendigkeit und bilden die politische Theologie des Heidentums. Komplexe Gesellschaften brauchen eine komplexe Götterwelt. Jedenfalls ist es erstaunlich, vor allem für einen Bischof, mit welcher apologetischen Sympathie Warburton von der heidnischen Religion spricht.

Das ist aber nicht alles. Neben dieser öffentlichen politischen Theologie gibt es eine geheime Theologie. Sie ist geheim, nicht nur, weil es hier um höhere, den vielen unzugängliche Wahrheiten geht, sondern um Wahrheiten, auf denen sich kein Staat und keine zivile Ordnung begründen lassen, Wahrheiten, die nicht staatstragend und daher auch nicht lebensdienlich sind. Um diese Wahrheiten geht es in den Mysterien, genauer gesagt in den »großen« Mysterien, denn Warburton trifft hier eine Unterscheidung, die er von Clemens von Alexandrien übernimmt. Die kleinen Mysterien waren eine Sache des Lernens, einer langjährigen Unterweisung in den Gesetzen der Natur und der Gerechtigkeit. Diese Weisheiten sind in geheimnisvolle Inszenierungen und rätselhafte Vorschriften gekleidet wie die »pythagoräischen Symbole«: »nicht auf dem Wagen essen, nicht mit dem Schwert das Feuer schüren, keine Palmen pflanzen« – so hatte schon Spencer die ägyptischen Hieroglyphen und auch die mosaischen Gesetze verstanden wie zum Beispiel »ein Böcklein nicht in der Milch seiner Mutter kochen«.

Diese »Hieroglyphen« hatten vielfältige Bedeutungen moralischer Art, die auf die Unsterblichkeit der Seele und eine jenseitige Vergeltung bezogen waren. Die großen Mysterien aber waren weitgehend negativer Art; hierzu wurden daher auch nur die allerstärksten, edelsten und begabtesten Naturen zugelassen, und zwar diejenigen, die zum Herrscheramt ausersehen waren. So steht es bei Plutarch und Clemens.[555] Diesen wenigen, so stellt sich Warburton das vor, denn davon steht bei den Alten kein Wort, wird nun der ganze Schock der biblischen Offenbarung zugemutet mit ihrer Unterscheidung zwischen falschen und wahren Göttern. Ihnen wird gesagt, daß die Religion eine Fiktion ist und daß es nur eine einzige All-Eine Gottheit gibt, über die gar nichts gelehrt werden kann. »Die großen Mysterien«, so heißt es bei Clemens, »beziehen sich dagegen auf das Ganze (*ta sympanta*), von dem nichts zu lernen übrigbleibt, sondern nur zu schauen (*epopteuein*) und die Natur und die Handlungen (*pragmata*) mit der Vernunft zu erkennen (*perinoein*).«[556] So stoßen wir auch hier auf den Begriff der Natur und sind wohl berechtigt, Warburtons Version der *duplex religio* mit der Unterscheidung von politischer und natürlicher Theologie zu identifizieren. Sein entscheidender Schritt besteht darin, diese beiden Theologien in diametralen Gegensatz zueinander zu setzen. Die eine ist die Negation der anderen.

Diese Form der doppelten Religion bildet nach Warburton die Grundstruktur einer heidnischen Religion, die ohne Offenbarung auskommen muß. An die Stelle der Offenbarung tritt hier das Mysterium. Was Warburton als anglikanischer Bischof vorsichtshalber nicht berührt, ist die Frage, ob etwa die Wahrheit der ägyptischen Mysterien dieselbe ist wie die Wahrheit der biblischen Offenbarung. Aber genau das ist dann die These seines in unserem Zusammenhang bedeutendsten Lesers, des jungen Philosophen und Illuminaten Karl Leonhard Reinhold, dessen Büchlein über *die Hebräischen Mysterien oder die älteste Freymaurerey* 1787 erschien.[557] Reinhold stellte zwei Dinge klar. Die ägyptischen Weisen verehrten in ihren Mysterien genau dieselbe Gottheit, die Mose verkündet, und Mose bedient sich, um seine Hebräer zu einem Volk und zu einer zivilen Gesellschaft zu organisieren, derselben politischen Theologie wie die Heiden. Seine Zeremonialgesetze sind kleine Mysterien, ganz im Sinne von Spencer und Maimonides, hinter denen Mose als große Mysterien die destruktive, weil nicht staatstragende natürliche Theologie der All-Einen Gottheit verbirgt. Diese Wahrheit haben die ägyptischen Weisen als erste erkannt und diese Erkenntnis im geheimnisvollen Gewand der Hieroglyphenschrift verhüllt, um sie nur denen zu enthüllen, die sie für stark, klug und tugendhaft genug hielten. Mose dagegen macht sich anheischig, ein ganzes Volk in diese Wahrheit einzuweihen. Wie kann das gehen?

Dieses Problem wird für Reinhold der Ausgangspunkt seiner genialen Auslegung des Mosaischen Ritualgesetzes als politischer Theologie, die Maimonides' Prinzip der Akkommodation aufgreift und in ganz neuem Sinne zur Geltung bringt. Der Gott des Mose, das ist Reinholds These, ist dieselbe Gottesidee, die Mose im Rahmen seiner ägyptischen Erziehung in den Mysterien kennengelernt hatte, die eine, allumfassende, namenlose, unsichtbare Gottheit. Auch sein Gott hat keinen Namen. Der Name Jahwe oder Jehova ist kein Name, sondern der Entzug eines Namens. Reinhold deutet ihn im Hinblick auf Ex 3,14 als »Ich bin« und als Kurzfassung der Inschrift auf dem verschleierten Bild zu Sais, die da lautet: »Ich bin alles, was da war, ist und sein wird und kein Sterblicher hat meinen Schleier aufgehoben«, nach Kant der erhabenste Gedanke, der je gedacht, oder der erhabenste Ausdruck, den je ein Gedanke gefunden hat.

In seinem Aufsatz *Die Sendung Moses*, der weitgehend eine Kurzfassung von Reinholds Buch ist, greift Schiller diesen Gedanken auf und gibt ihm eine noch schärfere politische Wendung.[558] Auch für Schiller ist (wie für Kant) die ägyptische Gottesidee in ihrer Anonymität, Einheit und Allheit der Inbegriff des Erhabenen. Er weist aber auch auf ihre politische Dysfunktionalität hin. Auf diese Idee kann man keinen Staat gründen, sie würde die politische Ordnung zum Einsturz bringen, wenn sie allgemein bekannt würde. Deshalb muß sie unter dem Schleier der Hieroglyphen und Mysterien verborgen werden. Mose aber mußte die erhabene anonyme Gottesidee der ägyptischen Mysterien zum Nationalgott verformen und reduzieren, um sie zum Motor der israelitischen Ethnogenese, zur Grundlage einer politischen Verfassung und zum Gegenstand einer öffentlichen Religion zu machen. Schiller ist nicht mehr interessiert am Problem des Ritualgesetzes und seiner Ungereimtheiten. Was ihn beschäftigt, sind die Ungereimtheiten Gottes, so wie Mose ihn versteht und verkündet. Schiller erklärt diese Gottesidee als das Produkt eines Kompromisses. An die Stelle des höchsten, namenlosen Wesens setzt Schillers (und Reinholds) Mose den Nationalgott Jahwe, die mystische Schau der Natur ersetzt er durch blinden, durch Wunder erzwungenen Glauben und die vernunftmäßige Einsicht durch ebenso blinden, mit Gewalt erzwungenen Gehorsam, um wenigstens die Einheit Gottes retten zu können: Vom Vorwurf der Lüge und des Betrugs aber spricht Schiller seinen Mose frei. Er mußte zu den Mitteln der poetischen Theologie greifen, um die Fassungskraft des Volkes zu erreichen, und ihnen die politische Theologie eines Nationalgotts geben, um sie zur Nation zu formen.

»Welchen Gott sollte er ihnen verkündigen, und wodurch kann er ihm Glauben bei ihnen verschaffen? Soll er ihnen den wahren Gott (...) verkündigen, an den er selbst glaubt, den er in den Mysterien kennengelernt hat? Wie könnte einem unwissenden Sklavenpöbel, wie seine Nation ist, auch nur von ferne Sinn für eine Wahrheit zutrau, die das Erbteil weniger ägyptischer Weisen ist und schon einen hohen Grad von Erleuchtung besitzt, um begriffen zu werden? (...) Soll er ihnen einen falschen und fabelhaften Gott verkündigen, gegen den sich doch seine Vernunft empört, den ihm die Mysterien verhaßt gemacht haben? Dazu ist sein Verstand zu sehr erleuchtet, sein Herz zu aufrichtig und zu edel. Auf eine Lüge will er seine wohltätige Unternehmung nicht gründen. (...) Also darf es nicht auf Betrug, es muß auf Wahrheit gegründet sein. Wie vereinigt er diese Widersprüche? Den wahren Gott kann er den Hebräern nicht verkündigen, weil sie unfähig sind, ihn zu fassen; einen fabelhaften will er ihnen nicht verkündigen, weil er diese widrige Rolle verachtet. Es bleibt ihm also nichts übrig, als ihnen seinen wahren Gott auf eine fabelhafte Weise zu verkündigen. (...) Er legt also seinem Gott diejenigen Eigenschaften bei, welche die Fassungskraft der Hebräer und ihr jetziges Bedürfnis eben jetzt von ihm fordern. Er paßt seinen Jao dem Volke an, dem er ihn verkündigen will, er paßt ihn den Umständen an, unter welchen er ihn verkündet, und so entsteht sein Jehovah. (...) Er machte den Demiurgos in den Mysterien zum Nationalgott der Hebräer, aber er ging noch einen Schritt weiter. Er begnügte sich nicht bloß, diesen Nationalgott zum mächtigsten aller Götter zu machen, sondern er machte ihn zum einzigen, und stürzte alle Götter um ihn her in ihr Nichts zurück. (...) So rettete er in dem Bild, worin er ihn den Hebräern vorstellte, die zwei wichtigsten Eigenschaften seines wahren Gottes, die Einheit und die Allmacht, und machte sie wirksamer in dieser menschlichen Hülle (...)«[559]

Das ist Schillers Version der *accommodatio Dei*. Die Wahrheit, »der philosophische Gott« (S. 753), ist nur in verhüllter Form zugänglich. Die Ägypter hüllten sie in die Mysterien, Mose kleidet sie in die »menschliche Hülle« eines personhaften Nationalgotts und verhilft ihr durch theoklastische Gewalt zum Durchbruch. Dieser Theoklasmus ist

»freilich nur ein neuer Irrglaube, wodurch er den alten stürzt (...) und dieser kleine Zusatz von Irrtum ist es im Grunde allein, wodurch seine Wahrheit ihr Glück macht, und alles was er dabei gewinnt, dankt er diesem vorhergesehenen Mißverständnis seiner Lehre. Was hätten seine Hebräer mit einem philosophischen Gott ausrichten können? Mit diesem Nationalgott dagegen muß er Wunderdinge bei ihnen ausrichten« (S. 753). Der philosophische Gott koexistierte im Schutz der Mysterien friedlich mit den Göttern, deren Fiktivität seine Anhänger durchschauten, aber als Modifikationen seines allumfassenden Wesens gelten ließen. Moses »Nationalgott« mußte sie stürzen.

Mose wurde »zum Besten der Welt und der Nachwelt ein Verräter der Mysterien, und läßt eine ganze Nation an einer Wahrheit teilnehmen, die bis jetzt nur das Eigentum weniger Weisen war. Freilich konnte er seinen Hebräern mit dieser neuen Religion nicht zugleich den Verstand mitgeben, sie zu fassen, und darin hatten die ägyptischen Epopten einen großen Vorzug vor ihnen voraus. Die Epopten erkannten die Wahrheit durch ihre Vernunft, die Hebräer konnten höchstens nur blind daran glauben« (S. 757).

Wenn man von hier einen Blick zurückwirft auf Maimonides und seine Sabier, dann wird klar, daß Spencer eine geistige Revolution ausgelöst hat. Aus dem umnachteten Heidentum ist eine Religion der Vernunft geworden und aus der List Gottes die – wenn auch gutgemeinte – Lüge, oder besser: der Kompromiß Moses. Seine politische Theologie ist in den Augen Schillers keine sakrale Inszenierung von Herrschaft, sondern eine politische Realisierung der göttlichen Wahrheit, die sich jedoch als solche jeder politischen Realisierung verweigert und nur unter den Bedingungen menschlicher Beschränktheit, in der Form von Glauben und Gehorsam, zu verwirklichen ist.

Anhang

Anmerkungen

1 Franz Rosenzweig, *Der Stern der Erlösung* (1921), Frankfurt 1988, 369.
2 Thomas Mann, *Joseph und seine Brüder*, Ausgabe in einem Band, Frankfurt 1964, 1023.
3 R. Schröter, »Die varronische Etymologie«, in: *Varron. Entretiens sur l'antiquité classique* IX, Vandeouvre-Genève 1963, 79-100, spez. 98 f.; A. Dihle, »Die Theologia tripertita bei Augustin«, in: H. Cancik et alii (Hrsg.), *Geschichte – Tradition – Reflexion* (Fs. Martin Hengel), Tübingen 1996, 183-202.
4 C. Schmitt, *Der Begriff des Politischen*, 2. Aufl. Berlin 1932, 31, vgl. H. Meier, *Carl Schmitt, Leo Strauss und der Begriff des Politischen. Zu einem Dialog zwischen Abwesenden*, Stuttgart 1988, 92.
5 Vgl. R. Faber, *Die Verkündigung Vergils: Reich – Kirche – Staat. Zur Kritik der »Politischen Theologie«*, Hildesheim/New York 1975, dessen Literaturverzeichnis in exakt demselben Sinne zwischen »Primär-« und »Sekundärliteratur« unterscheidet.
6 Bei Spinoza denke ich an den *Tractatus theologico-politicus*, dessen Titel einen Begriff von »Politischer Theologie« voraussetzt.
7 Vgl. hierzu besonders den von H. v. Stietencron hg. Band *Theologen und Theologien in verschiedenen Kulturkreisen*, Düsseldorf 1986. In meinem Buch *Ägypten – Theologie und Frömmigkeit einer frühen Hochkultur*, 2. Aufl. Stuttgart 1991, unterscheide ich zwischen »expliziter« und »impliziter Theologie«. Der Begriff der »impliziten« Theologie verhält sich zu dem der Religion wie die Grammatik zur Sprache. Eine Religion ohne »implizite Theologie« ist schlechterdings nicht denkbar, wohingegen das Vorkommen expliziter Theologie nicht selbstverständlich, aber für Ägypten in hohem Maße gegeben ist.
8 Zur antiken Begriffsgeschichte s. E. Feil, »Von der ›Politischen Theologie‹ zur ›Theologie der Revolution‹?«, in: E. Feil, R. Weth (Hrsg.), *Diskussion zur Theologie der Revolution*, München/Mainz 1969, 113 ff. Zur theologia tripartita vgl. G. Lieberg, »Die theologia tripartita als Formprinzip antiken Denkens«, in: *Rheinisches Museum* 125, 1982, 25-53; W. Geerlings, »Die Theologia mythica des M. Terentius Varro«, in: G. Binder, B. Effe (Hrsg.), *Mythos. Erzählende Weltdeutung im Spannungsfeld von Ritual, Geschichte und Rationalität*, Bochumer Altertumswiss. Coll. 2, Trier 1990, 205-222. Zur Theologia civilis im besonderen vgl. H. Cancik, »Augustinus als constantinischer Theologe«, in: Jacob Taubes (Hrsg.), *Der Fürst dieser Welt. Carl Schmitt und die Folgen*, Religionstheorie und politische Theologie I, München 1983, 136-152; A. Dihle, »Die Theologia tripertita bei Augustin«, in:

H. Cancik et alii (Hrsg.), *Geschichte – Tradition – Reflexion* (Fs. Martin Hengel), Tübingen 1996, 183-202.

9 Moshe Halbertal, *People of the Book. Canon, Meaning, and Authority*, Cambridge (Mass.) 1997, 34.

10 Neuausgabe von Silvia Berti, *Trattato dei tre impostori. La vita e lo spirito del Signor Benedetto de Spinoza* (Turin 1994); sowie Anonymus, *Traktat über die Drei Betrüger. Traité des trois imposteurs (L'Esprit de Mr. Benoit de Spinoza)*, krit. hg., übers., kommentiert u. m. einer Einl. versehen v. Winfried Schröder, Hamburg 1992. S. auch Anonymus [Johann Joachim Müller], *De Impostoris religionum (De tribus impostoribus). Von den Betrügereyen der Religionen*. Dokumente, kritisch herausgegeben und kommentiert von W. Schröder, Stuttgart-Bad Cannstatt 1999.

11 Martin Mulsow, Morhof und die Politische Theologie, unv. Ms. (erscheint in einem Sammelband über Morhof); Daniel Georg Morhof, *Theologiae gentium politicae dissertatio prima de Divinitate Principum*, Rostock, April 1662, wieder abgedr. in Morhof, *Dissertationes academicae et epistolicae*, Hamburg 1699, 83-112.

12 S. »Politische Theorie und politische Theologie«, in: J. Taubes (Hrsg.), *Der Fürst dieser Welt*, 16-25.

13 S. hierzu die klärenden Ausführungen von Ruth Groh, *Arbeit an der Heillosigkeit der Welt. Zur politisch-theologischen Mythologie und Anthropologie Carl Schmitts*, Frankfurt 1999, 15 ff.

14 Zu C. Schmitts Rezeption von Bakunin s. Heinrich Meier, *Die Lehre Carl Schmitts. Vier Kapitel zur Unterscheidung Politischer Theologie und Politischer Philosophie*, Stuttgart 1994, 21-24.

15 C. Schmitt, *Politische Theologie. Vier Kapitel zur Lehre von der Souveränität*, 2. Ausgabe Berlin 1934, 49.

16 W. Stevenson Smith, *Lectures on the Religion of the Semites*, London 1889, 2. Aufl. 1894, Nachdr. Darmstadt 1997, 15; s. H. G. Kippenberg, *Die Entdeckung der Religionsgeschichte. Religionswissenschaft und Moderne*, München 1997, 117.

17 Einen monarchistischen Standpunkt unterstellt ihm N. Sombart, *Die deutschen Männer und ihre Feinde. Carl Schmitt – ein deutsches Schicksal zwischen Männerbund und Matriarchatsmythos*, München 1991, 62 ff.

18 A. Momigliano, *On Pagans, Jews, and Christians*, Middletown 1987, 153.

19 Erich Voegelin, *Die politischen Religionen*, Stockholm 1939 (zuerst: Wien 1938).

20 A.a.O., 63 f.

21 Besonders nah waren sich Voegelin und Schmitt in ihrer Einschätzung der Moderne, deren Säkularismus beide als verhängnisvoll betrachteten. Beide sahen in der modernen »Selbstermächtigung« des Menschen zur radikalen Umgestaltung der Welt einen Akt der Rebellion gegen den Schöpfer. Vgl. hierzu Albrecht Kiel, *Gottesstaat und Pax Americana. Zur Politischen Theologie von Carl Schmitt und Eric Voegelin*, Hochschulschriften Philosophie 37, Cuxhaven und Dartford 1998. Voegelins Schriften zu diesem Thema erschienen 1999 in München unter dem Titel *Der Gottesmord*.

22 K. M. Kodalle, *Politik als Macht und Mythos. Carl Schmitts »Politische Theolo-*

gie«, Stuttgart 1973; ders., *Thomas Hobbes – Logik der Herrschaft und Vernunft des Friedens*, München 1972. Vgl. auch ders. (Hrsg.), *Gott und Politik in den USA*, Frankfurt 1988. In ähnlichem Sinne habe ich den Begriff der (politischen) »Mythomotorik« vorgeschlagen, in: D. Harth, J. Assmann (Hrsg.), *Revolution und Mythos*, Frankfurt 1992, 39-61. Zum Begriff der politischen Religion und zum gesamten Problemfeld der Beziehungen zwischen Politik, Religion, Theologie und Mythos s. auch R. Faber (Hrsg.), *Politische Religion – religiöse Politik*, Würzburg 1997.

23 Zum Begriff des Mythos vgl. die Literaturangaben bei A. u. J. Assmann, »Mythos«, in: *Handbuch religionswissenschaftlicher Grundbegriffe* (Hrsg. H. Cancik et al.) IV, Stuttgart 1998.

24 »Frühe Formen politischer Mythomotorik. Fundierende, kontrapräsentische und revolutionäre Mythen«, in: D. Harth, J. Assmann (Hrsg.), *Revolution und Mythos*, Frankfurt 1992, 39-61; Verf., *Das kulturelle Gedächtnis. Schrift, Gedächtnis und politische Identität in frühen Hochkulturen*, München, 3. Aufl. 1999, 78 ff.

25 Ruth Groh, *Arbeit an der Heillosigkeit der Welt*, bes. 104-110.

26 E. H. Kantorowicz, *The King's Two Bodies. A Study in Medieval Political Theology*, Princeton 1957; dt.: *Die beiden Körperdes Königs. Eine Studie zur Politischen Theologie des Mittelalters*, München 1990.

27 Literatur bei Taubes, *Der Fürst dieser Welt*, und H. Maier, »Erik Peterson und das Problem der politischen Theologie«, in: *Zeitschrift für Philosophie* 38, 1991, 33-46.

28 »Politische Theorie und politische Theologie«, in: J. Taubes (Hrsg.), *Der Fürst dieser Welt*, 16-25, hier 19-21; Ruth Groh, *Arbeit an der Heillosigkeit der Welt*, 15.

29 Heinrich Meier, *Die Lehre Carl Schmitts. Vier Kapitel zur Unterscheidung Politischer Theologie und Politischer Philosophie*, Stuttgart 1994.

30 C. Schmitt, *Politische Theologie II. Die Legende von der Erledigung jeder Politischen Theologie*, Berlin 1970. Zu C. Schmitts Politischer Theologie vgl. K. M. Kodalle, *Politik als Macht und Mythos. Carl Schmitts »Politische Theologie«*, Stuttgart 1973.

31 A. Schindler (Hrsg.), *Monotheismus als politisches Problem? Erik Peterson und die Kritik der politischen Theologie*, Gütersloh 1978.

32 J. Taubes (Hrsg.), *Der Fürst dieser Welt. Carl Schmitt und die Folgen, Religionstheorie und Politische Theologie* I, München 1983. Die beiden anderen Bände der Reihe erschienen 1984 (*Gnosis und Politik*) und 1987 (*Theokratie*).

33 H. Maier, »Erik Peterson und das Problem der politischen Theologie«.

34 Claude Lefort, *Fortdauer des Politisch-Theologischen?*, Wien 1999.

35 Bei Burckhardt heißt es allerdings: »die Macht ist an sich böse«, d. h. ohne religiöse Grundlegung. Das Burckhardt-Zitat steht in den *Weltgeschichtlichen Betrachtungen*, hg. R. Marx (Stuttgart 1978), 139, sowie jetzt in: J. Burckhardt, *Über das Studium der Geschichte. Der Text der ›Weltgeschichtlichen Betrachtungen‹ auf Grund der Vorarbeiten von Ernst Ziegler nach den Handschriften herausgegeben v. Peter Ganz*, München 1982, S. 328: «Statt eine sittliche Macht im Völkerleben zu sein, wird sie (sc. die Kirche) eine zweite politische Macht, mit dem hiebei ganz

unvermeidlich innerlich-profanen Personal. Macht aber ist schon an sich böse.« Das Zitat bezieht sich auf die Rolle der Kirche nach der konstantinischen Wende, steht also in dem von Peterson behandelten politisch-theologischen Kontext. Burckhardt kommt in zwei anderen Zusammenhängen auf diesen Satz zurück: »Und nun zeigt es sich, daß die Macht an sich böse ist, daß ohne Rücksicht auf irgendeine Religion das Recht des Egoismus, das man dem Einzelnen abspricht, dem Staat zugesprochen wird« (ibd., S. 260; Hervorhebung im Orig.), mit der Anmerkung: »Hier besonders mit Louis XIV und Napoleon und revolutionären Volksregierungen zu exemplieren.« Ibd., S. 302: »Und nun ist die Macht an sich böse, gleichviel wer sie ausübe. Sie ist kein Beharren, sondern eine Gier und eo ipso unerfüllbar, daher in sich unglücklich und muß andere unglücklich machen.«

36 H. Meier, in *Der Spiegel* Nr. 31/1991.

37 Vgl. hierzu H. Cancik, »›Alle Gewalt ist von Gott‹. Römer 13 im Rahmen antiker und neuzeitlicher Staatslehren«, in: B. Gladigow (Hrsg.), *Staat und Religion*, Düsseldorf 1981, 53-74.

38 Jacob Taubes, *Ad Carl Schmitt. Gegenstrebige Fügung*, Berlin 1987, 73; s. dazu Ruth Groh, *Arbeit an der Heillosigkeit der Welt*, 61.

39 Man wird aber auch Ruth Groh recht geben müssen, die Schmitts Antisemitismus mit seiner politisch-theologischen Unterscheidung von Freund und Feind in Verbindung bringt.

40 D. Conrad, »Der Begriff des Politischen, die Gewalt und Gandhis gewaltlose politische Aktion«, in: J. Assmann, D. Harth (Hrsg.), *Kultur und Konflikt*, Frankfurt 1990, 72-112.

41 Für die islamische Welt s. jetzt J. C. Bürgel, *Allmacht und Mächtigkeit. Religion und Welt im Islam*, München 1991. Hier geht es aber, im Sinne der Burckhardtschen Lehre von den »drei Potenzen«, mehr um die Spannung zwischen Religion und Kultur als um die zwischen Religion und Staat. Bürgel zufolge war eine solche Spannung durch die Entscheidung für das theokratische Modell – »Keine Macht und keine Gewalt außer bei Gott« – von vornherein ausgeschlossen (S. 64 ff.).

42 S. dazu das Nachwort zu J. Taubes, *Die politische Theologie des Paulus*, München 1993. M. E. verfolgt Taubes in seiner Rekonstruktion der paulinischen politischen Theologie viel eher die »horizontale« Ebene der Gemeinschaft als die »vertikale« Ebene der Herrschaft. Dies scheint mir überhaupt der spezifisch jüdische Beitrag zur politischen Theologie. Das Bündnis mit Gott delegiert den vertikalen Aspekt der Herrschaft an Gott und verbindet die sich diesem Bündnis (dem »Gesetz«) unterwerfenden Menschen zur Gemeinschaft des Gottesvolks.

43 Ohne das theoretisch klarzustellen, entsprechen die drei Bände der von J. Taubes herausgegebenen Reihe »Religionstheorie und Politische Theologie« ziemlich genau diesen drei Positionen; zu »Dualismus« vgl. Bd. 2: *Gnosis und Politik*, für »Theokratie« den gleichnamigen Bd. 3 und für »Repräsentation« Bd. 1: *Der Fürst dieser Welt*.

44 Vgl. hierzu R. Faber, »Der kaiserlich-päpstliche Dualismus im Mittelalter. Zur Entstehung des neuzeitlichen Staates«, in: B. Gladigow (Hrsg.), *Staat und Religion*, 75-97.

45 R. Needham, »Dual Sovereignty«, in: *Reconaissances*, Toronto 1980.
46 Vgl. die Beiträge von B. Lang und H. Cancik in Taubes (Hrsg.), *Theokratie*, München 1987.
47 Zu dieser Unterscheidung s. Verf., »Politik zwischen Ritual und Dogma«, in: *Stein und Zeit. Mensch und Gesellschaft im alten Ägypten*, München 1991, 241-245.
48 S. dazu Gilbert Dragon, *Empereur et prêtre. Étude sur le »césaropapisme« byzantin*, Paris 1996.
49 Vgl. zu Petersons Begriff von Politischer Theologie R. Hartmann, in: Schindler (Hrsg.), a.a.O. (vgl. Anm. 31), 14 ff. und H. Maier, *Zeitschrift für Philosophie* 38, 34 ff.
50 Ein Beispiel dieser Gegenrichtung betrifft den politischen Ursprung der frühkirchlichen Hierarchie; vgl. Th. Klauser, *Der Ursprung der bischöflichen Insignien und Ehrenrechte*, Krefeld 1948.
51 Das Säkularisierungstheorem von Schmitt und vor allem von Blumenberg betrifft nicht nur den Nachweis des Begriffstransfers von der einen in die andere Sphäre. In der Umbesetzung von Positionen soll die Konstanz der Struktur deutlich werden. Nach Blumenberg beruht auf dieser Konstanz die »Legitimität der Neuzeit«. Auf dieser Basis aber setzt der Staat die Theologie nicht nur voraus, er ersetzt sie auch. Vgl. hierzu W. Hübener, »Carl Schmitt und Hans Blumenberg oder über Kette und Schuß in der historischen Textur der Moderne«, in: J. Taubes (Hrsg.), *Der Fürst dieser Welt*, 57-76.
52 Hans Hirt [Schäfer], Monotheismus als politisches Problem, *Hochland* 35, 1937/38, 319-324. Auf diesen Aufsatz und die darin versteckte These einer begriffssoziologischen Umbesetzung in der Richtung vom Politischen zum Theologischen machte mich Christian Meier aufmerksam.
53 Klaus Baltzer, *Das Bundesformular*, Neukirchen, 2. Aufl. 1964. Baltzer identifiziert als das entscheidende politische Modell der Bundestheologie das »Formular« des hethitischen Staatsvertrages mit den drei entscheidenden Komponenten »Historischer Rückblick«, »Juristische Bestimmungen« und »Segens- und Fluchformeln« und vermag damit den Aufbau des Deuteronomiums sehr genau zu kennzeichnen. Ihm sind dann vor allem chronologische Probleme entgegengehalten worden. Die bekannten hethitischen Staatsverträge stammen aus dem 14. und 13. Jh. v. Chr., während die biblische Bundestheologie in einer Zeit entstand, in der die Hethiter längst von der politischen Bühne abgetreten waren und die Assyrer mit den Formen ihrer Bündnispolitik das Feld beherrschten. Nun hatte die hethitische Kultur jedoch eine Art Nachblüte in den späthethitischen Kleinstaaten im nordsyrischen Raum, von denen zwar keine Staatsverträge erhalten sind, die aber doch als Träger entsprechender Traditionen bis weit in biblische Zeit hinab in Betracht kommen. Die assyrischen Verträge sind Vasallenverträge, die ihre Bestimmungen den Vasallen aufoktroyieren, ohne sie durch Berufung auf eine gemeinsame geschichtliche Vergangenheit zu begründen. Genau das aber ist das Spezifikum des Vertrages, den die Bundestheologie mit Gott eingeht. Vgl. auch Anm. 116.
54 Eckart Otto, *Das Deuteronomium*, Berlin 1999, konnte zeigen, das verschie-

dene Formulierungen des Deuteronomiums geradezu Übersetzungen einer assyrischen Vorlage darstellen, der Treueidverpflichtung auf den Thronfolger Assurbanipal, die Assarhaddon allen Untertanen auferlegte. Otto spricht in diesem Zusammenhang von »subversiver politischer Theologie«. Siehe auch Hans Ulrich Steymans, *Deuteronomium 28 und die adê zur Thronfolgeregelung Asarhaddons. Segen und Fluch im Alten Orient und in Israel*, OBO 145, Freiburg/Schweiz, Göttingen 1995. Die Theologisierung politischer Begriffe, Modelle und Ordnungen hat eine polemische Spitze, genau in derselben Weise, wie sie Carl Schmitt der neuzeitlichen Säkularisierung unterstellt.

55 Chr. Meier, *Die Entstehung des Politischen bei den Griechen*, Frankfurt 1980.

56 Zu dieser Unterscheidung vgl. Th. Sundermeier, »Religion, Religionen«, in: *Lexikon missionstheologischer Grundbegriffe*, hrsg. v. K. Müller und Th. Sundermeier, Berlin 1987, 411-423; Verf., *Ma'at. Gerechtigkeit und Unsterblichkeit im Alten Ägypten*, München 1990, 19 f.; 279-283. Ich ziehe diese neutrale Terminologie der von M. Weber eingeführten Unterscheidung von Erlösungs- und Welt- bzw. Kulturreligionen vor, vgl. dazu W. Schluchter, *Max Webers Studie über Konfuzianismus und Taoismus*, Frankfurt 1983, 17-19. Zweifellos sind nicht alle sekundären Religionen Erlösungsreligionen, wenn auch der umgekehrte Satz gilt.

57 K. A. Wittfogel, *Die orientalische Despotie. Eine vergleichende Untersuchung totaler Macht*, Frankfurt/Berlin/Wien 1977 (Orig. 1957).

58 Die Literatur zum pharaonischen Königtum ist uferlos. Die wichtigsten neueren Studien sind: Dominique Valbelle, *Histoire de l'État pharaonique*, Paris 1998; Yves Schemeil, *La politique dans l'Ancien Orient*, Paris 1999; D. O'Connor, D. Silverman (Hrsg.), *Ancient Egyptian Kingship. New Investigations*. Probleme der Ägyptologie 9, Leiden 1995; M. A. Bonheme/A. Forgeau, *Pharaon. Les secrets du pouvoir*, Paris 1988; P. Vernus/J. Yoyotte, *Les Pharaons*, Paris 1988. An älteren Arbeiten seien genannt H. Frankfort, *Kingship and the Gods*, Chicago 1949; G. Posener, *De la divinité du pharaon*, Paris 1960; E. Otto, »Legitimität des Herrschens im alten Ägypten«, *Saeculum* 20, 1969, 385-411; E. Blumenthal, *Untersuchungen zum ägyptischen Königtum des Mittleren Reichs* I. Die Phraseologie, SSAW 1970; vgl. auch Verf., *Ma'at. Gerechtigkeit und Unsterblichkeit im alten Ägypten*, München 1990, Kap. VII und VIII; *Stein und Zeit, Mensch und Gesellschaft im alten Ägypten*, München 1991, Kap. IX und X sowie *Ägypten. Eine Sinngeschichte*, München 1996, Kap. III.

59 W. v. Soden, »Der babylonische Fürstenspiegel«, in: O. Kaiser et alii (Hrsg.), *Texte aus der Umwelt des Alten Testaments* Bd. III.1, Weisheitstexte I, Gütersloh 1990, Nr. 8, S. 170-173.

60 Vgl. E. Meyer, *Ägyptische Dokumente aus der Perserzeit*, SPAW Berlin 1915; J. Johnson, »The Demotic Chronicle as a Historical Source«, in: *Enchoria* 4, 1974, 1-18; »Is the Demotic Chronicle an Anti-greek Text?«, in: Fs. E. Lüddeckens, 1984, 107-124; »The Demotic Chronicle as a Statement of a Theory of Kingship«, in: *The Journal of the Society of Ancient Egyptian Antiquities* 13, 1983, 61-72; Verf., *Ägypten. Eine Sinngeschichte*, 419-422.

61 Zu diesem Unterschied zwischen »Gesetzbüchern« und »Rechtsbüchern« s. oben, S. 178-181.

62 Diodor I, 70 f.

63 *La voix de l'opposition en Mesopotamie*. Colloque organisé par l'institut des Hautes Études de Belgique, 19.-20. 3. 1973, Brüssel 1973.

64 Unter Berufung auf Vergil: s. hierzu besonders R. Faber, *Die Verkündigung Vergils* sowie ders., *Politische Idyllik. Zu einer sozialen Mythologie Arkadiens*, Stuttgart 1977.

65 Vgl. hierzu meinen Beitrag »Politik zwischen Ritual und Dogma. Spielräume politischen Handelns«, in: *Saeculum* 35, 1984, 97-114 bzw. *Stein und Zeit. Mensch und Gesellschaft im Alten Ägypten*, München 1991, 238-258.

66 Vgl. hierzu Verf., *Stein und Zeit*, 250 f.

67 Siehe oben, S. 83.

68 Vgl. K. Burke, *The Rhetoric of Motives*, Berkeley 1969; Verf., *Stein und Zeit*, 252 ff.

69 J. Habermas, *Strukturwandel der Öffentlichkeit*, Neuwied ⁵1971.

70 Vgl. hierzu C. Schmitt, *Römischer Katholizismus und politische Form*, 2. Aufl. München 1925, 32 f.

71 Vgl. A. M. Hocart, *Kings and Councillors*, Kairo 1936.

72 *Lehre für Merikare*, ed. Helck, 17 f.; Verf., a.a.O. (vgl. Anm. 65), 252.

73 *Römischer Katholizismus und politische Form*, 23. Der Begriff der »Idee« ist aus dem gleichen Grunde ein Zentralbegriff der nationalsozialistischen Ideologie. »Der Führer ist von der Idee durchdrungen; sie handelt durch ihn. Aber er ist es auch, der dieser Idee die lebendige Form zu geben vermag. In ihm verwirklicht sich der Volksgeist und bildet sich der Volkswille; in ihm gewinnt das geschlechterumspannende und deshalb niemals in seiner Ganzheit konkret versammelte Volk die sichtbare Gestalt. Er ist der Repräsentant des Volkes«, zit. nach E. Voegelin, *Die politischen Religionen*, 57. Das gilt auch für das monumentale Bauwerk: »es muß im praktischen Sinne zwecklos, dafür aber Träger einer Idee sein«, schreibt der Architekt F. Tamms in seinem Pamphlet *Das Große in der Baukunst* 1944. Mit dem Begriff der Idee befinden wir uns auf dem Gebiet der politischen Mythologie und der von ihr nicht zu trennenden politischen Rhetorik.

74 N. Luhmann, »Rechtszwang und politische Gewalt«, in: *Ausdifferenzierung des Rechts. Beiträge zur Rechtssoziologie und Rechtstheorie*, 154-172, Zitat 154, nach D. Conrad, »Der Begriff des Politischen, die Gewalt und Gandhis gewaltlose politische Aktion«, in: J. Assmann, D. Harth (Hrsg.), *Kultur und Konflikt*, Frankfurt 1990, 72-112, 77 f.

75 *Lehre für Merikare* P 135-6, ed. W. Helck, Die *Lehre für König Merikare*, Wiesbaden 1977, 86-88; A. Volten, *Zwei altägyptische politische Schriften*, Kopenhagen 1945, 75-78.

76 Verf., *Der König als Sonnenpriester. Ein kosmographischer Begleittext zur kultischen Sonnenhymnik in thebanischen Tempeln und Gräbern*, Abh. d. Deutschen Archäologischen Instituts VII, 1970; *Sonnenhymnen in Thebanischen Gräbern*, Mainz 1983, 48 f.; *Ma'at*, 205-212; M. C. Betrò, *I testi solari del portale di Pascerientaisu* (BN 2), Pisa 1989.

77 Hatschepsut, Speos Artemidos Inschrift, A. H. Gardiner, in: *Journal of Egyp-*

tian Archaeology 32, 1946, pl. VI, Z. 9-10; Verf., Ma'at, 211 f. Das levitische »Heiligkeitsgesetz« bringt die trinitarische Struktur auf die Formel »Ihr sollt heilig sein, denn ich bin heilig« (qedoschim tihjuu, ki qadosch ani). Indem Gott sich mit dem Prinzip der Heiligung (die hier an die Stelle der Ma'at tritt) identifiziert, stiftet er das Dritte menschlicher Gottgleichheit.

78 Metaphysik, Buch XII. Darauf baut die Diskussion auf, die unter dem Stichwort »Monotheismus als politisches Problem« von Peterson, Schindler und anderen aufgearbeitet wurde. Allerdings spielt die Idee der Eins im Sinne von Einheit und Einzigkeit auch in der politischen Theologie Ägyptens eine Rolle. »Einherr« (nb wʿ) ist einer der typischen Titel, die sowohl dem Schöpfergott wie Pharao zukommen. Leider fehlt eine Untersuchung über die Bedeutung der Einheitsidee in der politischen Theologie Ägyptens; die Frage ist immer nur im Hinblick auf »monotheistische Tendenzen« untersucht worden, vgl. E. Otto, »Monotheistische Tendenzen in der ägyptischen Religion«, in: Welt des Orients II.2 (1955), 99-110 und teilweise kritisch dazu E. Hornung, Der Eine und die Vielen, Darmstadt 1971, 180-191. Der Ägypter machte die Erfahrung der Vielherrschaft in der Form eines Nebeneinanders mehrerer Regionalherrscher in den drei »Zwischenzeiten«, die jeweils von den nachfolgenden Dynastien als den Wiederherstellern der »Einherrschaft« als chaotisch und anarchisch dargestellt wurden. Aus diesen Erfahrungen und Erinnerungen bezieht der ägyptische Gedanke der »Einherrschaft« sein spezifisches Pathos, vgl. dazu Verf., »Frühe Formen politischer Mythomotorik. Fundierende, kontrapräsentische und revolutionäre Mythen«, in: D. Harth, J. Assmann (Hrsg.), Revolution und Mythos, Frankfurt 1992, 39-61, bes. 43-46. Die Einheit der Herrschaft ist hier gleichbedeutend mit der Einheit des Landes; Gegensatz ist nicht Oligarchie oder gar Demokratie, sondern Zerfall in mehrere Teilreiche.

79 S. dazu Moshe Barasch, Die zwei Figuren der Gerechtigkeit, in: Verf., Bernd Janowski, Michael Welker (Hrsg.), Gerechtigkeit. Richten und Retten in der abendländischen Tradition und ihren altorientalischen Ursprüngen, München 1998, 183-203.

80 Zu den Verzichtgesetzen königlicher Erlasse s. D. Charpin, »Les décrets royaux à l'époque Paléo-Babylonienne«, in: Archiv für Orientforschung 34, 1987, 36-44; M. Weinfeld, »Sabbatical Year and Jubilee in the Pentateuchal Laws and their ancient Near Eastern Background«, in: T. Veijola (Hrsg.), The Law in the Bible and in its Environment, Göttingen 1990, 39-62; s. W. Burkert, »Kronia-Feste und ihr altorientalischer Hintergrund«, in: S. Döpp (Hrsg.), Karnevaleske Phänomene in antiken und nachantiken Kulturen und Literaturen, Trier 1993, 11-30.

81 Zu diesem Begriff s. Anm. 147.

82 Pap. Leiden I 344 vso IX.9-X.1 ed. J. Zandee, Der Amunhymnus des Papyrus Leiden I 344, Verso, 3 Bde., Leiden 1992, III Tf. 9-10.

83 Ich zitiere die entsprechenden Texte in meinem Buch Ma'at, 197 f.

84 Vgl. hierzu die in meinem Buch Ma'at herangezogene Literatur. Dazu: H. K. Havice, The Concern for the Widow and the Fatherless in the Ancient Near East. A Case Study in O. T. Ethics (Ph. D. thesis, Yale University 1978). Zur Verbindung von Richten und Retten s. besonders B. Janowski, Rettungsgewißheit und Epiphanie des Heils. Das Motiv der Hilfe Gottes ›am Morgen‹ im Alten Orient und im Alten

Testament I, *Alter Orient*, Neukirchen 1989. Zum altorientalischen Gerechtigkeitsbegriff mit seiner typischen Verbindung mit Formen der Rechtsaufhebung im Interesse der Barmherzigkeit s. auch den von Jan Assmann, Bernhard Janowski und Michael Welker hrsg. Sammelband *Gerechtigkeit. Richten und Retten in der abendländischen Tradition und ihren altorientalischen Ursprüngen*, München 1998.

85 Vgl. hierzu W. Burkert, «Kronia-Feste und ihr altorientalischer Hintergrund«, in: S. Döpp (Hrsg.), *Karnevaleske Phänomene in antiken und nachantiken Kulturen und Literaturen*, Trier 1993, mit Verweis auf W. v. Soden, *Akkad. Handwörterbuch*, 50 f.; *Chicago Assyrian Dictionary* A II (1968), 115-117, s. v. *anduraru*; D. Charpin, »Les décrets royaux à l'époque Paléo-Babylonienne«, in: *Archiv f. Orientforschung* 34, 1987, 36-44; M. Weinfeld, »Sabbatical Year and Jubilee in the Pentateuchal Laws and their ancient Near Eastern Background«, in: T. Veijola (Hrsg.), *The Law in the Bible and in its Environment*, Göttingen 1990, 39-62.

86 Th. Luckmann, *Die unsichtbare Religion*, Frankfurt 1991, Zitat S. 80.

87 E. Hornung, *Der ägyptische Mythos von der Himmelskuh: eine Ätiologie des Unvollkommenen*, OBO 46, 1982; H. Beinlich, *Das Buch vom Fayum. Zum religiösen Eigenverständnis einer ägyptischen Landschaft*, Wiesbaden 1991, 314-319.

88 A. de Buck, *The Egyptian Coffin Texts* I, Chicago 1935, 322-324.

89 Es handelt sich, genaugenommen, um indirekte oder Fern-Kommunikation, im Unterschied zu unmittelbarer oder face-to-face-Kommunikation. Schu personifiziert das Medium dieser Fern-Kommunikation, vermittelst dessen sie auch über große Entfernungen gelingen und den Zusammenhang der Millionen untereinander sowie mit ihrem Schöpfer und Herrn sicherstellen kann. Dahinter steht die Erfahrung der Schrifterfindung als notwendiger Vorbindung zur Bildung des ägyptischen Staates. Der durch Zentralisierung der Macht hergestellte und aufrechterhaltene Staat bedarf der symbolischen Integration in der Form politischer Kommunikation und bürokratischer Verwaltung.

90 E. Peterson, *Theologische Traktate*, München 1951, 412 f.

91 Harfnerlied aus dem Grab Theben Nr. 50, vgl. Verf., »Fest des Augenblicks – Verheißung der Dauer. Die Kontroverse der ägyptischen Harfnerlieder«, in: *Fragen an die altägyptische Literatur*, Gedenkschrift f. Eberhard Otto, Wiesbaden 1977, 69: »Jedem Gott, dem du auf Erden gedient hast,
trittst du nun von Angesicht zu Angesicht gegenüber.«

92 I. Grumach, »On ›Revelation‹ in Ancient Egypt«, in: S. Schoske (Hrsg.), *Akten des Vierten Internationalen Ägyptologenkongresses*, München 1985, Bd. III, Hamburg 1990, 380-384.

93 Übersetzung: E. Brunner-Traut, *Altägyptische Märchen*, 8. Aufl. Köln 1989, 34-41.

94 Übersetzung: E. Blumenthal, *Altägyptische Reiseerzählungen*, Leipzig 1982, 5-26.

95 Daher ist es für den rabbinischen Interpreten ein Problem, daß nach Ex 12,1 Gott zu Moses und Aaron »im Lande Ägypten« sprach. Der Ausweg, den der frühe Exodus-Kommentar Mekhilta de-R. Ishmael, Traktat Pisha, findet, ist, die Wendung *'ereṣ Miṣrayim* als »außerhalb der Stadt (*ḥuṣ lakrakh*)« auszulegen, »Land« also

als Negation von »Stadt« aufzufassen und dann zu fragen: »Und warum sprach Gott nicht mit Moses in der Stadt?« Antwort: »Weil sie angefüllt war mit Abscheu und Idolen (siqušim ve-gilulim).«

96 F. Dunand, »Fête, tradition, propagande: Les cérémonies de Bérénice, fille de Ptolemée III, en 238 a. C.«, in: Mém. de l'Inst. Franç. d'Archéol. Orient., Kairo 1980, 287-301.

97 L. Oppenheim, Ancient Mesopotamia, Chicago 1964, 122; F. Thureau-Dangin, Rituels akkadiens, Paris 1921; vgl. allgemein: M. Gluckmann, »Rituals of Rebellion in South-East Africa«, in: ders., Order and Rebellion in Tribal Africa, London 1963, 110-136.

98 Vgl. Anm. 3.

99 Chr. Sigrist, Regulierte Anarchie. Untersuchungen zum Fehlen und zur Entstehung politischer Herrschaft in segmentären Gesellschaften Afrikas, Olten-Freiburg/Br. 1967; F. Crüsemann, Der Widerstand gegen das Königtum. Die antiköniglichen Texte des Alten Testaments und der Kampf um den frühen israelitischen Staat, WMANT 49, 1978; N. K. Gottwald, The Tribes of Yahweh. A Sociology of the Religion of Liberated Israel 1250-1050 B.C., Maryknoll 1979.

100 N. Lohfink, »Der Begriff des Gottesreichs vom Alten Testament her gesehen«, in: J. Schreiner (Hrsg.), Unterwegs zur Kirche. Alttestamentliche Konzeptionen, QD 110, 1987, 33-86, Zitat 44.

101 N. Lohfink, a.a.O., 44. Auch in einer anderen Studie verwendet Lohfink in bezug auf auf das frühe Israel den Begriff der »Kontrastgesellschaft«: »Der gewalttätige Gott des Alten Testaments«, in: Der eine Gott der beiden Testamente, Jahrbuch f. Bibl. Theologie 2, Neukirchen 1987, 106-136, spez. 119 ff.

102 P. Clastres, La société contre l'État, Paris 1974; dt.: Staatsfeinde. Studien zur politischen Anthropologie, Frankfurt 1976.

103 P. Clastres, a.a.O.

104 F. Crüsemann, Der Widerstand gegen das Königtum, 19-84.

105 A. Malamat, »The Kingdom of Judah between Egypt and Babylon. A Small State within a Great Power Confrontation«, in: Studia Theologica 44, 1990, 65-77; I. M. Handel, Weak States in the International System, London 1981.

106 Verf., Ma'at, Kap. VII.

107 Ri 9,8-15 s. Crüsemann, Der Widerstand gegen das Königtum, 19-32.

108 Vgl. J. Zandee, »Gott ist König. Königssymbolismus in den antiken Gottesvorstellungen, besonders in der Religion des alten Ägypten«, in: C. J. Bleeker, G. Widengren (Hrsg.), Proc. xiith Congr. of the Intern. Assoc. for the Hist. of Rel. = Stud. in the Hist. of Rel., Suppl. to NVMEN XXXI, Leiden 1975, 167-178; Verf., Ma'at, 260-262. Vgl. jetzt J. Zandee, Der Amunhymnus des Papyrus Leiden I 344, Verso, 3 Bde., Leiden 1992, II, 581 ff.

109 Vgl. hierzu J. Jeremias, Das Königtum Gottes in den Psalmen, Israels Begegnung mit dem kanaanäischen Mythos in den Jahwe-König-Psalmen, FRLANT 141, 1987; B. Janowski, »Das Königtum Gottes in den Psalmen. Bemerkungen zu einem neuen Gesamtentwurf«, in: Zeitschrift für Theologie und Kirche 86, 1989, 389-454, mit zahlreichen Literaturhinweisen.

110 N. Lohfink bezeichnet dieses Prinzip der repräsentativen politischen Theologie treffend als »Entsprechungsdenken«.
111 Vgl. hierzu Verf., *Ägypten – eine Sinngeschichte*, 332-345.
112 Zum alttestamentlichen Begriff des »Volks« s. F.-L. Hossfeld, »Gottes Volk als ›Versammlung‹«, in: J. Schreiner (Hrsg.), *Unterwegs zur Kirche. Alttestamentliche Konzeptionen*, QD 110, Freiburg 1987, 123-142. Zur hebräischen Begrifflichkeit s. auch C. Colpe, »Die Ausbildung des Heidenbegriffs von Israel zur Apologetik und das Zweideutigwerden des Christentums«, in: R. Faber, R. Schlesier (Hrsg.), *Die Restauration der Götter. Antike Religion und Neo-Paganismus*, Würzburg 1985, 61-87.
113 Vgl. hierzu Verf., *Stein und Zeit*, Kap. IX.
114 *Zeitschr. f. d. Neutestamentl. Wiss.* 81, 1990, 247-253.
115 H. Tadmor, »Alleanza e dipendenza nell'antica Mesopotamia e in Israele: terminologia e prassi«, in: L. Canfora, M. Liverani, C. Zaccagnini (eds.), *I Trattati nel Mondo Antico. Forma, Ideologia, Funzione*, Rom 1990, 17-36.
116 Die politische Herkunft der israelitischen Bundestheologie ist Gegenstand einer intensiven alttestamentlichen Diskussion. Die wichtigsten Positionen werden markiert durch G. E. Mendenhall, *Law and Covenant in Israel and in the Ancient Near East*, Pittsburgh 1955 (dt.: *Recht und Bund in Israel und im Alten Vorderen Orient*, Theologische Studien 64, 1960); K. Baltzer, *Das Bundesformular*, 2. Aufl., Neukirchen 1964; M. Weinfeld, *Deuteronomy and the Deuteronomic School*, Oxford 1972, 116 ff.; D. J. McCarthy, *Treaty and Covenant*, Analecta Biblica 21 A, Rom 1978; M. Weinfeld, »The Common Heritage of the Covenantal Traditions in the Ancient World«, in: L. Canfora, M. Liverani, C. Zaccagnini (eds.), *I Trattati nel Mondo Antico. Forma, Ideologia, Funzione*, Rom 1990, 175-191. L. Perlitt, *Bundestheologie im Alten Testament*, WMANT 36, Neukirchen-Vluyn 1969, plädiert für eine Spätdatierung der Anfänge des Bundesdenkens, in die Endphase des Königtums, die Zeit des Ur-Deuteronomiums. Noch weiter geht C. Levin, *Die Verheißung des neuen Bundes in ihrem theologiegeschichtlichen Zusammenhang ausgelegt*, FRLANT 137, Göttingen 1985, der den Gedanken für exilisch und nachexilisch hält und von Jer 7, 22-23 als ältestem Beleg ausgeht. Ich halte es für sehr viel wahrscheinlicher, daß die Ursprünge des Bundesdenkens bis in die antistaatliche Phase zurückreichen und in der späten Königszeit unter dem Eindruck der assyrischen Bedrohung und mit den Mitteln der diplomatischen Begrifflichkeit und Formenwelt der Zeit elaboriert und in gültige schriftliche Formen gebracht wurden.

Zur Deutung des Deuteronomiums als Adaption eines hethitischen Staatsvertrages s. Baltzer, *Das Bundesformular*. Die üblichere Deutung des Deuteronomiums als Adaption eines assyrischen Vasallenvertrages hat M. Weinfeld mit Recht dahingehend präzisiert, daß wir es hier nicht mit einem außen-, sondern einem innenpolitischen Vertrag zu tun haben, einem »Rechtsbund, der grundsätzlich sozial, nach innen gerichtet und national ist«, während der »Vasallenbund politisch, nach außen gerichtet und international ist« (*Deuteronomy*, 151). Das macht aber das Deuteronomium noch lange nicht zu einem »Rechtsbuch«, wie H. G. Kippenberg (S. 160 f.) möchte, sondern zu einem Unikum, das sich an den Modellen sowohl des Staats- bzw. Vasallenvertrages als auch des Rechtsbuchs orientiert.

117 L. Perlitt, *Bundestheologie im Alten Testament*, WMANT 36, Neukirchen-Vluyn 1969.

118 Klaus Baltzer, *Das Bundesformular*, Neukirchen, 2. Aufl. 1964.

119 Ich habe meine Interpretation der Religionsgeschichte Israels als Erinnerungsprozeß in meinem Buch *Das kulturelle Gedächtnis. Schrift, Erinnerung und politische Identität in frühen Hochkulturen*, München 1992, S. 196-228 ausführlicher dargestellt.

120 Vgl. H. G. Flickinger (Hrsg.), *Die Autonomie des Politischen. Carl Schmitts Kampf um einen beschädigten Begriff*, Weinheim 1990, 73 ff.

121 Vgl. N. Lohfink, »Der gewalttätige Gott des Alten Testaments und die Suche nach einer gewaltfreien Gesellschaft«, in: *Jahrbuch für Biblische Theologie 2*, 1987, 106-136. Eine Bibliographie zu diesem Thema findet sich im *Theol. Wörterb. zum Alten Test.*, hrsg. v. J. G. Botterweck und H. Ringren, Bd. VII, Stuttgart 1990, 95 f. s. v. *qæsæp*.

122 C. Westermann, »Boten des Zorns. Der Begriff des Zornes Gottes in der Prophetie«, in: *Die Boten und die Botschaft*. Fs. H. W. Wolff (hrsg. v. J. Jeremias und L. Perlitt), Neukirchen 1981, 147-156, Zitat: S. 148. Vgl. auch *Theol. Wb. AT* III (1982), 185.

123 Westermann, a.a.O.

124 Vgl. I. Baldermann, »Der leidenschaftliche Gott und die Leidenschaftslosigkeit der Exegese«, in: *Jahrbuch für Biblische Theologie 2*, 1987, *Der Eine Gott der beiden Testamente*, Neukirchen, 137 ff.

125 Vgl. hierzu G. Bornkamm, »Die Offenbarung des Zornes Gottes«, in: *Das Ende des Gesetzes. Paulusstudien*, München 1966, 9-33.

126 Darauf verweist nachdrücklich C. Westermann, a.a.O.

127 Z. B. P. Volz, *Das Dämonische in Jahwe*, 1924.

128 L. Caelii Firmiani Lactantii *De Ira Dei* Liber/Laktanz, *Vom Zorne Gottes*, eingel., hrsg., übertragen u. erläutert v. H. Kraft und A. Wlosok, Darmstadt 1957.

129 Lact., *De Ira* 11,15.

130 Lact., *De Ira* 16,8.

131 Kopt. *NHC (nes)* von äg. *nsr*, »Flamme«, s. J. Osing, *Die Nominalbildung des Ägyptischen*, Mainz 1976, 178.

132 M. Görg, in: *Biblische Notizen* 3, 1977, 26; 4, 1977, 7-8.

133 Verf., *Ma'at*, 180 ff.

134 Pap. Leiden I 384: W. Spiegelberg, *Der ägyptische Mythos vom Sonnenauge nach dem Leidener Demotischen Papyrus I 384*, 1917; F. de Cenival, *Le mythe de l'oeil du soleil. Translittération et traduction avec commentaire philologique*, Demotische Studien 9, Sommerhausen 1988; E. Brunner-Traut, *Altägyptische Märchen*, Düsseldorf, 8. Aufl. 1989, 155 ff. Nr. 17, 314 f. Demotische Paralleltexte: pTebt. Tait 8 und pLille o. N.; M. Smith, »Sonnenauge«, in: *Lexikon der Ägyptologie* V, 1984, 1982-1987.

135 Stephanie West, in: *Journal of Egyptian Archaeology* 55, 1969, 161-183.

136 Verf., *Ma'at*, 182 f.

137 Posener, *L'enseignement loyaliste. Sagesse égyptienne du Moyen Empire*, Genf 1976, 90-91 § 5, 26-29.

138 G. Posener, a.a.O., § 3 p. 22 f., 72 f.
139 Vgl. Anm. 191.
140 Vgl. hierzu H. Junker, *Der Auszug der Hathor-Tefnut aus Nubien*, SPAW, phil.-hist. Klasse 1911; K. Sethe, *Zur altägyptischen Sage vom Sonnenauge, das in der Fremde war*, Untersuchungen zur Geschichte und Altertumskunde Ägyptens V.3, 1912; H. Junker, *Die Onurislegende*, Denkschr. Kaiserl. Ak. d. Wiss. Wien 59.1-2, 1917; U. Verhoeven, Ph. Derchain, *Le voyage de la déesse libyque. Ein Text aus dem »Mutritual« des Pap. Berlin 3053*, Rites Égyptiens V, Brüssel 1985.
141 Lact., *De Ira* 16,7.
142 Urk. IV 1091.3; G. Fecht, *Der Vorwurf an Gott in den Mahnworten des Ipuwer*, Abh. der Heidelberger Akademie der Wissenschaften, 1972, 70 f.
143 A. H. Gardiner, *The Admonitions of an Egyptian Sage*, Leipzig 1909, 78 f.; G. Fecht, *Der Vorwurf an Gott in den Mahnworten des Ipuwer*, Abh. der Heidelberger Akademie der Wissenschaften, 1972, 54 ff.
144 Piye-Stele, ed. H. Schäfer, *Urkunden der Älteren Äthiopenkönige* = Urkunden des ägyptischen Altertums, III, Leipzig 1905, 33,2.3.
145 S. oben, S. 93 und Anm. 237.
146 H. Vorländer, *Mein Gott. Die Vorstellung vom Persönlichen Gott im Alten Orient und im Alten Testament*, Neukirchen 1975, 99-120.
147 J. F. Borghouts, »Divine Intervention in Egypt and its Manifestation«, in: R. J. Demarée, J. J. Janssen (Hrsg.), *Gleanings from Deir el Medinah*, Leiden 1982, 1-70. Auch dieser Begriff ist aus der Königsideologie übernommen, s. z. B. Posener, *L'Enseignement loyaliste*, 25, Nr. 1.
148 Ostrakon Kairo 12202, ed. G. Posener, in: *Révue d'Égyptologie* 27, 1975, pl. 19.
149 Vgl. hierzu Verf., »Guilt and Remembrance: On the Theologization of History in the Ancient Near East«, in: *History and Memory* 2.1, 1990, 5-33.
150 Vgl. Bornkamm, a.a.O. (n. 125).
151 Stele der Verbannten, 14.15, ed. v. Beckerath, in: *Revue d'Égyptologie* 20, 1968, 7-36; *Ägyptische Hymnen und Gebete*, 70 f.; Verf., *Re und Amun. Die Krise des Polytheismus im Ägypten der 18.-20. Dynastie*, OBO 51, Fribourg 1983, 277.
152 Die im Sch^cm^ca-Gebet geforderte Liebe gilt ganz ausdrücklich dem Einen. Monotheistisches Bekenntnis und Liebesgebot hängen untrennbar miteinander zusammen. Lieben, wie es hier gefordert wird, »von ganzem Herzen, ganzer Seele und ganzem Vermögen«, kann man eben nur einen.
153 Bei Markus wird der Verweis auf das monotheistische Bekenntnis des Sch^cm^ca-Gebets explizit gemacht (Mk 12,28-34).
154 Das Gebot der Nächstenliebe bedarf wohl keiner längeren Erörterung seiner Herkunft aus dem sozialen und politischen Bereich. Hier geht es ja um Gerechtigkeit. Aber auch hier wird der theologische Bezug hergestellt durch den über allen Einzelgeboten dieses Gesetzes stehenden Satz »Ihr sollt heilig sein, denn ich bin heilig«. Durch die Praxis der Nächstenliebe bindet sich der Mensch nicht nur an den Mitmenschen, sondern auch Gott, indem er an dessen Heiligkeit teilhat. Überdies aber stammt das Element »wie dich selbst« wiederum aus der

Sprache der Verträge und Loyalitätseide: »So wie ihr eure Frauen, eure Kinder und eure Häuser liebt, so sollt ihr die Sache des Königs lieben« (hethitische Militärvereidigung: M. Weinfeld, »The Loyalty Oath in the Ancient Near East«, in: *Ugaritische Forschungen* 8, 1976, 379-414, S. 383); »Wenn ihr Assurbanipal nicht liebt wie euer eigenes Leben...« (Vasallenverträge Asarhaddons, Weinfeld, ibd.); »Wenn das Leben unseres Herrn nicht kostbarer für uns ist als unser eigenes Leben...« (hethitischer Offizierseid, Weinfeld, a.a.O., 384) usw.

155 W. L. Moran, »The Ancient Near Eastern Background of the Love of God in Deuteronomy«, in: *Catholic Biblical Quarterly* 25, 1963, 77-87; M. Weinfeld, a.a.O.

156 Weinfeld, a.a.O., 384 (PRU IV 17.353: 20-21; cf. E. Weidner, *Politische Dokumente* No. 3, Vs. II: 17ff.; No. 4 Vs. 10ff.).

157 Weinfeld, a.a.O., Anm. 12: C. Kühne, H. Otten, *Der Sausgamuwa-Vertrag. Studien zu den Boghazköy-Texten*, Heft 16, 1971, Vs. II: 32ff.

158 K. Watanabe, *Die Adê-Vereidigung anläßlich der Thronfolgeregelung Asarhaddons*, Baghdader Mitteilungen Bh. 3, 1987, 160-63.

159 G. Poserner, *L'enseignement loyaliste. Sagesse égyptienne du Moyen Empire*, Genf 1976, 58-63 § 2 (Text); 19 f. Posener verweist auf Urk IV, 20: Er (Re) möge geben, daß die $h3tj$-Herzen ihm Anbetung spenden, und die *jb*-Herzen ihn preisen in den Leibern.

160 Text 196 der Heidelberger Edition des Grabes (in Vorbereitung).

161 Das Denken in vertikalen Bindungen beherrscht auch das mehrfach zitierte Buch von Laktanz über den *Zorn Gottes*. In meinem Buch *Ma'at* habe ich dies unter dem Stichwort »Vertikale Solidarität« für Ägypten ausführlicher dargestellt.

162 Vgl. hierzu Verf., *Ma'at*, Kap. III und IX.2.

163 Ps 90,4. Dies Motiv stammt übrigens aus der ägyptischen Hymnik, wo derselbe Satz zweimal vorkommt. S. hierzu Verf., *Zeit und Ewigkeit im Alten Ägypten*, Abh. der Heidelberger Akademie der Wissenschaften, Heidelberg 1975, 69. Der Zusatz »wenn er vergangen ist« bezeichnet präzise den perfektiven Aspekt der Zeit, den Aspekt des Zusammenhangs.

164 Vgl. hierzu H. J. Klimkeit, »Der leidende Gerechte in der Religionsgeschichte. Ein Beitrag zur problemorientierten ›Religionsphänomenologie‹«, in: H. Zinser (Hrsg.), *Religionswissenschaft. Eine Einführung*, Berlin 1988, 164-184; Verf., »Der ›leidende Gerechte‹ im alten Ägypten. Zum Konfliktpotential der altägyptischen Religion«, in: C. Elsas, H. G. Kippenberg (Hrsg.), *Loyalitätskonflikte in der Religionsgeschichte* (Fs. C. Colpe), Würzburg 1990, 203-224.

165 Vgl. A. Assmann (Hrsg.), *Weisheit*, München 1991, und darin die Beiträge von B. Alster, C. Wilcke, B. Lang und J. Assmann.

166 M. Weinfeld, *Deuteronomy and the Deuteronomic School*, Oxford 1972, 244-319.

167 Weinfeld, a.a.O., 273.

168 »Das Gestern ist vergessen: nichts gelingt dem, der den nicht mehr kennt, den er gekannt hat« heißt es in der »Lehre König Amenemhets«; s. hierzu und zu vielen ähnlichen Stellen Verf., *Ma'at*, 60-69.

169 Nach der Zürcher Bibel.

170 Zum Bild des altorientalischen Herrschers als Rechtsstifter und Gesetzgeber s. F. R. Kraus, *Ein Edikt des Königs Ammi-Saduqa von Babylon*, Leiden 1958; J. J. Finkelstein, »Amisaduqa's Edict and the Babylonian ›Law Codes‹«, in: *Journal of Cuneiform Studies* 15, 1961, 91-104; H. G. Kippenberg, *Die vorderasiatischen Erlösungsreligionen in ihrem Zusammenhang mit der antiken Stadtherrschaft*, Frankfurt 1991, 157 ff.

171 Vgl. hierzu Janowski, *Rettungsgewißheit*; Verf., *Ma'at. Zu Gott als Richter im alten Ägypten* s. besonders J. Zandee, *Der Amunhymnus des Pap. Leiden I 344 verso*, Leiden 1992, I, 387-402; G. Posener, »Amon juge du pauvre«, in: *Beiträge zur Ägyptischen Bauforschung und Altertumskunde*, Fs. Ricke, Wiesbaden 1971, 59-63.

172 Vgl. hierzu Anm. 53, 116, 241 und 386.

173 Vgl. hierzu W. Schluchter, *Religion und Lebensführung*, Frankfurt 1988 und H. G. Kippenberg, *Die vorderasiatischen Erlösungsreligionen in ihrem Zusammenhang mit der antiken Stadtherrschaft*, Frankfurt 1991.

174 Merikare P 128-130, A. Volten, *Zwei Altägyptische Politische Schriften. Die Lehre für König Merikare und die Lehre des Königs Amenemhet* (Analecta Aegyptiaca IV), Kopenhagen 1945, 68.

175 Vgl. hierzu R. Faber, *Die Verkündigung Vergils. Reich – Kirche – Staat. Zur Kritik der »Politischen Theologie«*, Hildesheim/New York 1975. In *Politische Idyllik. Zur sozialen Mythologie Arkadiens*, Stuttgart 1977, 37 ff., verweist er für den Gedanken einer Kontinuität abendländischer und altorientalischer Staatsideen besonders auf F. Kampers, *Vom Werdegang der abendländischen Kaisermystik*, 1924.

176 Das gibt es schon mesopotamisch: Der »babylonische Fürstenspiegel« setzt die Möglichkeit schlechter, die Norm verfehlender Könige voraus. Vgl. H. H. Schmid, *Wesen und Geschichte der Weisheit*, BZAW 101, Berlin 1966, Qu. 52; W. v. Soden, »Der babylonische Fürstenspiegel«, in: O. Kaiser et alii (Hrsg.), *Texte aus der Umwelt des Alten Testaments* Bd. III.1, Weisheitstexte I, Gütersloh 1990, Nr. 8, 170-173.

177 N. Luhmann, »Rechtszwang und politische Gewalt«, in: *Ausdifferenzierung des Rechts. Beiträge zur Rechtssoziologie und Rechtstheorie*, 154-172, Zitat 154, nach D. Conrad, »Der Begriff des Politischen, die Gewalt und Gandhis gewaltlose politische Aktion«, in: J. Assmann, D. Harth (Hrsg.), *Kultur und Konflikt*, Frankfurt 1990, 72-112, 77 f.

178 Im Alten Testament finden sich Hunderte von Belegstellen für die zahlreichen hebräischen Wörter, die sich im Deutschen mit »Zorn« wiedergeben lassen. Nur ein Viertel davon beziehen sich auf den menschlichen Zorn, und dieser wird überall verurteilt. Drei Viertel beziehen sich auf den Zorn Gottes, der als ein gerechter und als solcher positiv zu beurteilender Zorn dargestellt wird. Zur biblischen Vorstellung vom Zorn Gottes s. oben, Kapitel 3, Abschnitt 1.

179 O. Keel, *Feinde und Gottesleugner*, Stuttgarter Biblische Monographien 7, Stuttgart 1969.

180 *Der Begriff des Politischen*, Berlin ²1932, 49 f. Vgl. zu dieser Schrift H. Meier, *Carl Schmitt, Leo Strauss und »Der Begriff des Politischen«. Zu einem Dialog unter*

Abwesenden, Stuttgart 1988; H. G. Flickinger (Hrsg.), *Die Autonomie des Politischen. Carl Schmitts Kampf um einen beschädigten Begriff,* Weinheim 1990; A. Adam, *Rekonstruktion des Politischen.* Carl Schmitt und die Krise der Staatlichkeit 1912-1933, Weinheim 1992.
181 Ebda., 38 f.
182 *Der Begriff des Politischen,* ³1933, 15.
183 D. Conrad, a.a.O. (vgl. Anm. 177), 77.
184 C. Schmitt, *Der Begriff des Politischen,* ²1932, 49.
185 I. Eibl-Eibesfeldt, *Liebe und Haß. Zur Naturgeschichte elementarer Verhaltensweisen,* München 1976. Vgl. ders., *Krieg und Frieden aus der Sicht der Verhaltensforschung,* München 1975.
186 Zu diesem von C. Schmitt postulierten Zusammenhang s. F. Balke, »Zur politischen Anthropologie Carl Schmitts«, in: H. G. Flickinger, a.a.O. (vgl. Anm. 120), 37-65.
187 Vgl. Verf., *Ma'at,* Kap. 6, bes. 180 ff.
188 Vgl. F. Junge, »Die Welt der Klagen«, in: *Fragen an die altägyptische Literatur,* Gedenkschr. E. Otto, Wiesbaden 1977, 275-284; Verf., »Weisheit, Schrift und Literatur im Alten Ägypten«, in: A. Assmann (Hrsg.), *Weisheit,* München 1991, 475-500, spez. 485 ff.
189 Vgl. zum Folgenden auch A. u. J. Assmann, »Kultur und Konflikt. Aspekte einer Theorie des unkommunikativen Handelns«, in: J. Assmann, D. Harth (Hrsg.), *Kultur und Konflikt,* Frankfurt 1990, 11-48, bes. 17-31; Verf., *Ma'at,* Kap. 7.
190 *Mahnworte des Ipuwer,* 12.13-14, ed. A. H. Gardiner, *The Admonitions of an Egyptian Sage* (Leipzig 1909), Nachdr. Hildesheim 1969, 84; G. Fecht, *Der Vorwurf an Gott in den Mahnworten des Ipuwer,* Abh. der Heidelberger Akademie der Wissenschaften, 1972, 110.
191 S. hierzu R. Lingat, *The Classical Law of India,* New Delhi/Berkeley 1973, 207 f.; L. Dumont, *Gesellschaft in Indien. Die Soziologie des Kastenwesens* (Homo Hierarchicus), Wien 1976, 351; Verf., *Ma'at,* 214 f. Zum Konzept eines kastenspezifischen Lebensgesetzes (Swadharma) im Vergleich mit dem Weberschen Begriff der »Eigengesetzlichkeit« s. D. Conrad, »Max Weber's Conception of Hindu Dharma as a Paradigm«, in: *Recent Research on Max Weber's Studies of Hinduism* (Papers submitted to a Conference held in New Delhi 1.-3-3-1984), Schriftenreihe Internationales Asienforum 4, Köln, München, London 1986, 169-192.
192 M. Bloch, *La société féodale. La formation des liens de dépendance,* Paris 1939, 9.
193 Vgl. zu den politischen Implikationen des Dogmas der Erbsünde Elaine Pagels, *Adam, Eve and the Serpent* (New York 1988), bes. Kap. V, »The Politics of Paradise«; dt. *Adam, Eva und die Schlange,* Reinbek b. Hamburg 1991.
194 E. Kantorowicz, *Kaiser Friedrich der Zweite,* Berlin 1927, 221. Zum Text des Gesetzbuchs Friedrichs II. s. A. Borst, *Lebensformen im Mittelalter,* Frankfurt/Berlin 1979, 285 ff. Zur Rolle der Erbsünde bei C. Schmitt s. H. Meier, *Carl Schmitt, Leo Strauss und »Der Begriff des Politischen«,* 61 f.
195 Über den möglichen bzw. behaupteten Zusammenhang der äg. Chaosbeschreibungen mit der späteren Apokalyptik s. Verf., *Stein und Zeit,* Kap. 10.

196 G. Balandier, *Le désordre. Éloge du mouvement*, Paris 1988.
197 *Anthropologische Forschung*, Reinbek 1961, 59 f.
198 Vgl. K. M. Kodalle, *Thomas Hobbes – Logik der Herrschaft und Vernunft des Friedens*, München 1972.
199 Vgl. hierzu die in meinem Buch *Ma'at* herangezogene Literatur. Dazu: H. K. Havice, *The Concern for the Widow and the Fatherless in the Ancient Near East. A Case Study in O. T. Ethics* (Ph. D. thesis, Yale University 1978).
200 S. dazu oben, S. 58 f. und Anm. 143.
201 Vgl. Verf., *Ma'at*, 177-184.
202 G. Posener, *L'enseignement loyaliste. Sagesse égyptienne du Moyen Empire*, Genf 1976, § 3 p. 22 f., 72 f.
203 Vgl. hierzu Verf., *Re und Amun. Die Krise des polytheistischen Weltbilds im Ägypten der 18.-20. Dynastie*, OBO 51, Fribourg 1983, 264 ff.; »State and Religion in the New Kingdom«, in: W. K. Simpson (Hrsg.), *Religion and Philosophy in Ancient Egypt*, New Haven 1989, 55-88, bes. 72 ff.; *Ma'at*, 252-272.
204 E. Hornung, *Der ägyptische Mythos von der Himmelskuh. Eine Ätiologie des Unvollkommenen*, OBO 46, Fribourg 1982; Verf., *Ma'at*, 174 ff.; *Ägypten – eine Sinngeschichte*, 211-222.
205 Vgl. K. Sethe, *Dramatische Texte zu altägyptischen Mysterienspielen* (Untersuchungen zur Geschichte und Altertumskunde Ägyptens 10), Leipzig 1928, 64 f.
206 Posener, a.a.O., 90-91 § 5, 26-29.
207 A. Volten, *Zwei Altägyptische Politische Schriften. Die Lehre für König Merikare und die Lehre des Königs Amenemhet* (Analecta Aegyptiaca IV), Kopenhagen 1945, 22-27, P 47-59. Zur Fortsetzung s. oben, S. 149.
208 Verf., *Ma'at*, Kap. 5; und oben, S. 157 f.
209 A. M. Blackman, *The Story of King Kheops and the Magicians*, London 1988, 10.
210 A. de Buck, in: *Journal of Egyptian Archaeology* 23, 1937, 152-164; H. Goedicke, in: *Journal of Egyptian Archaeology* 49, 1963, 71-92.
211 Über die Symbolik von Feuer und Schwert vgl. E. Hornung, *Altägyptische Höllenvorstellungen* (Abh. Sächs. AdW Leipzig 59.3), Berlin 1968.
212 Vgl. hierzu Verf., *Der König als Sonnenpriester*, Glückstadt 1970, 22, 35, 58-65; *Ma'at*, 205-212.
213 Vgl. hierzu H. Brunner, »Seth und Apophis – Gegengötter im ägyptischen Pantheon?«, in: *Saeculum* 34, 1983, 226-234.
214 pBM 10474,x,19-20.
215 R. O. Faulkner, *The Papyrus Bremner Rhind* (B. M. No. 10188), Bibliotheca Aegyptiaca III, Brüssel 1933, 42-93.
216 pBM 10188, 22,4
217 pBM 10188, 22,6
218 ibd., Spruch 2
219 ibd., Spruch 4
220 Pap. Jumilhac XVII,19-XVIII,11: es handelt sich um eine wesentlich längere Darstellung des Zusammenhangs zwischen Riten und kosmischer wie poli-

tischer Ordnung, aus der oben nur einige Sätze zitiert wurden. J. Vandier, *Le Papyrus Jumilhac*, Paris 1960, 129 f.

221 Vgl. H. Brunner, »Gefährdungsbewußtsein«, in: *Lexikon der Ägyptologie* II.

222 S. hierzu W. Burkert, *Homo Necans. Interpretation altgriechischer Opferriten und Mythen*, Berlin/New York 1972; ders., *Anthropologie des religiösen Opfers*, München 1983; *Le sacrifice dans l'antiquité* = Entretiens de la Fondation Hardt 27, Genf 1981.

223 J. v. Dijk, »Zerbrechen der roten Töpfe«, in: *Lexikon der Ägyptologie* VI, 1986, 1389-1396.

224 K. Sethe, *Die Ächtung feindlicher Fürsten, Völker und Dinge auf altägyptischen Tongefäßscherben des Mittleren Reichs* (APAW Berlin 1926,5). Der Mirgissa-Fund ist noch unpubliziert, vgl. G. Posener, in: *Syria* 43, 277-287.

225 Holzfigürchen aus Abusir und Giza, s. G. Posener, *Cinc Figurines d'envoûtement*, Kairo 1987, 2, Anm. 1 und 2.

226 A. M. Abu Bakr, J. Osing, »Ächtungstexte aus dem Alten Reich«, in: *Mitt. Deutsch. Archäol. Inst.* 29, 1973, 97-133; J. Osing, »Ächtungstexte aus dem Alten Reich (II)«, in: *Mitt. Deutsch. Archäol. Inst.* 32, 1976, 133-185.

227 G. Posener, *Cinc Figurines d'envoûtement*, 1-6.

228 Posener, a.a.O., 3 mit Anm. 3 und 4.

229 M. Alliot, »Les rites de la chasse au filet, aux temples de Karnak, d'Edfou et d'Esneh«, in: *Revue d'Egyptologie* 5, 1946, 57-118.

230 Alliot, 62, nimmt šntt als Objekt von ḥm und übersetzt »repousser l'attaque«; sntt hat aber eher die Bedeutung »schmähen, lästern, fluchen«, wäre also in Alliots Konstruktion wiederzugeben als »die Schmährede der vier Feinde zurückscheuchen«.

231 Edfou VI, 235,1; Alliot, a.a.O., 61-63.

232 Edfou VI, 235,2; Alliot, a.a.O., 64.

233 Wörterbuch 2, 460,1-6.

234 Siehe Schott, »Drei Sprüche gegen Feinde«, in: *Zeitschrift f. äg. Sprache* 65, 1930, 35-42.

235 Schott, »Drei Sprüche...«, verweist S. 38 n.1 auf die Parallelen im Apophisbuch 28,14 und 32,11.

236 Schott, »Drei Sprüche«, 41.

237 Aus Verf., *Ägyptische Hymnen und Gebete*, Zürich 1975, Nr. 233, S. 485 ff., Verse 56-79; Text: Urk. IV 610-624.

238 E. Hornung, *Altägyptische Höllenvorstellungen* (Abh. Sächs. AdW Leipzig 59,3), Berlin 1968, 19 und Tf. IIIb.

239 Daß es auch im Neuen Reich, das man sich gerne aufgeklärt und human vorstellt, nicht wesentlich zurückhaltender zugegangen sein mag, scheinen die Reliefs zu bezeugen, die das Zählen der den Gefallenen abgeschnittenen Hände und Phallen darstellen. Die Ausdehnung der bürokratischen Registrierwut der ägyptischen Schreiber auch auf die Schlachtfelder und deren blutige Überreste hat etwas Gespenstisches, aber trotzdem mag man an der Faktizität des Dargestellten nicht recht zweifeln. Offenbar wird die Größe eines militärischen Erfolges nach der Menge der erschlagenen Feinde bemessen, kam es also bei der Kriegführung aufs Töten an.

240 N. C. Grimal, *Les termes de la propagande royale égyptienne de la xix.e dynastie à la conquête d'Alexandre*, Paris 1986.

241 Klaus Baltzer, *Das Bundesformular*, Neukirchen, 2. Aufl. 1964; Hans Ulrich Steymans, *Deuteronomium 28 und die adê zur Theronfolgeregelung Asarhaddons. Segen und Fluch im Alten Orient und in Israel*, OBO 145, Freiburg/Schweiz, Göttingen 1995.

242 Vgl. hierzu Verf., »Inscriptional Violence and the Art of Cursing: A Study of Performative Writing«, in: *Stanford Literature Review Spring* 1992, 43-65. Für eine Anthologie mesopotamischer Verfluchungen s. F. Pomponio, *Formule di maledizione della Mesopotamia preclassica* (Paideia Editrice), Brescia 1990.

243 *Merikare*, ed. Volten, 47-49 P 91-94. Vgl. dazu P. Seibert, *Die Charakteristik. Untersuchungen zu einer ägyptischen Sprechsitte und ihren Ausprägungen in Folklore und Literatur* (Ägypt. Abh. 17), Wiesbaden 1967, 90-94.

244 Stelen Berlin 14753 und 1157, ed. K. Sethe, *Ägyptische Lesestücke*, Nachdr. Darmstadt 1959, 83-85; Verf., *Stein und Zeit*, 255 f.

245 *Merikare*, ed. Volten, 50 f.; Seibert, a.a.O., 95-98.

246 Kang Sa-Moon, *Divine War in the Old Testament and in the Ancient Near East*, Berlin/New York, 1989; Th. v. d. Way, *Göttergericht und »Heiliger Krieg« im Alten Ägypten*, SAGA 4, Heidelberg 1992.

247 Vgl. hierzu Jürgen Habermas, *Theorie des kommunikativen Handelns*, 2 Bde., Frankfurt 1981.

248 Vielleicht ist es nicht ganz zufällig, daß ihr Auftreten, in Griechenland wie in Indien, mit dem ersten Auftreten expliziter politischer Diskurse zusammenfällt.

249 Vgl. Wolfgang Huber, Ernst Petzold, Theo Sundermeier (Hrsg.), *Implizite Axiome. Tiefenstrukturen des Denkens und Handelns*, München 1990.

250 Die Stadtstaaten des Vorderen Orients und der Induskultur sind wesentlich kleiner. Großräumigere politische Gebilde entstehen hier »aszendent«, durch Verträge, Allianzen, Amphiktyonien. In Ägypten entsteht umgekehrt eine stadtzentrierte Regionalstruktur »deszendent« durch einen Prozeß der inneren Kolonisation und administrativen Aufgliederung des politischen Großraums.

251 Vgl. einstweilen Hans-Jürgen Niedenzu, *Die Entstehung von herrschaftlich organisierten Gesellschaften. Eine Auseinandersetzung mit den Evolutionskonzepten von Habermas und Eder sowie eine Darstellung der Entstehung der ägyptischen Hochkultur*, Frankfurt 1982; Michael A. Hoffman, *Egypt before the Pharaohs*, London 1980; Michael Atzler, *Untersuchungen zur Herausbildung von Herrschaftsformen in Ägypten*, Hildesheim 1981; Erika Endesfelder, *Beobachtungen zur Entstehung des ägyptischen Staates* (unveröff. Habil.-Schr. Berlin 1980). Der Komplex bedarf dringend einer gründlichen Aufarbeitung, die die Ergebnisse der neuesten Grabungen und der ethnoarchäologischen Komparatistik berücksichtigt.

252 »Politik zwischen Ritual und Dogma. Spielräume politischen Handelns im pharaonischen Ägypten«, in: *Saeculum* 35, 1984, 97-114.

253 George Spencer Brown, zitiert nach Siegfried J. Schmidt, »Weisheit, oder <...>«, in: Aleida Assmann (Hrsg.), *Weisheit*, München, 1990, 559.

254 Zu dieser Symbolik s. Eberhard Otto, »Die Lehre von den beiden Ländern

Ägyptens in der ägyptischen Religionsgeschichte«, in: *Studia Aegyptiaca* I = Analecta Orientalia 17, 1938, 10-35.

255 Vgl. zu dieser Symbolik Henri Frankfort, *Kingship and the Gods*, Chicago 1948; John Gwyn Griffiths, *The Conflict of Horus and Seth*, Liverpool 1960. S. a. die treffenden Bemerkungen von Barry Kemp, *Ancient Egypt. Anatomy of a Civilization*, London 1989, 27-29.

256 Zu Seth vgl. Herman te Velde, *Seth, God of Confusion*, Leiden 1967; Erik Hornung, »Seth. Geschichte und Bedeutung eines ägyptischen Gottes«, in: *Symbolon* N.F. 2 (1975) 49-63; Hellmut Brunner, »Seth und Apophis – Gegengötter im ägyptischen Pantheon?«, in: *Saeculum* 34 (1983) 226-234.

257 Der ägyptische Expansionismus ist eine Erscheinung späterer Epochen, des Neuen Reichs (ab 1500 v. Chr.), s. dazu Paul Frandsen, »Egyptian Imperialism«, in: Mogens Trolle Larsen (Hrsg.), *Power and Propaganda*, Kopenhagen 1979, 167-190; Karola Zibelius-Chen, *Die Ägyptische Expansion nach Nubien. Eine Darlegung der Grundfaktoren*, Wiesbaden 1988.

258 Ich übernehme diesen Begriff (als Übersetzung von frz. *mythomoteur*) von Anthony D. Smith, *The Ethnic Origins of Nations*, Oxford 1986, passim, der ihn wiederum von J. Armstrong übernimmt.

259 Vgl. Horst Beinlich, *Die Osirisreliquien. Zum Motiv der Körperzergliederung in der altägyptischen Religion* (Ägyptol. Abh. 42, Wiesbaden 1984). Es wäre zu untersuchen, ob von hier verborgene Verbindungslinien zur paulinischen Vorstellung der Ekklesia als Leib Christi laufen.

260 Entsprechende Wendungen sind seit dem Alten Reich belegt, werden aber wirklich häufig erst mit dem Neuen Reich.

261 Eine ganz andere Sicht vertritt Emma Brunner-Traut in *Frühformen des Erkennens* (Darmstadt 1990), die den Aspekt der Vielheit verabsolutiert, vgl. hierzu Kapitel 9.

262 In dieser Beziehung mutueller Repräsentation irdischer und göttlicher Herrschaft liegt das Grundproblem der »Politischen Theologie«, wie es Erik Peterson in seinem berühmten Traktat *Monotheismus als politisches Problem* von 1935 entfaltet hat. Für die (durchweg politische) Religion des alten Ägypten ist diese Beziehung mutueller Repräsentation konstitutiv, aber sie hat nichts mit Monotheismus zu tun, sondern vielmehr mit dem, was Eric Voegelin »Summodeismus« genannt hat, d. h. die Verehrung einer monokratisch zentrierten Götterwelt. Vgl. dazu Eric Voegelin, *Order and History* Bd. 1: *Israel and Revelation*, Louisiana 1956.

263 Der Begriff der Kompaktheit (*compactness*) stammt von Eric Voegelin, der den Gang der Geistesgeschichte als ein Fortschreiten von Kompaktheit zu Differenzierung rekonstruiert, s. bes. *Order and History* Bd. I, *Israel and Revelation*.

264 So etwa Christian Meier, *Die Anfänge des politischen Denkens bei den Griechen*, Frankfurt 1980.

265 Zur theoretischen Grundlegung dieses Kapitels vgl. Aleida und Jan Assmann, »Kultur und Konflikt. Aspekte einer Theorie des unkommunikativen Handelns«, in: Jan Assmann, Dietrich Harth (Hrsg.), *Kultur und Konflikt*, Frankfurt 1990, 11-48.

266 Vgl. hierzu Michael Walzer, *Exodus and Revolution*, New York 1985, dt. Berlin 1988. Extreme Positionen vertreten hier Rafael Draï, *La sortie d'Égypte: l'invention de la liberté*, Paris 1986 und Hannes Stein, *Moses und die Offenbarung der Demokratie*, Berlin 1998.

267 Für die Einzelheiten s. Assmann, *Ma'at*.

268 Vgl. *Ma'at* für weitere Literatur. Dazu: H. K. Havice, The Concern for the Widow and the Fatherless in the Ancient Near East. A Case Study in O. T. Ethics (Ph.D. thesis, Yale University 1978).

269 *Lehre für König Merikare* P 135f, engl. Übers. Lichtheim, *Literature*, 106.

270 Papyrus Kairo CG 58038, vgl. Jan Assmann, *Re und Amun*, 176 f.; *Ma'at*, 235.

271 Zu diesem Text s. *Ma'at*, 201-212.

272 Vgl. hierzu Jan Assmann, »State and Religion in the New Kingdom«, in: William Kelly Simpson (Hrsg.), *Religion and Philosophy in Ancient Egypt* (Yale Egyptological Studies 3, 1989), 55-89; *Ma'at*, 7. und 8. Kapitel.

273 Elaine Pagels, *Adam, Eve and the Serpent*, New York 1988, bes. Kap. V, »The Politics of Paradise«.

274 Friedrich Nietzsche, Zur Genealogie der Moral, Erste Abhandlung: »gut und böse«, »gut und schlecht«, in: *Werke in drei Bänden*, hrsg. v. Karl Schlechta, II (München 1955).

275 E. Fleischmann, »Max Weber, die Juden und das Ressentiment«, in: Wolfgang Schluchter (Hrsg.), *Max Webers Studie über das antike Judentum*, Frankfurt 1981, 263-286.

276 Wie sehr diese archaischen Ängste im Denken Carl Schmitts wiederkehren, zeigt z. B. die brillante Studie von Nicolaus Sombart, »Die Angst vor dem Chaos. Zum Carl-Schmitt-Syndrom«, in: *Merkur* 498 (Jg. 44, Heft 8, August 1990) 638-651.

277 *Der Begriff des Politischen*, 2. Aufl. Berlin 1932, 59 ff. S. dazu R. Groh, *Arbeit an der Heillosigkeit der Welt*, 280-282 sowie zur negativen Anthropologie C. Schmitts 203-216. Für Schmitt sind »echte« politische Theorien autoritäre Theorien. Eine politische Theorie setzt zunächst lediglich voraus, daß der Mensch ein »zoon politikon«, ein politisches Lebewesen, ist, aber nicht, daß er böse ist. Die Ägypter gehen nicht so weit, zu behaupten, daß er böse ist, sondern nur, daß er die Freiheit zum Bösen hat.

278 Vgl. A. u. J. Assmann, *Kultur und Konflikt*, 17 ff. § 4: »Die Krise in den Köpfen: Über die Kultivierung von Bedrohungsbewußtsein«.

279 *Papyrus Jumilhac*, ed. Vandier, S. 129 f.; s. Verf., *Ma'at*, 185 f.

280 »Weisheit, Loyalismus und Frömmigkeit«, in: E. Hornung, O. Keel (Hrsg.), *Studien zu altägyptischen Lebenslehren* (Orbis Biblicus et Orient 28), Fribourg und Göttingen 1979, 11-72.

281 Würfelhocker des Ramose, Kunsthandel, nach F. R. Herbin, Histoire du Fayum de la xviii.e à la xxx.e dynastie (thèse du III.e cycle, Sorbonne, Paris 1980), 187, doc. 189. Ich verdanke die Kenntnis dieses Textes Pascal Vernus.

282 Sandman, *Texts from the time of Akhenaten*, Brüssel 1938, 97,11-12.

283 Georges Posener, *L'Enseignement Loyaliste. Sagesse égyptienne du Moyen Empire*, Genf 1976, 22-24, § 3,9-10, Papyrusfassung.

284 Posener, L'Enseignement Loyaliste, 29-32, § 6,3-4, Stelenfassung.
285 Verf., Weisheit, Loyalismus und Frömmigkeit, 45. Die beiden zitierten Lehren und ihre Eingangsverse findet man bei Hellmut Brunner, *Altägyptische Weisheit*, Zürich 1988, 111 (Ptahhotep: Verse 43 f.) und 239 (Amenemope: Verse 49 f.).
286 Vgl. hierzu Verf., »Die ›Loyalistische Lehre‹ Echnatons«, in: *Stud. z. altäg. Kultur* 8, 1980, 1-30.
287 Vgl. hierzu G. Posener, *Littérature et politique*, Paris 1956.
288 J. Vandier, Mo'alla. *La tombe d'Ankhtifi et la tombe de Sébekhotep*, Bibl. d'ét. 18, Kairo 1950, Inschrift I β 2-4; W. Schenkel, *Memphis – Herakleopolis – Theben. Die epigraphischen Zeugnisse der 7.-11. Dynastie Ägyptens*, Wiesbaden 1965, 46 f.
289 W. Schenkel, »Nie kam ein Mißgeschick über mich«, in: *Zeitschr. f. äg. Sprache* 91, 1964, 137-38.
290 Vandier, Mo'alla, Inschr. VI α9-VI β 2; Schenkel, *Memphis – Herakleopolis – Theben*, 55.
291 G. Posener, L'Enseignement Loyaliste. *Sagesse Égyptienne du Moyen Empire*, Genf 1976, 58-63 § 2 (Text); 19 f. Posener verweist auf Urk IV, 20: »Er (Re) möge geben, daß die ḥȝtj-Herzen ihm Anbetung spenden und die jb-Herzen ihn preisen in den Leibern.
292 oCairo CG 12217 recto, ed. G. Posener 1975, 206 f.
293 Verf., *Ägyptische Hymnen und Gebete*, Zürich 1975 (Neuausgabe Fribourg 1999, im folgenden: ÄHG), Nr. 75, 23-24.
294 Z. B. ÄHG 173,12-13, 42 f., 62 f., 102 ff.; 177,5-11.
295 Besonders klar tritt dieser Gedanke in dem Rückenplattentext des hölzernen Sitzbildes des Amenemopet Berlin 6910 aus der Zeit Sethos' I. (aus dem thebanischen Grab TT 215 in Der el Medine) hervor, der mit den Sätzen beginnt:
»O schönes Sitzen in der Hand des Amun,
des Schützers des Schweigenden, des Retters des Armen,
der Luft gibt jedem, den er liebt,
der ihm ein schönes Alter anweist im Westen Thebens«
und schließt mit dem Wunsch:
»... indem ich heil bin in deiner Hand.«
(Verf., *Sonnenhymnen in theb. Gräbern*, Mainz 1983, 283, mit Verweis auf Amenemope 24,19-20:
»Wohl dem, der den Westen erreicht,
indem er heil ist in der Hand Gottes.«
Zum Gedanken der Geborgenheit »in der Hand Gottes« s. auch Amenemope 22,8 und 23,11.)
296 S. hierzu Vernus, in: *Revue d'Eg.* 30, 1978, 115-146.
297 ÄHG Nr. 173.
298 Sir Herbert Thompson, »Two Demotic Self-Dedications«, in: *Journal of Egyptian Archaeology* 26, 1942, 68-78.
299 Vgl. hierzu Irene Grumach, *Untersuchungen zur Lebenslehre des Amenope*, Münchner Ägyptologische Studien 23, 1970, 98 f. und passim.

300 Pascal Vernus, *Affaires et scandales sous les Ramsès. La crise des Valeurs dans L'Égypte du Nouvel Empire*, Paris 1993.

301 Verf., *Ägypten – eine Sinngeschichte*, 319-332.

302 Zweiter Roman des Chaemwese (Setna II.), s. Hellmut Brunner, »Die religiöse Wertung der Armut im Alten Ägypten«, in: *Saeculum* 12, 1961, 319-344, wiederabgedr. in: ders., *Das Hörende Herz. Kleine Schriften zur Religions- und Geistesgeschichte Ägyptens*, Orbis Biblicus et Orientalis 80, Freiburg/Schweiz 1988, 189-214 (bes. 206-209), sowie die Übersetzung bei E. Brunner-Traut, *Altägyptische Märchen*, 10. Aufl. München, 1991, 244-247.

303 H. Greßmann, *Vom reichen Mann und armen Lazarus*, Abh. der Preußischen Akademie der Wissenschaften, phil.-hist. Klasse, Nr. 7, Berlin 1918.

304 U. Müller-Herold, »Verfehlung, Schuld und Scham. Vom sittlichen Versagen in der Wissenschaft«, in: Tilo Schabert und Detlef Clemens (Hrsg.), *Schuld*, Eranos Jb., München 1999, 21-53. Die Unterscheidung zwischen Scham- und Schuldkultur geht zurück auf Ruth Benedict, *The Chrysanthemum and the Sword. Patterns of Japanese Culture*, New York 1974, 222 ff., und wurde von E. R. Dodds, *The Greeks and the Irrational*, Berkeley 1951, und A. W. H. Adkins, *Merit and Responsibility. A Study in Greek Values*, Oxford 1960, auf die griechische Welt angewandt. Wichtig ist auch Bernard Williams, *Shame and Necessity*, Berkeley 1993. Für eine differenzierte Analyse scham- und schuldkultureller Wertorientierungen und Verhaltensmodelle s. den Beitrag von Aleida Assmann, in: A. Assmann, U. Frevert, *Geschichtsvergessenheit. Geschichtsversessenheit. Der Umgang mit der deutschen Vergangenheit nach 1945*, Stuttgart 1999.

305 Friedrich Nietzsche, *Werke in drei Bänden*, hrsg. v. K. Schlechta, München 1960, Bd. II, S. 799 f.

306 »Morgenröte«: ibd., Bd. I, 1020.

307 Die Klagen des Oasenmannes (Bauer) B 2, 109 f.; auf diese und die im folgenden zitierten Stellen sowie allgemein zum Zusammenhang zwischen Gedächtnis und Gerechtigkeit gehe ich ausführlich ein in: Verf., *Ma'at*, 58-91 sowie in *Ägypten – eine Sinngeschichte*, München 1996, 146-150.

308 Die Klagen des Oasenmannes (Bauer) B 1, 109-110; Friedrich Vogelsang, *Kommentar zu den Klagen des Bauern*, Unters. z. Gesch. u. Altertumsk. Äg. 6, Leipzig 1913, S. 100.

309 pBerlin 3024, 115 f., ed. Adolf Erman, *Das Gespräch eines Lebensmüden mit seiner Seele*, Berlin 1896. Zahlreiche neue Übersetzungen, u. a. von Erik Hornung, *Gesänge vom Nil*, Zürich 1990, S. 115.

310 Diese drei Zeilen bilden die genaue Mitte eines langen Gedichts, das den Zerfall der sozialen Welt beklagt.

311 Verf., *Ma'at*, 110.

312 Vernus, »La retribution des actions: à propos d'une maxime«, in: *Göttinger Miszellen* 84, 1985, 71-79, doc. 13.

313 Kairo *Catalogue Général* No. 565; H. de Meulenaere, »Reflexions sur une maxime«, in: *Studien zu Sprache und Religion des alten Ägypten* (Fs. W. Westendorf, Göttingen 1984), 555-559, mit weiteren Beispielen.

314 *bw nfr* = *nfrw* in der Inschrift des Mentuhotep, s. o.
315 B1, 307-311 = B2, 72-76; Vogelsang, 211-213.
316 B1, 320-322 = B2, 84-87; Vogelsang, 215 f.
317 Vgl. hierzu Inschriften, wie sie oben, S. 210-213 und 232, zitiert werden. »Ich bin aus meiner Stadt herausgegangen...«, s. a. Verf., *Ma'at*, S. 100.
318 Diese Forschungen werden als Band 1 meiner mehrbändigen kommentierten Edition *Altägyptische Totenliturgien* publiziert werden. Vgl. einstweilen H. Willems, *Chests of Life*, Leiden 1988 sowie Verf., »Erlösung durch Rechtfertigung. Altägyptische Todesvorstellungen«, in: Constantin von Barloewen (Hrsg.), *Der Tod in den Weltkulturen und Weltreligionen*, München 1996, 137-160.
319 A. de Buck, *The Egyptian Coffin Texts* I, Chicago 1938, spells 1-28. Vgl. zum Folgenden auch mein Buch *Ägypten – eine Sinngeschichte*, München 1996, 3. Kapitel, Abschnitt 5: Die Jenseitsfundierung der konnektiven Gerechtigkeit: die Idee vom Totengericht.
320 de Buck, 19.
321 de Buck, 10a-f.
322 de Buck, 12a-d.
323 de Buck, 19-20.
324 Unter »Magie« ist hier die private Anwendung religiöser Riten und Rezitationen zu verstehen, die von einem Priester nicht in Stellvertretung der Gesellschaft im Tempel, sondern unmittelbar für ein bestimmtes Individuum vollzogen werden.
325 S. hierzu Verf., *Ägypten – Theologie und Frömmigkeit*, 149-177.
326 de Buck, 22-23.
327 de Buck, 24a-27a.
328 Verf., *Sonnenhymnen in thebanischen Gräbern*, Mainz 1983 (STG), 52, 92, vgl. dort (u.).
329 Sander-Hansen, *Die religiösen Texte auf dem Sarg der Anchenesneferibre*, S. 56 f., Z. 128 ff.; Lefebvre, *Le tombeau de Petosiris* II, Nr. 63, S. 39, vgl. Otto, *Die biographischen Inschriften der äg. Spätzeit*, 53 n. 1, der auch auf unsere Stelle verweist. Die Fassung bei Petosiris lautet:
»Er hat dir (deine) Macht verkündet indem er unwissend war.
Nicht hat NN das wissentlich getan
wie der Jüngling (...)
man klagt nicht an wegen der Jugend.«
330 Unveröffentlicht, nach eigener Abschrift. Publikation durch E. Feucht in Vorbereitung. Erik Hornung macht mich noch auf die Autobiographie der Tatothis (Wien 5857, ptolemäisch) aufmerksam, in der es heißt: »Mein Herz leitete mich zu einem von glücklicher Art, (schon) als ich ein Kind war und das Gute nicht kannte. Mein Herz (aber) gebot mir, es nicht zu verfehlen.« G. Vittmann geht in seiner Neubearbeitung des Textes (»Die Autobiographie der Tathotis«, in: *Stud. z. Altäg. Kultur* 22, 1995, 283-323) auf S. 308 f. auf den Topos der moralischen Unmündigkeit des Kindes ein und führt eine Stelle aus dem demotischen Papyrus Berlin 15660, 18-20, an: »... als ich noch klein war, bevor man festgestellt hatte

meine Fehler und meine Tugenden, bevor ich den Unterschied erkannt hatte zwischen [Unrecht] und Recht, zwischen Gestern und Heute«.

331 Totenbuch, Kapitel 70.

332 Hermann Kees, *Göttinger Totenbuchstudien, Totenbuch Kapitel 69 und 70*, Berlin 1954 = UGAÄ XVII, 31-39. Vgl. dagegen Verf., »Die Unschuld des Kindes. Eine neue Deutung der Nachschrift von CT spell 228«, in: Terence Duquesne (Hrsg.), *Hermes Aegyptiacus. Egyptological Studies for B. H. Stricker*, DE Publications, Special Number 2, Oxford 1995, 19-26.

333 Vgl. hierzu besonders J. Janssen, »On the ideal lifetime of the Egyptians«, in: *Oudhedkundige Mededelingen v. h. Rijksmuseum van Oudheden* 31, 1950, 33-44.

334 Erik Hornung, *Geist der Pharaonenzeit*, Zürich 1990, 69-70; vgl. ders., »Zeitliches Jenseits im alten Ägypten«, *Eranos Jb.* 47 (1978), 279. Inzwischen hat sich E. Hornung der hier vorgetragenen Deutung angeschlossen und weitere Belege beigesteuert (vgl. Anm. 330).

335 Vgl. *Merikare* E 54: »Vertraue nicht auf die Länge der Jahre«, was soviel heißen wird wie »verschiebe nicht deine moralische Besinnung aufs Lebensende, als sei dann immer noch Zeit zur Besserung und Sühne«.

336 *Lehre für Merikare* P 53-57 vgl. J. F. Quack, *Studien zur Lehre für Merikare*, GOF 23, Wiesbaden 1992, 34 f.; ich folge weitgehend der schönen metrischen Übersetzung von G. Fecht, in: *Der Vorwurf an Gott*, 147, mit Nachträgen 222 und 228 f.

337 Der italienische Religionswissenschaftler Raffaele Pettazzoni hat 1935 in seinem dreibändigen Werk *La confessione dei peccati* die verschiedenen Formen von Schuldbekenntnissen untersucht, die Ethnologie, Altertums- und Geschichtswissenschaft in den Kulturen der Alten und Neuen Welt zusammengetragen haben, und ich möchte hier ganz ausdrücklich und herzlich Annemarie Schimmel danken, die mir ihr Exemplar dieses kostbaren und längst vergriffenen Werkes geschenkt hat, als sie erfuhr, daß ich mich mit dem Thema Schuld beschäftige.

338 Die neueste und maßgebliche deutsche Übersetzung legte Erik Hornung vor: *Das Totenbuch der Ägypter*, Zürich 1979.

339 Zur ägyptischen Idee des Totengerichts, ihrer geschichtlichen Entwicklung und ihrer Ausstrahlung auf andere Kulturen s. J. Gw. Griffiths, *The Divine Verdict. A Study of Divine Judgment in Ancient Religions*, Leiden 1991.

340 Auf Entwicklung und Aufbau des »negativen Bekenntnisses« gehe ich näher ein in meinem Buch *Ma'at*, 122-159.

341 S. hierzu besonders H. Brunner, »Das Herz im ägyptischen Glauben«, in: *Das Herz im Umkreis des Glaubens* I, Dr. Karl Thomae GmbH, Biberach 1965, 81-106, wiederabgedr. in H. Brunner, *Das Hörende Herz. Kleine Schriften zur Religions- und Geistesgeschichte Ägyptens*, OBO 80, Fribourg 1988, 8-44; Verf., »Zur Geschichte des Herzens im alten Ägypten«, in: J. A., Theo Sundermeier (Hrsg.), *Die Erfindung des Inneren Menschen. Studien zur religiösen Anthropologie*, Gütersloh 1993, 81-112.

342 Charles Maystre, *Les déclarations d'innocence*, Kairo 1937.

343 Hornung, *Totenbuch*, 233.

344 Zu dieser Parallele s. *Ma'at*, 140-149, mit Verweis auf die wichtigen Arbeiten von R. Merkelbach und R. Grieshammer.

345 Zum Schicksal der Verurteilten im Totengericht s. Erik Hornung, *Altägyptische Höllenvorstellungen*, Abh. SAW 59.3, 1968.

346 Es folgt eine Großstrophe von 2 mal 6 Versen, in denen Baki von seinem Erfolg im Königsdienst berichtet und hervorhebt, daß es »mein Charakter war, der meine Stellung vorangebracht hat und mich ausgezeichnet hat vor Millionen Menschen«.

347 Turin, Stele 156, ed. Varille, in: *Bull. Inst. Fr. d'Archéol. Or.* 54, 1954, 129-135. Verf., *Ma'at*, 134-136; Miriam Lichtheim, *Maat in Egyptian Autobiographies and Related Studies*, OBO 120, Fribourg 1992, 103-105, 127-133. Miriam Lichtheim datiert die Stele in die Zeit Amenophis' I.

348 S. hierzu Kapitel 6; Verf., *Ägypten – eine Sinngeschichte*, 259-276 sowie die treffende Zusammenfassung von K. Koch, *Geschichte der ägyptischen Religion*, Stuttgart 1993, 357-362.

349 H. Gunkel, *Einleitung in die Psalmen. Die Gattungen der religiösen Lyrik Israels*, zu Ende geführt von J. Begrich, Göttingen 1933 (2.Aufl. 1966), 256 ff.; F. Crüsemann, *Studien zu Formgeschichte von Hymnus und Danklied in Israel*, Neukirchen 1969, 210 ff.

350 Berlin 20377 s. *ÄHG* Nr. 148.

351 Turin 1593+1649 s. *ÄHG* Nr. 149, S. 354 f.

352 Der heute »das Horn« (*al qurn*) genannte Hausberg der thebanischen Nekropole, der dem dortigen Dorfe Gurna den Namen gibt, galt im alten Ägypten als Erscheinungsform einer Göttin namens »Bergspitze« (*t3 dhn.t*).

353 London, British Museum 589 s. *ÄHG* Nr. 150, S. 355 f.

354 Berlin 20377 s. *ÄHG* Nr. 148, S. 351-353, 351 B Vers 5.

355 Bankes 7 ähnlich BM 589 = *ÄHG* Nr. 150, Vers 8; *ÄHG* 148 B 13.

356 Stele des Vizekönigs Hui (an Tutanchamun): ASAE 40, 47 ff., Urk IV 2075; Turin 284.

357 H. Brunner, »Verkündigung an Tiere«, in: *Fragen an die altägyptische Literatur*. Gs. E. Otto, Wiesbaden 1977, 119-124.

358 »Biblische und babylonische Psalmen, ägyptische und sabäische Bußstelen (sind) Beweise für die einst im gesamten Orient verbreitete Sitte des öffentlichen, schriftlichen Sündenbekenntnisses. (...) Augustinus hat in seinen Confessionen solche religiösen Beichtsitten in die Literatur einmünden lassen«, vgl. P. Frisch, »Über die lydisch-phrygischen Sühneinschriften und die ›Confessiones‹ des Augustinus«, in: *Epigraphica anatolica* 2, 1983, 41-45 (mit weiterer Literatur). Vgl. auch G. Petzl, »Sünde, Strafe, Wiedergutmachung«, in: *Epigraphica anatolica* 12, 1988, 155-166. Ich verdanke den Hinweis auf diese Arbeiten meinem Heidelberger Kollegen A. Chaniotis. Eine inzwischen ergänzungsbedürftige Sammlung der lydisch-phrygischen Sühneinschriften gab F. Steinleitner, *Die Beichte im Zusammenhang mit der sakralen Rechtspflege in der Antike*, München 1913, der darin einen Vorläufer der mittelalterlichen Ablaßpraxis sah.

359 G. Bornkamm, »Lobpreis, Bekenntnis und Opfer«, in: *Apophoreta* (Fs. E. Haenchen), Berlin 1964, 46-63.
360 Ediert von G. Posener, »La piété personelle avant l'âge amarnien«, *Révue d'Egyptologie* 27 (1975), 195-210.
361 oCairo CG 12202 verso, ed. Posener, 202.
362 Das fragliche hieratische Zeichen ist *w3t*, »Weg«, zu lesen, eher als *jrt*, »Auge«, wie Posener vorschlägt.
363 oCairo CG 12202 recto, ed. Posener, 201. Meine Übersetzung nimmt Poseners Verso als Recto und umgekehrt, denn »Komm zu mir« ist die übliche Eröffnungsformel solcher Gebete, cf. *ÄHG* Nr. 176, 179, 181, 189.
364 Cf. H. Brunner, »Blindheit«, in: LÄ I, 1973, 828-833.
365 Ostracon Berlin 11427, ed. Erman, in: *Amtliche Berichte der Berliner Museen* 40, 1918, 22 ff.
366 *ÄHG* Nr. 152 und 153.
367 S. hierzu B. Janowski, *Rettungsgewißheit und Epiphanie des Heils. Das Motiv der Hilfe Gottes am Morgen im Alten Orient und im Alten Testament, I. Teil: Alter Orient.* WMANT 59, 1989.
368 U. Müller-Herold, »Verfehlung, Schuld und Scham. Vom sittlichen Versagen in der Wissenschaft«, in: Tilo Schabert und Detlef Clemens (Hrsg.), *Schuld*, Eranos Jb. München 1999, 21-53.
369 W. Helck, *Urkunden der 18. Dyn.*, Heft 22, 1976.
370 Pap. Bremner-Rhind (BM No. 10188), 7.1-3 ed. Faulkner, *Bibl. Aegyptiaca* III, Brüssel 1933, 12 f.
371 *ÄHG* Nr. 160.
372 Kritias fr. 43 F 19 Snell; siehe Dana Sutton, »Critias and Atheism«, *Classical Quarterly* 31 (1981), 33-38, mit Bibliographie. Auf diesen wichtigen Aufsatz machte mich Julia Annas aufmerksam.
373 Frank E. Manuel, *The Eighteenth Century Confronts the Gods*, Cambridge, Mass. 1959, 2. Kapitel (»The Grand Subterfuge«).
374 Hierzu und zum Zusammenhang zwischen Politik und Religion im Mittleren Reich siehe Verf., *Ägypten – eine Sinngeschichte*, 133-222.
375 Sigmund Freud, *Der Mann Moses und die monotheistische Religion* (Amsterdam 1939), Neudruck Bibliothek Suhrkamp, Bd. 131, Frankfurt 1964, 172 f.
376 Die Frage, ob nicht Versöhnungsrituale wie der jüdische Yom Kippur, die katholische Beichte und insbesondere das spätmittelalterliche Ablaßwesen im Grunde ebenfalls Institutionen der Schuldabfuhr darstellen, lädt zu interessanten Überlegungen ein, die den apodiktischen Klang dieses Satzes modifizieren, aber an der grundsätzlichen Bedeutung der Unterscheidung zwischen Reinheitskulturen und den auf einem emphatischen Schuldbegriff beruhenden Erlösungsreligionen nichts ändern.
377 S. hierzu zuletzt die Diskussion zwischen D. Lorton und W. Boochs in *Varia Aegyptiaca* 2: Lorton, »The king and the Law«, in: *Varia Aegyptiaca* 2, 1986, 53-62; W. Boochs, »Zur Bedeutung der hpw«, *VA* 2, 1986, 87-92.
378 S. hierzu die Beiträge von B. Kienast, »Die altorientalischen Codices zwi-

schen Mündlichkeit und Schriftlichkeit«, in H. J. Gehrke (Hrsg.), *Rechtskodifizierung und soziale Normen im interkulturellen Vergleich*, ScriptOralia 66, Tübingen 1994, 13-26; J. Renger, »Noch einmal: was war der ›Kodex‹ Hammurapi – ein erlassenes Gesetz oder ein Rechtsbuch«, in: Gehrke, *Rechtskodifizierung*, 27-59; E. Cancik-Kirschbaum, »König der Gerechtigkeit« – ein altorientalisches Paradigma zu Recht und Herrschaft«, in: Gesine Palmer et al. (Hrsg.), *Thorah – Nomos – Jus. Abendländischer Antinomismus und der Traum vom herrschaftsfreien Raum*, Berlin 1999, 52-68.

379 Vgl. hierzu v. a. A. Leroi-Gourhan, *Le geste et la parole*, Bd. 2, *La mémoire et les rhythmes*, Paris 1965.

380 Aleida Assmann, »Exkarnation: Über die Grenze zwischen Körper und Schrift«, in: Alois M. Müller, J. Huber (Hrsg.), *Interventionen*, Basel 1993, 159-181.

381 Zum Phänomen performativer Schriftlichkeit vgl. Verf., »Inscriptional Violence and the Art of Cursing: A Study of Performative Writing«, in: *Stanford Literature Review* 9, 1992, 43-65 (deutsch in: H. U. Gumbrecht, K. L. Pfeiffer [Hrsg.], *Schrift*, München 1993).

382 Inzwischen hat sich ein anderes Verständnis der Stele durchgesetzt, s. dazu die in Anm. 378 aufgeführte Literatur.

383 Vgl. Verf., a.a.O., 51-54; F. Pomponio, *Formule di maledizione della Mesopotamia preclassica*, Brescia 1990, 7-12. Dasselbe gilt für den Codex Lipit-Ischtar, der sich als Abschrift einer Stele gibt. Die Rechtsbücher im eigentlichen Sinne enthalten keine Fluchformeln.

384 Vgl. P. Vernus, »Les ›decrets‹ royaux (wd nsw). L'énoncé d'auctoritas comme genre«, in: S. Schoske (Hrsg.), *Akten des vierten internationalen Ägyptologenkongresses München 1985*, Hamburg 1991, 239-246.

385 Vgl. hierzu das große Buch von F. Crüsemann, *Die Thora. Theologie und Sozialgeschichte des alttestamentlichen Gesetzes*, München 1992, sowie meine Schrift »Fünf Stufen zum Kanon. Tradition und Schriftkultur im frühen Judentum und in seiner Umwelt«, Münstersche Theologische Vorträge 1, Münster 1999, 11-35.

386 Vgl. Anm. 116. Nach wie vor erscheint mir der Hinweis von K. Baltzer auf das »Formular« der hethitischen Staatsverträge zutreffend. Nur hier findet sich die Verbindung von geschichtlichem Rückblick, gesetzlichen Bestimmungen und Fluch- und Segensformeln, die den Aufbau des Deuteronomiums bestimmen. Vgl. dazu oben, Anm. 53 und 229.

387 H. G. Kippenberg, *Die vorderasiatischen Erlösungsreligionen in ihrem Zusammenhang mit der antiken Stadtherrschaft*, Frankfurt 1991, 157 ff. Kippenberg denkt bei dem Begriff »Rechtsbuch« jedoch an einen Codex (»law-code«), nicht an eine Gattung der Wissensliteratur im Sinne depositiver Schriftlichkeit.

388 Pap. Leiden I 344 vso IX.9-X.1, ed. J. Zandee, *Der Amunhymnus des Papyrus Leiden I 344*, Verso, 3 Bde., Leiden 1992, III, Tf. 9-10.

389 Kuban-Stele, *ÄHG* Nr. 237, 36-39.

390 Zur Lehre vom »Lebenden Nomos« s. A. A. T. Ehrhardt, *Politische Metaphysik von Solon bis Augustin* I, Tübingen 1959, 168 ff.; E. R. Goodenough, »Die politische Philosophie des hellenistischen Königtums«, in: H. Kloft (Hrsg.), *Ideologie und Herrschaft in der Antike*, WdF 528, Darmstadt 1979, 27-89.

391 In seinem Dialog *Politikos* entwickelt Platon seine Lehre von der Unangemessenheit schriftlich fixierter Gesetze in bezug auf die vielförmige und in ständigem Fluß begriffene Welt der menschlichen Dinge, denen niemals die tote Schrift, sondern nur die im »weisen Herrscher« verkörperte Gerechtigkeit entsprechen könne. Zu dieser Unterscheidung von (schriftlichem, »exkarniertem«) Recht und (idealer bzw. »inkarnierter«) Gerechtigkeit vgl. J. Derrida, *Gesetzeskraft. Der ›mystische Grund‹ der Autorität,* Frankfurt 1991.

392 H. Altenmüller, »Hu«, in: *Lexikon der Ägyptologie* III, 1977, 65-68; J. Zandee, »Das Schöpferwort im Alten Ägypten«, in: *Verbum. Essays on some aspects of the religious function of words dedicated to Dr. H. W. Obbink,* Leiden 1964, 33 ff.

393 Wilson, »Authority and Law in Ancient Egypt«, in: *Authority and Law in the Ancient Orient,* Suppl. JAOS 17, Baltimore 1954, 1-7; E. Otto, »Prolegomena zur Frage der Gesetzgebung und Rechtsprechung in Ägypten«, in: *Mitt. Dt. Archäol. Inst. Kairo* 14 (1956), 150-159, bes. 152. J. Weitzel vertritt die These, daß Recht überhaupt nur im Konfliktfall verschriftlicht wurde. »Die Notwendigkeit zur Objektivierung des Rechts im Wort erwächst dabei grundsätzlich erst aus dem Rechtskonflikt und der Unklarheit über das Recht. Außerhalb dieser punktuell bleibenden Objektivierungen ist das schriftlose Recht oft noch in der Selbstverständlichkeit des Gemeinschaftsbewußtseins verborgen« (*Schriftlichkeit und Recht,* 611), bzw., wie wir hinzusetzen möchten, gilt als im König inkarniert.

394 D. Lorton, »The Treatment of Criminals in Ancient Egypt«, in: *Journal of the Econ. Hist. of the Orient* 20, 1977, 2-64; E. Blumenthal, *Untersuchungen zum ägyptischen Königtum des Mittleren Reichs* I, *Die Phraseologie,* Berlin 1970, 154; D. Meeks, *Le grand texte des donations au temple d'Edfou,* Kairo 1972, 125 f.

395 Trotz J. M. Kruchten, *Le décret d'Horemheb,* Brüssel 1981, 214-223; Lorton, »Treatment of Criminals«, 53 ff.; A. Théodoridès, »A propos de la loi en Égypte pharaonique«, in: *Révue internationale des droits de l'Antiquité* (RIDA) 14, 1967, 107-152. Überzeugend: G. P. F. v. d. Boorn, *The Duties of the Vizier. Civil Administration in the Early New Kingdom,* London/New York 1988, 167 f.

396 R. Tanner, »Zur Rechtsideologie im pharaonischen Ägypten«, *Forschungen und Fortschritte* 41, 1967, 247-250; Sch. Allam, *Das Verfahrensrecht in der altägyptischen Arbeitersiedlung von Deir el-Medineh,* Tübingen 1973, 37 f.; Otto, »Prolegomena«, 150 f.; Lorton, »The king and the Law«; W. Boochs, »Zur Bedeutung der hpw«; A. G. McDowell, *Jurisdiction in the Workmens Community of Deir el Medina,* Leiden 1990, 235 f., hat darauf aufmerksam gemacht, daß an vielen Stellen, wo in den Texten von »Pharao« die Rede ist, die Regierung, der Staat, die staatlichen Autoritäten, die offiziellen Stellen u. ä. gemeint sind. Dort findet sich auch auf S. 261-271 die neueste Bibliographie zum Thema des Rechts im alten Ägypten.

397 Das ägypt. Wort *hp* bezeichnet das einzelne Gesetz im Sinne einer Bestimmung mit spezifischer Strafandrohung. Das Element der Strafe wird als so entscheidend empfunden, daß die Wendung *jrj hp r,* »das Gesetz an jmdn. vollziehen«, bedeutet: jmdn. bestrafen.

398 H. Brunner, *Altägyptische Erziehung,* Wiesbaden 1957; ders., *Altägyptische Weisheit. Lehren für das Leben,* Zürich und München 1988; H. H. Schmid, *Gerechtig-*

keit als Weltordnung. Hintergrund und Geschichte des alttestamentlichen Gerechtigkeitsbegriffs, Bh. ZAW 101, Berlin 1968; Verf., Maât, l'Égypte pharaonique et l'idée de justice sociale. Conférences, essais et leçons du Collège de France, Paris 1989.; Ma'at.; »Weisheit, Schrift und Literatur im alten Ägypten«, in: A. Assmann (Hrsg.), Weisheit, München 1991, 475-500; »Sagesse et écriture dans l'Ancienne Égypte«, in: G. Gadoffre (Hrsg.), Les sagesses du monde, Paris 1991, 43-58; E. Brunner-Traut, »Wohltätigkeit und Armenfürsorge im Alten Ägypten«, in: G. K. Schäfer, Th. Strohm (Hrsg.), Diakonie – biblische Grundlagen und Orientierungen, Veröff. des Diakoniewissenschaftlichen Instituts der Universität Heidelberg 2, Heidelberg 1990, 23-43.

399 Zu diesem Begriff von R. Redfield und seiner Anwendbarkeit auf Ägypten vgl. Verf., Ma'at, 40-57; vgl. auch meinen Beitrag »Große Texte ohne eine Große Tradition. Ägypten als vorachsenzeitliche Kultur«, in: S. N. Eisenstadt (Hrsg.), Kulturen der Achsenzeit. Ihre institutionelle und kulturelle Dynamik, 3 Bde., Frankfurt 1992, Teil 3, 245-280 (verfaßt 1985).

400 Für eine gute Sammlung ausgewählter Texte dieser Tradition in neuen Übersetzungen vgl. O. Kaiser (Hrsg.), Texte aus der Umwelt des Alten Testaments III, Weisheitstexte, Mythen und Epen, Gütersloh 1990 ff.; W. H. Ph. Römer, W. v. Soden (Hrsg.), Weisheitstexte I (Mesopotamien) und G. Burkard et alii, Weisheitstexte II (Ägypten).

401 Ptahhotep 90 (pPrisse 6.5): »Bestraft wird, wer ihre (scil. der Ma'at) Gesetze mißachtet« (Burkard, Weisheitstexte II, 200).

402 Ma'at, Kap. 3 und 9; Das kulturelle Gedächtnis, 232 ff.; s. oben, S. 63 ff.

403 Vgl. H. Kelsen, Vergeltung und Kausalität, Den Haag 1947.

404 Vgl. Verf., »Der ›leidende Gerechte‹ im alten Ägypten. Zum Konfliktpotential der altägyptischen Religion«, in: C. Elsas, H. G. Kippenberg (Hrsg.), Loyalitätskonflikte in der Religionsgeschichte (Fs. C. Colpe), Würzburg 1990, 203-224.

405 Vgl. hierzu Verf., »Das Bild des Vaters im alten Ägypten«, in: Stein und Zeit, 96-137.

406 Vgl. Verf., »Schrift, Tod und Identität«, in: Stein und Zeit, 169-199; R. B. Parkinson, Voices from Ancient Egypt. An Anthology of Middle Kingdom Writings, London 1991.

407 Urk I 198 f.; A. Roccati, La littérature historique sous l'Ancien Empire Égyptien, Paris 1982, § 120; Miriam Lichtheim, Moral Values in Ancient Egypt, OBO 155, Freuburg/Schweiz 1997, 12.

408 Die Inschriften des Gaufürsten Ankhtifi von Mo‹alla geben diesem neuen Selbstbild den schärfsten Ausdruck:

»Ich bin der Anfang und das Ende der Menschen,
denn ein mir Gleicher ist nicht entstanden
und wird niemals entstehen;
ein mir Gleicher ist nicht geboren
und wird niemals geboren werden.
Ich habe die Taten der Vorfahren übertroffen
und keiner nach mir wird erreichen, was ich getan habe
in diesen Millionen Jahren.«

Vgl. hierzu Verf., *Ma'at*, 271 f.

409 Zum Königsbild des Mittleren Reichs s. S. 117 ff.

410 Vgl. zu diesem Begriff Andreas Poltermann (Hrsg.), *Literaturkanon – Medienereignis – Kultureller Text. Formen interkultureller Kommunikation und Übersetzung*, Berlin 1995. C. Geertz versteht unter »kulturellen Texten« nicht nur schriftliche Texte, sondern auch strukturierte und wiederholbare Aufführungen wie z. B. den Hahnenkampf auf Bali, vgl. *Dichte Beschreibung*, Frankfurt 1983, 258. Der kulturelle Text ist ein semiotisches Ensemble, dessen wiederholte Aktualisierung als Lektüre, Rezitation, Aufführung usw. normative und formative Einflüsse auf die Identität der Teilnehmer ausübt.

411 Zur Äquivalenz von ägypt. *sb3jjt* und hebr. *musar* s. R. N. Whybray, *Wisdom in Proverbs*, London 1965, 62.

412 Zum Totengericht vgl. jetzt die vergleichende Studie von J. Gw. Griffiths, *The Divine Verdict. A Study of Divine Judgment in the Ancient Religions*, Leiden 1991. Zur ägyptischen Totengerichtsidee S. 201-240.

413 S. oben, S. 161 und Anm. 347.

414 Vgl. *Ma'at*, Kap. 5.

415 S. Erik Hornung, *Das Totenbuch der Ägypter*, Zürich 1979, 233-245.

416 Vgl. hierzu vor allem William Warburton, *The divine legation of Moses demonstrated on the principles of a religious deist, from the omission of the doctrine of a future state of reward and punishment in the Jewish dispensation*, London 1738-1741; 2. Aufl. London 1778.

417 Zum ägyptischen Frondienst- oder »Leiturgie«staat (von leitourgia, »öffentliche Leistung, Dienst«) vgl. Max Weber, »Agrargeschichte des Altertums«, in: *Handwörterbuch der Staatswissenschaften*, Jena, 3. Aufl. 1909, 80-90, der genau wie später Wittfogel die Bedeutung des Wasserbaus stark überschätzt. Nicht die Anlage und Pflege eines hochkomplizierten Bewässerungssystems, sondern das Funktionieren eines nicht minder komplexen wirtschaftlichen Distributionssystems ist entscheidend für die Wohlfahrt des Landes. Weil die Versorgung nicht über lokale Märkte, sondern zentral über Abgaben und Redistribution sichergestellt wird – genau wie die biblische Josefsgeschichte es darstellt –, führen Zusammenbrüche im Speicher- und Verteilersystem unweigerlich zu Versorgungskrisen. Der Staat schafft also gewissermaßen durch die Zentralisierung der Versorgung erst die Probleme, für deren Lösung er antritt. Zur ägyptischen Wirtschaft vgl. R. Müller-Wollermann, »Warenaustausch im Ägypten des Alten Reichs«, in: *Journal of the Economic and Social History of the Orient* 28, 1985, 121-168; J. Janssen, »Gift-Giving in Ancient Egypt as an Economic Feature«, in: *Journal of Egyptian Archaeology* 68, 1982, 253-258. Vgl. allgemein K. Polanyi, C. M. Arensberg, H. W. Pearson, (Hrsg.), *Trade and Market in the Early Empires*, Glencoe/Illinois 1957; K. Polanyi, *Primitive, Archaic and Modern Economies*, New York 1968; ders., *Ökonomie und Gesellschaft*, Frankfurt 1979.

418 Mit diesen beiden Begriffen läßt sich die Bedeutung des ägyptischen Konzepts Ma'at umreißen, vgl. mein Buch *Ma'at*.

419 K. A. Wittfogel, *Die orientalische Despotie. Eine vergleichende Untersuchung totaler Macht*, Frankfurt/Berlin/Wien 1977 (Orig. 1957).

420 Christian Meier, *Die Anfänge des politischen Denkens bei den Griechen*, Frankfurt 1980; vgl. auch K. Raaflaub, »Die Anfänge des politischen Denkens bei den Griechen«, in: *Historische Zeitschrift* 248, 1989, 1-32.

421 F. Crüsemann, *Der Widerstand gegen das Königtum. Die antiköniglichen Texte des Alten Testaments und der Kampf um den frühen israelitischen Staat*, WMANT 49, 1978; N. K. Gottwald, *The Tribes of Yahweh. A Sociology of the Religion of Liberated Israel 1250-1050 B. C.*, Maryknoll 1979.

422 N. Lohfink, »Der Begriff des Gottesreichs vom Alten Testament her gesehen«, in: J. Schreiner (Hrsg.), *Unterwegs zur Kirche. Alttestamentliche Konzeptionen*, QD 110, 1987, 33-86. Zum Begriff der »regulierten Anarchie« vgl. Chr. Sigrist, *Regulierte Anarchie. Untersuchungen zum Fehlen und zur Entstehung politischer Herrschaft in segmentären Gesellschaften Afrikas*, Olten–Freiburg/Br. 1967.

423 Vgl. hierzu Verf., *Das kulturelle Gedächtnis. Schrift, Erinnerung und kulturelle Identität in frühen Hochkulturen*, München 1992, Kap. 5.

424 E. Brunner-Traut, *Frühformen des Erkennens: am Beispiel Altägyptens*, Darmstadt 1990, 82 ff.

425 Dies., »Wohltätigkeit und Armenfürsorge im Alten Ägypten«, in: G. K. Schäfer, Th. Strohm (Hrsg.), *Diakonie – biblische Grundlagen und Orientierungen*, Veröff. des Diakoniewissenschaftlichen Instituts der Universität Heidelberg 2, Heidelberg 1990, 23-43 (Zitat: S. 25).

426 Dies., »Wohltätigkeit«, S. 26.

427 Vgl. hierzu Verf., Bernd Janowski, Michael Welker (Hrsg.): *Gerechtigkeit. Richten und Retten in der abendländischen Tradition und ihren altorientalischen Ursprüngen*, München 1998.

428 H. Kelsen, *Vergeltung und Kausalität*, Den Haag 1942.

429 Verf., *Ma'at*, 60 ff.

430 H. H. Schmid, *Gerechtigkeit als Weltordnung. Hintergrund und Geschichte des alttestamentlichen Gerechtigkeitsbegriffs*, Bh. ZAW 101, Berlin 1968.

431 H. Brunner, *Altägyptische Erziehung*, Wiesbaden 1957; ders., »Altägyptische Weisheit«; Verf., »Weisheit, Schrift und Literatur im Alten Ägypten«, in: A. Assmann (Hrsg.), *Weisheit*, München 1991, 475-500.

432 Vgl. für Afrika: Theo Sundermeier, *Nur gemeinsam können wir leben. Das Menschenbild schwarzafrikanischer Religionen*, Gütersloh 1988.

433 A. de Buck, *The Egyptian Coffin Texts*, Bd. VII, Chicago 1961, 463f–464c; W. Schenkel, »Soziale Gleichheit, soziale Ungleichheit und die altägyptische Religion«, in: G. Kehrer (Hrsg.), *Vor Gott sind alle gleich. Soziale Gleichheit, soziale Ungleichheit und die Religionen*, Düsseldorf 1983, 26-41; Verf., *Ma'at*, 215 ff.

434 Auf die Parallelen zu den politischen Theorien von Th. Hobbes und C. Schmitt bin ich in *Ma'at*, 215 ff., kurz eingegangen sowie oben, S. 36 f., 80 f., 106 f.

435 *Lehre für Merikare* P 61 f. nach Schenkel, a.a.O., 36.

436 R. O. Faulkner, »The Installation of the Vizier«, in: *Journal of Egyptian Archaeology* 41, 1955, 18-26, vgl. fig. 2, Zeile 2-3 (Text), 22 Mitte (Übersetzung).

437 CT VII 466e-467d. Vgl. auch Ps 35,10: »Du entreißt den Schwachen dem, der stärker ist, den Schwachen und Armen dem, der ihn ausraubt« (vgl. Verse 23 f.). Ähnlich im Pap. Kairo 58038 IV,5 = *ÄHG* Nr. 87 C 71 f.; vgl. Verf., *Re und Amun*, 176; Pap. Leiden I 344 vso V.2 ed. Zandee, 387: »Der den Schwachen errettet vor dem Gewalttätigen, der das Kind aufzieht, das keine Eltern hat«.

438 S. oben, S. 105.

439 *Urk* IV, 1092.14; Faulkner, a.a.O., fig. 2, unten, S. 23, oben.

440 Hierauf gehe ich in *Ma'at*, 213 ff.; 251 f. näher ein.

441 Vgl. hierzu Verf., *Stein und Zeit*, 259-287; ders., »Weisheit, Schrift und Literatur«, 485-487.

442 pBerlin 3024, 103-130; H. Goedicke, *The Report about the Dispute of a Man with his Ba*, Baltimore 1970, 155-172; W. Barta, *Das Gespräch eines Mannes mit seinem Ba*, Münchner Ägyptologische Studien 18, 1969, 16-18, 26-27; Verf., *Ma'at*, 82 ff.

443 Vgl. hierzu besonders die *Klagen des Chacheperreseneb*, Vso 3-5: M. Lichtheim, *Ancient Egyptian Literature* I, Berkeley 1973, 147; *Ma'at*, 84. Allgemein hierzu: A. u. J. Assmann, »Kultur und Konflikt. Aspekte einer Theorie des unkommunikativen Handelns«, in: Verf., D. Harth (Hrsg.), *Kultur und Konflikt*, Frankfurt 1990, 11-48.

444 pPetersburg 116B, 48-50; W. Helck, *Die Prophezeiungen des Neferti* (Kleine Ägyptische Texte, Wiesbaden 1970), 39-42; Verf., *Ma'at*, 84 f.

445 G. Steiner, *In Blaubarts Burg. Anmerkungen zur Neudefinition der Kultur*, Frankfurt 1972, 123 ff.

446 Vgl. hierzu J. v. d. Driesch, *Geschichte der Wohltätigkeit*, Bd. I: *Die Wohltätigkeit im alten Ägypten*, Paderborn 1959; Verf., *Ma'at*; E. Brunner-Traut, »Wohltätigkeit und Armenfürsorge«; V. Herrmann, *Motivation des Helfens* (Anm. 472).

447 K. Sethe, *Urkunden des Alten Reichs*, Leipzig 1933 (im folgenden zit. als *Urk* I), 50, ähnl. 69 f., 71 f. u. ö., nach *Ma'at*, 97.

448 *Urk* I, 50, nach *Ma'at*, 98. Einige weitere Beispiele: »Jeder, der dies (Grab) für mich gebaut hat, war niemals unzufrieden« (*Urk* I, 23); »Was alle Handwerker angeht, so habe ich sie zufriedengestellt, nachdem sie dieses (Grab) geschaffen hatten, so daß sie meinetwegen Gott priesen. Eine Freude war ihnen die Arbeit und es verdroß sie nicht, auch hart zu arbeiten, weil sie Gott deshalb für mich priesen« (*Urk* I, 69 ff.). Vgl auch A. Roccati, *La littérature historique sous l'Ancien Empire Égyptien*, Paris 1982, § 142. Zur Entlohnung der Handwerker s. a. R. Müller-Wollermann, »Warenaustausch«, 142-145.

449 *Urk* I, 203 f., nach Roccati, a.a.O., § 119. Vgl. auch die Inschriften des Ichechi, Roccati, a.a.O., § 156 sowie die oben, S. 191 zitierte Inschrift des Scheschi, *Urk* I, 198 f.; Roccati, a.a.O., § 120.

450 F. Ch. Fensham, »Widow, Orphan, and the Poor in Ancient Near Eastern Legal and Wisdom Literature«, in: *Journal of Near Eastern Studies* 21, 1962, 129-139; H. K. Havice, *The Concern for the Widow and the Fatherless in the Ancient Near East. A Case Study in O. T. Ethics* (Ph.D. thesis, Yale University 1978); *Ma'at*, 245.

451 K. Sethe, *Urkunden der 18. Dynastie*, Graz 1961 (*Urk* IV), 1077 f., nach *Ma'at*, 103 f.

452 TT 106, Text 42 (Edition durch das Heidelberger Ramessidenprojekt in Vorbereitung), nach *Ma'at*, 104.
453 B. Ockinga, Yahya el-Masri, *Two Ramesside Tombs at El Mashayikh* I, Sydney 1988, 36-42, Tf. 25-29, nach *Ma'at*, 104-106.
454 Vgl. hierzu den Sammelband *Gerechtigkeit* (Anm. 84).
455 Zu den Verzichtgesetzen königlicher Erlasse s. D. Charpin, »Les décrets royaux à l'époque Paléo-Babylonienne«, in: *Archiv für Orientforschung* 34, 1987, 36-44; M. Weinfeld, »Sabbatical Year and Jubilee in the Pentateuchal Laws and their ancient Near Eastern Background«, in: T. Veijola (Hrsg.), *The Law in the Bible and in its Environment*, Göttingen 1990, 39-62.
456 Vgl. die Literatur in Anm. 80.
457 Amenemope 13 s. I. Grumach, *Untersuchungen zur Lebenslehre des Amenope*, Münchner ägyptologische Studien, 100-103.
458 E. Otto, *Die biographischen Inschriften der ägyptischen Spätzeit*, Leiden 1954, 89.
459 Otto, ibd.
460 Siut V.11 nach W. Schenkel, *Memphis – Herakleopolis – Theben. Die epigraphischen Zeugnisse der 7.-11. Dynastie Ägyptens*, Äg. Abh. 12, Wiesbaden 1965, 72.
461 S. hierzu Verf., »Translating Gods. Religion as a factor of cultural (in)translatability«, in: S. Budick, W. Iser (Hrsg.) *Translatability of Cultures. Figurations of the Space Between*, Stanford 1996, 25-36, sowie *Moses der Ägypter*, 73-82.
462 Emil Wilhelm Mühlmann, *Ethnogonie und Ethnogenese. Theoretisch-ethnologische und ideologiekritische Studie*, in: Studien zur Ethnogenese (Abh. d. Rheinisch-Westfälischen Akad. d. Wiss. 72), Opladen 1985, 19.
463 S. hierzu Georges Devereux, »Antagonistic Acculturation«, in: *American sociological Review* 7, 1943, 133-147. Bei I. Eibl-Eibesfeldt, *Krieg und Frieden aus der Sicht der Verhaltensforschung*, München 1975, wird zwischen Fremdheit und Feindschaft nicht unterschieden. Die Faktoren der Gruppenbindung nach innen (»Liebe«) erzeugen nach außen nicht nur Fremdheit, sondern Feindschaft (»Haß«). Ohne Haß nach außen gewinnt eine Gruppe keinen inneren Zusammenhalt. Ich halte diese Konstruktion, die stark an C. Schmitt und seine über die Freund/Feind-Unterscheidung gewonnene Begriffsbestimmung des »Politischen« erinnert, für reduktionistisch. Feindschaft ist ein Sonderfall von Fremdheit, und Fremdheit ist immer im Zusammenhang mit »Übersetzung« zu sehen.
464 Dieses Phänomen gehört in den Zusammenhang einer »Theorie des unkommunikativen Handelns«, vgl. A. u. J. Assmann, »Kultur und Konflikt. Aspekte einer Theorie des unkommunikativen Handelns«, in: J. A., D. Harth (Hrsg.), *Kultur und Konflikt*, Frankfurt 1990, 11-48.
465 Vgl. E. H. Erikson, »Ontogeny of Ritualization in Man«, in: *Philosoph. Trans. Royal Soc.*, 251 B, 337-349.
466 P. Pelto, »The difference between ›tight‹ and ›loose‹ societies«, in: *Transaction*, April 1968, 37-40; vgl. J.W. Berry, »Nomadic Style and Cognitive Style«, in: H. M. McGurk (Hrsg.), *Ecological Factors in Human Development*, Amsterdam–New York–Oxford 1977, 228-245.

467 pBerlin 3024, 115 f. ed. A. Erman, *Das Gespräch eines Lebensmüden mit seiner Seele*, Berlin 1896. Zahlreiche neue Übersetzungen, vgl. E. Hornung, *Gesänge vom Nil*, Zürich 1990, S. 115.

468 Vgl. hierzu A. D. Smith, *The Ethnic Origins of Nations*, Oxford 1986; B. Anderson, *Imagined Communities: Reflections on the origin and spread of nationalism*, London 1983.

469 Herodot VIII, 144; vgl. M. Finley, »The Ancient Greeks and their Nation«, in: *The Use and Abuse of History*, London 1975, 120-133.

470 Vgl. J. Osing, »Ächtungstexte«, in: *Lexikon der Ägyptologie* I, 1973, 1074 f.

471 pAnastasi I 28,6; vgl. Hans-Werner Fischer-Elfert, *Die satirische Streitschrift des Papyrus Anastasi I*, Äg. Abh. 44, Wiesbaden 1986, 238, 242 (q).

472 S. hierzu Kap. 9 sowie J. v. d. Driesch, *Geschichte der Wohltätigkeit*, Bd. I: *Die Wohltätigkeit im alten Ägypten*, Paderborn 1959; Verf., Ma'at. *Gerechtigkeit und Unsterblichkeit im Alten Ägypten*, München 1990; E. Brunner-Traut, »Wohltätigkeit und Armenfürsorge im Alten Ägypten«, in: G. K. Schäfer, Th. Strohm (Hrsg.), *Diakonie – biblische Grundlagen und Orientierungen*, Veröff. des Diakoniewissenschaftlichen Instituts der Universität Heidelberg 2, Heidelberg 1990, 23-43.

473 Vgl. K. R. Weeks, *The Anatomical Knowledge of the Ancient Egyptians and the Representation of the Human Figure in Egyptian Art*, Diss. Yale 1970.

474 Herodot II,4; Gen 43,32. Helck, LÄ II, 311 hält das für allgemeine Regel, nicht erst spätägyptische Entwicklung.

475 Piye-Stele § 26, ed. N. C. Grimal, *La stèle triomphale de Pi(ʿankh)y au Musée du Caire*, Kairo 1981, 176-179. Vgl. Plutarch, *De Iside*, cap. 32.

476 Ch. Kuentz, »La stèle du mariage« de Ramses II«, in: *Annales du Service des Antiquités* 25, 1925, 181-238, hier 218.

477 »The hardships of a soldier's life«: pAnastasi III,5.5-62 = pAnastasi IV, 9.4-101; vgl. pChester Beatty IV vso. 5.6-6.1; V, rto., 7.4-7; oDer el Medine 1030, s. R. A. Caminos, *Ancient Egyptian Miscellanies*, Oxford 1954, 91-95. Das Thema der asiatischen Landschaft kommt bereits in der Lehre für Merikare (E 91-94) vor, s. F. J. Quack, *Studien zur Lehre des Merikare*, GOF 23, Wiesbaden 1992, 55 f., ferner P. Seibert, *Die Charakteristik, Untersuchungen zu einer altägyptischen Sprechsitte und ihren Ausprägungen in Folklore und Literatur*, Äg. Abh. 20, 1967, 87-94; A. Loprieno, *Topos und Mimesis. Zum Ausländer in der ägyptischen Literatur*, Äg. Abh. 48, 1988, 22-24.

478 Vgl. D. Valbelle, *Les neuf arcs. L'Égyptien et les étrangers de la préhistoire à la conquête d'Alexandre*, Paris 1990, 47 f.

479 K. Sethe, *Die Ächtung feindlicher Fürsten, Völker und Dinge auf altägyptischen Tongefäßscherben des Mittleren Reichs*, APAW, Berlin 1926, 5. Der Mirgissa-Fund ist noch unpubliziert, vgl. G. Posener, in: *Syria* 43, 277-87. Holzfigürchen aus Abusir und Giza, s. G. Posener, *Cinc Figurines d'envoûtement*, Kairo 1987, 2, Anm. 1 und 2. A. M. Abu Bakr, J. Osing, »Ächtungstexte aus dem Alten Reich«, in: *MDAIK* 29, 1973, 97-133; J. Osing, »Ächtungstexte aus dem Alten Reich (II)«, in: *MDAIK* 32, 1976, 133-185.

480 Vgl. hierzu oben, S. 44 f.

481 *Urk* IV, 965-6.

482 Paradigmatisch für diese Einstellung ist der Bericht des Sabni, der sich in den Inschriften seines Grabes rühmt, den Leichnam seines Vaters Mehu unter großen Gefahren aus dem Ausland heimgeführt und bestattet zu haben (*Urk* I, 134, 13 ff.; 135,14 ff.). Vgl. Roccati, *La littérature historique sous l'ancien Empire Egyptien*, Paris 1982, § 205, S. 217 f.

483 Hornung möchte diesen Satz verstehen als »in der Erde, aus der ich wiedergeboren werden möchte«; aber dieses Verständnis erscheint mir im Licht der Parallelstellen, besonders aus dem Mythos vom Sonnenauge, nicht besonders naheliegend. Außerdem hat das Pseudopartizip keinen finalen Sinn. In der Sache geht es aber natürlich um Wiedergeburt und Erneuerung. Indem sich durch das Begräbnis im Heimatort die Lebenslinie gewissermaßen zur Kreisbahn rundet, wird der Eingang in die Zyklizität der kosmischen »Erneuerungszeit« ermöglicht. Der Wunsch nach Begräbnis am Geburtsort läßt sich inschriftlich zum ersten Mal in der 6. Dynastie belegen. Djau aus Abydos erklärt in seiner Grabinschrift: »Ich habe mir ›dieses‹ (sc. Grab) im Gau von Abydos angelegt (...) aus Liebe zu dem Gau, in dem ich geboren wurde von der königlichen Haremsdame Nebet für meinen Vater, den Fürsten und Gottesgeliebten Chui« (*Urk* I, 118 f.).

Vieles spricht dafür, daß dieses Bekenntnis zur Verwurzelung im eigenen Lebensraum einem sich erst im Laufe des späteren AR ausbildenden Lebensgefühl entspringt, daß sich dann in der Ersten Zwischenzeit und im Mittleren Reich zur beherrschenden Mentalität entwickelt. Vgl. hierzu die brillanten Beobachtungen und Interpretationen von S. Seidlmayer, *Gräberfelder aus dem Übergang vom Alten zum Mittleren Reich*, SAGA 1, Heidelberg 1990, 398-412.

484 Pap. Leiden I 384, 5,14-21: F. de Cenival, *Le mythe de l'oeil du soleil. Translittération et traduction avec commentaire philologique*, Demotische Studien 9, Sommerhausen 1988, 12 f.; E. Brunner-Traut, *Altägyptische Märchen*, Düsseldorf [8]1989, 155 ff. Nr. 17, 314 f. Demotische Paralleltexte: pTebt. Tait 8 und pLille o. N.: M. Smith, »Sonnenauge«, in: LÄ V, 1984, 1982-87.

485 A.a.O. Vgl. auch *Stundenwachen*, ed. H. Junker, *Die Stundenwachen in den Osirismysterien*, Wien 1910, 87, Spruch zur Libation in der 3. Nachtstunde:
»Es geschah, daß der Gott zu seinen beiden Ländern eilte,
zum Urort an dem er geboren wurde
an dem er entstand aus Re
D. h. jeder Gott, wenn ihr Alter eintritt (...)
dann gehen sie zu den Ländern, in denen sie geboren wurden,
dem Urland in dem sie aus Re entstanden sind,
wo sie lebten, klein waren
und zu Jünglingen wurden.«

486 Nur Residenz und Königsnähe können u. U. eine noch stärkere Zugehörigkeit fundieren, einen noch stärkeren Identitätsfokus bilden. Wahrscheinlich stammen aber 95 Prozent der im Residenzfriedhof Begrabenen tatsächlich aus der Residenz.

487 »Enseignement Loyaliste« § 6,3-4 ed. G. Posener, *L'enseignement loyaliste. Sagesse égyptienne du Moyen Empire*, Genf 1976, 29 ff., 93.

488 Ibd., § 7,1-5 ed. G. Posener, *L'enseignement loyaliste. Sagesse égyptienne du Moyen Empire*, Genf 1976, 32 f., 97-99.

489 G. Posener, »L'Anachoresis dans l'Égypte pharaonique«, in: J. Bingen et al. (Hrsg.), *Le monde grec. Hommages à Claire Préaux*, Brüssel o. J., 663-669.

490 S. Anm. 417.

491 Vgl. Verf., *Ägypten. Theologie und Frömmigkeit einer frühen Hochkultur*, Stuttgart 1984, 28.

492 pInsinger 28,4; M. Lichtheim, *Ancient Egyptian Literature* III, Berkeley 1980) 207; dies., *Egyptian Wisdom Literature in the International Context. A Study of Demotic Instructions*, OBO 52, 1983, 162 f.

493 pCh. Beatty IV rto 8,6-7. Vgl. ibd., 7,4: »dein Lohn ist ein schönes Begräbnis für den Sänger, der dich preist, auf daß er heraustrete ins Diesseits als vollendeter Ba, um den Herrn der Götter zu preisen«.

494 CGC 42 231 ed. Jansen. Winkeln, *Ägyptische Biographien der 22. und 23. Dynastie*, Wiesbaden 1985, I, 194; II, 543.

495 Vgl. die entsprechenden Loblieder auf Städte: Abydos, Theben, Memphis, wie ich sie in *Ägypten – Theologie und Frömmigkeit*, 28-35 zusammengestellt habe.

496 TT 409: *ÄHG* Nr. 173, 25 f.

497 Hymnus Ramses' III. auf Amun-Re: *ÄHG* Nr. 196, 47 f.

498 Sinuhe B 117-123, ed. R. Koch, *Sinuhe*, Brüssel 1990, 48. Sinuhe äußert diese Sätze, nachdem er von einem »Starken« zum Zweikampf herausgefordert wurde.

499 pMoskau 127, 3, 7-9 ed. Caminos, *A Tale of Woe*, Oxford 1977, 38-40, pl. 8. Für das dem einsamen Wanderer entgegengebrachte Mißtrauen verweist Caminos auf die Bemerkungen von W. Ward, *Orientalia* N.S. 31, 1962, 405 f.

500 Anch-Scheschonqi 21.24-25 s. S.R.K Glanville, *Catalogue of Demotic Papyri in the British Museum*, vol. 2: *The Instruction of ʿOnkhsheshonqy*, London 1955, 49 cf. p. 43.

501 pInsinger 25,16, vgl. F. de Cenival, »Individualisme et désenchantement, une tradition de la pensée égyptienne«, in: U. Verhoeven, E. Graefe (Hrsg.), *Religion und Philosophie im alten Ägypten* (Fs. Ph. Derchain), Leuven 1991, 79-91. Die Lehre des Anch-Scheschonqi verwendet im gleichen Zusammenhang statt »Herz« ein Wort für »Charakter«: »Der Charakter eines Mannes ist seine Familie« (Anch-Scheschonqi 11.11); »Für einen Mann, der keine Stadt hat, ist sein Charakter seine Familie (Anch-Scheschonqi 18.13); »Wenn du dich in einer Stadt aufhältst, in der du niemand kennst, ist dein Charakter deine Familie« (Anch-Scheschonqi 21.25).

502 pLeningrad 1115, 133 f.

503 Lehre des Ani III.13-17, nach H. Brunner, *Altägyptische Weisheit*, Zürich 1988, 200 f.

504 Diese Quellen findet man bequem zusammengestellt in der mehrbändigen Ausgabe von M. Stern, *Greek and Latin Authors on Jews and Judaism*, Jerusalem 1976 ff.

505 Erhalten bei Diodor, *Bibliotheca Historica* 40,3,1-3 = vgl. auch Stern, *Greek and Latin Authors*, Nr. 11.

506 pSallier I, 1.2-3. H. Goedicke, *The Quarrel of Apophis and Seqenenre*, San Antonio 1986, 10 f.

507 G. Posener, *La première domination Perse en Égypte*, Kairo 1936, 14 ff. Für eine Parallele verweist Posener auf die Statue des Djedhor, *Annales du Service des Antiquités* 18, 1918, 145.

508 Z. B. E. Jelinkova-Reymond, *Les inscriptions de la staue guerisseuse de Djedher-le-Sauveur*, BdE 23, 1956, 102 f. und Petosiris, G. Lefebvre, *Le tombeau de Pétosiris II, Les inscriptions*, Kairo 1924, 137.

509 Auf dem Naos von El-Arish wird in der Sprache des Mythos von einem verheerenden Einfall der »Söhne des Apophis« und ihrer Horden erzählt, die sich vor allem als Tempelschänder und Tabuverletzer aufführen.

510 Vgl. hierzu J. Yoyotte, »L'Égypte ancienne et les origines de l'antijudaisme«, in: *Revue Hist. Rel.* 163, 1963, 133-143.

511 Brief des Aristeas, 139 und 142, nach G. Delling, *Die Bewältigung der Diasporasituation durch das hellenistische Judentum*, Berlin 1987, 9.

512 pSalt 825, VII.5: »der Asiat soll nicht dahin eintreten und soll es nicht sehen«. Ph. Derchain, *Le papyrus Salt 825 (B. M. 10051), rituel pour la conservation de la vie en Egypte*, Mémoires de l'académie Royale de Belgique, Classe des Lettres 58, fasc. 1 a/b, Brüssel 1965 vol. I, 168 n. 83, weist hin auf: Chassinat, *Denderah* 5,54,6-8; 60, 10-61, 2: 97,4. Sauneron, *Bull. Inst. Fr. d'Arch. Or.* 60, 111 n. 4; *Analecta Biblica* 12, 1957, 157. Herodot 2, 41. Corpus Hermeticum, Traktat Asclepius 24; Traktat XVI, 2. Morenz, *Ägyptische Religion*, Stuttgart 1960, 56. Stricker, *Brief van Aristeas*, 36-43.

513 Wolfgang Waitkus, *Die Texte in den unteren Krypten des Hathortempels von Dendera*, Münchner Ägyptologische Studien 47, Mainz 1997, 87.

514 Auf der Pithomstele berichtet Ptolemaios II. von der Rückführung der von den als Religionsfrevler dargestellten Persern verschleppten Götterbilder.

515 Garth Fowden, *The Egyptian Hermes. A historical approach to the late pagan mind*, Cambridge 1986, 14, Anm. 7.

516 S. Freud, *Der Mann Moses und die monotheistische Religion, Gesammelte Werke* XVI, hrsg. v. Anna Freud (1939; Frankfurt, Fischer, 1968) = Bibliothek Suhrkamp 132 (Frankfurt, 1964, im folgenden abgekürzt als *Der Mann Moses*) = *Kulturtheoretische Schriften*, Frankfurt 1974. S. dazu Emanuel Rice, *Freud and Moses. The Long Journey Home*, NYU Press, New York 1990; Ilse Grubrich-Simitis, *Freuds Moses-Studie als Tagtraum*, Weinheim 1991; Bluma Goldstein, *Reinscribing Moses. Heine, Kafka, Freud, and Schoenberg in a European Wilderness*, Cambridge, Mass., 1992; Yosef Hayim Yerushalmi, *Freud's Moses. Judaism terminable and interminable*, Yale UP, New Haven 1991; Jacques Derrida, *Mal d'Archive*, Paris 1995; Jan Assmann, *Moses the Egyptian. The Memory of Egypt in Western Monotheism*, Harvard UP, Cambridge Mass., 1997; Richard J. Bernstein, *Freud and the Legacy of Moses*, Cambridge University Press, Cambridge 1998; *Sechzig Jahre Der Mann Moses. Zur Religionskritik von Sigmund Freud, Wege zum Menschen*. Monatsschrift für Seelsorge und Beratung 51.4, Mai/Juni 1999.

517 S. hierzu Verf., *Moses der Ägypter*, 2. Kap.

518 S. hierzu die ausführliche Behandlung der Manetho-Fragmente bei Thomas Schneider, *Ausländer in Ägypten während des Mittleren Reiches und der Hyksoszeit* I, *Die ausländischen Könige*, ÄAT 42, 1998, 76-98; vgl. P. Schäfer, »Die Manetho-Fragmente bei Josephus und die Anfänge des antiken ›Antisemitismus‹«, in: G. W. Most (Hrsg.), *Collecting Fragments – Fragmente sammeln* (Aporemata. Kritische Studien zur Philologiegeschichte, 1), Göttingen 1997, 186-206.

519 S. hierzu Verf., *Ägypten – eine Sinngeschichte*, München 1996, 422-424. Typisch ist auch das Motiv der schriftlichen Aufzeichnung als Authentizitätsausweis prophetischer Überlieferung.

520 Ebda., 424 f.

521 Zum politischen Messianismus in der ägyptischen Spätzeit und seinen Wurzeln s. Verf., *Ägypten – Eine Sinngeschichte*, 418-427.

522 Thomas Schneider, *Ausländer in Ägypten*, 96-98, deutet den Namen auf den Thronnamen *Wsr-ḫpr.w-Rʿw* (**o(u)sesaphre* oder ähnlich) des Chamudi, eines Königs der 15. Dynastie (der Hyksos), und möchte die ganze Geschichte auf die Vertreibung der Hyksos beziehen. Das entspricht aber nicht der Absicht Manethos, der die Vertreibung der Hyksos in einem früheren Abschnitt berichtet hatte. Es ist aber durchaus möglich, daß die Legende der Aussätzigen in ihrer langen Überlieferungsgeschichte Erinnerungen an die Hyksos-Zeit und damit auch den Namen dieses Herrschers integriert hatte.

523 Zur Beziehung der Aussätzigenlegende bei Manetho auf die Amarnazeit s. Eduard Meyer, *Aegyptische Chronologie*, Abhandlungen der Preussischen Akademie der Wissenschaften, Leipzig, 1904, 92-95; Donald B. Redford, »The Hyksos Invasion in History and Tradition«, *Orientalia* 39 (1970), 1-51; ders., *Pharaonic King Lists, Annals and Day-Books. A Contribution to the Study of the Egyptian Sense of History*, Mississauga, 1986, 293 ff. sowie zuletzt und offenbar ganz unabhängig von der älteren Literatur A. I. Elanskaya und O. D. Berlev, »nschelket in apophthegmata patrum and hoi lelobemenoi in Manetho«, in: *Coptology: Past, Present and Future. Studies in Honour of Rodolphe Kasser*, OLA 61, 1994, 305-316. Die letztgenannten Autoren beziehen den griechischen Begriff »lelobemenoi«, der auch »körperlich versehrt, verstümmelt, deformiert« bedeuten kann, auf die Ikonographie Echnatons in der Amarnakunst und den Eindruck körperlicher Deformation, den sie, soweit noch zugänglich, z. B. in den Grenzstelen von Amarna auf die Nachwelt gemacht haben muß.

524 S. hierzu P. Schäfer, *Judaeophobia, The Attitude Towards the Jews in the ancient World*, Cambridge (Mass.) 1997 und Zvi Yavetz, *Judenfeindschaft in der Antike*, München 1996.

525 Hekataios v. Abdera, *Aigyptiaka, apud Diodor*, Bibl. Hist. XL, 3. F. R. Walton, *Diodorus of Sicily*, Cambridge 1967, 281; D. B. Redford, *Pharaonic King-Lists*, 281 f.

526 M. Stern, *Greek and Latin Authors*, Nr. 11 (4), S. 26

527 Strabo, *Geographica* XVI, 2,35; M. Stern, *Greek and Latin Authors*, 261-351, bes. 294 f. (no. 35).

528 Stern, Nr. 281, II, 17-63; Schäfer, *Judaeophobia*, 31-33; A. M. A. Hospers-

Jansen, *Tacitus over de Joden*, Groningen 1949; D. B. Redford, *King-Lists*, 289. H. Heinen, »Ägyptische Grundlagen des antiken Antijudaismus. Zum Judenexkurs des Tacitus, Historien V, 2-13«, in: *Trierer Theologische Zeitschrift* 101, Heft 2 (April-Juni 1992), 124-149 (Hinweis E. Winter).

529 »Aegyptii pleraque animalia effigiesque compositas venerantur, Iudaei mente sola unumque numen intellegunt: profanos, qui deum imagines mortalibus materiis in species hominum effingant; summum illud et aeternum neque imitabile neque interiturum«; Historiae, V, § 5.4 = Stern, *Greek and Latin Authors* II, 19 und 2.

530 Diodor I, 94,1-2.

531 S. Anm. 545 f.

532 S. Anm. 524.

533 S. hierzu bes. Pier Cesare Bori, *The Golden Calf and the Origins of the anti-Jewish Controversy*, Atlanta 1990.

534 Vgl. auch 1 Kg 12,28 ff. Jerobeam machte zwei goldene Kälber und stellte sie in Bethel bzw. Dan auf, was als Kultinstallationen für den Herrn, und nicht etwa für fremde Götter, gemeint war. Trotzdem »geriet ihm das zur Sünde«.

535 Mary Douglas, »In the Wilderness. The Doctrine of Defilement in the Book of Numbers«, *Journal for the Study of the Old Testament*, Supplement Series 158, Sheffield 1993, 148.

536 W. D. Hartwich, *Die Sendung Moses. Von der Aufklärung bis Thomas Mann*, München 1997, 17-19 und passim.

537 *Judaeorum plebem quidem, ritibus omnibus quomodo Legum ipsarum verbis concepti erant, Moses obstrictam, teneri iussit. Caeteros autem, quorum mens esset virtusque firmior, cùm eo cortice liberatos esse, tum ad diviniorem aliquam et hominum vulgo superiorem Philosophiam assuescere, & in altiorem Legum earum sensum mentis oculo penetrare, voluit.* Praep. Evang. l. 7 cap. 10, p. m. 378, zitiert nach John Spencer, *De Legibus Hebraeorum ritualibus et earum rationibus*, Den Haag 1686, Bd. 1, 156.

538 Sara Stroumsa übersetzt *talattuf al-ilah* als »ruse gracieuse de Dieu«: *Entre Harran et el-Magreb: la théorie maimonidienne de l'histoire des religions et ses sources arabes*, Ms. 1999, 3.

539 Moshe Halbertal, *People of the Book. Canon, Meaning, and Authority*, Cambridge (Mass.) 1997, 34.

540 Maimonides unterscheidet zwei »Zielsetzungen« des Gesetzes. Das »erste Ziel« ist die Abschaffung der Idolatrie, das »zweite Ziel« die Einrichtung einer gerechten Gesellschaftsordnung. Dieses zweite, politische Ziel gilt als Nahziel, das erste, theologische, als Fernziel. S. dazu Sara Stroumsa, *Entre Harran et el-Magreb*, 8.

541 Spencer, 157: ... *Deum voluisse ut Moses mystica rerum sublimiorum simulacra scriberet, eo quod huiusmodi scribendi ratio, literaturae, qua Moses institutus erat, hieroglyphicae non parùm conveniret.*

542 *De legibus*, Buch III,28.

543 Spencer, *De legibus*, 157: *aequum est opinari, Deum religionem, carnalem quidem in frontispicio, sed divinam et mirandam in penetrali, Judaeis tradidisse, ut instituta sua ad seculi gustum et usum accomodaret, nec quicquam sapientiae nomina commandatum, Legi vel cultui suo deesse videatur.*

544 Spencer verbindet zwei verschiedene Passagen aus Clemens von Alexandriens *Stromata*, Buch V: cap. III, 19.3 und cap. VI, 41,2, siehe *Clemens Alexandrinus, Stromata* Buch I-VI, ed. Otto Stählin, 4th ed., Berlin, 1985, 338 und 354.

545 Siehe Silvia Berti, *Trattato dei tre impostori. La vita e lo spirito del Signor Benedetto de Spinoza*, Turin 1994, sowie Anonymus, *Traktat über die Drei Betrüger. Traité des trois imposteurs (L'Esprit de Mr. Benoit de Spinoza)*, krit. hrsg., übers., kommentiert u. m. einer Einl. versehen v. Winfried Schröder, Hamburg 1992. Zu Tolands Beteiligung an der Verbreitung und möglicherweise Abfassung dieses Textes siehe Margaret C. Jacob, *The Radical Enlightenment. Pantheists, Freemasons and Republicans*, London, 1981, 22-26, 215-255. Zur Textentstehung, die bis in die Mitte des 17. Jh.s zurückreicht, und zur Rolle Spinozas in der Debatte um die Betrugsthese s. R. H. Popkin, »Spinoza and the three Imposters«, in: ders., *The Third Force in Seventeenth Century Thought*, Leiden 1992, 135-148.

546 Zweisprachige Ausgaben: Wolfgang Gericke, *Das Buch »De Tribus Impostoribus«*, Berlin 1982; Gerhard Bartsch und Rolf Walther (Hrsg.), *De Tribus Impostoribus Anno MDCIIC. Von den drei Betrügern 1598* (Moses, Jesus, Mohammed), Berlin, 1960). Dieser lateinische Text, der gewöhnlich durch sein Incipit »Deum esse« identifiziert wird, geht, wie Winfried Schröder endlich klarstellen konnte, auf das Jahr 1688 zurück, s. jetzt Anonymus [Johann Joachim Müller], *De Impostoris religionum (De tribus impostoribus). Von den Betrügereyen der Religionen*. Dokumente, kritisch herausgegeben und kommentiert von W. Schröder, Stuttgart-Bad Cannstatt 1999.

547 Vgl. hierzu Gesine Palmer, *Ein Freispruch für Paulus. John Tolands Theorie des Judenchristentums*. Arbeiten zur neutestamentlichen Theologie und Zeitgeschichte 7, Berlin 1996.

548 Diesem Text zufolge haben die Gesetzgeber »tous suivi la même Route dans l'établissement de leurs Loyx. Pour obliger le Peuple à s'y soumettre de lui même, ils lui ont persuadé, à la faveur de l'ignorance qui lui est naturelle, qu'ils les avoient reçues, ou d'un dieu, ou d'une déesse« (Berti 110).

549 *Origines Judaicae*, 117 ff. mit Verweis auf Cicero, *De natura deorum*, Buch 2.

550 *Origines Judaicae*, 157.

551 Toland bringt verschiedene andere Passagen aus den Propheten bei, die den Kult im Namen der Natur ablehnen (genauer gesagt im Namen der Gerechtigkeit, aber auf diese Unterscheidung scheint es Toland nicht anzukommen).

552 *Moses der Ägypter*, 47-72.

553 William Warburton, *The Divine Legation of Moses Demonstrated on the Principles of a Religious Deist, from the Omission of the Doctrine of a Future State of Reward and Punishment in the Jewish Dispensation*, 1738-1741; 2. Aufl. London 1778, s. hierzu *Moses der Ägypter*, 4. Kapitel. Eine deutsche Gesamtübersetzung des dreibändigen Werkes (in neun Büchern) von J. G. Schmidt kam 1753 heraus.

554 Diese Quellen wie das berühmte Fragment des Kritias, eine Passage aus Ciceros *De Natura Deorum*, eine Stelle aus Livius über Numa Pompilius und die bekannten Aussagen über Religion bei Lukrez gehören sämtlich in die Tradition der antiken Aufklärung.

555 Plutarch, *De Iside et Osiride*, cap. 9; Clemens Alex., *Stromat.* V, cap. vii. 41,1.

556 Clem. Alex., *Strom.*, V, cap. XI, 17,1.

557 S. hierzu Christine Harrauer, »Ich bin, was da ist ...‹ Die Göttin von Sais und ihre Deutung von Plutarch bis in die Goethezeit«, in: *Sphairos. Wiener Studien. Zeitschrift für Klassische Philologie und Patristik* 107/108, Wien 1994/95, 337-355; Hartwich, *Die Sendung Moses*, 29-41; Verf., *Moses der Ägypter*, 173-186; Markus Meumann, »Zur Rezeption antiker Mysterien im Geheimbund der Illuminaten: Ignaz von Born, Karl Leonhard Reinhold und die Wiener Freimaurerloge ›Zur Wahren Eintracht‹«, in: M. Neugebauer-Wölk (Hrsg.), *Aufklärung und Esoterik*, Schriften zum 18. Jahrhundert 24, Tübingen 1999, 288-304.

558 Friedrich von Schiller, *Die Sendung Moses*, hrsg. v. H. Koopmann, *Sämtliche Werke* IV: Historische Schriften, München, 1968, 737-757; s. hierzu auch Hartwich, *Die Sendung Moses*, 23-49.

559 Schiller, 751-753 (gekürzt).

Nachweise

Einführung bis Drittes Kapitel: *Politische Theologie zwischen Ägypten und Israel*, Carl Friedrich von Siemens-Stiftung, München 1992 (Privatdruck), 2. Aufl. 1995.
Viertes Kapitel: »Ägypten und die Legitimierung des Tötens. Ideologische Grundlagen politischer Gewalt im Alten Ägypten«, in: H. v. Stietencron, J. Rüpke (Hrsg.), *Töten im Krieg*, Veröffentlichungen des Instituts für Historische Anthropologie e. V. Bd. 7, Freiburg 1995, 57-86.
Fünftes Kapitel: »Politisierung durch Polarisierung. Zur impliziten Axiomatik altägyptischer Politik«, in: K. Raaflaub (Hrsg.), *Anfänge politischen Denkens in der Antike*, Schriften des Historischen Kollegs, Kolloquien 24, München 1993, 13-28.
Sechstes Kapitel: unveröffentlichtes Vortragsmanuskript.
Siebtes Kapitel: »Das Herz auf der Waage. Schuld und Sünde im Alten Ägypten«, in: Tilo Schabert, Detlef Clemens (Hrsg.), *Schuld*. Eranos Jb., München 1999, 99-147.
Achtes Kapitel: »Die Verschriftlichung rechtlicher und sozialer Normen im Alten Ägypten«, in: H. J. Gehrke (Hrsg.), *Rechtskodifizierung und soziale Normen im interkulturellen Vergleich*, Scriptoralia 66, Tübingen 1994, 61-85.
Neuntes Kapitel: »Vertikaler Sozialismus. Solidarität und Gerechtigkeit im altägyptischen Staat«, in: R. Faber (Hrsg.), *Sozialismus in Geschichte und Gegenwart*, Würzburg 1994, 45-60.
Zehntes Kapitel: »Zum Konzept der Fremdheit im alten Ägypten«, in: Meinhard Schuster (Hrsg.), *Die Begegnung mit dem Fremden. Wertungen und Wirkungen in Hochkulturen vom Altertum bis zur Gegenwart*, Colloquium Rauricum 4, Stuttgart und Leipzig 1996, 77-99.
Elftes Kapitel: unveröffentlichtes Vortragsmanuskript.
Zwölftes Kapitel: erscheint in einem von Barbara Bauer und Friedrich Niewöhner herausgegebenen Band über Mose in der Frühen Neuzeit.

Alle Beiträge sind für die Buchfassung stark überarbeitet worden.

Namen- und Sachregister

Aaron 259, 291
Abu Bakr, A.M. 300, 317
Abydos 143, 233
Ächtungstexte 89, 90, 94, 227
Adam, A. 298
Adkins, A.W.H. 305
Aggressivität 59, 92-94
Akkommodation 17, 265 f., 271, 278, 279
Alexandros von Mazedonien 222
Allam, Schafik 311
Alliot, Maurice 300
Allmacht 20, 39, 64, 279
Alster, Bendt 296
Altenmüller, Hartwig 311
Altruismus 191, 199, 215
Amarna 31, 111-17, 120-22, 154, 2 163, 170, 239-49, 252, 254, 257, 274, 321
Ambivalenz 7, 36, 56, 57, 80-87, 152, 175
Amenemhet I. 223, 232
Amenemope (Lehre des) 87, 115, 126, 213
Amenophis III. 239, 250, 251, 252
Amnestie 38, 40, 213
Amun 39, 45, 60, 96 f., 110, 122, 125, 164-166, 171, 232, 233
Anachorese 232
Anarchie 34, 45, 46, 200
Anchnesneferibre 146
Anch-Scheschonqi (Lehre des) 319
Anchtifi 117, 312
Ani (Lehre des) 154, 237
Annas, Julia 309

Anthropologie (negative) 16, 27 f., 37, 41, 79, 81, 106-8, 133, 206
Anubis 144, 154
Apion 238
Apopis 86, 87, 88, 107, 108
Aristeas-Brief 241
Aristoteles 38, 39, 290
Assmann, Aleida 178, 285, 296, 298, 301-3, 305, 310, 312, 314-16
Assur, Assyrer, Assyrien 45, 240, 249, 251, 287
Athene 17, 45
Atum 87, 102, 143, 144
Atzler, Michael 301
Aufklärung 18, 19, 173, 256, 262, 265 f., 269-271
Augustinus 21, 153
Ausgrenzung 218, 241
Ausland 44, 224, 228, 231, 235
Ausländer 89, 91, 95 f., 226-28, 234, 237 f., 241 f.
Aussätzige 225, 239-241, 250-253, 258 f.
Axiome 98 f., 126, 173

b3w 39, 58, 60, 61, 84, 86, 93, 182
Ba 84 f., 137, 146, 155, 161, 207
Baki, Stele des 160, 194, 308
Bakunin, Mikhail 19, 24, 284, 325
Balandier, Georges 81, 298
Baldermann, I. 294
Balke, F. 298
Baltzer, Klaus 51, 287, 293, 294, 301, 310

Barasch, Moshe 290
Barloewen, Constantin von 306
Barta, Winfried 315
Bastet 56, 57, 62, 83
Begrich, Joachim 308
Beichte 153, 167-69, 175, 177
Beinlich, Horst 291, 302
Bekenntnis 117, 154, 156, 158, 162, 166, 170, 175, 177
Benedict, Ruth 305
Berlev, Oleg D. 321
Bernstein, Richard J. 320
Berry, J.W. 316
Berti, Silvia 284, 323, 325
Betrò, M. C. 289
Bilder(verbot) 245, 252-59, 262, 273
Bildung 130, 192 f.
Binder, G. 283
Blackman, A.M. 299
Bleeker, Claas Jouco 292
Blindheit 171 f.
Bloch, Marc 23, 298
Blumenberg, Hans 29, 287
Blumenthal, Elke 288, 291, 311, 313
Bochart, Samuel 270
Böckenförde, E. W. 19, 23
Bokchoris 239, 251, 255
Bonheme, Marie-Ange 288
Boochs, W. 309, 311
Boorn, G.P.F. van den 311
Borghouts, J.F. 295
Bori, Pier Cesare 322
Born, Ignaz von 324
Bornkamm, Günther 294 f., 308
Böse 6 f., 18, 24, 35, 47, 55, 57 f., 65, 77-80, 82 f., 86-90, 96, 106 f., 114, 126, 135, 152, 159, 167, 186-188, 203, 206 f., 211, 269
Brown, George Spencer 301
Brüderlichkeit 130, 200
Brunner, Hellmut 168, 299 f., 302, 304 f., 307-309, 311, 314, 319
Brunner-Traut, Emma 201-204, 291, 294, 302, 305, 312, 314 f., 317 f.

Buck, Adriaan de 291, 299, 306, 314
Bundestheologie 30, 50, 125
Bündnis 49 f., 181, 245
Burckhardt, Jacob 24, 27, 36, 70, 285, 286
Bürgel, Johann Christoph 286
Burkard, Günter 312
Burke, Kenneth 289
Burkert, Walter 290 f.
Bußlieder 166, 171
Buxtorf, Johannes 270

Caminos, Ricardo A. 317, 319
Cancik, Hubert 283, 285-287, 325
Cancik-Kirschbaum, Eva 310
Canfora, Luciano 293
Casali, Giambattista 270
Cäsaropapismus 28, 34
Cenival, Francoise de 294, 318, 319
Chacheperresenb, Klagen des 81, 315
Chairemon 238
Chaniotis, Angelos 308
Chaos 37, 79, 81, 86 f., 101, 104, 106 f., 207
Charpin, D. 290, 291, 316
Cheti, Gaufürst 214
Christentum 16, 31, 151, 263
Cicero 173, 274
Clastres, Pierre 49, 292
Clemens von Alexandrien 267, 272, 276 f.
Clemens, Detlef 305, 309
Codex Hammurapi 178 f.
Colpe, Carsten 293, 296, 312
Conrad, Dietrich 26, 286, 289, 297 f.
Contra Apionem 250
Corpus Hermeticum 320
Crüsemann, Frank 47, 292, 308, 310, 313
Cudworth, Ralph 270

Damon 208
Danaos 254

Dankbarkeit 136 f.
David 47
De Tribus Impostoribus 18, 271 f., 323
Dekalog 274
Delling, Gerhard 320
Demotische Chronik 33
Dendara 130, 241
Denkmal memphitischer Theologie 83
Der el Medine 163-165, 171
Derchain, Philippe 295, 319 f.
Derrida, Jacques 311, 320
Deuteronomium 50, 61, 65, 94, 181, 287, 293, 301
Devereux, Georges 316
Dihle, Albrecht 283, 325
Dijk, Jacobus van 300
Diodor von Sizilien 34, 256, 258, 272, 289, 320-322
Diskurs 112, 121, 185, 195
Dodds, Eric Robertson 305
Döpp, Sigmar 290 f.
Douglas, Mary 259, 322
Dragon, Gilbert 287
Draï, Rafael 302
Dreros 180
Driesch, J. van den 315, 317
Dumont, Louis 298
Dunand, Francoise 292
DuQuesne, Terence 307

Echnaton 31, 93, 111, 116, 245, 248 f., 252, 257 f., 274
Eco, Umberto 268
Edikt 40, 180, 183, 213
Effe, B 283
Ehre 92, 134, 139, 151
Ehrhardt, A. A. T. 310
Eibl-Eibesfeldt, Irenäus 78, 298, 316
Eid 62, 94
Eifersucht (Gottes) 53
Einbalsamierung 141, 149
Einbezogenheit (Eingebundenheit) 220, 230, 235

Eisenstadt, Shmuel Noah 312
Elanskaya, A. I. 321
Elite 18, 192, 226, 269
Endesfelder, Erika 301
Entscheidung 35, 112, 115-121, 125, 174
Entzauberung der Welt 69
Erbarmen, Erbarmensgesetze 38, 53, 55, 58, 202, 213 f.
Erbsünde 106, 298
Erikson, Erik H. 316
Erinnerungsfigur 70, 201, 247 f., 257, 261
Erlösung 151, 175, 283
Erman, Adolf 305, 309, 317
Erschlagen der Feinde 93, 101
Ethisierung der Religion 69
Eusebius von Caesarea 29, 267
Exkarnation 178, 180, 182
Exodus 3:14 278
Exodus 37, 50, 181, 201, 225, 238, 241, 248-251, 258, 274

Faber, Richard 285 f., 289, 293, 297, 325
Faulkner, Raymond O. 87, 299, 309, 314, 315
Fecht, Gerhard 295, 298, 307
Feil, E. 283
Feind(schaft) 26, 75-79, 91, 141, 217-219, (F.bild) 227
Fensham, F. Ch. 315
Fest 44 f., 66 f., 170, 183, 233 f., 274
Feucht, Erika 306
Fiktion 173, 189, 273-77
Finkelstein, J. J. 297
Finley, Moses 317
Finsternis 92, 168, 170-173
Fischer-Elfert, Hans Werner 317
Fleischmann, E. 303
Flickinger, H. G. 298
Fluch 53, 94, 228
Forgeau, Annie 288

Fortdauer 134, 137-139, 141, 144, 148, 150, 153-159, 161
Fowden, Garth 320
Frandsen, Paul 302
Frankfort, Henri 288, 301
Fremde 44, 95, 218 f., 221, 224, 229 f., 234-240, 254
als »elende Feinde« 95
Fremdenablehnung 78 f., 92, 220
Fremdheit 78, 131, 217-219, 221, 225-227, 234-239, 242, 254
Fremdherrschaft 89, 201, 237 f., 240 f., 253
Fremdländer 88, 90
Freud, Sigmund 175 f., 247-249, 263, 273 f., 309, 320 f.
Freund/Feind 23, 25-27, 75, 78, 88, 117 f., 262 f., 286
Friedrich II. von Hohenstaufen 81
Frisch, P. 308
Frondienst 232, 313

Gandhi, Mahatma 26
Gardiner, Sir Alan 289, 295, 298
Gaufürsten 84, 117, 121, 192, 214 f., 312
Gedächtnis 115, 134-141, 153-155, 174, 178, 181, 193, 221, 230, 249
Geertz, Clifford 313
Gefährdungsbewußtsein 27, 77, 80, 89, 107
Geheimnis 17, 20, 101, 218, 266, 274, 275
Gehlen, Arnold 81
Gehorsam 63, 66, 105, 116-122, 129, 152, 220, 275, 278, 280
Gehrke, Hans Joachim 309 f.
Gelingen 59, 65, 69, 108, 123, 151, 186, 188 f., 203
Gemeinsinn 65, 107, 116, 187, 196, 203, 207
Gerechtigkeit *passim*, (konnektive) 63-66, 126, 185 f., 195, 196, 199, 202-204, 208, 211, 221

Gericke, Wolfgang 323
Gesetz *passim*, (»G. der Fische«) 57, 81
Gesetzbuch 179
Gesetzgeber 20, 273, 276, (Gott) 18, 68, 130, (König) 179 f., 297, (Menes) 256, (Mose) 241, 254, 257, 272 f., sechs G. 256, 272 f.
Gespaltene Welt 82, 86 f., 92, 104, 126, 188, 196
Gespräch eines Mannes mit seinem Ba 137, 207, 221
Gewalt 24-27, 35 f., 41, 53-61, 70, 75-83, 88 f., 92-96, 100, 103, 126, 165, 186, 196, 207-9, 262, 263, 278 f.
Gewissen 134 f. 139, 141, 153-155, 165, 176
Gladigow, Burghard 286
Glanville, S.R.K. 319
Gleichheit 81, 104, 130, 199 f., 204-206, 222
Glück 118, 233, 280
Gluckmann, Max 292
Gnade 38, 44, 53, 55, 60-63, 113, 165, 167 f., 170-172, 202
Goedicke, Hans 299, 315, 320
Goldenes Kalb 54, 176, 257, 258, 259, 262
Goodenough, E. R. 310
Gortyn 180
Gott (als König) 48, 109 f., (als Retter) 60, 69, 126, 195, (als Richter) 55, 60, 63, 67, 69, 110, 130 f., 195, (als Vater und Mutter) 110, 120, 125
Götterbilder 251-254
Gottesfeind 25
Gottesferne 37, 42-44, 57, 170, 239, 260
Gottesnähe 37, 41-45, 63, 66, 68 f., 173, 225, 228, 233, 241, 260
Gottesvolk 129, 245
Gottkönigtum 48, 117, 192, 201, 215
Gottwald, N. K. 292, 313
Götzendienst, -diener 259, 261, 263

Grab 114, 124, 131, 137-139, 210 f., 220, 229-234
Graefe, Erhart 319
Graffito des Pawah (TT 139) 170
Gregor von Nazianz 21
Greßmann, Hugo 305
Griechen(land) 21, 89, 99, 108, 130, 138, 175, 200, 222, 237, 240, 242, 253 f., 256, 265
Grieshammer, Reinhard 308
Griffiths, John Gwyn 302, 307, 313
Grimal, Nicolas 94, 300, 317
Groh, Ruth 22 f., 284-286, 303, 325
Grumach, Irene 291, 304, 316
Gruppenbildung 79, 92, 219
Gunkel, Hermann 308
Gut und böse 114 f., 126, 303

Habermas, Jürgen 35, 289, 301
Habgier 40, 53, 70, 82, 137, 176, 186 f., 195, 196, 207
Halakha 197, 226
Halbertal, Moshe 18, 269, 284, 322, 325
Hamlet 203
Harrauer, Christine 324
Harth, Dietrich 285 f., 289 f., 297 f., 302, 315 f.
Hartwich, Wolf-Daniel 265, 322, 324
Haß 77, 79, 86 f., 89, 91 f., 175: 208, 257, 261
Hatschepsut 163, 289
Havice, H.K. 290, 299, 303, 315
Hebräer 258, 270-272, 277, 279, 280
Hegel, G. F. W. 268
Heidentum 16, 21, 30, 75, 104, 275, 280
Heil 15 f., 24, 27 f., 31 f., 34, 39, 43, 68, 70, 119, 150-52, 160
heilige Tiere 225, 238, 240, 242, 251-254, 257, 260
Heiliger Krieg 97
Heiligkeit 102, 225, 240 f., 295

Heilung 43, 165, 169, 171
Heimat 228 f., 232
Heimlichkeit 162, 169, 173
Heinen, H. 322
Hekataios von Abdera 34, 238 f., 254, 258, 321
Helck, Wolfgang 289, 309, 315, 317
Heliopolis 123, 130, 143, 235
Herbin, Francois Rene 303
Herder, Johann Gottfried 270
Herodot 222 f., 226
Herrschaft und Heil 15 f., 25, 27 f., 31 f., 34, 70
Herz 62, 96, 102, 105, 112 f., 120-126, 133, 140 f., 145, 153-56, 161, 164, 170, 173, 182, 193, 195, 205, 208, 213, 227, 229, 230, 233, 235, 236, 263, 279
Hesekiel 274
Hierarchie 199, 204, 206, 215, 287
Hieroglyphen 59, 198, 270, 275-278
Hirte 49, 63, 109 f., 125, 212, 215 f.
Hobbes, Thomas 81, 285, 299, 314
Hocart, A.M. 289
Hoffman, Michael A. 301
Hören 105, 133, 208
Hornung, Erik 154, 290 f., 299 f., 302 f., 305-308, 313, 317 f.
Horus 33, 39, 88, 91, 95, 100 f., 113, 130, 143-145, 216
Hospers-Jansen, A.M.A. 322
Hossfeld, Frank Lothar 293
Hübener, Wolfgang 287
Huber, Jörg 310
Huber, Wolfgang 301
Huet, Pierre-Daniel 270
Hyksos 96, 225, 237, 239, 251-253

Iao 240, 256, 273
Identität 230, (und Feindschaft) 78, 79, 219, (und Alterität) 218, (jüdische) 242, (kollektive) 49, 104, 202, 225-227, (kulturelle) 217, 221 f., (panhellenische) 222, (personale) 66,

136, 144, 153, 236, (politische) 17, 276, (überpersönliche) 27
Idolatrie 30, 54, 77, 176, 257-263, 268, 271, 274-276 s.a. Götzendienst
Ikonoklasmus 31, 247, 252 f., 257-262
Implizitheit 24, 25, 98, 103, 113, 115, 191
Individuation 153, 218
Individuum 50, 60, 134 f., 141, 152, 156 f., 174 f., 199, 204, 221
Inkarnation 39
innerer Mensch 62, 119-121, 153 f., 191
Integration 102, 187, 190 f., 224, 291
Inter-Lokution 133 f., 138, 170, 174
Intervention Gottes 97, 169, 171, 295
Inter-Vision 133 f., 170, 172, 174
Ipuwer, Mahnworte des 80 f., 295, 298
Isis 113, 144 f., 172, 239
Islam 63, 263
Israel *passim*

Jacob, Margaret C. 323
Jahwe 31, 45-50, 54, 77, 94, 182, 239, 256, 278
Janowski, Bernd 290-292, 297, 309, 314
Janssen, J.J. 307, 313
Jaspers, Karl 26, 187
Jelinkova-Reymond, Elisabeth 320
Jenseits 44, 84, 101, 131, 137, 141, 147 f. 150, 157, 159 f., 173, 175, 195, 218
Jenseitsgericht 145 f.
Jeremia 10 261
Jeremias, Jörg 292, 294
Jesaia 66, 261
Johnson, Janet 288
Josefserzählung 226
Josephus Flavius 28, 238, 250, 252
Jothamfabel 47
Juden(tum) 16, 21, 25, 151, 241 f., 249 f., 254-256, 263, 271-275

Junge, Friedrich 298
Junker, Hermann 295, 318

Ka 39, 113, 123, 155, 161, 165
Kadmos 254
Kambyses 240
Kamose 97
Kampers, F. 297
Kang Sa-Moon 301
Kant, Immanuel 197, 278
Kantorowicz, Ernst H. 23, 285, 298
Katana 180
Kausalität 65, 186, 202, 249
Keel, Othmar 297, 303
Kees, Hermann 147, 148, 307
Kelsen, Hans 202, 312, 314
Kemp, Barry 302
Kiel, Albrecht 284
Kienast, Burkard 309
Kiki (Simut) 122-124
Kindheit 142, 148
Kippenberg, Hans G. 284, 293, 296 f., 310, 312, 325
Kirche 21, 23 f., 28, 43, 224
Kircher, Athanasius 270
Klagen des Bauern 81, 136, 138, 305
Klauser, Th. 287
Klerikalisierung 226
Klimkeit, H.-J. 296
Koch, Klaus 308, 319
Kodalle, K. M. 22, 285, 299
Kodifizierung 156 f., 178-184, 188-95, 199
Kompaktheit 103, 108, 302
Kompromiß 19
Konnektivität 121 f., 126, 186
Konstellation 144, 189, 204, 211, 235
Kontradistinktion 46, 218, 226
Kontrastgesellschaft 200
Konzentrationslager 250, 258
kosmische Theologie 17
Kosmos 32, 37 f., 86, 88, 102, 107 f., 186, 219, 274
Krankheit 60, 239, 250, 259

Kraus, F. R. 297
Krieg 39, 78, 83, 96f., 219
Krise 81, 112, 115f., 119, 165, 188, 194, 215, 236,
Kritias, Fragment des 173, 309, 324
Krokodil 93 f., 96, 156, 230
Kruchten, Jean M. 311
Kuentz, Charles 317
Kühne, Cord 296
Kult 17, 40-43, 55, 63, 66, 70, 89, 108, 117, 272, 274
Kultureller Text 184, 193, 197

Laktanz 55, 58 f., 294, 296
Lang, Bernhard 287, 296
Larsen, Mogens Trolle 302
Lebensform 220, 222, 225-228, 238
Lebensführung 66, 69, 130f., 139, 146, 150, 156, 159-161, 185, 190, 194, 210, 214, 234, 256
Lebenslehren 189, 191, 213, 225
Lefebvre, Gustave 306, 320
Lefort, Claude 24, 285
Legitimation 19, 35, 78, 119
Lehre des Ptahhotep 115 f., 137
Lehre eines Mannes für seinen Sohn 114
Leidenszeit 251 f.
Leroi-Gourhan, André 310
Leviticus 61, 259
Lichtheim, Miriam 303, 308, 312, 315, 319
Liebe 35, 52-65, 70, 79, 87, 129, 174, 231
Lieberg, G. 283
Lingat, R. 298
List der Vernunft 268
Liverani, M. 293
Livius 173, 324
Lohfink, Norbert 292, 293 f., 313
Lohn und Strafe (im Jenseits) 273
Lokroi 180
Lorton, David 309, 311
Loyalität, Loyalismus 61 f., 111, 105, 116-119, 227, 231, 233

Loyalistische Lehre 114
Luckmann, Thomas 41, 194, 291
Luhmann, Niklas 26, 55, 289, 297
Lukrez 173, 324
Lycurgus 272 f.
Lysimachos 238

Ma'at *passim*
Macholz, Christian 49
Macht 36, 47, 70, 285 f.
Magie 69, 108, 148, 160, 164
Maier, Hans 24, 285, 287
Maimonides 17, 267, 268, 269-271, 275, 277, 280
Makarismos 112, 115f., 119
Malamat, Abraham 292
Malesherbes, Lamoignon de 17
Manetho 238 f., 250-258, 321
Mann, Thomas 15, 283, 325
Manuel, Frank R. 309
Marduk 45
Marsham, John 270
Maystre, Charles 307
McCarthy, D-J. 293
McDowell, A.G. 311
Meeks, Dimitri 311
Meier, Christian 30, 200, 287 f., 302, 313
Meier, Heinrich 23 f., 283-285, 297, 325
Memphis 232, 304, 316, 319
Mendenhall, G.E. 293
Mentuhotep 306
Merenptah 97
Merikare, Lehre für 84, 95, 105, 149
Merkelbach, Reinhold 308
Mesopotamien 33 f., 45, 59 f., 65, 69, 179, 183 f., 195
Messianismus 251
Metapher 50f., 63, 109f., 121 f., 125, 170-72, 177, 259
Metz, Johann Baptist 19, 23 f.
Meulenaere, Herman de 305
Meumann, Markus 324

Meyer, Eduard 252, 288, 321
Minos 256, 272 f.
Mnevis (Menes) 272
Modell 28, 30, 50, 109, 110, 177, 199, 288
Moltmann, Jürgen 19, 23 f.
Momigliano, Arnaldo 21, 284, 325
Monarchie 21, 29, 34
Monokratie 102, 117, 126, 201
Monotheismus 21, 29, 50, 55, 175 f., 245, 247, 249, 253, 256, 262-264, 274
Moral 18, 103, 115, 158, 160, 176, 185, 197, 275
Moran, William L. 296
Morenz, Siegfried 320
Morhof, Daniel Georg 18 f., 23, 266
Mose 18, 94, 175, 182, 244-281 (ägyptischer Priester) 255, 273, (als Gesetzgeber) 273
Moskauer Literarischer Brief. 235
Most, Glenn W. 321
Mühlmann, Emil Wilhelm 218, 316
Müller, Alois M. 310
Müller-Herold, Ulrich 134, 171, 305, 309
Müller-Wollermann, Renate 313, 315
Mulsow, Martin 18, 23, 266, 284, 325
Mumifizierung 141, 160
Mysterien 266 f., 272, 275-280
Mythomotorik 22, 101, 285, 290
Mythos 22, 32, 56 f., 70, 100 f., 143 f., 176, 225, 229, 238, 240 f.

Nächstenliebe 61, 129
Nachtamun 164 f.
Nahrungstabus 251
Narmerpalette 94
Nationalismus 222
Nationalsozialismus 22
Naturgesetz 274
natürliche Theologie 18, 269, 277
Naturzustand 41, 80 f., 96, 205
Nebre, Stele des 164, 165 f.

Needham, Rodney 287
Neferabu, Stele des 167 f.
Nefer-seschem-Scheschi 190
Neferti 81, 208
Niedenzu, Hans-Jürgen 301
Nietzsche, Friedrich 106, 135 f., 141, 276, 303, 305
Nomaden 93, 101
Nomos empsychos 33, 182
normative Inversion 251, 253, 255-258, 268, 271
Numeri 259

Ockinga, Boyo 316
O'Connor, David 288
Offenbarung 18, 44, 59 f., 169, 198, 275, 277, 294, 303
Öffentlichkeit 17, 20, 27, 35, 131, 162, 165-170, 173, 183, 246, 266
Opfer 41, 66-69, 89, 274
Oppenheim, Leo 292
Opposition 34, 35, 47
Orakel 251, 255
Orakel des Lammes 251
Orientalische Despotie 32, 34, 39, 200, 288, 313
Origenes 29, 267
Osarsiph 251, 252
Osing, Jürgen 294, 300, 317 f.
Osiris 63, 88, 102, 113, 132, 142-146, 150, 152, 156 f., 172, 216
Otten, Heinrich 296
Otto, Eberhard 288, 290, 301, 306, 311, 316
Otto, Eckart 287 f.

Pagels, Elaine 106, 298, 303
Palmer, Gesine 310, 323
Pap. Anastasi I (Literarische Streitschrift) 224
Papyrus Berlin 3024 (siehe Gespräch eines Mannes)
Papyrus Bremner-Rhind (BM No. 10188) 309

Papyrus Insinger 234, 236
Papyrus Jumilhac 89, 108, 299
Papyrus Westcar 85
Parkinson, Richard B. 312
Paser 62, 211
passivum divinum 49
Patron 109-28, 192, 207, 211, 215, 237
Paulus 24, 54, 141
Peiresc, Nicolas de 270
Pelto, P. 316
Perlitt, Lothar 50, 293, 294
Perser 223, 238, 249
Personalität 17, 153, 211, 220
Persönliche Frömmigkeit 109-28, 162-64, 173 f., 177, 216, 234
Pest 239, 254, 259
Peterson, Erik 21, 22, 24, 28, 29, 43, 285, 286, 287, 290, 291, 302
Pettazzoni, Raffaele 307
Petzl, G. 308
Petzold, Ernst 301
Philon von Alexandrien 29
Phobie 253-59
Piye (Pianchi) 226, 295, 317
Plagen 239, 250, 255, 258
Platon 182, 208, 310
Plutarch 277, 317, 324
Polanyi, Karl 313
Polarisierung 26 f., 98-108, 107, 113-116, 119, 121
Polemon 238
Politik, das Politische 21, 23, 29, 36, 40, 54, 56, 98 f., 108, 152, 200,
politische Mythologie 22
Politische Religion 22
Politische Theologie 15-24, 75, 129, (der Gewalt) 25-27, (Stoa) 45
Poltermann, Andreas 313
Polytheismus 21, 273, 275, 295
Pomponio, F. 301, 310
Posener, Georges 288, 294-297, 299 f., 303 f., 309, 317, 319 f.
Priesterbetrug 276
Psalm 115 261

Psalm 90 53
Pseudospeziation 79, 92, 220
Ptah 97, 167, 168, 232
Ptolemaios II. 250, 320
pythagoräische Symbole 276

Quack, Joachim Friedrich 307, 317

Raaflaub, Kurt 313
Rache 76
Ramses II. 97, 226, 252
Ramses III. 85
Realpräsenz 43-45
Rebellen, Rebellion 79, 84, 90-94, 227 f., 242
Recht *passim*
Rechmire 211
Rechtfertigung 21, 139, 141-145, 148, 210
Rechtsbuch 179, 180, 183 f., 293
Redfield, Robert 312
Redford, Donald B. 252, 321, 322
Reinheit 141, 148, 159, 175, 225, 241
Reinhold, Karl Leonhard 270, 277 f., 324
Reinigung 139, 142, 159, 175
religio duplex 265 f., 269, 271, 275, 277
Religion passim (primäre und sekundäre) 30, 35, 68 f., 70, 75, (politische) 22 f., (unsichtbare) 194
Renger, Johannes 310
Repräsentation 26, 28, 33, 35-39, 43-45, 48, 59-61, 94, 110, 216, 260, 262
Ressentiment 106
Rettung 40, 97, (als Heilung) 164-169, 171, (des Schwachen) 36, 40 f., 57 f., 81 f., 105, 206, 210 f.
Reue 140, 169 f., 175
Rhetorik 35, 112, 115 f., 119-121
Rice, Emanuel 320
Richten und Retten 40, 202, 206
Roccati, Alessandro 312, 315, 318
Rosenzweig, Franz 13, 283, 325

Sabbat 66, 274
Sabier 268, 270, 280
Sachmet 56f., 61, 83, 94, 242
Sais 240, 278, 324
Sakralisierung 97, 197, 242, (der Ethik) 69
Säkularisierung 22, 25, 29
Salomon 46f.
Sander-Hansen, Constantin Emil 306
Sandman, Maj 303
Sargtexte, Spruch 1130 205
Sauneron, Serge 320
Schabert, Tilo 305, 309
Schäfer, Hans 29, 287
Schäfer, Peter 256, 321 f., Scham 133 f., 151
Schande 134, 139f., 174
Schemeil, Yves 288
Schenkel, Wolfgang 304, 314, 316
Schicksal 59-61, 64, 88, 114, 123, 155, 198, 211
Schiffbrüchiger 44, 191, 236
Schiller, Friedrich 139, 270, 278 f., 324
Schimmel, Annemarie 307
Schindler, Alfred 24, 290
Schlesier, Renate 293
Schluchter, Wolfgang 288, 297, 303
Schmid, Hans Heinrich 297, 311, 314
Schmidt, Siegfried J. 301
Schmitt, Carl 16, 19-29, 35 f., 51, 64, 75, 78, 107, 129, 206, 207, 264
Schneider, Thomas 321
Schöpfer, Schöpfung 39f., 44, 57, 59, 70, 80-87, 102, 105, 120, 155, 180, 201-206, 216, 230, 241, 261
Schott, Siegfried 91, 300
Schreiner, Jürgen 292f., 313
Schrift 21, 34, 56, 58, 178-185, 193, 223, 273
Schröder, Winfried 284, 323, 325
Schu 42f., 55, 144, 212, 291
Schuld 131-177, 162f., 169, 199, 214
Schuldabfuhr 139-142, 149, 175, 309
Schuldkultur 131, 138-141, 151, 153, 163, 166, 170, 174, 194, 305
Seele 61f., 66f., 84f., 129, 146, 155, 160, 177, 182, 195, 198, 227, 241, 256, 273, 277
Seibert, Peter 301, 317
Seidlmayer, Stefan 318
Selbst 93, 135, 153f., 169, 236
Selbstausgrenzung 241 f.
Selbstzurücknahme 187, 190-192, 195, 199, 225
Selden, John 270
Seligpreisung 112-115, 146
sensus communis
Sesostris III. 95
Seth 89, 100f., 143-145, 237, 239, 240
Sethe, Kurt 89, 295, 299, 300, 301, 315, 317
Setna-Chaemwese 132
Shaftesbury, Anthony Ashley Cooper, Earl of 270
Sigrist, Chr. 292, 313
Silverman, David 288
Simpson, W. Kelly 299, 303
Sinuhe 44, 223 f., 227-229, 231 f., 232, 234, 236f., 237
Sitz im Leben 111, 166, 189
Smith, Anthony D. 22, 302, 317
Smith, Mark 294, 318
Smith, W. Robertson 21
Smith, W. Stevenson 284, 325
Soden, Wolfram von 288, 291, 297, 312
Solidarität 92, 126, 158, 187, 199f., 203f., 265, (vertikale) 105, 117, 130, 196, 207f., 211, 216f., 220
Solidaritätsvertrag 104
Sombart, Nicolaus 303
Sonnenauge, Mythos vom 56, 229, 232
Sonnengott 37, 43, 57, 69, 83, 86f., 95, 101, 152, 181, 216, 240
Sozialismus 199 f., 204, 214 f.,
Spaltung 18, 83, 87, 104, 269
Spencer, John 270-77, 280, 322, 323

Spengler, Oswald 116
Spiegelberg, Wilhelm 294
Spinoza 16, 18 f., 255, 266, 274, 283, 284, 323, 325
Spinozismus 274
Sprache 80, 90, 98, 133, 207-9, 218, 222-4, 228
Staat *passim*
Stadtgott 131, 220, 232
Stählin, Otto 323
Stein, Hannes 303
Steiner, George 20, 315
Steinleitner, F. 308
Stellvertreter 38, 43, 82, 102
Stern, Menahem 320, 322
Steymans, Hans Ulrich 288, 301
Stietencron, Heinrich von 283, 325
Strabon 254 f., 258, 273, 274, 322
Strafe 53, 55, 76, 84 f., 149 f., 163, 171, 184, 186, 193 ff., 254, 273, 274, 276
Stricker, B.H. 320
Stroumsa, Sarah 322
Subjekt 48, 153, 219
Sünde 60, 67, 133, 137, 146, 149-153, 157, 159, 161, 165, 167, 174-177, 259, 263
Sundermeier, Theo 288, 301, 307, 314
Sutton, Dana 309

Tabus 158, 225, 226, 240
Tacitus 238, 254 f., 258, 273, 322
Tadmor, Hayim 293
Tamms, F. 289
Tanner, R. 311
Taubes, Jacob 16, 24, 25, 283-87, 325
Tefnut 55, 56, 57, 144
Théodorides, A. 311
Theoklasmus 257, 279
Theokratie 28, 44, 48, 110, 216
theologia tripertita 16, 265
Theologie, poetische 17, 279
Theologisierung 25, 29-31, 45, 49-52, 121, 129-31, 173, 216, (Gerechtigkeit) 63-71, (Liebe) 61 f., (Zorn) 53-61, (Feindschaft) 75, (Schuld) 146, (Heimat) 232, (Fremdheit), 238, 242, (Freud/Feind-Unterscheidung) 25, 88, (Krieg) 97
Thomas von Aquin 267, 270
Thompson, Sir Herbert 304
Thot 56, 58, 130, 143, 144, 152, 156, 229, 232
Thronfolgeprozeß 143
Thureau-Dangin, F. 292
Thutmosis III. 93, 120, 163
Tod 22, 25, 83 f., 102, 124, 137-141, 144, 161, 172, 174, 205, 229, 232, 233, 235, 249, 260
Todesstrafe 84
Toland, John 255, 272-274, 323
Topitsch, Ernst 110
Torah 65, 181, 197, 267
Totenbuch, 125. Kapitel 85, 153, 159 f., 172 f., 194-197,
Totengericht 7, 8, 63, 84, 85, 130-132, 139, 141, 143, 146-162, 173-175, 194-198, 216, 246
Totenliturgien 141, 142, 306
Tötungshemmung 84, 85
Traité des trois imposteurs 272 siehe a. *De Tribus Impostoribus*
Trauma 240, 253
Treue 118 f., 122, 151, 153, 220, 245
Tugend 59, 77, 137, 187, 191 f., 195, 207, 267
Tun-Ergehen-Zusammenhang 64 f., 114, 121, 186, 196, 221

Udjahorresnet 240
Umbesetzung 19, 29, 75, 287
Umbuchung 49-51, 66, 68-70, 75, 109, 125 f., 131, 177
Ungleichheit 81 f., 104, 106, 130, 199, 204-206, 214
Unordnung 41, 55, 100, 104, 203, 205
Unschuld 148, 157, 162, 195
unsichtbare Religion 41
Unsterblichkeit 85, 131, 137, 141,

150-153, 195-198, 216, 231, 233, 273, 277
Unterdrückung 19, 36, 38, 47, 50, 54, 55, 77, 80-82, 104, 196, 206, 210, 216, 257, 263
Unterweisung 8, 185, 188 f., 193, 203
Uräus 56, 86

Valbelle, Domique 288, 317
Vandier, Jacques 299, 303, 304
Varille, Alexandre 308
Varro 15 f., 45, 283, 325
Vasallen 51, 54, 61, 91, 287
Veijola, T. 290 f., 316
Velde, Herman te 302
Verantwortung 38, 65, 130, 133-136, 148 f., 201, 204, 207 f., 213 f., 220, 225
Vereinigung 28, 100 f., 162, 169
Verheißung 141, 150-153, 157
Verhoeven, Ursula 295, 319
Verkündigung 21, 166, 167, 168, 169
Vernus, Pascal 288, 303-305, 310
Veröffentlichung 166, 168, 170, 178 f., 183
Verschriftung 178, 181, 184, 188 ff., 192 f.
Vertrag 30, 47, 49 ff., 62, 69, 77, 94, 151 f., 181
Voegelin, Erik 22, 24, 284, 289, 302, 325
Vogelsang, Friedrich 305 f.
Voltaire 270
Volten, Aksel 289, 297, 299, 301
Volz, P. 294
Vorländer, H. 295
Vorsehung 18, 269, 275
Vorwurf an Gott 82, 295, 298, 307
Vossius, Gerardus 270

Waitkus, Wolfgang 320
Warburton, William 270, 275-277, 313, 323
Ward, William 319

Watanabe, K. 296
Way, Thomas von der 301
Weber, Max 26, 69, 106, 116, 298, 303, 313
Weeks, Kent R. 317
Weinfeld, Moshe 50, 129, 290 f., 293, 296, 316
Weisheit 57, 65, 103, 111, 115 f., 121, 126, 132, 184-188, 194, 198, 235, 271 f.
Weisheit Salomos 261
Weisheitsliteratur 65, 184 f., 187 f., 190-197, 203, 207,
Weitzel, J. 311
Welker, Michael 290, 291, 314, 316
Weltherrschaft 101 f.
Weltordnung 186, 201-203
Weltzuwendung (Gottes) 17, 30, 55, 59 f., 109
West, Stephanie 294
Westermann, Claus 53, 294
Whybray, R.N. 313
Widengren, Geo 292
Wilcke, Claus 296
Wille zur Macht 121
Williams, Bernard 305
Wilson, John 311
Winter, Erich 322
Witsius, Hermann 270
Wittfogel, Karl August 39, 288, 313
Witwen und Waisen 40, 66, 82, 105, 206, 211-15
Wohltätigkeit 38, 191, 210 f., 214
Wunder 20, 44, 169, 182, 256, 278

Xenologie 217
Xenophobie 242

Yavetz, Zvi 321
Yerushalmi, Yosef Hayim 320
Yoyotte, Jean 288, 320

Zaccagnini, C. 293
Zalmoxis 256, 273

Zandee, Jan 290, 292, 297, 310f., 315
Zarathustra 31, 256
Zerbrechen der roten Töpfe 89
Zibelius-Chen, Karola 302
Zorn 39, 52-65, 70, 76-82, 91, 93, 113, 143, 164f., 170-72, 182, 213, 229, 250, 259
Zoroastres (Zarathustra) 273

Zugehörigkeit(sstruktur) 120, 130f., 136, 215, 217, 219f., 221-223, 227-238
Zweiundvierzig (Gaue, Osirisglieder, Totenrichter) 102, 131, 157, 162, 195
Zwischenzeit, Erste 117, 119, 121, 192, 215

Jan Assmann, geboren 1938, hatte von 1976 bis 2003 den Lehrstuhl für Ägyptologie an der Universität Heidelberg inne und leitet seit 1978 ein Grabungsprojekt in Luxor (Oberägypten). Seit 2005 ist er Honorarprofessor für Allgemeine Kulturwissenschaft und Religionstheorie an der Universität Konstanz, außerdem Ehrendoktor verschiedener Universitäten, darunter der Hebrew University, Jerusalem. 1998 erhielt er den Preis des Historischen Kollegs.
Im Carl Hanser Verlag erschienen: *Ägypten* (1996), *Moses der Ägypter* (1998), *Mosaische Unterscheidung* (2003) und *Die Zauberflöte. Oper und Mysterium* (2005).